# 사회복지개론

박영숙 · 김주연 · 천정환 · 정승재 · 오정희 · 김수정 · 강영실 · 박지현 · 손순용 공저

도서출판 **진 영 사**

**사회복지개론**

**박영숙 · 김주연 · 천정환 · 정승재 · 오정희 · 김수정 · 강영실 · 박지현 · 손순용 공저**

2012년 12월 18일 초판인쇄
2012년 12월 20일 발 행
발행인 박 진 영
발행처 도서출판 진영사
인천광역시 부평구 갈산동 16-22번지
전화 : 032)505-4207
팩스 : 032)505-4206
E-mail : 0183734207@hanmail.net
등록 : 122-91-77317

ISBN 978-89-6541-095-9 93330
값 17,000원

# 머 리 말

사회복지는 사회 문제의 해결 및 욕구 충족을 통하여 인간의 삶의 질을 높이고자 하는 사회적인 노력으로 현대사회의 모든 국가들은 복지국가 확립을 위해 노력하고 있다. 즉 모든 사회구성원의 최저한의 생존을 보장하고 실질적 평등이라는 사회정의를 구현하기 위한 사회적 기본권 사상을 강조하여 인간의 존엄성과 인권을 보장하는 보편적 사회복지를 실현해 나가고자 한다.

1970년대 말 이후 세계 각국의 경제상황이 악화되면서 복지국가에 대한 전망이 회의적인 방향으로 흐르고는 있지만 사회복지는 국가 사회의 존속과 발전에 지대한 영향을 미치고 있기 때문에 국가의 중요한 과제로 여겨질 수밖에 없으며 특히 우리나라의 경우 복지사회로 나가야할 길이 아직도 멀다. 더구나 산업화, 도시화, 핵가족화와 더불어 사회의 구조와 기능이 복잡해지고 다양화 됨에 따라 여러 가지 사회문제가 발생하고 있고, 과거 전통적으로 가족에 의해 충족되었던 복지욕구들이 사회적 욕구로 전환되어 증대되고 있다. 이제 사회복지는 일부 소외계층을 대상으로 하여 단지 생존을 위하여 최소한의 수준에서 이루지는 선별적 복지가 아닌, 모든 국민을 대상으로 하여 보다 풍요롭고 안정된 생활 수준을 누릴 수 있도록 하는 보편적 복지로 나아가지 않으면 안되는 시기에 와 있다. 이제 사회복지의 역할은 더욱 더 강조되어 양적인 면에서 다양화 되고 질적인 면에서도 고도화되고 있는 것이다.

사회복지개론은 사회복지학도들의 입문서로서 본서는 사회복지에 대한 전반적인 지식과 이해를 돕기 위한 내용으로 구성하였다. 저자들은 각 대학교 사회복지학과 현장에서 사회복지학도들을 지도하고 있는 교수들로 그동안 사회복지와 관련된 다양한 이론과 기술 그리고 실천방법 등에 대하여 연구하여 왔다. 본서는 바로 저자들이 그동안 관심을 두고 연구해 왔던 사회복지 각 영역에 대한 내용들을 집필한 것이다.

본서는 총 3부 19장으로 구성되어 있다. 제1부 사회복지서론은 제1장 사회복지의 의의, 제2장 사회복지의 역사, 제3장 사회복지의 모형과 관점, 제4장 사회복지의 주체와 대상으로 구성되어 있다.

제2부 사회복지접근법은 제5장 사회복지행정론, 제6장 사회복지조사(방법)론, 제7장

사회보장과 사회복지로 구성되어 있다.

그리고 제3부 사회복지분야론은 제8장 아동복지론, 제9장 청소년복지론, 제10장 장애인복지론, 제11장 노인복지론, 제12장 여성복지론, 제13장 산업복지론, 제14장 의료사회사업, 제15장 학교사회사업, 제16장 자원봉사론, 제17장 피해자복지론, 제18장 종교사회복지론, 제19장 군사회복지론으로 구성되어 있다.

그 중 제1장, 제2장, 제3장, 제4장은 김주연 교수가, 제5장, 제6장, 제18장은 박지현 교수가, 제7장은 김수정 교수가, 제8장, 제12장, 제13장, 제14장, 제15장은 오정희 교수가, 제9장은 손순용 교수가, 제10장, 제11장은 강영실 교수가, 제16장은 박영숙 교수가, 제17장은 천정환 교수가 그리고 제19장은 정승재 교수가 집필하였다.

여러 교수님들이 참가하여 집필한 관계로 중복되는 내용이 다소 있을 수 있으나 사회복지에 대한 입문서로서 최선을 다하고자 하였다.

사회복지사로서 행복하고 건강한 사회를 만들고 이상적 복지국가가 실현되기를 꿈꾸는 사회복지학도들에게 많은 도움이 되기를 바라며 이 책의 출판을 맡아주신 진영출판사 박진영 사장님께 진심으로 감사를 드린다.

**저자 대표 박영숙 교수**

# 목 차

## 제1부 사회복지서론



## 제2부 사회복지접근법



## 제3부 사회복지분야론

# 제1부

# 사회복지서론

# 제1장 사회복지의 의의

인간은 내면적으로 그 욕구가 너무나 다양하고 끝이 없어 경제적·사회적·육체적·심리적·정신적 측면에서 다양하게 나타나고 있다. 이것이 사회변천에 따라 때로는 경제적 욕구가 부각될 때도 있고 때로는 그 외 다른 측면이 부각될 때도 있다. 그 중에서도 경제적 욕구, 즉 가난이 가장 사회적 문제로 대두되었고 그 다음이 육체적 질병, 때로는 무지나 사회적 소외현상 등이 문제로 등장했다. 그리고 이러한 문제들이 각 시대마다 심각한 사회문제로 대두되었을 때에는 그 시대의 상황에 따라 적절한 대응책이 강구되었던 것도 사실이다. 가난에 대한 구빈노력은 인류역사의 시작과 함께 있어온 것이지만 이러한 노력을 오늘날의 사회복지와 동일시 할 수는 없다. 그것은 당시만 해도 가난은 어디까지나 개인의 책임이었지 사회적 책임이라는 인식은 전혀 고려되지 않았기 때문이다. 이렇게 볼 때 사회복지란 인류가 천부적으로 가지고 있는 행복추구의 본능에 대한 장해요인을 제거하는 문제를 사회적 문제 또는 사회적 책임으로 보고 이에 대한 대응책을 강구하고자 하는 노력이 대두된 때로부터 시작한다고 말할 수 있을 것이다.

## 제1절 사회복지의 개념

### 1. 사회복지의 어원적 정의

사회복지는 영어로 Social Welfare이다. Social은 사회 안에서의 삶의 질과 개인, 집단, 사회 전체간의 사회 내적인 관계를 뜻한다. 여기서 '사회 내적인 관계'란 개인의 정신세계나 국제관계와 같은 사회 외적인 관계를 제외한 개인 대 개인, 개인 대 집단, 개인 대 전체사회, 집단 내 집단, 집단 내 전체사회의 비이기적인 상호관계를 의미한다. 따라서, 사회적이란 의미는 물질적이거나 영리적인 요소보다는 비영리적이며, 지역사회나 집단 속에서 같이 지내는 이타적 속성의 공동체적 삶의 요소에 관심을 기울이는 것이라고 하겠다. 복지를 뜻하는 Welfare는 '지내다', '살아가다'란 의미의 fare에 '만족스러운' 혹은 '적절한'이란 의미의 Well이 합쳐져서 '만족스럽게 지내는 상태'를 의미한다. 그래서 웹스터 사전에 의하면 복지는 "건강하고 행복하며 안락한 상태"라고 정의되어 있다. 즉 복지란 건강하고 안락한 인간의 이상적인 상태, 즉 안녕의 상태를 나타내는 개념이라고 할 수 있다.

## 2. 사회복지의 실천적 정의

협의의 개념으로서의 사회복지는 보다 한정된 사회적 약자나 요보호대상자들에 대한 실천활동을 말한다. 웰렌스키와 르보의 잔여적 또는 보충적 개념이 바로 이 한정된 사회적 복지개념이며 가족이나 시장기능으로부터 탈락된 자들에게 정상적인 사회활동을 유지할 수 있도록 보호 · 치료 · 예방의 정책이나 방법을 활용하는 경우를 말한다. 프랜드랜드는 "사회복지란 사회적 서비스와 제도의 조직적인 체계와 개인이나 집단이 그들의 생활과 건강을 만족한 수준에 도달할 수 있도록 하는 계획된 원조, 그리고 그들의 능력을 충분히 계발하고 가족들과 지역공동체의 욕구와 조화를 이루면서 안녕을 증진해 나갈 수 있도록 하는 개인적 ·사회적 관계 등을 말한다"고 했다.

광의의 개념은 주민들의 복지를 위해서나 또는 사회질서를 확립하는 데 기본적인 것으로 인정되는 사회적 욕구에 직면하게 될 때 이를 지원하거나 보장해주는 대비책으로서의 일련의 법제, 프로그램, 급여, 서비스 등의 체계를 말한다. 한편 영국에서는 사회복지라는 말보다는 사회적 서비스란 용어를 사용하고 있는데 그 의미를 전국민의 물질적 · 정신적 · 사회적 최저생활의 확보를 위한 공사의 사회적 제반 서비스의 총칭이라고 하여 광의의 개념을 사용하고 있다.

# 제2절 사회복지의 기본이념

## 1. 인간존중사상

사회복지가 지향하는 첫째 목표는 인간존엄성의 구현이므로 사회복지란 하나의 가치

개념이라 할 수 있다. 인간존중사상은 사회복지의 본질적인 가치를 이루고 있다. 왓슨은 인간은 누구나 개인으로서 존중받아야 한다는 사상은 모든 인간에게 해당된다. 그것은 그 사람의 성취 여부에 관계없이 비록 어떤 결함이 있는 사람이라 할지라도 인간인 한 존중받아야 한다고 했다. 이와 같이 인간을 존중한다는 것은 사회복지에 있어서 가장 기본적인 가치인 것이다. 왜냐하면 사회복지는 사람이 정서적으로 안정되고 사람들로부터 사랑받고 우호적인 인간관계 속에서 근심걱정 없이 만족스럽게 살아갈 수 있는 능력을 길러주고 발전시켜 주기 때문이다.

## 2. 평등사상

오늘날 자유자본주의 사회의 가장 심각한 사회문제 중 하나가 바로 인간평등의 관념에 입각한 사회문제이다. 인간은 누구나 인간인 이상 살고자 하는 욕구를 인정하지 않으면 안 된다는 것, 즉 생활권을 인정해야 한다는 입장에서 출발하는 사회문제이다. 이러한 사회문제는 개인주의적 자유주의를 바탕으로 한 자본주의 사회의 자체 모순에서 야기되는 것이다. 물론 어떠한 사회도 그 자체 내에 모순이 있게 마련이고 그로 인해 야기되는 사회문제는 그들 각 사회제도 내지 생활양식에 의해 규정된 독자적인 방법에 의해서 해결되어 왔다. 마찬가지로 국가독점자본주의시대에 나타난 빈곤의 일반화가 이 시대의 사회문제의 특징이며, 이에 대한 새로운 사회적 대책으로서 등장한 것이 평등사상을 바탕으로 한 생활권사상이다.

## 3. 국가책임사상

사회복지란 인간이 달성하고자 하는 이상과 목표에 대한 사회적 노력과 제도라고 할 수 있다. 그리고 그 이상과 목표를 인간존엄성의 구현에 두고 있다. 인간존엄성의 구현은 평등을 전제로 하고 있으며 평등의 객관적 기준을 사회적 욕구라고 보고 이 욕구충족의 최종적 책임을 사회 또는 국가에 지우고 있다. 국민의 복지에 대한 국가의 책임이 인정된다면 반사적으로 개인은 국가에 대해서 자신의 복지를 요구할 권리, 즉 복지권이 있다는 해석이 가능해진다. 이러한 복지권은 자연법 학자들에 의하면 다른 인권과 마찬가지로 천부적 권리라고 한다.

이와 같이 사회복지정책에서는 가난에 대한 일차적인 책임이 개인에게 있는가 사회에 있는가 하는 문제가 끊임없이 되풀이되면서 사회안에 공존해 오고 있다. 그래서 시대와 상황에 따라 개인의 책임이 부각되기도 하고 때로는 사회적 책임이 강조되기도 한다. 사실 전적으로 어느 한쪽의 책임이라고 단정지을 만한 경우란 없기 때문이며 다만 어느 한쪽의 책임이 더 강조되고 덜 강조되는 경우가 있을 따름이다. 그것은 궁극적으로 시대와 사회여건에 따라 정책적으로 결정하게 되는 선택의 문제인 것이다. 그러나 오늘날 일반적인 추세가 복지국가라면 사회 또는 국가의 책임이 강조되는 측면에서 평가된다.

## 제3절 사회복지의 목표

### 1. 궁핍의 해결

현실적으로 빈곤계층의 소득이 과거보다 크게 향상했다 하더라도 사회 전체가 골고루 소득이 상승했다면 빈곤계층은 언제나 상대적으로 열등한 위치에 그대로 있게 된다. 따라서 상대적 빈곤이 중요하게 된다. 이것은 소득의 불평등 분배를 전제로 한 개념으로 평등의 이념이 사회복지에서 새롭게 중요시된 것이다. 이에 따라 사회보험의 다양한 발전이 1950-1960년대에 유럽 각국에서 이루어지면서 오늘날 유럽 복지국가의 기틀을 마련하게 된다. 사실 오늘날 복지선진국이라고 불리는 유럽의 여러 나라에서는 빈곤의 문제는 18-9세기의 양상과는 전혀 다르게 나타나고 있다.

### 2. 가족기능의 유지 및 강화

현대가족은 핵가족화, 소가족화, 여성의 사회활동, 이혼·별거 등의 보편화로 가족이 가지고 있던 전통적인 복지기능을 상실하게 되었다. 이로 인한 복지의 문제는 대인서비스의 방법이 아니고서는 불가능한 것이다. 정상화 이념에서 나온 이러한 변화는 경제적 지원만으로는 인간다운 삶을 누릴 수 없고 일상생활 속의 다양한 불편들을 누군가의 손길을 통해 도움을 받음으로써 해결할 수 있어야 한다는 것이다. 이러한 대인서비스에는 평소 지역적으로 가까이 사는 이웃을 통해서 이루어져야 할 뿐만 아니라 이웃의 자원봉사활동이 가장 효과적인 것이다.

## 3. 인간다운 삶에 대한 욕구 충족

삶을 한자로는 생활이라고 한다. 생활이란 사람에게만 쓰이는 말이다. 삶이란 단어도 사람에게만 쓰이는 말이다. 이것은 인간의 삶은 생존의 의미 그 이상의 어떤 특징적인 요소가 있음을 뜻한다. 즉 인간의 삶에는 희노애락이 있어야 하고 그 희노애락을 느끼고 서로 나누어야 한다. 그러나 누구에게나 희노애락이 존재하는 것이 아니며 물질만이 반드시 전제되어야 하는 것도 아니다. 때로는 풍요로운 물질이 있음에도 불구하고 희노애락이 없을 수 있는 것이다. 이는 인생의 희노애락은 물질적 욕구와 반드시 상관관계에 있는 것은 아니라는 것이며 따라서 물질적 욕구 충족과는 전혀 다른 방법으로 접근해야 하는 것이다.

모든 사람들 비록 사회복지의 수혜자들도 그들의 삶에 희노애락이 있어야 하고 그 희노애락을 함께 나눌 사람이 있어야 한다. 이러한 점에서 앞으로는 사회복지의 수혜자와 공급자가 따로 있을 수 없다. 모두가 수혜자인 동시에 공급자가 되어야 한다. 이러한 차원에서는 국가나 지방자치단체가 행정적으로 개입해서 해결할 수 있는 성질이 아니며 이것은 바로 지역사회 공동체의 몫일 수 밖에 없다.

## 4. 사회정의의 실현

사회정의란 일반적으로 사회의 모든 구성원 사이에서 혜택이나 부담이 공정하게 배분된 상태를 지칭한다. 여기서 어떠한 배분이 공정한 것인가 하는 기준의 문제는 남게 된다. 우리가 특정한 배분의 기준을 공정한 것이라고 선험적으로 받아들이지 않는다면 그러한 기준의 공정성의 문제는 결국 사회적 선택의 문제로 귀착하게 된다. 롤스는 '사회적 모든 기본가치 즉, 자유와 기회, 소득과 부, 인간적 존엄성은 평등하게 배분되어야 하며 이와 같은 가치의 일부나 전부의 불평등한 배분은 그것이 최소수혜자에게 유리한 경우에만 정당하다'는 사회정의에 관한 기본원칙을 천명한 바 있다.

어떠한 사회가 정의로운 사회인가, 어떠한 사회가 사회구성원들로 하여금 불공평하다고 느끼지 않으며 최소한의 공동선을 구현해 나갈 수 있는 사회인가, 사회정의를 완전히 실행한다는 것은 현실적으로 불가능하다. 그러나 부, 기회, 자유와 권리 등의 재분배를 통해 편중된 재화와 권리를 공평하게 배분하는 방법을 모색함으로써 사회불평등을 완화시키는 것이 바로 사회정의 실현을 위한 구체적 과정이 될 수 있다.

# 제4절 사회복지의 가치

## 1. 일반적 가치

가치(value)는 재화 또는 서비스의 유용성 및 유용성을 위해 투입된 비용의 과다 등을 들 수 있다.

## 2. 사회복지의 가치

사회복지의 가치는 개인존중의 원리와 자발성존중의 원리인 자기결정의 원리, 기회균등의 원리인 평등권으로 인간은 누구나 평등하고 균등한 기회가 주어져야 한다는 원리가 있으며, 마지막으로 사회연대의 원리 즉 연대성의 원리로 상호부조의 원리를 말할 수 있다.

## 3. 사회복지정책의 가치

### 1) 가치의 의의

가치는 귀중함의 정도 혹은 중요함의 비중을 구분하는 것과 연관된다. 가치는 주관적이고 개인마다 다른 비중을 가진다. 또 사회 경제적 여건에 따라 개인적·사회적 가치기준이 변화한다. 물론 한 개인적 가치 역시 연령이나 자신이 살아가는 상황에 따라 변화될 수도 있다. 정책이란 사회 구성원 사이에 제한적인 사회적 자원을 어떻게 배분할 것인가라는 논의의 결과로 만들어지는 소산이다. 이러한 의미에서 볼 때, 정책 선택에는 가치선호가 결정적인 기능을 할 수 있고, 따라서 정책연구에 가치분석이 매우 중요한 자리를 점한다. 특히 사회복지정책은 다른 어느 정책보다도 추상적이고 예민한 가치적 반영을 포함하는 것이니 만큼 가치분석과 선택이 중요하다.

### 2) 사회복지정책의 기본적 가치

#### (1) 평 등

평등은 수량적 평등(numerical equality), 비례적 평등(propotional equality), 기회

의 평등(equal opportunity)을 들 수 있다.(송근태, 1994)

수량적 평등은 흔히 결과의 평등(equality of result)으로 불리는 것으로서, 모든 사람을 똑같이 취급하여 사람들의 욕구나 능력의 차이에는 관계없이 사회적 자원을 똑같이 분배하는 것을 의미하는 개념이다. 무차별적인 사회복지정책의 실시－공공부조사업 등이 평등가치를 반영하고 있다.

비례적 평등은 개인의 욕구, 능력, 노력, 기여에 따라 사회적 자원을 상이하게 분배하는 것을 말하는데, 이는 흔히 공평이라고 불린다. 사회보험제도 등이 공평가치를 실현하고 있다.

기회의 평등은 결과를 얻을 수 있는 과정상의 기회만을 똑같이 해주는 것을 말한다.

### (2) 형 평

형평성의 가치는 공정한 처우(fair treatment)라는 의미와 연관된다. 이 개념은 위에서 말한 비례적 평등을 말한다. 즉, 개인의 업적, 공헌, 능력 및 갹출 등에 따라 사회적 자원을 분배하는 것을 의미한다. 예컨대, 보훈대상자에 대한 제반 급여, 사보험 가입자의 갹출금에 대한 사회보험급여 등이 포함되다.

### (3) 사회적 적절성

이 가치는 사회복지급여 할당이 평등하느냐 혹은 그의 업적에 따른 비례적인 것이냐 하는 것과는 달리, 그 수준이 신체적 · 정신적인 안녕에 적절한 정도가 되어야 한다는 것을 말한다. 사회복지급여는 개인이 살아가고 있는 사회적 수준에 적절한 정도의 수준이어야 한다는 것을 말한다. 이 사회적 적절성의 가치는 시장과 환경에 따라 변화하는 성격을 지닌다.

### (4) 효과성

효과성은 사회복지정책이 어느 정도로 욕구 충족의 목표 달성에 적합하였는지를 묻는 것을 말한다. 사회복지 서비스를 필요로 하는 사회적 약자의 욕구에 대하여 다양한 접근방법이 있을 수 있다. 이들 욕구해결책으로써 선택된 사회복지정책이 과연 어느 정도로 적합하게 목표를 달성하였는지에 대한 관심을 말한다.

### (5) 효율성

효율성의 문제는 무한한 사람들의 욕구를 희소한 사회적 자원으로 어떻게 하면 적절하게 해결할 수 있을까라는 의문에서 나온 것이다. 즉, 가능한 한 최소의 자원으로써 최대의 결과를 만들어 내려는 관심을 말한다. 사회복지정책에 있어 효율성의 가치 역시 제한된 국가의 예산으로 최대로 욕구를 해결할 수 있도록 하는 데 관심을 가진다. 효율성의 개념은 어느 정도 계량적인 환산이 가능함에도 불구하고 인간의 욕구를 구체화하는 점에서 여전히 한계를 지니고 있다.

#### (6) 편익성과 접근성

이들 가치 역시 사회복지정책의 관리와 운영에 연관된 가치이다. 특히 사회복지정책이 비화폐적이고 전문기술적인 것을 정책 내용으로 포함하고 있는 점에서 편익성과 접근성의 가치는 더욱 중요하다.

## 4. 평등과 효율

### 1) 평등

사회복지정책을 둘러싼 많은 논쟁들은 평등의 개념에 대한 논란이다. 평등의 개념에는 수량적 평등, 비례적 평등, 기회의 평등이 있다.

수량적 평등은 결과의 평등으로 모든 사람을 똑같이 취급하여 욕구나 능력차이와 상관없이 사회적 자원을 똑같이 분배하는 것. 현실적으로 존재한 적이 없었다. 결과의 완전한 평등은 아니더라도 사회복지정책은 수량적 평등의 가치를 반영함으로써 결과의 평등을 부분적으로나마 목표로 삼고 있다.

비례적 평등은 개인의 욕구, 노력, 능력, 기여에 따라 사회적 자원을 상이하게 배분하는 것으로 흔히 공평(equity)을 말한다. 수량적 평등에 비해 불평등이 존재하지만 자본주의사회에서 실질적으로 가장 널리 사용되는 개념이다. 사회보험의 보험료와 보험급여 수준의 관계, 공적부조정책의 열등수급의 원칙 등을 들 수 있다.

기회의 평등은 상대적으로 가장 소극적인 개념이다. 결과가 평등한가 여부는 무시한 채 결과를 얻을 수 있는 과정상의 기회만을 평등하게 해주는 개념이다. 기회의 평등프로그램은 대부분 결과의 평등을 달성하는데 실패하였다고 볼 수 있으며, 많은 결과의 불평등을 초래할 수 있다.

## 2) 효율

평등의 가치를 추구하면 효율의 가치는 희생되는가? 사회복지정책의 확대는 경제성장을 저해하는가?

이러한 논쟁은 사회복지정책, 복지국가와 관련된 논쟁의 핵심을 구성한다.

### (1) 수단으로서의 효율

최소한의 자원을 투입하여 최대한의 결과를 얻는 것. 그런데 이러한 의미의 효율은 보다 큰 목표를 달성하기 위한 수단이기 때문에 효율자체가 평등과 같은 일차적 목표와 동일 수준의 개념이라고는 볼 수 없다. 즉 수단으로서의 효율은 평등을 추구하는 여러 정책가운데 어느 것이 보다 적은 자원으로 보다 더 큰 평등을 성취할 수 있느냐를 판단하는 기준일 뿐이다. 또한 어떤 정책이 효율적인가를 평가하기는 쉽지 않다.

효율적인 정책이란 가능한 적은 비용으로 사회구성원들이 주요하게 여기는 가치나 목표를 가능한 많이 달성할 수 있는 정책을 의미한다. 그러면 이때 사회구성원들이 중요하게 여기는 가치란 무엇인가?(합의하기가 쉽지 않다.)

투입된 자원과 달성된 결과를 비교해야 하지만 양자를 수량화하기 어렵기 때문에 정확한 비교가 어렵다. 특히 인간의 복지를 수량화할 수 있는가?(식물인간이 된 노인의 생명의 가치를 수량화할 수 있는가? 등)

정책의 효율성을 평가하려면 정책이 달성할 수 있는 결과의 benefit을 모두 파악할 수 있어야 하는데 현실적으로 어렵다.(직접적인 이득과 간접적인 것, 개인적인 것과 사회적인 것, 현재이득과 미래이득 등)

### (2) 배분적 효율(파레토 효율)

파레토 효율은 사회적 자원의 바람직한 배분이라는 보다 포괄적인 측면에 초점을 둔다. 파레토 효율은 원론적으로 완전경쟁시장에서 개인의 효용을 극대화하려고 하는 이기적인 사람들이 충분한 정보를 바탕으로 합리적이고 자발적인 선택에 따른 교환이 이뤄 질 때 달성된다고 본다. (즉 각자가 개인의 이익을 극대화하고자 하는 선택을 하게 되면 시장논리에 의하여 모든 사람의 효용을 높이는 방향으로 사회적 자원이 배분된다는 것) 그러나 현실적으로 모든 사람의 효용을 높이는 교환이 가능한가? 특정한 사람의 효용을 높이기 위해서는 다른 사람들의 효용을 줄여야 하는 것이 현실. 사회복지정책의 분배정책은 따라서 효율의 가치와 위배된다. 현실세계에서는 원론적 의미의 파레토 효율적인 사회적 자원배분은 불간하며, 시장기제를 통한 자원의 배분이 비효율적인 경우가 많다. 왜 시장기제를 통한 자원의 배분은 비효율적인가?

## 제5절 사회복지의 기초

### 1. 사회복지의 동기

사회복지의 동기는 종교적, 인도주의적, 공리주의적, 전문직업적 동기로 나눌 수 있다.

#### 1) 종교적 동기

모든 종교는 인간의 현세적 축복과 내세의 영원성을 추구한다. 이러한 종교의 경향은 인간의 행복한 삶을 추구하려는 사회복지의 이념과 기본적으로 통한다고 할 수 있다.

기독교의 중심적 가치는 사랑인데 이 사랑은 기본적으로 이웃에 대한 박애와 책임성을 전제로 하고 있다.

예수 그리스도의 사랑, 친절 및 평화의 기본 정신을 인간에게 나타내 보이고 있다. 즉 모든 인간은 서로 형제처럼 사랑하고 또 세상에 거룩한 의무를 다함으로T 하나님의 은총을 입어 영생을 누릴 수 있게 된다는 것이다. 따라서 자선행위는 이러한 종교적 교리가 바탕이 되어 형제애나 이웃 사랑으로 서로 돕고 나아가서는 불우한 타인까지도 돕는 일이다.

이러한 종교적 동기가 사회복지 발달사에 미친 영향은 크다고 할 수 있다.

불교는 현실세계의 괴로움을 소멸시키고 해탈하기 위하여 자비의 마음으로 보시에 힘쓸 것을 중생들에게 주문한다. 부처는 제자들에게 모든 중생을 어머니의 사랑으로 대하라고 하였으며, 온 세상을 향하여 자비를 실천함으로써 깨달음에 이르고 궁극적으로 해탈하여 극락왕생한다고 가르친다.

유교는 사회적 가치에 보다 적극적으로 접근한다. 인간을 기본적으로 사회적 존재로 인식함으로써 내세보다는 현실세계의 인간관계를 중요하게 생각하여 3강 5륜을 통한 조화로운 삶을 추구하는 것이다. 홀로 사는 삶을 넘어서서 더불어 살아가는 지혜를 가르치는 것으로 이해할 수 있다.

### 2) 인도주의적 동기

18세기 중산계층 사람들의 인권문제와 관련하여 살펴 볼 수 있는데 그 당시 철학자들은 박애(philanthropy)에 대한 합리성을 설명하였으며, 하류계층과 빈민을 돕는 기독교의 복음적 표현인 자선도 합리화시켰다(Hillman, 1956).

인도주의의 목표 : 인간생활의 고통을 경감시키고 나아가서 즐거움(향락)을 증진시킨다.

인도주의의 동기(humanitarian motives) : 인간이란 계급으로 상하의 차이를 두는 것이 아니라 인간은 평등한 관계다.

따라서 타인을 돕는 것은 우월 자가 열등 자를 천시하며 원조하는 것이 아니라는 것을 전제한다.

이와 같은 근본사상을 바탕으로 당시의 많은 사업가들은 형 집행, 주택, 보건의 개선을 도모하는 일종의 사회개혁운동에 적극 참여하였고 그 외에도 사회정의에 공헌한 바가 매우 컸다.

### 3) 공리주의적 동기

공리주의(utilitarianism)는 18세기 말부터 19세기 중엽까지 영국을 지배하였던 사회사상으로 공리를 증진시키는 것을 행위의 목적과 선악판단의 기준으로 삼았다. 영국의 Bentham 의해서 체계화되었고, Mill을 중심으로 철학적 급진주의자들에 의해 발전되었다.

Bentham 은 인간의 본성은 고통과 쾌락에 의해 지배되고 모든 인간 행위의 동기는 필연적으로 쾌락을 추구하고 고통을 피하는데 있으며 그 결과 쾌락과 고통은 모든 인간 행위에 대한 선악판단의 기분이 되는 것이라 했다. Bentham 은 이러한 원리는 개인뿐만 아니라 사회에도 적용될 수 있다고 보고 결국 이기적인 결합체인 사회의 기본원리를 "최대 다수의 최대 행복(the greatest happiness for the greatest member)"에서 구하였다.(사회복지사업사전, 1970) 그리하여 Bentham 은 법이나 정치제도 또는 도덕이나 종교도 모두 "최대 다수의 최대행복"에 기여하는지 여부에 따라서 그 정당성이 판단되어야 한다고 주장하였다. 그는 특히 국가의 기초는 계약에 있는 것이 아니라 인간의 필요성에 있고 그 필요성이란 개인을 산술적으로 계산한 "최대 다수의 최대 행복"에 주장하였다.

Bentham 의 주장이 어떠한 질적 차이도 무시한 다수인의 행복이라는 점에 반해 Mill

은 쾌락과 고통을 인간 행동의 유일한 동기로 본다는 점에서 Bentham 의 공리주의를 그대로 계승하였으나 쾌락이 모두 양적으로 계산될 수 있는 것이 아니라 질적인 차이를 가지고 있는 것이며 감각적 쾌락보다는 정신적 쾌락이 더 중요하다고 함으로써 공리주의를 수정하였다.

따라서 공리주의적 동기의 본래적 의도는 영국의 산업 혁명과 더불어 일어난 개인주의적 사상의 대두로 말미암아 사회복지로서 "최대 다수의 최대 행복"의 실현을 윤리적 과제로 삼았다. 그러므로 사회복지의 궁극적 목적은 모든 국민과 사회가 동시에 만족하고 바람직한 사회를 실현하고자 한다는 측면에서 공리주의적 동기에 그 기초를 두고 있다.

공리주의나 의무론적 윤리관 모두 철학의 분과 중 윤리학에서 등장하는 논의들이다.

독일의 철학자 칸트는 그의 저서 "실천이성비판"에서 결과보다 동기를 중시하고, 외부요인보다 스스로의 이성의 법칙을 중시하는 "의무론적 윤리관"을 제시하고 있다.

그가 남긴 말 "너의 의지의 준칙인 동시에 일반적인 법칙에 타당하게 행동하라."는 유명하다. 그의 주장에 따르면 인간은 보편타당한 윤리적 기준을 마련할 수 있으며, 자기 자신의 이성 법칙이 그 근거가 된다고 한다. 이런 칸트의 의견에 정면으로 배치되는 사상이 제레미 [벤담](Bentham, Jeremy, 1832), 존 스튜어트 [밀](Mill, John Stuart, 1873.) 등으로 대표되는 공리주의적 윤리관이다.

밀은 "공리성 혹은 최대행복의 원리는 어떤 행위가 행복을 증가시키는 경향에 비례하여 옳은 것, 감소시키는 경향에 비례하여 나쁜 것으로 보는 것이다."라고 말했는데, 이런 의견을 〈규칙공리주의〉라고 부른다.

반면 벤담은 〈행위공리주의〉라는 것을 내세웠다. 그는 매 행위의 쾌락, 고통 증가율을 측정해서 윤리적 평가를 내릴 것을 주장한다. 이 계산을 위해 그는 쾌락의 가치, 고통의 가치를 계량, 수치화하고 평균을 내서 합산한 뒤, 이해관계에 있는 다른 사람들의 행복의 지수와 더해서 전체적인 〈행복도를 측정〉하기 위한 길고 복잡한 식까지 제시했다고 전해진다. 공리주의자들은 사회 정의를 최대다수의 최대행복을 보장하는 것이라고 정의하고 있다.

이 입장을 따르자면 소수의 희생 정도는 얼마든지 감수해야 하는데, 이것은 일반적이고 상식적인 정의감에는 잘 맞지 않는 일이라고 볼 수 있다.

칸트가 말한 "보편타당한 행위 규범"을 공리주의자들은 인정하지 않는다.

예컨대, 사람들이 보통 "살인을 하지 말라"고 말하는 이유는 칸트에 의하면 인간 누구나가 가지고 있는 보편타당한 윤리의식 때문인데, 공리주의적 입장으로 보자면, 사회 안에서 일반적으로 살인을 금하는 이유는 살인으로 인해서 우리의 행복이 침해받기 때문이고, 만약에 하나의 살인이 아주 많은 사람들을 행복하게 할 수 있는 경우가 있다면 서슴지 말고 살인하는 것이 맞는 것이 된다는 주장이다.

바꿔 말하면, 공리주의가 말하는 〈정의〉는 그 근원이 개개인의 "정의감"에 있지 않고, 사회 유지의 필요에 의해 나타난 발명품이라는 것이다.

이런 공리주의에는 몇 가지 해결되지 않는 모순들이 있는데,

① "사회의 기본적인 룰(약속 지키기, 살인 안 하기 등 상식적인 것들)을 지키는 한도 내에서 최대 행복-공리-을 추구하자"는 규칙공리주의적인 입장에서, 공리주의적인 관점을 철저히 따르자면, 사회적인 룰이라는 것도 언제든지 공리성에 의해 뒤집힐 수 있는데, 언제 뒤집혀야 하고, 언제 지켜져야 하는지 알 수 없다. 그런 판단을 누가 할 수 있을지도 물론 알 수 없다.

② '최대 다수의 최대 행복'은 잘 정의된(well-defined) 단어가 아니다. 이 말이 뜻하는 바가 명확치 않다. 일반적인 '최대선(행복의 총량)'과 '최대다수의 최대선(수혜자의 수를 고려한 총합)' 중 어느 것을 따르라는 말인지, 애매하다. "한 나라 안에 단 한 사람의 조만장자와 4천만명의 거지가 있어도 GNP만 증가하면 좋아졌다고 봐야 하는가. 이것이 우리의 보편적 정서 안에서 정의로 통용될 수 있는가"라는 질문에 명쾌한 답을 내려주지 못한다.

공리주의는 기본적으로 분배적 정의의 이상을 바람직하지 않다고 생각한다.

분배가 잘 이뤄지는 거지나라의 평균적인 사람보다 돈을 많이 버는 나라의 거지의 생활수준이 높다는 주장이다.

이에 대해서는 각자 생각하고 고민해봐야 할 것이다.

공리주의는 [흄]의 회의주의, [자연주의]의 영향을 받았다고 한다.

### 4) 전문직업적 동기

Clarke 여사는 "많은 사람들이 법률이나 의학 분야에 종사하는 것과 같이 사회복지에 종사하여 환경적 차원이나 인간적인 면에서 욕구 상태(불만족의 상태)에 있는 사람들에게 그들의 전문적 서비스를 제공하고 있다"고 한바와 같이 사회복지에 대한 관심은 점차 증대되고 있다.

사회복지를 추구하는 전문직에 종사한다 하더라도 개인의 금전적 이익과 타인을 위한 서비스 제공, 희생적인 상이성은 다소 있을 수 있겠으나 점차 특별한 교육이나 훈련, 또

는 사회적으로 조직되고 관리 될 때의 양식의 차이에 따라 구분되는 것으로 점차 그 폭이 좁아지고 있다(竹內愛人, 1968).

따라서 사회복지는 역사적으로 자선이나 박애라는 동기의 영향을 받아 왔지만 그렇다고 해서 사회복지사가 자기희생적이거나 지나친 이타적 희생을 할 필요는 없다.

사회복지실천과정에서 확고한 자기 철학을 가지는 것이 중요하다.

## 2. 사회복지의 기본 가치

사회복지의 기본 가치는 다음과 같은 네 가지 측면으로 집약된다. 즉 인간의 존엄성, 자기 결정권, 균등한 기회 및 사회적 책임성에 대한 확신으로 집약된다.

이와 같은 기본 가치는 사회복지 실천과정에 반영되어야 하며 아울러 그 영향과 도움에 힘입어 client도 이러한 가치를 확신하고 그대로 실천해 나가도록 하는 것이 중요하다.

### 1) 인간의 존엄성

인간의 존엄성(worth and dignity of individual)은 사회복지의 철학이고 가장 중요한 기본 가치가 되고 있다(Compton & Galaway, 1984)

인간의 개인적 능력 혹은 이용가치와 상관없이 기본적으로 존중되어야 하며 사회 복지사는 개인의 존엄성에 대한 확고한 신념을 가지고 있어야 한다.

사회복지의 대상은 수준면에서 개인, 가족, 지역사회 및 보다 큰 사회 복지

이 중에서도 가장 중요한 대상은 개인이다. 한 개인 개인이 제 기능을 발휘하면 가족이 제 기능을 찾고 더 나아가 사회가 밝아지게 된다.

### 2) 인간의 자기 결정권

인간의 자기 결정권(self-determination)은 사회복지 이론과과 실제에 있어 극히 중요한 원리가 되고 있는데 기술적으로는 대안제공(alternatives) 제공이 전제되기도 한다. 이것은 자기 능력과 판단에 따라 자기의 태도와 행동을 결정할 권리를 갖는다는 기본적인 인권을 존중하는 것으로 사회복지 철학의 중요한 몫을 차지하고 있다. (Bisno, 1952) 예외로 어려서 그릇된 판단을 할 우려성이 있을 경우, 정신 장애인 경우, 기타 특별한 경우가 있다.

예컨대 자녀 양육문제 역시 부모의 사고방식, 습관, 환경 및 가치체계는 에 따른 자유

의사 결정에 의해 다루어져야 한다.

사회복지사는 클라이언트의 자기 의사와 결정의 권리를 지원, 격려하여 클라이언트가 가지고 있는 잠재력이나 자원을 최대한 활용하여 그가 원하는 방향으로 원조하거나(Biestek, 1957) 또 집단사회사업에 있어서도 그 집단의 성원들이 토론을 통하여 그들의 목표와 방법을 스스로 결정할 수 잇게 지원하는 기술은 모두가 이러한 자유의지와 자기 결정권을 원리로 하는 철학적인 근거에 연유하는 것이다.

### 3) 인간의 기회균등

인간의 기회균등(equal opportunity)은 오늘날 사회에 있어서 민족, 계급에 따라 실제 이와 같은 원리가 그대로 적용되기 어렵다. 그러나 사회복지 분야에 있어서 강조되어야 할 점은 평등이란 타인과 같은 권리를 향유한다는 것을 전제로 다른 사람과의 다른 특징을 가진다는 것을 허용하는 것이다.

### 4) 인간의 사회적 책임

인간은 기본적으로 쾌를 추구하고 고통을 피하려 한다. 신앙적 견해로 인간의 고통에 대해 여러 가지 논란이 있으나 사회복지입장에서는 그 원인과 결과 또는 조건을 불문하고 괴로움은 결코 바람직하지 못하며 최선의 노력으로 치료되고 예방되어야 한다.

그 이유로는

(1) 인간의 본성은 괴로움 없이 즐겁게 살기를 바라기 때문이며,

(2) 괴로움이란 반드시 개인의 잘못이나 어떤 의지의 결핍으로 인한 결과나 대가로 볼 수 없기 때문이다.

생물학적 유기체인 개인은 그를 둘러싼 환경과의 원만한 조화와 상호 작용으로 이루어지는 데 만일 이떤 장애를 가지고 태어났다면 그 책임을 한 개인에게 돌릴 수 없다.

오늘날 사회복지는 "누구를 위하여(for)"나 "누구에게(to)"의 차원을 벗어나 이제는 "누구와 함께(with)"의 차원에서 이루어져야 한다.

## 3. 사회복지의 특성

사회복지는 개인의 복지에 직접 개입되어 직접적으로 그 개인에게 작용하는 사회정책으로 이해되고 있다. 사회복지의 특성은 사회적인 책임과 주관성, 조직적인 활동성, 이

용자와의 직접적인 관계성, 인간의 복지 우선성 등으로 구분할 수 있다.

### 1) 사회적 책임감과 주관성

사회복지는 사회적 공공적인 목적 때문에 사회적 책임으로 실천된다. 사회복지는 개인의 영리를 목적으로 하지 않으므로 공적이고 사회적 목적에 규정된 활동이고 따라서 사회복지는 사회적인 자금 즉, 공적 기금이나 지역사회의 성금에 의해 충당되는 것이다. Kahn은 사회복지 기관이 지나치게 전문성을 강조한 나머지 좁게 한정하는 전문폐쇄성의 경향이 있다고 지적하였다.

사회복지 시설은 사회적 요구에 의해서 사회적 공적 자금으로 운영되는 것이므로 어떤 명예나 이윤추구를 하지 않으며 어디까지나 사회를 위하고 궁극적으로 대상자의 이익과 복지가 주목적이 되어야 한다(大緑達雄, 1972).

### 2) 조직의 활동성

사회복지는 공식의 조직을 기본으로 하는 조직적인 활동이어야 하는데 이것은 앞서 살펴 본바와 같이 “사회적 책임성과 주관성”에서 생겨나는 필연적인 측면이다.

예를 들면, 지나가는 거지에게 불쌍하다고 주는 자선행동은 걸인의 처지보다는 동정하는 즉 주는 사람의 감정에 치우쳐 일관성 없는 임의행동에 지나지 않는다.

이런 행동이 항상성이나 일관성을 띤 안정된 것이 되기 위해서는 조직화되어 공식적인 사회단체를 형성하지 않으면 안된다.

이와 같이 사회복지는 사회적으로 승인된 여러 시설 및 기관에 의거하는 정규적, 전문적, 조직적 활동이다.

### 3) 이용자와의 직접적인 관계성

사회복지는 인간의 소비욕구에 직접 관계하는 것이어야 한다. 사회복지를 넓게 보면 자원개발, 도로정비, 식량의 생산이나 규제 등 국민의 생활과 관계를 가지고 있다. 따라서 확대 해석하면 정책과 사회복지를 구분하기 어려우나 구분하는 기준은 이용자와의 직접적인 관계성을 가지고 있을 때 사회복지라 할 수 있다.

이에 대해 Wilensky도 사회 보험에 있어서의 실업보험 급여는 산업 생산의 원활한 발전이란 경제적인 목적에 부합되긴 하지만 보험금을 수령하는 그 개인에게 있어서는 그 수급에 의해 생활이 가능하게 되므로 개인의 복지와 직접적인 관련성이 있다고 볼 수 있다. 이런 측면으로 사회복지의 범주에 속한다.

### 4) 인간의 복지 우선성

사회복지는 무엇보다도 인간의 복지를 우선하며 제일의 직접 목적으로 삼는다. 그러나 사회복지의 특성은 무엇보다도 인간의 번영, 인간의 복지가 첫째 목적이다. Marsh는 사회복지는 다른 어떤 것을 위해서가 아니고 개인의 복지 유지, 향상 그 자체를 위하여 마련되는 것이다. 따라서 목적은 다른데 있고 그것에 부수적인 결과로 발생되는 것은 사회복지라 할 수 없다.

Tolstoi는 "인간의 노력은 그 자체가 바로 목적이고 결코 수단은 아니다"라고 하였듯이 사회복지도 그 자체가 바로 목적인 것이다. 즉 사회복지는 인간의 복지를 제일의 목적으로 하여 사람에게 보다 직접 작용하는 사회적, 조직적 정책인 것이다.

## 4. 사회 복지의 속성

사회복지는 가치, 인간 행동에 관한 지식, 실천 기술 및 계획적 변화에 기초를 두고 실천된다. 이러한 속성들은 사회 복지사에게 중요하다.

### 1) 가치

사회 복지사는 사회계층, 인종, 피부색, 종교적 신념, 성 또는 연령에 관계없이 인간의 존엄성과 가치에 전념한다. 인간생활의 가치는 다른 모든 가치를 초월하며 인간에게 관한 최대의 관심사는 사회로부터 인간적이고 도움이 되는 반응을 얻는 것이며, 문제의 성격에 관계없이 문제를 가진 사람이 심판받거나 비판의 대상이거나 비하되지 않는다.

클라이언트는 자율성의 권리 즉, 그들의 생활에 영향을 미치는 행동과정을 결정할 권리를 가진다. 마찬가지로 집단과 지역사회 역시 이러한 기본적 권리를 가진다.

### 2) 지식

사회복지는 실천에 관련된 경험적 지식과 마찬가지로 인간행동의 이론으로부터 나온다. 조사는 개인, 집단, 그리고 지역사회 행동을 통합적으로 이해하는 것이 중요하다. 조사는 보다 효과적인 중재 기술을 명백히 하는 방법이다. 사회복지 전문가는 성격발달,

사회적 역기능, 인간의 발달 과정, 집단 역동성 등 인간에 관한 많은 지식을 함양하여야 한다.

### 3) 실천 기술

개인, 집단, 지역사회와의 직접적 실천에 관련된 기술에 익숙해야 한다. 조직 계획 및 행정도 많은 복지 실천가들을 위한 전문 영역이다. 조사 기술 역시 실천 효과를 평가 하는데 본질적인 것이다. 제 3분에서 자세히 다룰 것이다.

### 4) 계획적인 변화

사회복지의 전문적 중재는 계획적인 변화 과정에 기초를 두고 있다. 변화는 client 체계가 해결되지 않는 역기능적인 문제를 제시할 때 나타나게 된다. 계획적인 변화는 문제해결의 질서 정연한 접근 방법이며 문제 사정 역시 변화를 위한 client 체계의 능력에 관한 지식에 기초를 두며, 그리고 중재에 초점을 둔다.

사회복지사는  이 과정에 있어서 변화매개인(change agent)으로서 기능을 수행한다. 체계적인 변화는 목적과 변화 노력에서 나오는 예측할 수 있는 결과보다 미래지향적인 가능성에 초점을 두는 것이 특징이다.

# 제2장 사회복지의 역사

역사는 과거의 사실과 사건을 현재에서 이해하려는 노력이다. 과거의 이야기를 현재에서 살펴보는 이유는 현재와 미래를 보다 잘 이해하기 위함이다.

인류의 역사는 전쟁, 빈곤, 질병, 고통에 대한 투쟁의 역사라고 할 수 있으며, 사회제도는 이것에 대응하기 위해 생겨난 것이다. 그리고 여러 가지 사회제도 가운데 사회복지의 역사를 통해 인간의 고통과 사회문제의 발생원인을 이해할 수 있으며 또한 인류가 사회문제에 대하여 어떻게 대처해 왔는지를 알 수 있다. 또 사회문제들이 어떠한 사회적, 경제적, 정치적 배경 아래서 발생하였으며, 이를 극복하기 위해 시대적으로 어떠한 사상과 가치를 가지고 대처해왔는지를 살펴봄으로써 현대적 사회복지제도의 역사가 얼마 안 된 우리나라 사회복지의 현실을 통해 분석하여 우리의 사회적, 경제적, 정치적, 현실에 부합하는 사회복지제도를 구축하는 데 참고로 삼을 수 있다(김대진, 2001).

## 제1절 우리 나라 사회복지의 역사

### 1. 정부수립이전 시대

#### 1) 일제시대

일본의 식민지시대에는 식민지정책 하에 구제사업도 식민지 정책의 일환으로 실시되었다. 그러나 이는 근대적인 복지이념에 의해 시행되었다기보다는 그들 식민정책의 일부로서 우리 민족이 그들에게 충성을 하게끔 하려는 정치적인 목적을 갖고 시혜 또는 자선의 의미가 컸다 하겠다.

1932년 사회과를 학무과로 이관하여 사회사업에 대한 사무와 사회교육에 대한 사무 및 종교사무를 합하여 관장하도록 하였다. 한편 1921년 민간 사회사업지도기관으로는 조선사회사업연구회가 조직, 1929년에 조선사회사업협회로 개칭 확대하고 활동을 전개하였다. 또 빈민문제가 사회문제로 심각하게 되자 빈민조사를 행한 이후 일제는 1927년 12월부터 방면위원제도를 실시하였고, 1944년 3월 1일에 생활부조, 의료, 조산, 생업부조를 행하는 조선구호령을 실시하였다. 이 조선구호령은 1961년에 생활보호법이 제정되기까지 우리나라 공공부조의 지침 구실을 해왔다.

### 2) 미군정시대

광복 이후 미군정 3년 간의 구호사업은 주로 북한으로부터 월남한 피난민과 해외로부터 귀환한 전재민 및 국내 거주의 요구호 빈민들에 대한 식량, 의료 및 주택등의 공급에 치중하였다.

당시 빈곤인구의 규모는 200만 명 이상의 요구호자가 군정3년 동안 계속 존재하였으나 체계적이고 장기적인 측면에서 공공부조의 법적 · 제도적 장치를 새로이 마련하지 않았으며, 공공부조정책은 일제시대와 큰 차이가 없었다. 또 미군정기의 복지행정은 보건후생부를 중심으로 이뤄졌으나, 그 역시 소극적 미봉책이었다.

한편, 이 시기에 복지에 대한 행정대책이 크게 부족하였던 관계로 무계획적인 민간 구호단체와 시설이 증가하였고 외국자선단체와 기관들도 많이 들어왔다.

## 2. 정부수립이후 시대

### 1) 정부수립과 1950년대

1948년 정부수립이후 1950년의 한국전쟁의 발발로 모든 것이 파괴되고 재정이 고갈되어 한국사회는 극도의 혼란과 불안적 상태에 빠지게 된다. 일시에 거대한 수로 급격히 증가한 요구호자들의 최소한의 생명유지를 위한 응급구호에 치중할 수밖에는 별 대책이 없었다. 재정부족으로 외국원조단체와 긴밀한 협조하에 중앙구호위원회를 조직하여 시행되었고, 시설수용보호를 필요로 하는 난민의 출현으로 1959년에는 총 686개의 각종 시설이 설립되었다(하상락, 1989). 사회복지 교육기관도 설립되기 시작하였고, 미국식 전문 사회사업교육이 도입되었다.

6 · 25사변은 사회부의 정책을 임시적 · 응급적 정책으로 전락시켰고, 막대한 외국원조로 인해 우리사회에 의존적 구제방식을 심화시켜 놓았다. 이와 같이 1960년대 이전까지의 우리나라 사회복지는 임시응급구호에 급급하였으며 근대적인 사회복지제도가 제대로 자리를 잡지 못하였던 시기이다.

## 2) 3 · 4 공화국 시대

### (1) 3공화국(1961년~1972년)

1960년 4 · 19혁명으로 등장한 제2공화국은 반목과 대립 속에서 정치 · 사회적 혼란이 그칠 줄 몰랐고 그 와중에서 무정부적 아노미 현상을 청산한다는 명분으로 1961년 군부가 쿠데타를 일으켜 성공, 1963년 공화당 정부인 박정희 대통령의 제3공화국이 출범한다.

1962년부터 시작된 경제개발은 경제우선주의에 입각하여 최대목표를 경제발전에 두었으며, 정부당국자들은 한정된 재원을 경제개발에 집중하기 위해 사회복지 제공에 대해서는 소극적 입장을 취하였고, 일반 국민의 경우도 사회복지에 대한 이해나 주장은 거의 없었다. 또 경제개발5개년계획의 결과로 도시화 및 공업화 현상이 나타나고 그 여파로 인구의 도시 집중으로 주택부족, 도시빈민층이 형성되고 미혼모문제, 가출 및 비행등의 과거와는 다른 사회문제들이 생겨난다.

1960년대, 특히 군사정부시절 정부는 여러 가지 사회복지 관련법(사회보험부문-공무원연금법, 군인연금법. 공공부조부문-생활보호법. 그 외-윤락행위등 방지법. 1963년의 사회보장관련법률)들을 제정, 공포하였다. 이와 같이 1960년대에는 사회보험 및 생활보호를 중심으로 근대적인 사회복지법제를 마련하였고 국가중심의 체계적인 사회복지제도로 자리잡는 계기가 되었으나(장인협, 1986), 제도의 시행측면에서는 성공적이지는 못하였고 국민전반의 복지수준은 여전히 크게 낙후되어 있었다.

### (2) 4공화국(1972년~1980년)

극단적인 경제개발정책으로 도농간의 생활격차와 빈부간의 갈등심화로 골 깊은 사회적 왜곡현상이 나타나며 비판적 시각이 등장하자, 제4공화국 후반부터 경제개발 5개년계획을 경제사회발전 5개년계획으로 개칭하여 사회개발 정책을 병행하노록 하였다. 이 시기에 제정된 사회복지관련법에는 국민복지연금법(1973), 개정의료보험법(1976), 공무원 및 사립학교교직원 의료보험법(1977), 월남귀순자 특별보상법(1978)등이 있었다. 한편 1970 사회복지사업법이 제정 · 시행되면서 재단법인에 의해 운영되어오던 사회복지사업체들이 사회복지법으로 변경되었고 사회복지시설과 단체들이 정부의 보조를 받을 수 있게 되었다(구종회, 1999).

## 3) 5 · 6공화국 및 문민정부 · 국민정부시대

### (1) 5공화국(1981년~1987년)

신군부 쿠데타에 의해 성립된 5공화국은 복지사회 건설을 4대 국정지표로 내세웠고, 제5차 경제사회발전5개년계획에서도 경제와 사회의 균형적인 발전을 기본목표로 삼았다. 그리고 제5공화국은 체제의 정통성 확보를 위한 노력의 일환으로 일단의 사회복지 입법을 단행하였다(사회복지사업 기금법, 심신장애자복지법, 노인복지법등).

제5공화국 후반부터는 한국형 복지 모형이 등장하였는데, 이는 선진복지국가들에서 복지국가위기론이 등장하면서 우리도 복지병을 유발할 수 있다는 우려 때문이었다(구종회, 1996). 이러한 한국형 복지 모형은 제6차 경제사회발전 5개년계획(1987-1991)과 맥락을 같이 한다. 제6차 계획의 기본방향은 ㉠국가발전수준에 맞는 복지시책, ㉡가족과 지역사회의 복지기능의 최대한 조장, ㉢자립정신에 입각한 복지시책의 전개, ㉣민간의 복지자원을 최대한 동원한다는 것 등이다. 이리하여 1980년대 후반부터는 시설 수용위주의 정책으로는 사회복지적 요구에 대응할 수 없다는 판단 하에 지역복지와 재가복지에 기초한 서비스에 주목하였다. 그 한 예로 사회복지관의 증설, 확대하였다.

### (2) 6공화국(1988년~1992년)

제6공화국은 경제와 사회의 균형적인 발전을 통하여 가진 자와 못 가진 자간의 격차와 갈등을 해소하겠다는 목표를 선언하였다.

제6공화국의 사회복지제도 발전의 특징을 요약하면 다음과 같다.

첫째, 국민연금제도, 최저임금제도, 그리고 전국민의료보험제도의 실시 등 소득 및 의료보장의 확대가 이루어지기 시작하였다. 둘째, 1988년 서울 장애자 올림픽 이후 장애인 종합대책을 수립, 장애인 고용촉진 등에 관한 법률을 제정하여 장애인 복지에 대한 변화를 시도하였다. 셋째, 지역복지의 중추적인 서비스 전달체계인 사회복지관 운영의 전국적인 확대실시이다. 넷째, 지역복지의 중추적인 서비스전달체계인 사회복지관 운영의 전국적인 확대실시이다. 넷째, 영유아보육법이 아동복지법과는 별도로 제정되면서 영유아보육사업이 크게 부각되었다. 다섯째, 재가복지를 중시하여 재가복지봉사센터가 급격하게 증가되고, 1987년부터 사회복지 전문요원을 영세민 밀집지역의 동사무소에 배치하였다.

### (3) 문민정부시대 (1993년~1997년)

김영삼 대통령의 문민정부는 제7차 경제사회발전5개년계획 복지정책의 기본방향을 국가발전수준에 부응하는 사회복지제도의 내실화에 두고 국민복지를 증진시킬 것을 제시하였으나, 1995년 초에 와서야 성장위주의 정책에서 벗어나 삶의 질과 생산적인 국민복지에 적극적인 관심을 기울여야 할 것이라고 강조하였다.

그 특징을 살펴보면, 첫째, 모든 저소득층이 기본적 생활유지능력이 없을 때, 국가의 책임으로 최저생활이 보장되도록 향상시키고, 둘째, 자립가능한 사람은 자립지원시책을 통해 자립할 수 있게 한다고 하였다. 셋째, 사회복지전달체계를 개선하기 위해 보건복지사무소를 시범적으로 설치한다고 하였고, 넷째, 보편주의에 입각하여 평균가계소비지출의 50%미만 계층은 정부부담에 의한 서비스를 제공하고 그 이상은 유료복지서비스의 제공을 도입한다고 하였다.

### (4) 국민정부시대(1998년~현재)

1997년 말부터 IMF체제에 들어감에 따라 1998년말 실업자가 160여만 명에 이르고 실업률이 7%를 상회하는 등 국가적 위기를 맞았다. 이러한 가운데 1998년 김대중정권이 출범하고 제1차 사회보장발전계획(1999-2003)을 수립하였다.

국민의 정부에 걸친 사회복지제도의 획기적 변화는 첫째, 사회보험제도의 정비이다. 전 국민을 대상으로 국민연금제도의 확대실시와 전사업장에 대한 고용보험제도의 적용, 국민건강보험제도의 출발등으로 4대보험이 제도로서 정착, 발전되고 있다.

둘째, 공공부조제도로서 국민기초생활보장제도의 도입이다. 따라서 국가의 도움이 필요한 빈곤한 모든 국민들에게 기본적인 생활을 제도적으로 보장하게 된다. 셋째, 사회복지서비스 관련법의 제정 및 개정등으로 각종 사회복지서비스가 지속적으로 확대·발전되고 있으며 민간 사회복지조직이 급증하고, 민간사회복지의 자율성이 강화되고 있다.

1947년에 이화여대에서 처음 시작된 사회사업교육도, 점차 확대되면서 1990년대에 사회복지학과가 급격히 증설하게 된다.

# 제2절 역사상의 특성과 전망

## 1. 우리나라 사회복지 발달과정상의 특징

이상에서 우리나라 사회복지의 역사를 살펴볼 때, 우리나라 현대 사회사업과 사회복지의 발달과정의 특성은 정부수립 50년을 경과하면서 정치적·경제적·사회적 상황과 깊은 관련 하에 규정지을 수 있다.

우리나라는 서구 복지국가와는 달리 사회복지를 협의적·잔여적 개념으로 보고 있는 것이 특징이다. 즉, 경제사회발전 5개년 계획에 의하면 서구의 사회복지에 해당하는 개념으로 사회개발이라는 개념을 쓰고 있다. 따라서 사회보장은 사회개발의 부분개념으로 그리고 사회복지는 사회보장의 부분개념으로 간주하고 있다. 또한 생존권보장에 대한 국민적 요구도 없었으며, 인권보장 차원의 복지권에 대한 심각한 논의도 이루어지지 않은 상태에서 국가의 일방적 주도하에 사회복지정책과 프로그램이 개발되어 왔다. 또한 민간부문의 사회복지에 대한 역할이 강조되어 왔으나 민간기관은 양적으로 증가했으나 정부의존도가 높고 자생력이 부족하여 사회복지의 욕구가 가장 큰 사회적 취약계층들의 실질적인 복지향상에 크게 기여하지 못한 체 잔여적인 사업으로 일관되어 왔다. 또한 민간사회복지 프로그램 측면에서 분석해보면, 외국의 자선단체나 외원에 의해서 물질적인 구호적 수준에서 시작되어 시설보호 중심의 사회사업으로 발전하였으며, 70년대 후반부터 국내자원에 의해 사회복지 프로그램의 다양화, 사회복지기관의 세분화등 한국문화에 적절한 프로그램을 모색해 왔다.

사회복지의 교육과 연구활동 측면에서 살펴보면 1950,60년대에는 주로 미국의 전통적인 사회사업방법론 중심의 대학교육이 진행되어 왔으나, 70년대에 정책중심의 사회복지 교육을 강조해오면서, 90년대에는 많은 대학에서 사회복지학과를 설립하여 한국에 맞는 모델을 추구하여 왔고, 사회복지교육 내에서의 교육 세분화도 이뤄지고 있다.

## 2. 사회복지법제 제정과 시행에 있어서의 특징

첫째, 법제정에 있어서 정치적 동기 내지 요인과 밀접한 관련이 있다.

둘째, 적용대상에 있어서 선별주의적 접근에서 점차 보편주의적 접근으로 확대되는 경향을 띠고 있으나 사회복지급여를 하나의 권리로 인정하는 성격이 약하다.

셋째, 입법화 과정에서 당위성(當爲性)과 명분을 강조한 나머지 여건 및 제도에 대한 사전의 치밀한 준비 없이 추진되어 장기간 사문화된 법률이 있다.

넷째, 개별 입법이 독자적으로 제정되어 사회복지제도간의 상호 연계성이 미흡하고 통합 조정이 어렵게 되었다.

다섯째, 사회복지 입법의 제정 당시의 사회 경제적 배경과 관련한 특징으로서 일제시대와 미군정기는 응급적이고 임시방편적인 성격의 구호시책, 1950년대에는 긴급구호와 외국원조의 시기, 1960-70년대의 시기는 공공부조법의 대량 입법화 시기, 1980년대는 불평등해소와 사회적 통합을 위한 사회복지서비스법의 대량 입법화 및 체계화의 시기, 1990년대는 사회보험의 시행 확대 및 제도의 통합화의 시기로 볼 수 있다.

## 3. 전망과 과제

2000년에는 65세 이상 노인인구의 비율이 7%를 넘어서 고령화사회에 진입하는 등 고령화가 더욱 진전되고, 핵가족화가 가속화되고 지방자치제의 본격적인 실시 등으로 국민의 복지수요가 확대·다양화되고, 여성의 사회참여 증가 등으로 가족의 부양기능이 약화되고, 이혼의 증가로 인한 결손가정의 증가와 요보호아동의 증가 등으로 새로운 복지수요가 발생할 것으로 예상된다. 그러므로 이러한 사회변화에 적절히 대응할 수 있는 한국적 복지모형을 구축하는 것이 필요하다고 하겠다.

# 제3장 사회복지의 모형과 관점

## 제1절 보수적인 세계관

### 1. 인간본성에 대한 관점

보수주의자(conservative)들은 인간본성을 비관적으로 보는 경향이 있다. 보수주의자는 인간을 게으르고, 자기중심적이며, 진정한 자선행위를 하지 못하는 존재로 본다. 즉 보수주의는 성악설을 바탕으로 하고 있다. 따라서 보수주의자는 인간은 일하도록 재촉할 필요가 있는 존재로 본다. 또한 인간은 기본적으로 부정적인 본성 때문에 통제되어야 할 필요가 있고, 규율을 어겼을 때에는 신속히 엄격한 처벌을 받아야 한다고 본다. 이것이 사람들이 서로 조화 있게 살 수 있는 유일한 길이라고 본다.

인간본성에 대한 이러한 비판적인 관점 때문에 보수주의자들은 빈곤, 범죄, 마약오용, 아동학대와 같은 문제들을 인간의 부정적인 본성 때문에 기인한다고 보며, 이러한 문제를 다루는 사회복지프로그램을 인간을 통제하는 수단으로 사용되어야 한다고 믿는다.

### 2. 개인의 행동에 대한 관점

보수주의자들은 현재의 상황이 어떠하든, 과거에 어떤 문제를 가졌든 각 개인은 현재의 행동에 책임을 져야 한다고 본다. 또한 보수주의자들은 인간은 자유의지를 소유하기 때문에 성공하는 데 도움이 될 수 있는 근면을 선택하거나 혹은 실패를 가져올 수 있는 낭비를 선택할 수 있다고 본다. 그래서 보수주의자들은 빈곤은 개인의 책임성의 결여에 의해서 생기는 것으로 보아 만일 사람이 전정으로 가난을 원하지 않는다면 그들은 가난하지 않을 수 있다고 본다. 이런 관점에서 보수주의자들은 사회복지는 매우 제한적이 되어 가난에서 벗어나려는 사람들의 노력을 방해하지 않아야 한다고 본다.

## 3. 가족에 대한 관점

보수주의자들은 전통적인 가정을 숭배하고, 전통적인 가정을 유지하는 정책을 설계하기 위해 노력한다. 보수주의자들은 가정을 개인의 힘의 원천으로서 그리고 사회의 일차적인 단위로 본다. 따라서 보수주의는 탁아소, 임신중절, 동성연애자의 권리, 학교에서의 성교육, 미성년자의 출산조절을 위한 상담, 남녀평등권을 위한 법개정을 반대하며, 여성과 아동에게 지나치게 독립심을 제공함으로써 부모의 권위를 침해하거나 가정파괴를 가져오는 프로그램을 위해 공공자금을 사용하는 것을 반대한다. 보수주의자들은 현재의 사회적 · 경제적 문제의 해결의 열쇠로서 전통적인 가정으로의 회귀를 주장하고 있다.

그러나 현대의 보수주의자들은 전통적인 가정-아버지가 주요 소득원이며 어머니는 가정에 머물면서 아동을 양육하거나 가족구성원들에게 보호를 제공하는-은 이제 소수에 지나지 않으며 대부분의 어머니들은 가정 밖에서 일을 하고 있는 현실 때문에 어려운 상황에 놓여 있다. 또한 오랫동안 보수주의자들이 반대해 왔던 이혼도 이제는 대부분 수용되는 상황이다.

## 4. 사회체계에 대한 관점

현재의 사회체계는 공평한가? 사람들은 그들의 사회에 공헌한 것만큼 보수를 받고 있는가? 사람들은 동등한 기회를 보장받고 있는가? 좋은 사회를 만들기 위해서 변화는 얼마나 중요한 것인가? 갈등은 피할 수 없는 바람직한 것인가? 이러한 질문들은 현재의 사회체계에 대한 관점과 관련되는 질문들이다.

보수주의자들은 사회학의 "기능주의적 관점"과 비슷한 맥락으로 사회를 본다. 즉 사회는 상호연관되고 상호의존적인 여러 부분으로 구성된 하나의 체계로 본다. 각 부분들은 체계의 작용에 기여하기 때문에 전체체계의 기능을 가능하게 한다. 각 부분은 각각 다른 기능을 한다. 그러나 각 부분의 기능은 전체사회의 안녕에 기여한다. 즉 사회를 생물학적 유기체와 비슷한 것으로 본다.

보수주의적 관점의 가장 주요한 측면은 현재 있는 그대로의 사회의 모든 부분들은 사회와 사회 내의 개인 양쪽에 모두 이익이 된다는 것이다. 사회에 현존하는 질서가 없거나 또는 질서에 큰 변화가 있을 때 잘 작용하지 못할 수도 있을 것이다. 따라서 의사의 봉급은 많고, 유치원 교사의 봉급은 적은 것은 그것이 사회적으로 가장 효과적인 질서이기 때문이다. 따라서 보수주의는 소득의 격차가 노력과 능력에 비례하는 것이라고 보며,

사회적 불평등은 사회의 가장 중요한 위치는 가장 능력 있는 사람들에 의해 채워지도록 하는 장치로 본다.

보수주의적 관점에서는 사회체계를 근본적으로 공평한 것으로 본다. 어떤 집단이 다른 집단보다 더 빈곤하고 권력이 없는 낮은 지위에 있다 하더라도 그것은 사회전체의 안녕과 질서를 위해 필요하다고 본다. 따라서 변화는 바람직하지 않다고 본다. 보수주의자들은 급속한 큰 변화는 특정집단에게는 이익이 될 수 있지만 전체사회에는 오히려 손실을 가져올 수 있다고 본다.

### 5. 정부와 경제체계에 대한 관점

각 이데올로기간에 가장 첨예한 대립을 보이고 있는 것은 경제와 국민생활에 대한 정부의 역할에 관한 것일 것이다. 보수주의는 "최소한의 정치가 최고의 정치이다"라고 믿는다. 그들은 정부가 개인의 자유를 보장하고 자유시장의 기능을 순조롭게 해야 한다고 본다.

## 제2절 진보주의의 세계관

### 1. 인간본성에 대한 관점

진보주의자(liberal)들은 인간본성을 낙관적으로 본다. 진보주의자들은 인간은 선한 행위를 할 수 있는 무한한 가능성을 가지고 태어났다는 로크((Locke), 루소(Rousseau)의 견해를 그 바탕으로 그 바탕으로 하고 있다. 그리고 인간은 선하게 태어났고, 만일 오염되지 않는다면 그들은 사회적이고, 호기심이 많으며, 사랑을 한다는 최근의 매스로우(Masliw)의 견해를 수용한다. 그래서 진보주의자들은 인간은 통제될 필요가 없다고 생각한다. 그들은 인간은 그들을 오염시키는 것으로부터 보호받아야 할 필요가 있고, 그리고 선한 것을 추종하는 자연적 경향을 따를 수 있도록 자유가 주어져야 한다고 믿고 있다. 인간본성에 대한 긍정적인 관점으로 인해 진보주의자들은 인간의 가능성을 실현시키는 데 방해가 되는 문제들로부터 자유롭게 해주는 사회복지 제도들을 구상하게 된다.

## 2. 개인의 행동에 대한 관점

진보주의자들은 인간의 자유의지와 동기를 완전히 부정하지는 않지만 개인행동의 원인으로 환경을 더 강조한다. 이러한 관점은 개인의 행동은 초기의 경험, 특히 부모와의 관계의 영향을 많이 받는다는 심리학이론에 근거를 둔다. 그래서 인간행동의 주요 원인을 환경에 두는 진보주의자들은 사회복지의 목적은 빈민들의 환경을 변화시키는 것에 있다고 본다. 예를 들면, 진보주의자들은 빈곤아동을 위한 조기프로그램이 빈곤아동의 초기환경을 풍요롭게 해줌으로써 빈곤아동의 교육문제해결에 기여할 것으로 본다.

## 3. 가족에 대한 관점

진보주의자들은 가족에 대해 매우 낙관적인 태도를 취하고 있다. 그들은 가정을 하나의 진화하는 제도로 보고 있으며 실용적인 방법으로 지원한다. 대부분의 진보주의자들은 남녀평등권과 평등한 보수, 탁아소 제도, 모성애와 부성애의 포기, 융통성 있는 시간과 분업을 지지한다.

## 4. 사회체계에 대한 관점

진보주의자들은 보수주의자들과 같이 사회를 하나의 유기적 체계로 보는 경향이 있지만, 진보주의자들은 사회체계가 아무런 개입이 없어도 그 자체를 통제할 수 있다는 것에 대해서는 보수주의자들보다는 확신을 적게 갖고 있다. 진보주의자들은 자연은 비효율적이라고 주장한다. 예를 들면, 인간의 개입이 없으면 나무는 수천개의 씨앗을 뿌리지만 그 중 몇 개만이 성숙한 나무로 자란다. 만일 인간이 개입하여 어린 묘목에게 물을 주고, 병충해를 예방하면 모두 성숙한 나무로 자라게 된다. 사회체계도 마찬가지로 이와 같은 양육과 규제가 필요하다고 본다. 따라서 정부는 공징하고 개방적인 경쟁을 유지하기 위한 규칙을 준비하는 것이다.

진보주의자들은 사회전체를 잠재적으로 공평한 것으로 보지만 자주 불공평하여 몇몇 이익집단들은 다른 집단보다 더 많은 권력을 소유하고 있다고 본다. 또한 그들은 변화는 이익집단들간의 경쟁과 타협을 통해서 때로는 급속하게 그리고 때로는 천천히 이룩되는 것이 좋은 것이라고 본다.

진보주의자들은 현재의 사회를 최선이 것이라고 보지 않는다. 그들은 변화가 불공평을 감소시키고 사회정의를 실현한다고 본다. 또한 진보주의자들은 현재의 사회복지프로그램은 빈민을 진정으로 돕는 것이 아니라 권력을 소유한 사람들이 권력을 계속 소유하기 위하여 빈민을 통제하는 수단으로 사용되고 있다고 보고 있다.

### 5. 정부와 경제체제에 대한 관점

진보주의자들은 사회와 경제체제는 정부의 개입에 의해서만 치유될 수 있는 결점을 갖고 있기 때문에 경제에 대한 정부의 개입은 정당하고 바람직하다고 본다. 자유주의와 보수주의간에 논쟁의 초점은 정부에 의한 소득재분배이다. 진보주의자들은 정부가 부자집단으로부터 세금을 많이 받아 가난한 집단에게 사회보장이나 사회복지서비스, 공공복지와 같은 형식으로 자원을 분배해야 한다고 주장한다.

## 제3절 급진주의의 세계관

### 1. 인간본성에 대한 관점

급진주의자(radical)들은 진보주의자들과 마찬가지로 인간은 기본적으로 선하다고 믿고 있다. 그들은 더 나아가서 인간은 선천적으로 근면하고 창의적이라고 믿는다. 급진주의자들은 보수주의와 같이 열심히 일하는 것을 미덕으로 간주한다. 그러나 인간은 원래 게으르기 때문에 일하도록 강요당해야 한다는 청교도적 가설을 따르는 보수주의자들과는 달리, 급진주의자들은 인간의 노동조건만 잘 조절해 주면 열심히 일하는 것에서 기쁨을 얻을 것이라고 믿는다.

### 2. 개인의 행동에 대한 관점

개인의 행동에 대한 급진주의자들의 견해는 진보주의자들의 견해와 거의 비슷하나 개인행동은 사회적·경제적 구조에 의해서 크게 영향을 받는다고 본다.

## 3. 가족에 대한 관점

급진주의자들은 보수주의자들이 주장하는 전통적인 가정이 남성, 여성 양쪽의 재능을 억압하고 왜곡하고 있다고 본다. 그러나 급진주의자들은 건강한 가정이 건강한 사회의 본질적인 요소라는 인식에 있어서는 보수주의자들과 같은 견해를 취한다. 급진주의자들은 맞벌이 부부, 편부모로 구성되는 새로운 가정을 지지한다. 그리고 대부분의 진보주의자들과 마찬가지로 남녀평등권과 평등한 보수, 탁아소 제도, 모성애와 부성애의 포기, 융통성 있는 시간과 분업을 지지한다.

그러나 급진주의자들은 이론과 실제 사이에서 어려움을 겪고 있다. 민권운동단체, 반전운동단체, 기타 급진주의자들에 의해 지지받는 정치집단들은 보수주의 조직과 마찬가지로 여성들에 대해 억압적이거나 보호하려고 한다. 급진주의의 가장 대표적인 인물인 칼 맑스(Karl Marx)도 자신의 가정에서는 매우 권위적이었다.

## 4. 사회체계에 대한 관점

급진주의자들은 불평등은 권력을 가진 어떤 집단이 그들의 지위를 영속화시키기 위해 권력을 사용하려고 하는 데서 비롯된다고 본다. 또한 급진주의자들은 사회학의 갈등주의 관점에서 사회체계를 분석하여 사회체계를 지배적인 권력을 가지고 있지 못한 계층으로 구성된 계급제도로 인식한다. 갈등주의자들은 진보주의자들을 매혹시키는 이익집단 정치는 단지 쇼일 뿐, 그 뒷면에서는 부(副)와 권력을 사용했기 때문에 의사는 유치원 교사보다 몇 배나 높은 소득을 얻고 있다고 본다. 의사는 주로 남성들이고 유치원교사는 주로 여성들인 것과 같은 맥락이라고 주장한다.

급진주의자들은 현재의 사회체계에서는 공평성을 획득할 수 없다고 본다. 공평성은 부와 권력을 재분배하기 위해 현존하는 사회체계를 재구성할 때 성취될 수 있는 것으로 본다.

## 5. 정부와 경제체제에 대한 관점

급진주의자들은 진보주의자들과는 달리 정부를 개선하는 것으로는 부족하다고 보고 있다. 따라서 정부를 완전히 재구축하는 것이 필요하다고 본다. 급진주의자들은 공공부문, 민간부분들을 모두 포함하는 혼합경제를 수용한다. 급진주의자들은 의료보장과 주택에 대한 기본적인 권리를 추구한다. 따라서 일부 급진주의자들은 모든 시민들에 대한 의료보장, 주택, 기타 사회복지 급여를 정부가 조직하는 복지국가의 발전을 지지한다.

## 제4절 이데올로기에 따른 사회복지의 유형화

### 1. 다위니즘(Darwinisim) 관점에서의 사회복지

다위니스트들은 인류의 발전은 유기체들의 끊임없는 투쟁의 결과로 본다. 병자와 약한 자, 적응하지 못하는 자들은 자연히 도태되고 강한 자만이 살아남는다고 보며, 공적(公的)이고 사려 깊지 못한 자선은 약자들의 사회적응과정을 방해한다고 주장하였다. 다위니즘에서는 사회질서란 자연질서에 의해 형성된다. 시장경제에서의 경쟁이란 자연선택의 법칙을 수행하는 과정으로 본다. 자연적 선택의 과정에서 가장 잘 적응한 사람은 정상에 오르게 되고 적응하지 못한 사람은 궁극적으로 패배하게 되는 것이기 때문에 백만장자란 생존경쟁의 산물이며 생존경쟁에 패한 약자의 자연도태는 어떤 과업을 성취하는데 필요한 조건들을 충족시키는 사람들을 선택하는 역할을 한다. 반면에 가난한 자 또는 약한 자에는 게으른 자, 주변머리 없는 자, 무능한자, 어리석은 자, 경솔한 자, 사악한 자 등이 포함된다.

즉 다위니즘은 인류의 발전은 강한 자는 살아남고 약한 자는 사라진다는 적자생존의 원칙에서 찾고 있으며 이것은 매우 자연적이라는 '자연적인 혁명(natural revolution)'을 내세우고 있다. 그러므로 다위니즘 이데올로기에서는 사회복지는 이러한 자연혁명을 가로막는 장애물이라고 본다. 인간의 본성은 게으르며, 자극이 주어지지 않으면 행동하지 않는 존재로 본다. 인간의 본성은 게으르며, 자극이 주어지지 않으면 행동하지 않는 존재로 본다. 이러한 존재들은 지위상향이동의 욕구가 없기 때문으로 공적으로 제공되는 사회복지는 존재하지 않아야 한다고 주장한다.

### 2. 보수주의(전통적 자본주의) 관점에서의 사회복지

보수주의적 관점에서의 사회복지를 살펴보면 다음과 같다. 전통적 보수주의 관점에서는 사회복지에 대해 결코 호의적이지는 않으나 다위니즘보다는 호의적이다. 사회의 현상유지, 이기주의, 자율적 인간, 전통가족의 유지, 경쟁적 자유시장, 불평등 등은 보수주의자들의 근본적인 사회가치 목록들이다. 이 같은 보수주의적 관점을 취하는 대표적인 학자는 하이에크(Hayeck)와 프리드만(Friedman)이 있다.

기본적으로 보수주의자들은 사회복지를 현재상태를 유지하는 데 공헌하는 것으로 보고 있다. 즉 사회복지는 사회내의 결속력을 유지하고 그렇게 함으로써 효율성과 안정, 질서에 공헌하는 것으로 인식한다. 또한 보수주의자들은 사회내부의 의존문제는 각 케이스에 기초해서 취급되어야 할 것이고 경제성장을 통해 소득의 재분배 없이 빈곤을 타파할 수 있을 것으로 보고 있다. 그리고 그렇게 함으로써 대부분의 사회복지욕구는 충족될 것으로 보고 있다.

사회복지에 대한 보수주의적 해석은 다음의 두 가지 핵심적인 사상이 존재하고 있다. 하나는 "도덕적 책임"이고 다른 하나는 "자기이익의 개발"이다. 도덕적 책임이란 용어는 고귀한 신분에는 의무가 따른다는 뜻에서 유해한다. 이와 같은 사상은 원초적으로 출생에 의해, 그러나 오늘날에 있어서는 성취에 의해서 행운을 잡는 사람들은 그들보다 운이 덜 좋은 사람들을 도와야 한다는 도덕적 책임을 갖는다는 것이다. 따라서 사회내의 의존적인 사람들을 돕는 이유는 의존적인 사람들에게 도움을 요청할 권리가 있어서가 아니라 운이 더 좋은 사람들이 도움을 제공할 도덕적 의무를 지니고 있기 때문이라고 본다. 이러한 사상은 가부장적인 온정주의에 기초하고 있으며 복지란 운이 나쁜 사람들에 대한 자선이라고 본다. 또한 이러한 사상은 주는 자와 받는 자, 가치있는 빈민과 가치 없는 빈민을 엄격하게 구분하는 것이다.

보수주의자들은 사회복지는 자기이익의 개발을 위해 필요한 것으로 본다. 보수주의자들은 현재의 상태를 유지하기 위해 너무 많은 비용이 들지 않는 범위 내에서, 그리고 사회가 분열되는 것을 예방 할 수 있는 범위 안에서 인도주의적 사회복지를 운영해야 한다고 본다. 오늘날과 같이 과학적으로 발전된 사회에서 우리들은 같은 사회 안에 공존하는 자기보다 낮은 계층 사람들의 이익을 위해 관심을 가져야 한다. 이것은 이타주의 때문만이 아니라 자신의 이익을 극대화하고 개발하기 위해 관심을 가져야 한다. 이것은 이타주의 때문만이 아니라 자신의 이익을 극대화하고 개발하기 이해서이다. 다시 말하면 보수주의자들은 다른 사람들을 돕는다는 것은 현대사회에서의 삶의 대가를 지불하는 것이고 그들 자신의 이익을 실현하는 것이기도 하다.

이러한 맥락에서 볼 때 보수주의적 사회복지모형은 윌렌스키가 소개한 잔여적인 사회적 기능을 수행하는 것으로 간주한다. 따라서 보수주의적 관점에서는 가족, 친척, 교회 등과 같은 비공적(非公的)인 부문이 사회복지 수혜자의 의존문제를 해결하는 최일선 제도이고 사회복지는 이와 같은 제도들이 정상적인 기능을 수행하지 못할 때 보충적 기능을 수행한다고 본다. 또한 사회복지 수혜자의 의존문제는 개인적 역할 실패의 결과이기 때문에 사회복지서비스의 표적을 개인에게 둔다. 그리고 보수주의적 사회복지모형에서는 사회복지의 수혜자들은 비생산적이고 그들을 돕는 것이 사회를 위해 이익이 되기 때문에 가치가 있다는 거소가 자선은 도덕적으로 미덕이라고 믿기 때문에 이중적이다. 이러한 관점에서 사회복지는 권리보다는 자선으로 간주된다.

## 3. 진보주의 관점에서의 사회복지

진보주의자들은 사회의 변화를 바람직한 것으로 인식한다. 그리고 변화는 진보를 가져온다고 본다. 그러나 그 변화는 점진적이어야 한다고 생각한다. 진보주의자들은 인간은 기본적으로 선하다고 보며, 개인은 완전히 자율적이지 못하기 때문에 언제나 자기통제를 위한 훈련이 필요하다고 본다.

진보주의자들의 실용주의적 가치는 자본주의 경제체제가 자기 규제적이지 못하다는 확신에 기초한다. 이들은 자본주의가 최선의 경제체제임을 믿지만 효율적으로 그리고 공정하게 기능하기 위해서는 적절한 규제와 통제가 필요하다고 본다(김만두 · 한혜경, 1994: 174)

진보주의자들의 정부는 사회복지프로그램을 산업사회의 공통적인 사회문제에 대한 인도주의적으로 대응해야 한다고 주장한다. 그러므로 사회복지에 대한 진보주의적 관점의 핵심은 사회복지가 자선이 아니고 개인의 권리에 의한 것이라고 본다. 즉 보수주의적 관점에서는 가진 자들이 못가진 자들을 돕는 것은 가진 자들의 도덕적 책임이기 때문에 사회복지의 수혜자는 가진 자들로부터 자선을 받는 것이지만, 진보주의적 관점하에서는 사람들은 원조를 받을 권리가 있기 때문에 원조를 받는 것이다.

## 4. 페비안 사회주의 관점에서의 사회복지

페비안 사회주의는 본래 맑시즘(Marxism)의 반대 명제로서 맑시즘의 지적·정치적 대안으로 생각되어져 왔다. 페비안 사회주의는 신벤덤주의라고 할 수 있는 것으로서 자유방임이라는 수단에 의하지 않고 사회의 경제력의 집단적 통제라는 수단으로 최대다수의 최대행복을 추구한다. 또한 페비안주의자들은 사회주의를 점진적 사회개혁정책의 논리적 성취물로 간주하고 있다(Cole and Postgate, 1971). 페비안 사회주의자들은 집단주의자들의 아이디어가 보급될 수 있다고 본다. 페비안 사회주의와 맑시즘의 차이는 첫째, 맑시즘은 본질적으로 혁명적이로 프로레탈리아 중심적인 전통을 가진 반면에 페비안 사회주의는 개혁적이고 보편적인 전통을 지녔다. 두 번째로 맑시즘이 유물론적 전제에 의거하고 있다면 페비안 사회주의는 관념론적 요소들을 구체화한 것으로 본다. 세 번째로 맑시즘이 자본주의 국가를 계급적 지배의 도구로 간주한 반면 페비안 사회주의는 국가를 상대적으로 중립적 기구로 보는 경향이 있다. 네 번째로 맑시즘은 역사를 대격변의 소용돌이로 보는 반면 페비안 사회주의는 그 개념들을 단선적이며 점진적인 발전으로 설명하고 있다(Lee and Raban, 1988).

1950년대 중반 페비안 운동의 지적인 지도자 중의 한사람이었던 티트무스(Titmuss)는 복지국가의 개념적 영역은 모든 집단주의적 개입을 포함하는 것으로 확대되어야 한다고 주장했다. 티투무스에 의하면 집단주의적 개입에는 세가지 유형의 사회복지를 포함한다. 첫째는 사회보장과 비영리대인서비스를 포함하는 사회복지(social welfare)이다. 둘째는 재정복지(fiscal welfare)로서 국가의 조세정책에 의해 간접적으로 복지수준을 높인다. 프로그램으로는 아동이 있는 가구에 대한 조세감면, 보험료에 대한 조세감면, 취업여성에 대한 소득공제 등이다. 셋째는 직업복지(occupational welfare)로서 개인이 속한 기업에서 제공하는 사회복지급여이다.

## 5. 맑시즘(Marxism) 관점에서의 사회복지

맑시즘은 다음의 두가지 이유로 사회복지를 비판한다. 첫 번째는 사회복지의 점진적인 개혁을 추구하는 면이 불평등을 영속화하는 자본주의 생산구조를 바꾸지 못한다는 것이나. 맑시스트들은 사회복지의 개량저긴 면이 불평등의 근원적인 원인을 무시힌다고 주장한다. 두 번째는 자본주의 사회에서의 정부관료들에 의해 사회복지가 사회불안을 제거하기 위한 수단으로 사용되었다는 것이다. 즉 대중들은 연금제도나 보충적인 급여로 인해 사회에 대한 불안감을 가라안히게 된다는 것이다. 그래서 급진주의자들은 사회복지가 지난 수세기 동안 사회통합에 공헌해 왔다는 것을 부정하며 사회복지의 목적은 사회통제에 있다고 본다.

프란세스 폭스 피븐(Frances Fox Poven)과 리차드 클로워드(Richard A. Cloward)

는 그들의 저서 『빈민통제』(Regulating the Poor)에서 이러한 관점을 잘 묘사하고 있다. 그들은 자본주의 사회의 사회복지는 구호제공은 부차적인 것이며 정치나 경제질서를 위해서 주로 존재하는 것이라고 주장한다. 즉 사회복지체계는 경제와 정치체계의 시녀이며 그것의 가장 주된 기능은 빈민을 통제하는 것이라고 주장하고 역사적인 자료를 통해 입증하고 있다. 그들은 사회복지는 사회가 정치적으로 불안할 때에는 새로운 사회복지프로그램을 시작하거나 사회복지급여를 늘여서 빈민을 통제하며, 정치적으로 안정된 시점에서는 사회복지서비스 제공의 규칙이나 규제를 강조함으로써 빈민을 노동시장으로 끌어들이려고 한다고 주장한다. 이와 같은 복지의 팽창과 수축과정을 통해서 관료들은 빈민들을 통제하고 사회를 안정시킨다는 주장을 편다(Piven and cloward, 1971).

# 제4장 사회복지의 주체와 대상(객체)

사회복지학을 과학적으로 연구하는 것은 사회복지가 「학」으로서의 논리가 있기 때문이다. 이론은 논리의 분석과 설명변수의 집합적 명제가 실증된 사실이다. 우리는 보통 사회복지의 논리를 사회복지의 구성요소를 가지고 말하고 있다. 즉, 사회복지의 구성요소는 사회복지의 개념을 이루고 있는 요소들이 무엇인가 하는 것을 말하는 것으로 목적(가치), 주체, 객체, 방법으로 구성되어 있다. 지금까지 사회복지학에서 사회복지의 구성과 연관된 논의는 주로 사회복지의 개념을 구성하는 내적 요소들에 대한 것에 집중되어 왔지만 차후에는 사회복지를 둘러싼 전체 사회 혹은 국가, 더 나아가서는 세계 등의 보다 거시적 요소에 대한 관심이 증대될 것으로 사료된다.

사회복지학은 분석대상으로서 사회복지현상의 내부적인 요소들을 넘어 이들에 영향을 끼치는 외부 환경 요인에 관한 탐구를 필요로 하는 보다 거시적인 사회복지학을 요청 받고 있는 것이다. 그것은 사회복지 활동 자체가 그것만으로 사회적 기능을 다한 것으로 볼 수 없으며, 사회복지는 다른 사회 내에 존재하는 하나의 사회제도로서 사회에 기여해야 하는 존재의미를 가지고 있기도 하기 때문이다.

여기서는 사회복지의 구성 요소 중 주체와 대상(객체)에 대해 서술하고자 한다.

## 제1절 사회복지의 주체

사회복지의 주체란 사회복지의 실천을 하는 주된 자가 누구이냐 하는 물음이다. 사회복지의 주체는 역사적으로 보면 오늘날과 같은 사회복지가 하나의 제도로서 분화되지 않고 있었던 시기에는 가족이나 시장기구에 통합된 상태로 존재해서 왔었다. 그러나 시대의 변화와 함께 다른 제도들 역시 각기 기능적 전문화가 일어나면서 사회복지도 세분화의 길에 접어들어서 오늘에 이르고 있다.

일반적으로 사회복지의 주체는 공적(공공) 부분과 민간(민영)부분으로 구분할 수 있다. 그리고 공적부분은 국가와 지방자치단체가 되고, 민간부분은 법인의 형태로 운영되는 것과 종교단체 혹은 기업 또는 자원봉사단체 등으로 구성된다. 그러나 사실 이러한 구분은 오늘날 현실적으로 의미를 상실하고 있는데, 그것은 각국에서 사회복지가 공적부분과 민간부분이 함께 혼합된 형태로 이루어지고 있는 것이 대부분이기 때문이다. 그럼에도 불구하고 사회복지의 주체에 관한 분석적인 구분이 필요하다. 그것은 사회복지를 합리적이고 효율적으로 운영하기 이하여, 그리고 사회복지 서비스의 효과성을 높이기 위해 이러한 분석과 검토가 요구되기 때문이다.

공적부분은 사회복지를 제공하는 기관이나 시설이 소유자가 정부이고, 재원은 전부 정부예산에서 나오며, 그것이 운영을 공무원들이 하는 형태이다. 반면에 순수한 민간부분은 사회복지를 제공하는 기관의 소유자가 민간인이고, 그것이 재원도 민간인에게서 나온다. Glennerster(1985)는 재원의 출처와 사회복지 급여를 상호 연관시켜 도식적으로 표 1)과 같이 구분하고 있는데, 이를 통하여 사회복지의 주체별 구분을 파악할 수 있다. 즉 같은 공공부문이라고 하더라도 재원의 출처에 따라 완전 혹은 부분공적주체로 세분될 수 있다.

Judge와 Knapp(1985)은 공적부문과 사적 부문을 재원과 생산이라는 2가지 차원에서 서로 다른 주체별 형태를 세분하고 있다. 표 2)에서 보듯이 오늘날 사회복지의 주체는 순수하게 공적 부분과 민간부분으로 명확하게 구분하기보다는 매우 복잡하게 혼합되어 실시되고 있음을 알 수 있다.

**표 1) 재정 및 급여에 따른 사회복지 구분**

<table>
<tr><th colspan="3">공 적</th><th colspan="2">민 간</th></tr>
<tr><td>공적</td><td>공적급여<br>완전공적 재원</td><td rowspan="2">공적급여부분<br>민간부분<br>공적 재원</td><td rowspan="2">민간급여 부분<br>민간 부분<br>공적 재원</td><td>민간급여<br>완전 공적재원</td></tr>
<tr><td>사적</td><td>공적 급여<br>완전민간재원</td><td>민간급여<br>완전 민간재원</td></tr>
</table>

사회복지의 주체는 오늘날 혼합된 형태로 이루어지고 있지만, 일단 공적사회복지 주체와 민간 사회복지 주체가 지니고 있는 특성을 이해함으로써 이들 양자를 적절하게 원용할 수 있을 것이다. 여러 연구문헌에 나와 있는 공적주체와 민간주체 사이의 장단점을

요약해보면 표2)와 같다. 이러한 양자의 장단점을 상호보완 하면서 우리 나라의 실정에 맞는 사회복지의 주체별 운용이 오늘날 필요하다고 생각된다.

**표 2) 사회복지 혼합유형**

| 재정 | 생산 | | | |
|---|---|---|---|---|
| | 공적 | 민간 | 자원봉사 | 비공식 |
| 공적 | 사회사업 | 민간의 residential homes | 장애인을 위한 특수시설 수용시설 | 공적 위탁보호 |
| 민간-집단적 | | 협동적 residential homes | 아동범죄예방을 위한 전국협회 | |
| 민간-개별적 | 지방자치 단체에서 실시하는 서비스에 요금부과 | 민간의 가정적인 원조 | 음식제공을 위한 단체 | 민간 위탁보호 |
| 무재원 | | | | 근린 및 가족의 상호원조 |

## 제2절 사회복지의 대상(객체)

사회복지의 대상이란 사회복지가 일차적으로 관심을 가지고 있는 것, 즉 문제에 봉착한 사람들이나 문제 자체 혹은 문제를 야기시키는 조건 등을 말한다. 사회복지의 대상 역시 사회복지가 역사적 사회적 형성체이니 만큼 사회복지의 변화와 함께 여러 가지로 변화되어 왔다. 그러므로 사회복지의 대상을 일관성 있고 전체적인 특성을 조망하기 위한 것을 제시하는 것은 어려운 일이다. 따라서 여기서는 첫째 사회복지 대상이 변천과 사회문제와 복지대상이 관계를 파악하여 사회복지 대상의 의미를 정리하고자 한다.

### 1. 사회복지 대상의 변천

사회복지의 대상은 사회적 약자에게 구조, 구제의 행위로서 취급해 온 시대로부터 전

국민을 대상으로 하는 현재에 이르고 있다. 지금도 구빈적 성격은 현상적으로는 변화가 없는 것처럼 보이지만 본질적으로는 대상인식의 변화가 있다. 대상인식의 변천을 판단하는 기준을 「사회복지를 제공하는 주체측이 그 대상에 어떻게 의미를 부여하여 왔느냐」하는 문제에 두고 대상규정의 변천을 살펴보고자 한다. 변천, 즉 역사에 관한 연구이므로 사회복지 발달사의 연구 모형인 외재적 연구 방법과 내재적 연구 방법을 활용하고자 한다. 이재적 연구 방법은 사회, 정제적 조건의 변동과 자본주의의 발전단계에 대응시켜 사회복지의 대상을 규정하는 방법이고 내재적 연구 방법은 원조 대상의 처우원칙, 원조의 목적과 방법의 변천에 착안하여 사회복지의 대상을 규정하고 분류하는 방법이다.

## 1) 내재적 연구방법

### (1) 상호부조

인간사회 생활의 원초적인 형태는 작은 촌락을 형성하는 지역공동체이다. 이 공동체에서 생활곤궁자의 생활곤란을 구조하는 자연발생적인 행위를 상호부조라고 한다. 이것은 혈연·지연관계, 동일 직업, 공통의 신앙을 가진 자 사이에 생활곤궁자가 발생했을 대 동료의식과 연대감을 갖고 자기의 분담에 의해 생활곤란자를 원조하는 일이다. (예: 길드, 두레, 품앗이, 계)

### (2) 자선·박애사업

① 정치적 의도에 기초한 빈곤구제사업, ②종교적 동기에 의한 생활곤궁자의 원조, ③사상 또는 도덕적 윤리에 기초한 생활곤궁자의 원조 활동을 말한다.

여기서의 대상은 빈민 모두가 대상이 되며, 권력자의 이지 또는 종교적 동기에 의해 노동자, 곤궁자, 과부, 노인, 고아, 장애자, 병자의 보호를 행했다. 그러므로 자선·박애사업이 특징은 대상자에 대한 시여자 자신이 시여 동기가 어디까지나 주관적인 것이라는 점이다.

### (3) 구빈사업

구빈사업의 확립은 일반적으로 「엘리자베스 구빈법」(Elizabethan Poor Law of 1601)로써 여기서는 대상을 3가지로 분류하였다.

①노동능력이 있는 빈민(the able-bodied poor)은 교정소나 노역장에서 수용하여 강제적으로 일을 시켰고, ②노동능력이 없는빈민(the impotent poor)(병자, 노인, 시각장

애인, 청각장애인, 불구자, 정신이상자, 어린아이를 가진 모(母))은 구빈원에 수용하여 구제했다. ③ 공적부양을 필요로 하는 아동(dependent childern)(고아, 기아...)은 도제살이를 하도록 했다.

이 제도는 개인의 사회생활상의 곤란을 당하는 빈곤자의 원조를 개인에게 위임하지 않고 국가가 책임을 인정한 점에 의미가 있다. 빈곤사업의 특징인 「열등처우의 원칙」은 구빈 사업대상자의 생리적 생존을 유지할 정도의 생활밖에 보장하지 않았다.

### (4) 보호사업

구빈사업은 빈곤자가 생활곤란에 빠진 원인을 추구하는 것이 아니라 생리적 생존을 유지할 정도의 의식주를 제공하는 것에 끝났다. 그러나 보호사업의 처우원칙 중에서 특히 「회복적 처우의 원칙」은 피구제자의 신체적, 정신적인 개선을 실제에 실현하여 갔다. 예를 들면 구빈법에 구제를 받는 환자는 의료전문시설에 수용되었으며, 또 빈민아동에 대해서도 아동시설에 수용하여 교육을 받도록 했다. 더욱이 대상자가 생활곤궁에 빠진 원인을 발견하여 그 원인에 따라 서비스와 처우를 하기 위해 생활곤궁에 빠진 원인을 발견하여 그 원인에 따라 서비스와 처우를 하기 위해 대상자를 분류하였다. 이것이 「분류보호의 원칙」이며, 유아, 그 밖의 아동, 환자, 노인, 신체장애자, 실업자 등 누구라도 생활곤궁자로서 구제대상자의 취급은 모두 단일 계통에 속하는 기관, 즉 구빈관청에 의해 수행되어져야 한다는 「단일보행정의 원칙」도 있다.

### (5) 사회사업

사회사업이란 용어가 정의 된 것은 20C초 E. T. Dawine과 A. Salomen에 의해 시도되었다. Salomen은 「사회사업이란 문화적인 이상에 대응하여 국민생활의 유지와 보호를 목적으로 하는 국가 및 사회적 노력이 총체를 말한다.」 또 정의에서는 그 대상으로서「문화로부터 뒤떨어진 장년층」으로 규정하고, 그이 건강적, 도덕적 및 경제직 제관계를 향상시키는 문화로부터 소외되어 건강적, 도덕적, 경제적 제관계가 지체된 상태에 있는 사회계층을 대상으로 했다고 말할 수 있겠다.

이와 같이 사회상업의 대상은 개인 또는 집단(가족, 계층)이며, 생활상태가 일정수준 이하라는 것이고 경제적 측면뿐만 아니라 회복을 필요로 하는 문제상황에 놓여 있다는 것이 공통점이다.

#### (6) 사회복지

복지국가의 특성은 사회사업과 같이 사회복지서비스이 대상자를 빈곤과 사회관계에 의한 사회적 약자에게 제한하는 것이 아니고 전국민으로 규정하는 점이다. 소득보장, 이료, 교육을 전국민이 평등하게 같은 전문적 서비스를 이용함으로써 생활상의 문제를 조기에 발견하고, 그 발생을 사전에 예방할 수 있다는 것이다. 여기서는 개인의 생존(생명·생활)을 보장하기 위한 정책적, 실천적 기능이 「대상」으로 인식되어야 정책주체 또는 실천주체의 대상으로 성립되는 것이다.

### 2) 외재적 연구방법

#### (1) 산업자본주의와 복지대상

초기 자본주의이 사회에 있어서는 정상적인 생활에서 탈락한 자 소위 「피구휼적 국민」을 구빈사업이 대상으로 했다. K. Marx는 구휼적 국민을 상대적 과잉인구의 최저침전물이라고 하며, 유랑민, 범죄자, 매춘부 등, 말하자면 룸펜 프롤레타리아를 제외하면 이 사회층은 ①노동능력자, ②고아 및 궁핍아동, ③룸펜 노동불능자 등 세 범주로 이루어졌다.

#### (2) 독점자본주의와 복지대상

19C 후반 성립한 독점 자본주의에 의해 노동자계급, 주소기업가 등은 실업과 빈곤이 발생하여 피구휼적 궁핍자로 전락된다. 이러한 곤궁에 빠진 노동자들은 자기들의 빈곤원인이 자본주의 제도의 구조적 필연성에 있음을 깨닫고 생존권에 대해 사회적 보장을 추구하게 되었다. 빈민의 요구호성은 도시, 농촌, 취업자 불취업자를 불문하고 노동자, 농민 소생산자, 중간층 등 국민대중의 사회적 곤란이 확대되어 복지의 대상이 되었다. 이리하여 노동자계층을 위한 사회적인 운동과 산업평화를 위해 노동시간이 단축, 최저임금, 사회보장, 공 · 사의 서비스를 제공함으로써 사회불안을 완화시켰다.

#### (3) 국가독점자본주의와 복지대상

국가독점자본주의는 독점자본주이하에서 거대화한 독점체가 국가의 경제적 활동을 이용하여 자본이 축적을 확보하는 경제체제이다. 국가독점자본주의의 발전과정에서 경제성장을 자랑삼는 풍요로운 사회 속에 궁핍과 빈곤에 빠져 있는 노령자, 상병자, 모자가족, 심신장애자, 중소탄광노동자 등 쇠퇴산업지대에서 볼 수 있는 곤궁, 인구의 도시집중화와 생활환경의 악화, 특히 주택난과 정신장애자의 증가, 영세 소생산자, 불안정 취업노동자 등이 누적되어 대량으로 발생하였다. 여기에서는 국민 모두가 사회복지의 대상이 되며, 동시에 사회정책과 사회보장의 대상이 되기도 하여, 이 세 가지 사회적 시책은 상호 보완관계에서 국민 생활을 확보해 주고 있다.

이상으로 복지대상의 인식에 대한 변천을 알아보았는데 사업 중심의 내재적 접근은 인간관계, 즉 사회 관계의 결손, 결함을 가진 자를 결국 복지대상으로 보았으며, 사회경제체제를 중심으로 한 외재적 접근에서는 그 대상이 빈곤, 즉, 경제적 조건이 대상인식이 범주가 되었다. 이렇게 보면 사회복지의 대상은 국민의 경제적 상태, 건강, 사회관계가 주된 범위를 차지하고 있다.

## 2. 사회문제와 사회복지대상

### 1) 사회문제의 성립과정

생활이란 소비생활을 토대로 하여 인간이 살아가며 자기를 완성하고 존속시켜 가는 것이다. 또 하나의 측면은 노동력(노동능력)의 생산·재생산에 있다. 따라서 소비생활은 생산적이다. 생산된 노동력은 생활에 필요한 모든 생활재료의 생산을 근원으로 하며, 이것이 없이는 인류사는 없으며, 인류사회도 없다. 이렇게 생각하면 노동이 갖는 의미는 「인간의 사회적 생존을 위한 생산 · 재생산 행위」라고 할 수 있다.

노동의 주체는 인간이다. 노동능력이 인간을 존재케 한다. 그러나 어떠한 원인에 의해 노동력이 상실 또는 희박해졌을 경우 생활재료를 구입하지 못해 생활상의 곤란을 당하게 된다. 이러한 곤란은 빈곤상태로 빠지는 것이 대표적인 예이다. 또한 문화적인 자질이 필요하며, 육체적 · 정신적 건강도 중요하다. 이리하여 교육, 주택, 생활환경, 교통, 통신, 이료 위생 등은 인간이 존재하는 데 필요한 전제조건이 된다. 그러나 사회변동에 따른 사회구조의 변화와 인간과의 사회관계, 즉 사회제도와 인간환경과의 목적추구의 불일치, 불충족, 부조정현상에 의해 생활문제가 발생하게 된다. 문제의 인식은 생활주체의 인식으로부터 시작한다.

생활문제의 세 가지 수준을 보면 다음과 같다.

① 생리적, 생존적 생활요구의 실현이 없다. 여기에서는 생활필수자료의 부족이라는 기아(飢餓)이다.

② 사회적 생활요구가 실현되지 않는다. 문화로서 존재하는 사회적 생활, 그것이 필요

한데 충족되지 않는 것을 포함한다.

③ 자기실현적 요구가 방해를 받는다. 여기에서는 여러 가지 상황이 포함되지만 예를 들어 여성차별, 가족제도 등 사회차별과 제도적 불평등에 관련되는 생활문제, 사는 희망이 없는 생활도 여기에 포함한다.

또한 주체와 수단으로 구분하여 보면

① 생활주체(생활자)에 관련되는 생활문제, 단적으로 생활주체의 형성·능력문제, 즉 요구의 표현, 실천방법 등 생활설계, 생활계획상의 문제가 있다. 다시말하면 사회병리적인 생활주체문제, 소외문제와 건강문제가 여기에 포함된다.

② 생활수단에 관련되는 무제, 생활수단의 양식이 좋지 않다. 공급되어 있는 생활수단의 종류의 양이 적다. 가격이 비싸다는 문제도 있다. 불량상품문제, 소비자문제, 주택문제 등도 여기에 포함된다.

이상과 같이 생리적·생존적 생활요구를 충족시키지 못하는 생활환경이 파괴 내지 생활비의 부족, 사회적 생활요구를 충족시키지 못하는 일상생활 활동능력의 결손, 자기실현적 요구를 방해하는 사회적 환경과 자립하지 못하는 퍼스낼리티의 결함이 중복되어 생활문제가 되며, 사회복지의 대상이 된다.

## 2) 사회복지의 대상규정 분류

학자에 따라서 사회문제를 자본주의 제도에 있어 역사적·사회적인 구조적 필연의 소산으로 보고 사회적 문제, 즉 사회에 있어 파생적, 관계적 문제를 사회복지의 대상이라고 했다. 더욱이 사회복지이 대상을 ①사회관계의 부조화, ②사회관계의 결손, ③사회제도의 결함으로 보려는 입장도 있다. 혹은 사회적 요구와 사회적 문제로 보는 견해도 있다. 그러나 필자는 빈곤(최저생활)과 사회관계의 불평등·부조정·불충족현상을 사회복지의 대상으로 생각한다.

그리고 사회복지 대상이 분류를 ① 빈곤문제= 생활곤궁자, ②아동문제=보육대상아동, 보호대상아동, 정신박약아, 신체장애아, 비행아동, 정서장애아동, ③가족문제=모자가정, 부자가정, 모자보건문제=임산부, 유아, 신체장애문제=신체장애자, 정신박약문제=정신박약자, 노인문제=노인, 의료문제=환자, 의료종사자로 나눌 수 있다.

그러나 복지 대상을 크게 인적대상과 문제성 대상인 두 가지로도 나눌 수 있다. 왜냐하면 인간은 생활주기에 입각하여 아동에서부터 노인까지의 생활인으로 존재하며, 그 나름대로 각각의 문제가 있을 수 있다. 가령, 아동에게 있어서도 빈곤문제, 보육문제,

장애문제, 의료문제가 있으며, 또 노인, 청소년, 부녀, 장년층도 같은 경우이다. 이 때 아동은 인적 대상이 되며 아동에 있어 빈곤 및 기타 문제는 문제성 대상이 된다. 특히 사회복지의 대상은사회복지문제로 인식되어진 「문제의 상태」와「그 상태에서 처해 있는 인간자체」이다. 그러므로 문제의 상태=문제성 대상으로 보고 그 상태에 처해 있는 인간자체=인적 대상으로 규정하였다.

### 3) 사회복지의 정책대상과 실천대상

사회복지의 대상은 사회문제이다. 사회복지의 대상은 사회복지의 주체에 따라 국가 · 행정부의 정책대상으로서 생활문제와 또한 원조활동주체, 실천대상으로서 생활문제 대상자로 구분한다.

생활문제는 역사적 · 사회적으로 생성된 사회문제 중에서 정책결정과정을 거쳐 사회복지의 정책주체에 의해 정책대상으로 선택되는 것이다. 정책대상으로서의 생활문제는 사회복지법제도를  준거틀로 하는 정책의 집행가정에서 수행된다. 그리고 생활보호와 복지서비스는 복지종사자에 의해 공급되고 있다. 이와 같이 정책대상은 생활문제이며, 실천재상은 생활문제의 수혜자이다. 일반적으로 전자가 성립함으로써 비로소 후자가 성립한다.

또한 사회복지의 대상을 공·사로 나누면, 주체(원조자)의 대상선택기준으로써 공적 복지의 대상선택기준과 사적 복지의 대상선택기준이 있다. 우선 공적복지의 대상선택기준은 역사적으로 보면 그것에는 선택기준(가치)이 있다. 즉, 개인주의를 원리로 하는 시민사회와 그 내부질서를 국가의 권력  작용을 통하여 보장하기 위한 시민법원리에 기초한 경제적 대응, 즉 자본주의 경제의 법칙(자본의 논리, 이윤의 극대화)에 지배되는 사회경제적 보급을 배경으로 하여 전  근로자와 그 가족이 생활보장을 위한 소득보장과 대인사회서비스를 성립시켰다. 그리고 사적 복지의 대상선택기준은 자선가 박애가 지배적이었다. 오늘날에는 가족, 지역사회, 직장, 민간복지단체에 의한 볼런티어 서비스가 생활문제를 원조하고 있다.

사회복지의 주체는 오늘날 분명하게 구분하는 일이 점차 어려워가고 있는데, 그것은 사회복지의 개념 또한 광범위해지고 복지 실천형태에 있어도 다양하고 혼합된 형태를 띠어 가고 있기 때문인 것 같다. 일반적으로 사회복지 주체는 공적 주체와 민간주체로 구분할 수 있으나 학자들에 따라 다양한 주체를 제시하는 모습을 발견할 수도 있었다.

사회복지의 대상은 실질적으로 사회 속에서 생활하고 있는 구체적인 인간이다. 일반적으로 사회복지이 대상자는 역사적 변천에 따라 곤궁 자들인 소수의 사회적 약자들에게서부터 국민전체에 이르는 데까지 확대, 발전하고 있는 경향이다. 여기서 사회복지의 주체와 대상(객체)에 대해 알아보았는데 이 두 가지를 각기 독자적으로 정의하는 것은 주체와 단절된 곳에서만 확정지울  수 없고 주체에 있어서도 무엇에 대한 주체인가 하는 점이 명백히 밝혀져야 한다. 주체와 대상이 상호간에 규칙적으로 만나며 혹은 서로 상충한다는 점이 있기도 하나 사회복지학을 논함에 있어서는 함께 이루어져야 한다.

# 제2부

# 사회복지접근법

제5장 사회복지행정론
제6장 사회복지조사(방법)론
제7장 사회보장과 사회복지

# 제5장 사회복지행정론

## 1. 우리나라 사회복지행정의 역사

사회복지행정의 역사에 대해 기술하자면, 샤머니즘 다음으로 오랜 역사성을 가지고 있다(류석영, 1989)는 과 함께 그 오랜 역사를 가지고 있으며 그 시기는 다음과 같이 구분해 볼 수 있다(이정서 외, 2001; 노무지·신재명, 2005).

### 1) 삼국 시대

삼국시대에는 구휼사업을 중심으로 혼자서는 자립이 불가능한 사람에 대한 구제 중심으로 국고에서 재원을 조달하는 방식으로 전개되었다.

구제사업은 관곡의 진급, 사궁구휼, 조조감면, 대곡자모구면, 경형방수, 종자 및 식량의 급여, 왕의 책기감선, 역농방재, 유민안집이 있었으며, 창제와 진대법도 있었다.

### 2) 고려시대

불교정신의 종교적 정신인 자비사상으로 5대 진휼사업인 은면지제, 재면지제, 환과고독진대제, 수한질여진대제, 납속보관제가 있었다.

상설 구빈 기관으로는 흑창과 제위보, 의창, 상평창, 동서대비원, 혜민국, 유비창이 있었고 임시 구빈기관으로는 동서제위도감, 구제도감, 구급도감, 해야도감, 진제도감, 진제색이 있었다.

### 3) 조선시대

왕의 책임 하에 빈민의 구제가 이루어졌으며 신속한 구제를 위해 구빈 행정의 실시책임을 지방관이 지는 형태를 띠었다. 중앙정부는 이를 지도, 감독하였다. 이밖에 가장 오래된 구황제도가 있었고 사궁에 대한 보호, 노인보호사업, 시식사업, 진휼 또는 진대사업, 조직 또는 방곡사업, 고조, 견감, 원납, 인보상조, 구황방이 있었다. 아울러 조선시대에는 상부상조의 전통이 강한 계와 향약의 조직이 발달하였다.

### 4) 일제시대

일본은 구호의 질적인 면에서 식민지 지배질서의 안정에 주안을 둔, 정치적 성향이 강하였다. 그런 결과 1944년 조선 구호령을 실시하였다. 당시의 식민지 시대 사회정책은 당시의 사회문제를 근본적으로 해결하려는 것이 아니었고 오히려 식민 통치의 필요성과 질서유지를 위한 구빈 정책을 실시하는데 그쳤다.

### 5) 미군정하에서의 사회복지

구호행정의 법적, 제도적 근거에 있어서는 형식적으로 일제시대의 것을 계승하였으나 기본적으로는 군정하의 법령과 필요한 규정에 의해서 구성되었다.

전반적으로 일제 잔존이 갈린 임시방편적인 성격이 강하였기 때문에 문제해결을 긍정적으로 풀지 못했다. 주로 외원 단체에 의존하는 성격을 띠고 있었던 바 1960년대 초 국가의 책임에 의한 자주적인 사회복지사업이 나타나기 시작하면서 외원은 점차 감소, 철수하기 시작하였고 1970년대를 고비로 하여 주요한 외원은 급속히 감소하기 시작하였다.

### 6) 군사정부의 사회복지

#### (1) 박정희 정부

선 경제 성장, 후 분배 정책의 기조 하에 사회복지관계법률이 입법화되었으나 이 시기의 사회복지는 민심의 안정을 얻어 정치적 정당성과 합법성을 얻고자 하는 임시방편적 성격이 강하다고 할 수 있다.

#### (2) 전두환 정부

복지국가 건설을 지표로 기초생활수급권자(당시에는 영세민)의 대책을 중시하였으며 이때 한국형 복지 모형론이 등장하였던 시기이다.

한국형 복지모형은 국가개입을 가능한 최소화하고 가족기능을 강화하여 자조와 재활을 강조하고 자원봉사의 참여를 강조하는 것으로서 이 시기에는 시설수용보호의 복지시설에서 벗어나 지역복지와 재가복지를 강조하여 많은 사회복지관들이 증설되었고 확대되었다. 그러나 전두환 정권이 통치하던 시기에도 박정희 정권과 마찬가지로 자신의 정권을 정당화시키려는 목적이 강했던 의도적인 시기였다고 할 수 있다.

#### (3) 노태우 정부

빈부격차와 지역감정의 해소를 슬로건으로 내걸고 재가복지 봉사제도가 급격히 증가하였으며 88장애인올림픽을 계기로 장애인에 대한 정부의 관심이 확대되었고 탁아사업도 크게 부각하게 되었던 시기이다. 노태우 정권이 들어서면서 사회복지 전담 공무원이 배치되었다.

### 7) 현대정부

#### (1) 김영삼 정부

제7차 경제사회발전 5개년 계획에 따른 정책기조를 1993년 신 경제 5개년 계획으로 대체 하면서 기존제도의 내실화에 중점을 두고 복지증진과 경제사회발전이 조화될 수 있는 체제를 확립한다는 것이 주요 골자인 시기이다. 이 시기에는 국가부분의 사회복지가 후퇴하여 복지 다원론이 등장하게 되었고 나아가 사회복지의 재정이 감소되었던 시기이다.

#### (2) 김대중 정부

생산적 복지가 국민정부의 기본 정책방향으로 정책의 목표는 구호 위주에서 생산적인 보건복지 행정으로 전환하여 성장과 복지의 균형을 꾀하여 복지국가의 달성을 목적으로 하였다.

우리나라의 외환위기로 초래된 IMF체제로 실업관련 저소득 대책이 마련되었고, 제 1차 사회보장 발전 계획을 수립하였다. 그리고 1999년에는 국민기초생활보장법이 시행되어 저소득층의 자립을 지원해주었다. 특히 여성특별위원회를 대통령직속으로 두었고 이후 정부직제개편을 통해  여성부를 신설하여 여성복지에 역점을 두었다.

김대중 정부가 들어서면서 IMF체제를 종식시키는데 역점을 둔 경제정책을 전개한 결과 국가적 빈곤상태를 일부 해소한 측면이 있다고 하나 전반적인 경제성장을 일으키는데에는 부족한 측면이  있다. 또한 IMF체제를 탈피하고자 시도했던 국가정책을 통해서 대량실업사태가 등장하게 되자 국민적 어려움을 가중시킨 결과를 낳기도 했다.

#### (3) 노무현 정부

참여복지를 천명한 노무현 정부는 전 국민의 복지증진을 위해 보편주의적 사회복지정책을 통해 사회복지 공급의 주체로서 국가의 역할을 강조했으며 전 국민의 복지 수혜를 위한 사회복지의 보편화에 노력하였다. 또한 복지정책의 결정에 있어서 단점인 권위주의를 타파하고자 노력 한 것은 역대 정권이 시도하지 못한 것을 하고자 했던 점에서 높이 살만 하다고 할 수 있다(서상철, 2004).

### 8) 향후 정부에 대한 발전적 기대

노무현 정부가 들어서면서 추진한 성장보다는 분배를 강조한 복지정책은 나름대로 전 국민을 상대로 한 복지수혜의 원칙을 토대로 전개해 나갔다는 점에서 긍정적인 요인으로 볼 수도 있으나 경제성장의 원칙하에 복지를 발전시켜 나가지 못한 점은 국민적 관심과 기대를 저버린 점도 있다고 할 때 향후 사회복지의 발전은 경제성장의 바탕 위에서 복지정책을 실시하여 전 국민이 만족스러운 사회서비스를 받을 수 있도록 구체적인 사회복지서비스로 옮겨 나가는 사회복지행정이 되어야 할 것이다.

## 2. 외국 사회복지행정의 역사

### 1) 영국

영국은 사회복지제도가 잘 정비되어 있는 나라 중의 하나로서 11세기~14세기 종교제도가 발달되면서 교회가 중심이 되어 과부나 고아에게 관심을 갖으면서 시작되었다.

초기의 영국의 사회복지는 종교적 차원에서 출발하였으며 그 성격은 자선적이었으며 시혜적이었다. 그리고 이 시기에 인구가 증가되어 양모수요가 늘어나게 되었다. 이로 인하여 종획운동(Enclosure Movement) 이 시작되었고 터전을 잃은 자작농들은 부랑인이 되어 대도시로 집중하게 되었다. 게다가 종교개혁으로 수도원이 해산되어 그나마 수용되었던 빈민들도 부랑인으로 전락해버렸다.

이러한 사회적 상황과 영국이 받아들인 자본주의에서의 생기는 여러 가지 사회문제(대도시의 슬럼화, 빈곤문제 등등)들이 맞물려 사회 경제적으로 혼란스러웠다.

### 2) 구빈법 시대

#### (1) 구빈법(1601년)

엘리자베스시대의 구빈법은 최초의 공공부조라는 것에 그 의의가 있다고 하겠으나 보편적인 의미의 공공부조가 아닌 선별적인 의미의 공공부조였다고 볼 수 있으며 이 시기의 구빈법은 빈곤을 개인의 능력 유무의 원인으로 보았다. 따라서 당시의 구빈법은 "선 가정 후 사회복지" 라는 원칙을 내세우며 국가 통제하에서 공공부조가 이루어졌다.

무엇보다 엘리자베스 구빈법의 큰 특징은 구빈 행정기구가 성립이 되어 교구별로 임명된 구빈 감독관이 생활환경을 조사, 대상자를 3가지로 구분하여 각각 다른 처우를 했다는 것에 있다.

### (2) 정주법(1662년)

거주이전의 자유를 제한하여 빈민들의 이주를 막는 법으로서 각 교구는 교구 안의 빈민에 대해 책임을 지고 있었으므로 빈민의 이주는 교구민들의 세금을 가중시켰다.

### (3) 작업장법(1722년)

원내구조의 성격이 강화된 것으로 강제 노역장을 강화하였다. 이 법은 구제비용을 최소화하기 위하여 마련되었지만, 이 작업장 안에서의 빈민들에 대한 처우는 비인간적이었으며 후에는 지하감옥이라고 불리우며 작업보도 프로그램의 효시가 되었다고 할 것이다.

### (4) 길버트법(1782년)

현재의 사회복지 전담공무원의 시초가 된 것으로 원외구조를 시행 시 전문가가 반드시 필요하다는 점이 이와 유사하다. 자원봉사자 성격을 가졌던 빈민감독관(무급)이 아닌 유급직 구빈 사무원을 고용하였다. 작업장 법에서 추구하는 원내구조 중심에서 일부 원외구조를 도입한 법이다.

### (5) 스핀햄랜드 법(1795년)

원외구조를 전국적으로 확대한 법으로 노동자를 위한 임금 보조제를 마련하였다. 이러한 결과로 인해 인구가 증가하게 되었고 구빈세도 많이 거두어들이게 되었다.

### (6) 신 구빈법과 공장입법

① 공장입법(1833년)

Owen, Wood 등이 아동을 보호하자고 주장하여 1833년 공장입법을 제정하게 되었다.

19세기 방직업의 발달로 노동력이 부족하자 빈민층의 아동을 활용하는 기회를 제공하였다. 아동들은 평균 18시간 정도 일했으며 휴식과 휴무가 주어지지 않았다. 이러한 상황에서 제정된 법이다.

② 개정 구빈법(1834년)

개정 구빈법의 3대 원칙인 전국 균일의 원칙, 작업장제도의 재 설립(원내구조강화), 열등처우의 원칙을 수립하여 시행하였다. 자유주의 이데올로기자들의 지도층의 원외구조를 반대, 국가개입의 최소화를 주장하였다. 이를 반영하여 개정된 법이다. 이 법 역시 빈곤의 원인을 개인에서 기인한다고 여겨 빈민에게 낙인을 주는 등의 비 인도주의적인 처우와 시혜적 성격을 띠었다 고 볼 수 있다.

### (7) 사회개량운동

노동자들이 참정권을 얻기 기한 챠티스트의 운동으로 노동자들은 이 시대의 참정권을 얻는 것에 실패하였지만, 그 후 노동자들은 경제적 조건의 개선으로 관심을 돌려 협동조합을 개설한 결과 Owen의 방직공장에서 최초로 소비자 협동조합을 열었다. 또한 노동조합회의를 탄생하게 만들었다. 이러한 지속적인 운동은 노동자의 빈곤을 해방시켰고 더 나아가 정부의 참여세력으로 성장하게 하였다. 이 챠티스트들이 몰락한 후에도 사회주의 이념을 가진 개혁가들 버다드 쇼, 웹부처 등은 페이비안 협회를 구성하여 부녀자들의 참정권, 임금 및 노동시간 입법, 주택사업, 교육과 같은 실천적 개혁을 주장하기도 하였다.

### (8) COS

COS는 서비스를 받을 자격이 있는지에 대해서 우애 방문원이라는 자원봉사를 동원하여 자산조사를 실시하였고 자원봉사를 받는 사람, 서비스를 받는 사람의 중복, 남용, 누구를 방지하기 위한 기관과의 연락기기구를 만들었다. 이는 후에 개별사회사업으로 발전하게 되었으며 다른 한편으로는 지역사회조직의 기반이 되었다.

한편 캠브리지와 옥스퍼드 대학생들은 빈민층에게 교육을 획득하도록 하는 새로운 접근 방법을 시도하였고 후에 이것은 인보관 운동으로 나타난다. 영국에서는 최초로 Toynbee Hall이라는 인보관이 생겼다.

### (9) 사회조사

1886년 찰스 부스가 쓴 "런던노동과 런던 빈민"이라는 논문에서 그가 거주하는 런던 사람들의 2/3이 빈곤선 이하에 살고 있으며 그 원인이 실업과 질병에 있다고 발표하였던 것이 계기가 되어 이 논문은 당시 많은 사회적 시사점을 주었으며 사회개혁의 필요성을 제기하였다.

### (10) 다수파와 소수파 보고서

20세기에 접어들면서 영국은 빈곤에 대한 태도가 변화하기 시작하여 이 때 사회입법을 만들면서 다수파와 소수파의 견해차이가 있었다. 다수파는 주로 COS를 옹호한 자유주의 이데올로기자들로 구빈법의 개혁을 제시하였고 소수파는 페이비안 협회를 옹호한 사회주의 이데올로기자들로 구빈법의 폐지를 주장하였다. 결국 다수파의 보고서가 채택되었으나 소수파의 의견이 반영된 사회입법(무료급식, 노령연금, 국민보험법)이 탄생되는 결과를 낳았다.

### (11) 베버리지 보고서

2차 대전으로 영국은 사회적 혼란이 야기되었고 많은 심각한 문제(전쟁고아, 아동, 여성 노인..) 문제들이 발생한 상황에서 영국은 빈곤의 원인이 더 이상 개인이 아니라 사회경제적 요소라고 인식하고 국가적 책임을 위한 사회복지제도에 관한 정책을 내놓기 시작했다. 또 이때 베버리지는 5대악을 (질병, 무지, 나태, 궁핍, 불결) 발표하고 국가적 책임을 강조한 사회보장 제도를 제시했다. 베버리지가 제시한 대표적인 정책으로는 가족수당, 국민보험, 국가보조, 국민보건, 고용, 직업에 관한 보험이다.

### (12) 대처리즘

신보수주의, 신자유주의라고도 하는 대처리즘은 영국 사회 내에서 1970년대 경기가 침체되자 그 원인을 대처는 정부실패, 복지국가의 실패라고 보았다. 즉, 대처는 자유주의 이데올로기에 입각한 정책으로 개인의 책임과 자조를 강조하고, 보편주의원칙에서 선별주의원칙으로 전환했으며 복지예산의 감소를 위해 복지의 민영화를 추구한 것이 특징이라고 하겠다.

## 2) 미 국

### (1) 식민지 시대

17세기 미국 식민지 개척자들은 개척 초기에는 영국식 사회복지제도를 그대로 답습하기 시작했다. 당시 미국의 영국의 관습을 그대로 가지고 미국으로 건너 왔으며, 구빈법도 여기에 해당된다. 일 예로 1647년 로드아일랜드는 엘리자베스 구빈법의 원칙을 발표하기도 하였다.

뿐만 아니라 기독교 사상인 청교도 정신이 더해져서 금욕적 생활을 이상적 인생관으로 보고 노동을 혐오하는 자는 기독교 신앙이 부실한 자라고 보아 빈곤자에 대해서는 구제 하여는 주되 벌칙적 성격을 가져야한다고 보았다.

### (2) 남북전쟁 이전의 시기

미국에 있어서 독립전쟁부터 남북전쟁까지의 시기는 중요한 정치적, 경제적, 및 사회적 변화의 시기였던 바 이 시기에는 급속한 인구증가, 광활한 지리적 팽창, 농장과 공장의 기계화, 정치적 및 이념적 투쟁 등이 수반되기도 하였다.

그러나 이 시기의 사회복지 행정에 따른 제도는 종교적이고 인도주의적인 입장에서 빈민들을 인도주의적으로 대우해야 한다는 주장이 제기되기도 하였다.

### (3) 남북전쟁 및 이후

남북전쟁 이후 미국은 급속한 경제성장, 정치적 통일, 외국과의 평화적 관계를 누리게 되면서 빈곤문제가 첨예화되었고, 지역주의가 팽배하였으며 경제적 계층의 양극화현상이 심화되었다. 특히 독점자본의 발달에 따라 부의 편재성의 일어났으며 제 2의 산업혁명으로 일자리를 잃은 실업자가 증가하여 도시의 슬럼화가 일어났다.

### (4) 진보주의 시대

제 1차 대전이후, 개혁과 진보는 번영과 안정 그리고 빈곤에 대한 마지막 승리에 근접했다는 신념에 의해 대체되었다. 20세기 사회복지 분야에서 가장 중요한 계기는 1909년에 시작된 백악관 회의인데. 이 회의에서 사회봉사 및 사회정책의 지방적 노력 대신 전국적 정책의 필요성을 인정하였고, 그것은 바로 아동복지법으로 나타났다.

### (5) 경제공황과 뉴딜정책

1929년 뉴욕 증권거래소에서 발단이 된 경제공항으로 인하여 실업자가 286만 명에서 500만 명으로 증가하였다. 빈민이 갑자기 증가하게 되지 빈민을 구제하기 위한 사적, 공적기관은 그 기능을 상실하였다. 경제공황이 원인이 되어 빈곤의 원인과 책임을 개인에게 두던 관점에 조금씩 변화가 발생하게 되었다.

이어 1932년 뉴즈벨트가 대통령으로 당선되면서 실업자가 1500만 명에 이르자 일찍이 실업보험이 발달하게 되었다. 그리고 1933년 연방긴급구호법을 입법하였다. 또한 실업자에게 적정한 기회를 주기 위해 1933년 시민사업청을 설립하였다. 경제공황시기의 미국사회복지의 제도의 발달적 특징은 자유방임주의의 경제사상이 퇴색하였다는 것이며 빈곤의 책임이 개인이라는 사상이 변화되었다는 것이다. 그리고 국민생활안정을 위한 사회보장법이 최초로 제정 공포되었으며 사회사업방법들이 전문화된 것이다

### (6) 신연방주의와 복지개혁

미국에 있어서 1935년~1960년대까지의 복지 프로그램은 크게 변화하지 않았다. 하지만, 1970년대에 석유파동이 일어나면서 세계적으로 경제가 침체되었고 다시 실업과 빈곤대책을 강구하기 위한 많은 정책들이 나왔다. 사회사업의 방향도 사회개혁과 권익옹호 프로그램에 관심을 갖고 이러한 프로그램을 발전시켜 나갔다.

이러한 흐름에 1980년대에 레이건 정부가 들어서면서 자유주의적 사상이 다시 등장하였고 이러한 사상은 복지재정의 최소화, 특히 복지 프로그램에 있어서 연방정부의 역할 최소화, 절실한 욕구자만이 혜택을 받는 선별적 서비스, 장기간보호가 아닌 단기간 보호로 제공되어야 한다고 주장하였다.

이와 같이 연방정부의 복지 기능을 축소화시키면서 기업인의 이익을 증대시킨 정책을 신연방주의라고 한다.

## 3) 일본

### (1) 제 2차 대전 이전 생활보장체계

메이지 유신 후 자본주의의 맹아기에 있어서 구빈 시책은 공동체에 의한 상호 부조적 성격을 전제로 노동능력이 없는 빈민을 대상으로 한 제한적 부조책이었다.

1877년에 들어서면서 자본의 축적과정과 더불어 농민층, 상인층, 직인층, 몰락 토족의 궁핍화가 나타나고 1883년 전국민의 60%가 빈곤에 쳐하게 되었다. 따라서 이에 궁민구조법안이 제출되었고 민간육아시설이 많이 설립되는 역사적 전철을 밟게 되었다.

칭·일, 리·일전쟁 후 일본은 여러 가지 시책들이 마련되었지만 대상자는 주로 특권층 군인의 가족을 우대하는 정책이 이루어졌다.

### (2) 미군정기 사회복지사업의 형성기

제 2차 세계대전 패전후의 전쟁으로 인한 고아, 기아, 전재민, 귀환자, 부랑민, 상해자, 장애인 등 생활 곤궁자의 생활문제, 매춘, 범죄들이 만연하여 이에 따른 사회문제 해결이 시급하였다. 이런 사회복지의 전후 개혁은 CHQ에 의해 추진되었다.

CHQ는 일본 사회사업의 비군사화와 민주화를 목표로 생활보호법 제정을 계획하였다.

그리고 CHQ는 평등의 원칙, 공적책임의 원칙, 구제비 비 제한의 원칙 이 3가지를 CHQ의 3원칙으로 전하고 사회복지 개혁에 있어서 지도원리가 되었다. 이 3원칙에 의해 1946년 구 생활보장 법이 1947년에 아동복지법, 1949년에 신체장애자복지법의 제정으로 소위 복지 3법이 성립하게 되었다.

#### (3) 고도 경제 성장기의 사회복지

1960년대 이케다 내각이 내세운 경제계획 '국민소득배증 계획'에 의하여 10 여 년 동안 급속하게 고도 경제성장을 달성하게 되었지만 농촌의 생활붕괴, 인구의 도시집중, 생활환경의 변화, 정신장애인의 가족증가 등에 따른 문제가 많이 대두되었다.

이에 대응하기 위하여 이전의 복지 3법에 추가하여 정신박약자복지법, 노인복지법, 모자복지법 등이 제정되어 소위 복지 6법의 체제가 정비되었다.

#### (4) 1980년대 이후의 사회복지의 개혁

이 시기의 사회복지의 가장 큰 변화는 복지재정의 축소이다. 이것은 지방자치단체의 부담을 가중시켰으며 시설복지를 전개하기 어렵게 만들었다. 따라서 재가복지가 더욱 활성화되었다. 이러한 제도적 변화로 사회복지 이념도 변화하였는데 그 대표적 이념은 정상화이념이다. 정상화 이념은 사회복지가 시설중심에서 재가복지로 변화하도록 하였다.

## 3. 사회복지행정의 개념과 사회복지행정과정

### 1) 사회복지행정의 필요성

견해의 차이는 있지만 우리나라의 사회복지제도는 시대가 변해도 크게 나아졌다고 할 수 없다. 노무현 정부 들어서 분배의 원칙을 경제성장보다는 우위에 두고 있지만, 아직까지 전 국민을 대상으로 한 복지정책에는 미치지 못하고 있는 실정이다.

이러한 관점에서 볼 때 사회복지에 관해서는 감정적 동기보다는 제도개선이 중요하다. 이를 방치해 두면 장차 엄청난 사회적 문제와 부담이 가중되기 때문이다. 따라서 경제문제가 더 시급한 시기라고 해서 사회복지 분야를 소홀히 해서는 안된다. 단지, 장기적이고 체계적인 사회복지를 위한 시각을 갖는 것이 중요하다고 할 것이다. 이러한 결과가 대두되기 위해서는 우선적으로 사회복지의 전문화가 이루어져야 한다. 개개인에 대한 전문상담·치료 프로그램 개발, 효과측정 평가도 전문성을 높여야 한다.

기초생활수급권자 자녀나 장애인에 대한 직업훈련도 부가가치가 크고 자활효과가 높은 직종으로 확대하고, 수준을 높여야 하고 효과적인 복지를 구현하자면 그 무엇보다 지역복지를 체계화해야 한다. 지역실정과 개인적 특성에 맞는 프로그램이 개발되어야 하고, 특히 동원 가능한 인적·물적 자원을 활용할 수 있어야 한다. 무엇보다 중앙정부의 획일적인 프로그램과 기준에는 한계가 있기 마련이기 때문에 자원봉사자의 발굴과 활용, 그리고 지역 모금운동을 활발히 전개해야 한다. 향후 지방자치단체의 복지활동이 국가복지 수준을 좌우하게 될 것으로 볼 때 사회복지서비스를 복지수혜자에게 체계적으로 전달되기 위해서는 사회복지행정의 전문화가 이루어 져야 할 것이다.

### 2) 사회복지행정의 개념

우리나라에서는 지역복지의 활성화가 전개되어 나가면서 지역 사회 내에 사회복지조직이 늘어나면서 조직을 유지·발전시켜 나가기 위한 행정의 중요성이 대두되어 왔다.

더욱이 급증하고 있는 사회복지의 욕구는 날로 다양해지고 복잡해지는 실정을 감안하여 사회문제의 복잡성이 대두되고 있는 실정이다. 이러한 문제의 해결을 위해서 행정이 필요하다고 여겨져 왔으며, 국가주의적 입장에서 행정의 효율성을 강조해 왔다고 볼 수 있다. 이제는 사회복지현장에서도 조직의 체계적인 관리와 효율적인 운영을 위해 전문적인 사회복지 행정의 기술이 요구되는 바 그것을 어떻게 접목하느냐 하는 것이 하나의 과제라고 할 것이다. 이러한 측면에서 사회복지행정은 추상적인 사회복지정책을 구체적인 사회복지서비스로 전환하여 서비스를 필요로 하는 사람에게 전달하는 과정에 관한 활동이라고 할 수 있다(서상철, 2002). 그러므로 한 사회의 모든 구성원의 복지를 향상시키고 제공하기 위하여 규범적으로 정해진 정책(복지목표)를 실현하기 위한 제도적 장치를 마련하고 이를 위한 제기능 및 활동을 일반적으로 복지행정이라 하고 있다.

좀 더 다의적으로 살펴보자.

사회복지란 무엇인가? 복지란 다의적 개념이고 관련대상도 광범위하다. 일정한 수준에 못 미치는 자들에 대한 경제적, 물질적 원조만을 뜻하기도 하고 거기에 정신적 원조(상담, 지도, 안내, 훈련 등)를 포함하기도 한다. 발전적 의미에서 개인, 집단, 지역사회의 안녕을, 또는 기조 정치 · 경제 체계의 유지 · 붕괴 방지를 위한 사회체계이 제기능을 뜻하기도 한다. 더 넓게는 복지국가의 사회정책을 일컫기도 한다. 이해를 돕기 위해 사회복지가 포괄하는 내용을 중심으로 협의, 광의, 최광의로 구분한다면, ⓐ 협의 – 일반적 또는 일정 생활수준(예 : 공식빈곤선)이하에서 생활하는 사회적 약자에 대한 특수한 사회보호의 방책(자선적 사회사업 또는 아동, 노인, 부녀자, 장애인복지를 의미하는 협의의 사회보장제도를 의미하기도 한다.)

ⓑ 광의 – 노인, 어린이, 질병자, 신체장애인, 범죄자 등과 같이 특별한 주의·보호를 요하는 자들에 국한하지 않고 사회의 모든 구성원을 대상으로 그들이 속하고 있는 사회와 적절한 관계를 확보할 수 있는 수단을 제공하는 계획적인 사회적 서비스 또는 관계시설의 체계(빈곤 · 의료 · 교육 · 주택 · 문화 · 위생 · 환경 등). ⓒ 최광의 – 협의, 광의 외에도 건설 · 토목 · 재정 · 금융 · 경찰 · 군사 등, 사회생활의 안전과 발전에 공헌하는 일체의 사회적 시책 또는 제도를 일괄하여 이해하는 입장.

사회복지제도는 정치 · 경제 · 교육 · 종교 제도 등에서와 같이 구체적 한정적이지 못하고, 이들을 포괄하는 종합적 제도이어서 최광의로 이해하는 의의는 인정된다. 그러나 사회복지제도는 사회의 저변을 형성하는 가난한자, 낙오자, 불구자 등을 주 대상으로 하는 제도라는 의미를 생각할 때 최광의로의 이해는 곤란하게 되고, 한편 전치제도, 경제제도, 교육제도 등과 차이가 있다. 정책적 측면이 아닌 제도적 측면에서 비롯된 것인지는 몰라도 일반적으로 사회복지의 개념이 협의나 광의로 사용되고 있음을 부인할 수 없으며, 한 국가의 현시적 제도화인 사회보장제도를 통하여 현실적으로 이해할 수 있을 것이다. Wilensky와 Lebeaux도 사회복지를 '개인으로 하여금 그들 능력을 완전히 개발시킬 수 있도록 만족스러운 생활수준과 건강을 영위하도록 개인과 집단들을 돕도록 고안된 사회서비스와 제도의 조식체계'라고 하였다. 그럼에도 사회복지행정을 최광의의 입장에서와 같이 사회국가의 거의 모든 분야가 생활의 안녕, 행복과 관련되고 있기 때문에 복지향상책을 논하거나 복지문제를 논할 때는 모든 관련분야를 대상으로 하고 있다.

이러한 의미의 사회복지행정은 크게 협의의 개념과 광의의 개념으로 구분될 수 있는데, 협의의 개념에서는 사회복지조직의 목표달성을 용이하게 하기 위해 관리자가 수행하는 상호의존적인 과업과 기능 및 관련활동 등의 체계적 개입과정을 말한다.

반면에 광의의 행정개념에서는 행정을 조직의 모든 활동과정에 다양하게 기여하는 조직구성원들의 협동적·조정적 노력으로 보고 사회복지행정은 사회정책을 사회복지 서비스로 전환시키는데 필요한 사회복지조직의 총체적인 활동을 말한다(Patti, R. J, 1983:25).

위에서 서술한 협의의 사회복지행정은 주로 사회복지조직 관리자의 활동과 관련되어 있으며, 목표설정, 프로그램, 기획, 자원의 동원과 유지, 성과의 평가와 같은 과업활동에 사회 사업적 지식, 기술, 가치 등을 의도적으로 적용하며 사회복지조직의 특수한 목적과 특징에 영향을 받게 되는 반면, 광의의 사회복지 행정은 사회복지조작에서의 총체적 활동을 말하는 것으로 목표달성의 책임이 조직의 모든 구성원들에게 공유되며 사회복지조직내의 모든 활동은 그것이 개인적 차원이든 조직적 차원이든 행정과정에서 매우 중요하다는 것을 강조함으로써 행정의 개념을 보다 민주화하고 있다(최성재, 남기민, 2004).

〈그림〉 사회복지행정의 개념 분류

| 광의의 개념 | 협의의 개념 | 주체 | 객체 |
|---|---|---|---|
| | | | |
| 사회복지행정 → | 사회사회업기관(시설)행정 | → 민간 → | 클라이언트 |
| | | | |
| → | 공공복지기관 행정 | → 공공 → | 전 국민 |
| | | | |

자료: 권육상 외(2004), p. 22, 재구성.

### 3) 사회복지행정과 일반 행정과의 비교

행정은 정치권력을 배경으로 공공정책의 형성 및 구체화를 이룩하려는 행정조직의 집단행동이라고 할 수 있으며 보통 정치권력이라는 강재성을 내포하고 있다. 또한 행정은 권력성과 관리성을 중심으로 공익을 추구하는 성격을 지니고 있다(권육상 외, 2004). 이러한 측면에서 행정은 국가의 목적을 달성하기 위한 사람과 물건의 관리라고 정의할 수 있댜(L. D. White, 1926: 2).

따라서 행정은 사회복지행정 뿐만 아니라 기업행정, 정부행정, 교육행정 등 여러 가지 형태로 존재하는 바 행정은 조직의 특성에 따라 상이한 특징을 지니고 있다. 이와 관련 스펜서는 사회복지행징과 다른 행정과의 공통점 및 차이전을 다음과 같이 설명하고 있다(Spencer, 1959: 21-22 ; 최성재· 남기민, 2004: 24-26 ; 권육상 외, 2004: 22-23).

#### (1) 공통점

① 행정은 주로 문제의 확인, 문제의 제 측면 연구, 해결 가능한 계획의 개발, 계획의 수행, 효과성 평가 등을 포괄하는 문제해결과정이다.

② 행정은 상호 관련되고 상호작용하는 부분들이 모여서 이루어진 체계이다.
③ 행정은 대안선택에서 가치판단을 사용한다.
④ 행정은 개인 및 집단이 좀더 효과적으로 기능하도록 하는 과정(Enabling Process)으로 간주된다.
⑤ 행정은 미래와 상당히 관련되어 있다.
⑥ 행정은 지식과 기술의 판에 박힌 활용이라기보다 창의적인 활용으로 이루어지고 있다.
⑦ 행정은 최적효율과 상품 또는 서비스의 생산을 쉽게 하기 위한 프로그램, 서비스 및 직원들을 조직화시키는 것에 관심을 두고 있다.
⑧ 행정은 크든 작든 공의(Public Will)를 실행에 옮기는 것과 관련되어 있다.
⑨ 행정은 관리운영의 객관화와 인적자원의 활용간에 적절한 균형을 유지한다.
⑩ 행정은 개별 직원들의 지위와 인정에 관심을 가지며, 조직의 목표, 가치 및 방법에 직원들이 적극적으로 일체감을 가질 필요성이 있다고 본다.
⑪ 행정의 중요한 영역으로는 의사소통, 직원간의 집단관계, 행정에의 참여 등이 있다.

### (2) 차이점

사회복지조직에서의 행정은 지역사회내의 인지된 욕구를 충족시킬 수 있도록 돕기 위해 존재하는 것이다. 행정을 통하여 사회복지조직이 제공하는 서비스는 크게 세 가지 범주로 분류되는데 그것들은 손상된 사회적 기능의 회복, 좀더 효과적인 사회적 기능을 위해 사회적 개인적 자원의 제공 그리고 사회적 역기능의 예방이다.

사회복지행정이 이루어지는 場인 전형적인 사회복지 조직은 일반적으로 지역사회를 대표하는 이사회를 갖고 있다. 사회복지조직의 크기, 범위, 구조 및 프로그램 형태는 광범위하고 다양하다.

사회복지행정가는 사회복지조직의 내부운영을 지역사회와 관련시킬 책임을 갖고 있다.

자원활용에 관하여 계속 선택을 내릴 필요성이 있다. 사회복지조직은 조직의 생존을 위해 자원의 적자운영을 피해야한다. 조직의 최적기능을 창출하고 유지하며 보호할 주요한 책임이 사회복지 행정가에게 부여된다. 사회복지 조직에 의해 수행되는 서비스에서 전문 사회사업적 성격이 점차로 증대하고 있다.

모든 직원들은 행정과정에 참여하여 어느 정도까지는 전체 조직사업에 영향을 미친다.

### 4) 사회복지행정의 성격

사회복지행정(정책)은 사회행정(정책)과 어떻게 구분되나? 사회정책은 한때 경제정책 또는 노동정책이 중심이 되어 동태적으로 논의되어 오기도 했으나, 오늘날에는 모든 사회문제에 대한 해결책, 예방대책을 위한 정책으로 이해하고 사회행정은 이를 집행하는 과정 및 행위로 이해하는 것이 일반적이다. 이와같이 사회행정이 사회현상에서 야기되는 전반적 문제를 다루는 것으로 보아 포괄적, 망라적인데 비하여 사회복지행정은 비교적 인간의 삶과 밀접히 관련되는 한정된 사회문제를 주로 다루고 복지(Wellbeing, Welfare)를 지향한다는 적극적기능을 주로 내포하고 있다고 하겠다.

한 학문으로서의 연구대상과 방법을 규정하기 위하여서도 사회복지행정은 첫째, 제도적 정책적 개념하에서 이해해야 한다. 사회복지는 너무나 기능이 다양하고 그 내용이 광범하여 이를 개념화할 때 막연함을 면치 못하므로, 사실적 행정행위가 행하여지는 구체적 제도나 그 행위자체를 결정하고 예시하는 정책적 맥락에서 생각하지 않을 수 없다. 둘째, 사회복지행정은 모든 국민을 대상으로 한다. 그러나 사실적으로 대상인 수혜자는 개별인(individuals)이고 한 집단은 아니다. 셋째, 주목적, 주요부분은 기본적욕구 생활보장이라 하겠다. (생활보호법 참조) 넷째, 개별적, 일시적 처방이라기 보다는 사회여건을 조직적으로 조정하고 회복케하는 장기적 정책기반이라 할 수 있다. 다섯째, 공·사의 협조를 통하여서만 이 소기의 성과를 달성할 수 있다. 여섯째, 비권력적 조장행정이다. (권력적 국가행정이 아니며 소극적으로 구제를 요할 때의 방어적인 소극행정이 아님) 일곱째, 인간의 기본적 욕구라 할지라고 그 욕구는 한 단위적 부분적 인간의 욕구가 아닌 관계로 그것은 다원적기능의 역할수행에 의해 해결되므로 담당조직이 다원화되어 있다. 그러나 행정책임의 일원화와 행정능률의 제고를 위하여 주무관청의 일원주의, 통합주의가 바람직하다. 여덟째, 사회복지행정은 자본주의의 수정을 통하여(민주사회주의의 실현등으로) 복지사회의 건설을 목적으로 수행되고 있다.

### 5) 사회복지행정과 복지국가관

복지행정을 자본주의의 수정을 통하여 복지사회(국가)의 건설을 목적으로 한다고 하였는데, 복지국가 건설에 관련된 사상적 맥락은 다음과 같다.

Adam Smith로 대변되는 근대자유방임주의하에서는 국가의 간섭이 적으면 적을수록, 즉 경제는 보이지 않는 손에 의해 조화를 이루고, 국민들은 많은 복지를 증진시킬 수 있다고 생각하며, 최소의 정부가 최선의 정부로 여겨졌다.

그의 국부론(The Wealth of Nations)이 나왔을 때 영국에서는 이미 산업혁명이 일어나기 시작하여 정부의 간섭 없는 자연 상태에서는 자유방임주의가 제대로 기능할 수 없게 되어갔다. 그 후 Jeremy Bentham이 최대다수의 최대행복으로 대변되는 공리주의를 주창하고 정치의 목적을 여기에다 두어야 한다는 국가 간섭의 정당성을 시사하였다. 소득분배정책을 위한 국가간섭도 정당화하였다. 신칸트학파의 대표자(신이상주의자), Thomas Hill Green은 "국가는 결코 필요악이 아니며 참다운 선을 실현시키는 조건을 제공하는 동시에 도덕적 생활에 있어서 불가결한 요소라고 했다. 또 복지국가에는 민주주의적 국가가 당연한 전제라고 하였다."

W.A. Robson은 현대 복지국가 성립의 사상적 배경으로 ⓐ 프랑스혁명의 자유 평화 등 박애의 사상, ⓑ Bentham의 공리주의 사상, ⓒ 페이비언 사회주의의 중요산업의 공유 이념, ⓓ Keynes의 경제이론, ⓔ Webb의 산업민주주의 이념을 들고 있다.

요컨대 사회복지란 말은 자본주의 경제제도를 갖고 있는 자유민주주의 국가에서 논의되어 왔다. 자본주의 제도를 갖고 있는 국가가 모두 자유민주주의를 채택하는 것은 아니지만 자유민주주의 국가가 모두 자본주의제도를 택하고 있다는 데에는 예외가 없다.

그리하여 복지국가를 이해하기 위하여 자본주의 경제제도와 자유민주주의 국가와의 관련성과 그 역사성을 이해해야 한다.

자본주의의 기본원칙은 ⓐ 자유주의(인격의 자율성), ⓑ 개인주의(개별성), ⓒ 영리주의(이기주의)로 대변되고 자유민주주의 기본원칙은 개인의 자유· 권리· 창의력 존중, 다양성, Privacy, 평등, 정의 등으로 나타낼 수 있는 관계로 자본주의와 자유민주주의는 그 준거원칙(based principles)을 같이 한다. 자본의 사유를 인정하고 자본주의 체제를 유지해가며 분배의 공평성을 도모하고 계급대립을 완화하고 체제유지를 도모하나 지배자측의 관용이 아니며 장기간 노동자, 국민대중의 민주화에의 요구의 결과 복지국가를 실현하게 된 것이어서, 복지국가의 성립은 자본주의의 수정과 민주주의의 성숙과 불가분으로 결부되어 있다. 정치적으로 자유민주주의를 추구하고 경제적으로 자본주의 모순을 시정하려는 것이 복지국가관이라 할 수 있으며, 자본주의의 모순 즉 단점이 이러한 복지국가관의 장점보다 크거나, 또는 자본주의의 부작용을 극복할 수 없을 때에는 사회민주주의 또는 사회주의도 채택할 수 있다는 솔직한 국가정책안이라 하겠다.

요컨대 출발점에서 고찰하거나 현재의 상황을 살펴볼 때, 국가· 국민경제발전에 큰 자극이 못되는 사회주의에 입각하는 것 보다는 자본주의를 수정하면서 민주사회주의를 실현하여 복지사회를 이룩하는 것이 옳다는 것을 알 수 있다. 자본주의 하에서 국가책임하에 국민생활의 기본적 필요를 보장하고 각인의 창의·행복추구를 보장하는 체제가 복지국가라 부른다면, 대체로 다음과 같은 조건을 갖추고 있다고 한다. ⓐ 완전고용, ⓑ 최저임금제 실시, ⓒ 소득의 공정한 재분배, ⓓ 사회보장제도의 확립, ⓔ 경제안정을 위한 국민경제의 계획화, ⓕ 소유권 제한으로서의 중요산업의 국유화(공기업 포함), ⓖ 개인의 자유와 존엄성 확립, ⓗ 의회 민주주의의 확립.

이상의 조건을 갖춘 복지국가라면 다음 여섯 가지의 가치관이 핵심이 되어 구성되는 사회로 볼 수 있다.

평등, 자유, 민주, 연대책임, 안정, 경제적 효율성의 가치들이 그것이다. 첫째, 복지는 무엇보다도 우선 전국민이 개개인으로 평등하다는 사상에 그 기반을 두고 있다. 평등하게 태어나고, 삶도 평등해야 한다는 것이다. 물론 이러한 평등은 균일적 내지 능력과 노력에 따른 상대적 평등을 뜻한다. 둘째, 이러한 능력과 노력을 할 수 있도록 보장하기 위하여 개인의 이익을 최대한도로 추구할 수 있는 자유가 있어야 한다, 절대적 경직된 평등에서 오는 비효율성, 불필요한 인간성의 억제를 예방하기 위하여 자유는 절대로 필요하다. 셋째, 그러나 모든 사람이 다 제각기 자유롭게 행동하면 만인에 대한 만인의 투쟁으로 혼란에 빠질 것 이므로 타인과의 공생을 위한 안녕·복지를 추구하게 되는데 이를 가능하게 하는 질서체계가 민주주의체제이다. 넷째, 공생적 ·집합적 선이 이루어지고 사회적 공동체를 이루는 데에는 연대를 통한 협동·우애·공동체의식이 필요하다. 즉 인간을 구하고 건전한 사회의 존속을 보장하기 위한 것이 상부상조의 정신, 연대의 가치관이다. 다섯째, 이러한 연대감으로부터 안정의 가치관이 나온다. 생활환경의 안정없이 유기체인 인간은 잠재능력을 발휘할수도, 이웃간의 공동선을 달성할 수 없다. 여섯째, 자본주의가 사회주의에 우선시 되고 선호되는 것은 경제적효율성 가치 때문이다. 국민의 복지를 추구하면서도 자유경쟁 시장체제를 지지하고 있는 선직국의 정책은 경제적 효율성 가치때문이라 해도 과언이 아니다.

현대 복지국가의 기본원칙을 약술하자면, 첫째, 현대복지국가는 소득의 보장보다는 소득의 재분배에 중심을 둔 정책을 실시하고 있다. 소득의 분배를 통하여 배분적 정의 또는 사회평형 나아가 사회정의를 실현하려 한다, 둘째, 기회균등, 복지국가는 인류평등주의에 입각하고 있다. 기회는 동등하게 각 사회구성원에게 부여하고 각인의 능력과 노력에 의해 일하며, 뜻을 최고로 발휘할 수 있게 한다. 이를 위한 다음 원칙이 있다. “Equal pay for equal work”원칙, (Job rewards in accordance with the contents of jobs). 셋째, 국민의 최저생활의 보장, 가난이 개인 또는 사회· 국가책임에서 이든 인도주의 또는 사회· 경제정책적 측면에서 이든 국민최저생활은 반드시 보장되어야 한다는 원칙이며 더 나아가 실업, 질병, 산업재해, 은퇴 등에 대한 사회서비스(Social Service)제도를 마련하여 개인보호와 사회의 안정을 이룩할 수 있어야 한다. 넷째, 국가의 책임(국민의 권리, 복지권), 국민의 복지는 국가책임관에 입각하고 있다.

Wilensky와 Lebeaux의 잔여적(Residuai)개념에서 제도적(Institutio-nal)개념으로, W.Lyan의 예외주의(Exceptionalism)에서 보편주의(Universalism)로 즉 가난에 대한 책임이 개인에게서 사회로, 사회에서 국가로 변천하여 개별주의(In-dividualism)에서 집산주의(Collectivism)에로 전환되었음을 의미한다.

요컨대 자연적으로 불평등한 인간사회를 인위적으로 형성한 평등한(최소한 EqualOpportunity)를 비롯하여)제도(경제·사회·정치 등)를 통하여 더욱 잘 사는 나라를 만들려는 노력의 결과가 현재로는 복지국가라고 할 수 있다. 이러한 복지국가의 단계에서 더 발전하면 노동자가 중산층 또는 White Colour로 벼 s하고 자본의 소유자가 경영자化되고 노동자 계급이 경영에 참여하기도 한다.(예 : Corporatism).

그러나 아무리 사회경제가 발전하여 복지국가로 또는 조합국가로 된다하여도 인간사회에서는 다음의 원칙과 문제는 지켜지고 해결되어야 한다. ①부지런한 자가 게으른자를 이롭게 하는 측면은 인정하나, 게으른 자가 부지런한 자보다 유리하게 되어서는 안된다는 원칙은 지켜져야 한다.(즉 work Incentive가 저해되지 않도록). ②최대다수의 행복보다 빈곤한 소수의 안녕에 역점을 두어야 하는 사회적 정의의 타당성은 규명되고 검증되어야 한다.③운명에 의한 부자(거액 상속자, 복권당첨자 등), 불로소득자(부동산 투기자, 증권 등에 몰두하는 자)를 어떻게 방지하고 그들에게 어느정도까지 과세해야 하는가?( 세에 항존하는 문제)

이상의 문제들에 대한 보편타당한 기준을 제시하고 국민이 공감할 수 있어야 정의로운 사회, 형평적사회가 이룩될 수 있을 것이다.

### 6) 사회복지행정의 이론

사회복지행정의 주된 과제는 사회복지정책을 사회복지 서비스로 전환시키기 위해 효율적으로 사회복지 조직을 운영 관리하는 것이다. 조직관리에 관한 이론에는 고전모형, 인간관계모형, 그리고 구조주의 모형 등 3가지 기본적인 모형이 있고, 이 3가지 모형들을 하나로 절충한 체계 모형이 있다. 여기에서는 이 모형들을 살펴보기로 한다.

### (1) 고전모형

고전모형(Classical Model)은 조직 구성원들이 주로 경제적으로 동기가 부여된다는 데서 시작한다. 개인들은 그들에게 경제적 유인이 주어질 경우에 조직의 목표를 위해 노력한다는 것이다. 따라서 조직이 개인에게 경제적인 보상을 할 수 있다면 개인의 목표와 조직의 목표가 일치할 수 있다고 본다. 고전모형은 과학적 관리학과 공공행정학파, 관료제 모형으로부터 제반가정을 빌려오고 있는데, 그 핵심적 가정은 조직이란 합리적 체계이며 기계와 꼭 같이 계획될 수 있다는 것이다. 고전모형은 조직의 연구 및 조직의 실제적 기능보다는 이상적인인 조직은 어떤 것이어야 한다는 예측에 기초를 두고 만들어졌다. 고전모형은 조직에 미치는 환경의 중요성을 간파하고 있으며, 조직내의 인간적 요소, 또는 하위체계 및 비공식적 체계를 고려하고 있지 않다고 비판을 받기도 하며, 특히 사회복지조직에는 부적절한 것으로 평가되기도 한다. 조직관리 분야에서는 아직도 지배적인 모형으로 남아있다.

### (2) 인간관계모형

인간관계모형(Human Relationship Model) 은 고전모형에서 나타난 여러 가지 결함을 보충하기 위해 개발된 모형이다. 이 모형은 메이오( Mayo)를 중심으로 미국 시키고 근처에 있는 웨스턴 일렉트릭(western Electric)회사의 호손(Hawthorne)공장에서의 실험을 통해서 만들어진 것인데, 조직에서의 인간적 요소의 중요성을 강조하고 있다.

인간관계 모형의 특징은 다음과 같이 살펴볼 수 있다.

첫째, 근로자의 작업능률은 물리적 환경조건에 의해 좌우되는 것이 아니라 집단내의 동료 또는 윗사람과의 인간관계에 의해 크게 좌우된다.

둘째, 조직에는 비공식 집단이 별도로 존재하는데 이 비공식집단은 개인의 태도와 생산성에 강력한 영향을 미친다.

셋째, 근로자는 개인으로서가 아니라 십난의 일원으로서 행동하며, 집단내의 인간관계는 일련의 비합리적·정서적 요소에 따라 이루어진다.

넷째, 근로자는 경제적인 욕구나 동기에 입각한 합리적 행동보다는 비경제적 요인인 사회적 · 심리적 욕구나 동기에 입각한 행동을 중시한다(신두범, 1980).

그러나 인간관계 모형이 조직의 인간적인 측면을 중요하게 부각시켰다는 점에서 큰 의미를 지니지만 인간의 비합리적·정서적 측면만을 강조하는 편협적인 인간관을 견지하고 있다는 점에서 고전모형의 인간관에 가해진 비판과 동일한 논리에서 비판의 대상이 된다. 실제의 인간은 합리적인 면과 비합리적인 면의 두 가지를 동시에 가지고 있다고 보는 측면으로부터도 비판을 받고 있다(안해균, 1982).

### (3) 구조주의 모형

구조주의 모형의 대표적인 학자인 마치와 사이먼(J. March & Herbert A. Simon)의 의사결정이론이다(김수진, 조흥식, 2004: 96).

구조주의모형(Structuralist Model)은 고전모형과 인간관계 모형의 종합이다. 구조주의 모형은 인간관계 모형에 대하여 제기한 비판으로부터 발생한 것으로서 구조주의자들에 의하면 인간관계적 접근은 조직에 대한 완전한 시각을 제공해 주지 못하고 있으며 그 부분적 시각은 관리자들을 유리하게 하는 반면 근로자들을 잘못 인도하고 있음을 제시하고 있다.

구조주의 모형에서는 개인과 조직의 목표가 일치할 수 있다는 가정을 하지 않는다는 점에서 인간관계 모형 및 고전모형과 다르다. 오히려 구조주의는 조직에서의 갈등은 불가피하다는 것을 강조한다.

고전모형의 관료제이론이 조직에서 합리성 원칙을 지나치게 강조한 반면, 인간관계 모형의 과점에서는 이 원칙을 과소평가했다.

구조주의 모형에서는 고전모형 및 인간관계 모형과는 대조적으로 갈등을 역기능적인 것이라기보다는 순 기능적인 것으로 보고 있다. 갈등은 문제를 노출시키고 그에 따른 해결책을 찾게 함으로써 사회적 기능을 할 수 있다는 것이다. 노동조합, 불만처리위원회, 기타 재판판결절차는 조직 내 갈등의 불가피성으로 인해 이를 중재하기 위한 기제로서 발생한 것으로 보고 있지만, 사회복지 분야에서는 문제해결을 위한 건설적 전략으로서 갈등을 사용하는 것에 대한 광범위한 저항이 있다. 그러나 인간관계 모형을 주장하는 사람들은 구조주의 모형이 인간적 요소를 충분히 고려하지 못한다고 비판한다. 인간관계론자들은 조직에서 갈등이 일어나기는 하지만 그 갈등은 공개적인 의사소통과 신뢰를 통해 해결될 수 있다고 주장한다.

### (4) 체계모형

체계모형(System Model)은 앞서 논의한 고전모형, 인간관계 모형, 구조주의 모형이라는 세 가지 모형이 하나의 모형으로 통합될 수 있다는 가정에 기초를 두고 있다. 체계모형은 조직이란 다양한 역동성과 메커니즘에 기초를 둔 구체적 기능을 수행하는 많은 하위체계들로 구성된 복합체라고 보고 있다. 체계모형은 관리자에게 조직의 문제를 분석하고 진단하기 위한 방법을 제공해준다. 이 모형은 조직의 어느 부분이 잘못 기능하고 있는가를 찾아내어 고치도록 사용될 수 있다. 즉 조직 각각의 하위체계들이 어떠한 기능, 역동성 및 기제를 수행하는가의 표준을 제시함으로써 특정 조직의 성과를 그 표준과 비교 평가해 볼 수 있다.

체계모형에는 자체의 생존과 유지에 도움이 되는 상호의존적인 다양한 하위체계들이 존재하는 자연체계론과 환경을 강조하며 조직이 효율적이기 위해 환경에 맞게 산출을 위해 필요한 조직형태, 의사결정, 리더십 등의 구조변화를 강조하는 상황이론, 조직의 역동성을 이해할 수 있도록 하고 있는 정체경제적 시각 등이 있다(김영종, 2001).

## 7) 사회복지 행정의 과정

사회복지 행정의 과정은 일반적으로 기획, 조직, 인사, 지시, 조정, 보고, 재정 및 평가로 이루어진다(최성재, 남기민, 2004).

### (1) 기획

기획(Planning)은 행정가에 의하여 수행되는 첫 번째 과정으로서 목표를 달성하기 위해 장래의 행동에 관하여 일련의 결정을 하는 과정이라고 할 수 있다. 기획에는 구체적 목표의 설정, 관련정보수집 및 가용자원검토, 목표달성을 위한 대안적 방법의 모색, 대안의 실시조건 및 기대효과 평가, 최종대안의 선택, 구체적 실행계획의 수립으로 이루어진다.

### (2) 조직

행정과정의 두 번째 과정은 조직(Organizing)인데, 조직은 작업의 할당이 규정되고 조정되는 공식적인 구조의 설정을 요한다. 역할과 책임이 분명하지 않을 때 직원들간에 갈등이 초래되며 비효율적이고 비효과적인 기관이 된다. 강하고 생동력있는 조직을 유지하기 위해서는 행정가가 그 조직을 모든 직원에게 명백하게 이해시켜야 하며, 기관목적의 변화와 능력, 그에 따라 요구되는 과업과 방법의 변화에 보조를 맞추어야 한다.

### (3) 인사

인사(Staffing)는 직원을 채용하고 능력을 개발하여 근무의욕을 갖고 조직에 헌신할 수 있도록 동기를 부여하는 관리활동을 말한다. 인사에는 채용, 직원개발, 동기부여 세

가지 과업이 있다. 채용은 사회복지조직의 직원으로서 적절한 인물을 신규로 충원하는 것을 의미하여, 이것이 이루어지는 과정을 기준으로 하여 모집, 선발, 임명으로 나누어진다. 직원개발은 사회복지조직에서 활동하는 직원들의 소양과 능력을 개발하고 직무수행에 필요한 지식과 기술을 향상시키며 가치관과 태도를 바람직한 방향으로 변화시키기 위한 교육 및 훈련활동이라 할 수 있다. 동기부여는 사회복지 및 서비스를 관리하는데 중요한 요소로서 근무의욕을 고취시킬 수 있는 것이다.

### (4) 지시

행정책임자는 다음과 같은 능력을 입증함으로써 효과적으로 기관을 지시(directing)하는 지도자가 되어야 한다. 여기에 해당되는 능력은 가능한 모든 관련된 사실들을 검토한 후에 합리적인 결정을 내리는 능력, 기관의 목적에 대한 능동적인 관심과 그것을 달성하려는 헌신적인 태도, 다른 직원의 공헌을 칭찬하고 기관에서의 그들의 지위향상을 도와주는 능력, 책임과 권한을 효과적으로 위임하는 능력, 개인과 집단의 창의성을 고취하는 능력 등이다

### (5) 조정

조정(Coordinating)은 기관활동의 다양한 부분들을 상호 관련시키는 작업이다. 행정가가 조정기능을 발휘하기 위해서는 기관의 여러 부서와 직원들간에 효과적인 의사소통의 통로가 있어야 한다. 의사소통의 통로를 위해 위원회 활동을 활성화시키는 것이 효과적이다.

### (5) 보고

보고(Reporting)란 기관의 직원, 이사회, 지역사회, 재원을 제공하는 기관에게 기관에서 일어나는 상황을 알려주는 것을 말한다. 이러한 기능을 수행하기 위한 행정가의 활동에는 기록의 유지, 정기적인 감사, 조사연구가 있다.

### (7) 재정

사회복지조직에 있어 재정(Budgeting)은 다른 조직과 마찬가지로 가장 중요한 자원이다. 사회복지 조직에서는 정부와 다양한 민간단체 및 개인으로부터 재정적인 지원을 받고 있지만 충분하지 못하다. 그러므로 행정가는 재정지원을 받기 위한 예산서 작성, 재정집행계획, 회계절차 관리 등에 대한 지식과 기술이 필요하다.

### (8) 평가

평가(Evaluating)는 기관의 목표에 비추어 활동결과를 사정하는 과정이다.

## 4. 한국의 사회복지행정의 문제점 및 향후 과제

90년대 이후 한국사회의 사회복지행정에 대한 수요는 계속해서 증가하고 있다. 사회복지서비스의 수요 확대와 그에 따른 서비스 조직 및 전달체계의 확대로 인해, 2000년대에도 사회복지행정의 필요성은 더욱 커질 것으로 예상된다. 그럼에도 사회복지행정의 영역에 대한 규정이 불명확하므로 인해, 증대되는 수요에 적절하게 대응하지 못하게 되는 결과를 가져올 수 있다. 이는 사회복지행정의 활동을 위축시키게 되고, 지식적 기반의 발전에도 지장을 가져올 것이다. 이는 사회복지행정의 문제로서만 그치는 것이 아니라, 사회복지행정을 필요로 하는 한국의 사회복지 발전을 위해서도 바람직하지 못하다.

향후 우리나라 사회복지행정의 여건 변화를 전망해 보면, 지방자치의 정착에 있다고 할 것이다. 무엇보다 국민의 복지욕구의 증대로 인해 양적으로 질적으로 확대되어 가고 있기 때문에 다양하게 접근하게 될 것이다(김수신, 조흥식, 2006: 239). 이러한 측면에서 사회복지행정은 사회적인 변화와 함께 여러 가지 문제점이 대누될 것으로 사료되나 중요한 사항을 짚어보면 다음과 같은 것을 지적해 볼 수 있다.

### 1) 사회복지행정의 문제점

아무리 훌륭한 정책이 입안되었다 하더라도 그것을 집행하여 최종적인 서비스가 정책대상자에게 효과적으로 전달되지 못한다면 정책의 효과는 반감되거나 실패할 가능성이 크다고 할 때 우리나라 사회복지 행정체계는 전담기구의 부재와 전문인력의 부족으로 말미암아 전반적인 복지행정의 효과성과 효율성이 떨어지고 있다고 할 것이다.

우리나라의 사회복지 행정체계는 보건복지부, 노동부, 행정자치부, 교육인적자원부, 여성부 등 관련 부처간 독자적인 복지관련 정책 및 서비스로 분산되어 있어 복지행정의 비효율성을 가중시키고 있다.

더욱이 우리 사회복지 전담 공무원 1인당 생활보장 담당기구는 약 161가구로 일본의 67가구, 벨기에, 노르웨이 60-100가구 등과 비교했을 때 2배 이상의 수치이다. 이와 같이 과도한 담당가구로 말미암아, 전문요원이 매일 1가구를 가정 방문한다고 하더라도 6개월에 1회 정도로 방문하기 힘든 상황이 초래되고 있다.

또한 지방자치시대로 분출하고 있는 주민들의 다양한 복지욕구와 수요를 수용할 수 있는 새로운 복지프로그램의 개발과 통합서비스 제공 등이 절실히 요구되고 있으나 기존 행정자치부 산하의 시→구→동 행정조직으로는 적절하게 대응하지 못하고 있다.

지방시대가 진전됨에 따라 지역사회의 복지수요를 충족시키는데 있어서 민간부문의 역할이 크게 확대되고 있어 민간기관 프로그램, 복지서비스 등 복지관련 정보에 대한 요구 또한 증대되고 있다. 사업내용이나 이용방법을 몰라서 활용하지 못하는 경우가 많아 시민들이 필요로 하는 복지서비스를 쉽게 효과적으로 접근할 수 있도록 일원화된 종합정보 제공체계가 요청되고 있다.

## 2) 사회복지행정의 향후 과제

국가가 적극적이며 능동적으로 찾아나서는 복지를 더욱 어렵게 만드는 것은 사회복지요원이 복지행정이라는 독립적 영역에 종사하지 않고 일선 기관의 종합행정력으로 두루 운용하고 있는 것에서 그 문제의 원인을 찾을 수 있다고 할 때 사회복지행정의 전문화의 구현은 반드시 이루어 져야 한다고 할 수 있다. 이 밖에 적극적으로 찾아가는 복지가 안 되는 또 다른 이유는 관료사회의 부정적인 측면에서 발견할 수 있다. 또한 사회복지사를 선택한 일선의 복지행정 요원들은 관료사회에 물들어 관료주의가 가지고 있는 함정에 빠져 좋지 못한 결과를 초래할 수 있기 때문이다.(대한매일, 2002).

이상과 같은 이해를 바탕으로 한국의 사회복지행정이 발전적 성과를 거두기 위해 추구해야 할 것을 짚어보면 다음과 같다.

### (1) 개인적 이기주의의 극복

사회복지의 문제는 온 국민의 관심사로 되어 복지향상을 위한 이미 국가적 과제로 대두되었다.

노인들은 핵가족화로 소외되고 있고, 산업현장의 노동자가 갑자기 산업재해로 장애인이 되어 고통을 받을 수도 있다. 이렇게 한국의 복지수준의 열악함과 왜곡현상이 가속화되어 가고 있는 상화에서 정부의 책임으로만 돌릴 수 없는 이유가 있다. 그것은 과거부터 우리사회에 내려온 국민적 이기주의이다. 국민의 가치관이 공평한 사회적 분배보다도 개인적인 이기주의의 팽배로 인해 전국민의 복지향상을 위한 분배에는 미흡한 면이 존재한다. 이러한 측면을 극복하기 위해서는 그 무엇보다 사회복지에 대한 투자증대가 긴요하다.

### (2) 사회복지의 향상을 위한 민-관의 주도면밀한 협조

저소득계층이 인간다운 생활을 영위할 수 있는 복지서비스를 충족시키기 위해서는 사회복지 행정체계의 개선이 그 어느 때보다도 필요하다. 따라서 사회복지사업은 그 조직적 환경이 어떠하냐에 따라 사업의 성패가 좌우될 수 있다. 사회복지대상자들은 어느 한 기관의 지원뿐이 아니라 여러 사회복지기관들로부터 복합적인 도움을 받아야 문제를 해결할 수 있다. 그렇게 하기 위해서는 정부와 민간기관과의 유기적인 서비스 전달망이 주도면밀하지 않으면 안되며 사회복지와 관련된 정부 부서 또한 내무, 제2정무, 보건복지부, 지방자치단체의 총화된 협조가 요구된다.

### (3) 민간단위 사회복지기관에 대한 충분한 지원의 확대

각 시-도에 설립되어 있는 사회복지협의회의 경우 지역사회복지에 대한 실태를 잘 알고 있으며, 복지서비스에 대한 중심적인 역할이 가능한데도 불구하고 재정이 뒷받침되지 않아 복지대책의 마련과 복합적인 복지서비스를 지원하는데 어려움을 겪고 있는바 민간단위 사회복지기관에 대한 지원확대가 필요하다.

# 제6장 사회복지조사(방법)론

복지국가가 발달 할수록 사회복지와 관련 국민들의 사회적 욕구가 증대하게 되어있다. 이러한 사회적 욕구와 관련 사회문제의 양상은 다양하게 표출하게 되어있다. 사회복지조사는 이러한 사회복지의 욕구를 객관적이고 과학적으로 측정하여 평가하기 위한 과정이며 사회문제에 보다 능동적으로 대처하려는데 목적이 있다.

사회복지 실천현장에서 사회복지조사 활동은 필수적이며 체계적인 조사가 없는 사회복지서비스 기획은 무의미한 것으로 볼 수 있다. 다음에서 사회복지조사방법과 관련 개념과 종류, 과정을 살펴보고자 한다(서상철, 2004).

## 1. 사회복지조사(방법)론의 개념

일반적으로 조사(Research)란 자연현상, 사회적인 현상의 인관관계를 밝혀내기 위한 것으로서 객관적인 과학적 기준을 통해 과학적으로 증명함으로써 새로운 원칙이나 이론을 만들어 내는 과정이라고 할 수 있다.

사회과학에서 있어서 조사방법론이란 사회현상에 대한 탐구적인 것으로서 사회복지조사방법론의 경우 사회복지와 관련, 사회적 욕구와 사회문제의 해결을 위해 인관관계를 증명하기 위한 과학적 탐구활동으로 인간과 사회의 관계를 객관적으로 규명하고자 하는데 그 목적이 있다고 할 것이다.

그러나 사회복지조사방법은 일발적인 조사방법과는 달리 인간을 대상으로 그 목적하는 바를 달성하고자 하는 방법이므로 사회문제의 결론을 내리기 어려울 때가 많다. 예를 들면 자연과학의 경우 물이 흘러가는 것이라고 하든지 등의 자연현상과 관련된 것을 인과 관계적으로 설명하기 쉬우나 사회과학의 경우 그 결과를 예측하기가 쉽지 않다.

그럼에도 불구하고 사회복지조사방법론의 중요성을 강조하는 것은 이론적인 체계를 확립하기 위한 노력이라고 보아도 좋을 것이다.

따라서 사회복지조사방법론은 겸험적인 방법을 주로 사용하며 자연현상의 인과관계를 밝혀내기 위한 실험실의 연구가 선행되며 나아가 인간행동과 관련된 사회문제를 심리학, 사회학 등의 다양한 분야의 사회과학이론들을 활용하게 되는 것이다.

## 2. 사회복지조사방법의 종류

조사를 왜 하는가 하는 질문에 대해 신뢰할 수 있고 체계적인 지식을 구하고자 하는 것은 조사의 궁극적인 목적이다. 조사의 목적을 세분화 하면 다음과 같다. 첫째, 사회 내에 존재하는 특정 사회현상이나 문제의 탐색, 둘째, 어떤 집단 내지는 사건 또는 현상의 기술, 셋째, 변수와 변수 간의 인과관계의 설명, 넷째, 가설의 검증, 다섯째, 미래의 사건에 대한 예측, 여섯째, 사회적 지표의 개발, 마지막으로 평가등이다(Warsick & Lininger, 1975 ; 양정하 외 2003 재인용).

이와 관련 사회복지방법의 종류를 다음과 같이 나누어 탐색적 조사, 기술적 조사, 설명적 조사, 양적 조사, 질적 조사 등으로 나누어 볼 수 있다.

### 1) 탐색적 조사

탐색적 조사란 탐색이라는 단어의 의미처럼 예비적으로 실시되는 조사를 가리키는 것으로 본격적인 조사를 시행하기 전에 예비적으로 실시하는 조사를 말한다.

따라서 연구주제에 대한 내용이 별로 알려진 것이 없을때 그 분야에 대한 새로운 통찰을 얻고 가설을 생성하기 위해 사용된다. 여기서 얻어진 경과는 나중에 엄격한 조사방법을 사용하여 재확인함을 필요가 있다. 탐색적 연구는 차후에 보다 체계적인 연구를 위한 예비적 연구의 성격에 속한다.

탐색적 조사의 종류에는 문헌조사와 전문가 조사가 있으며 문헌조사란 조사하려고 하는 연구주제와 관련, 문헌을 검토하는 것으로 도서관조사라고도 한다. 반면에 전문가 조사란 해당 분야의 전문가에게 의견을 물어 봄으로서 자료를 수집하는 방법으로 전문지식을 가질 수 있는 장점이 있다.

### 2) 기술적 조사

개인이나 사회의 현상을 기술하는 것이다. 어떤 사실에 대해 일반적인 수준에서 요약하여 기록함으로써 현상 그 자체의 속성을 있는 그대로 보여주는 것으로서 객관적인 통계를 얻기 위한 목적으로 사용되는 것이다.

기술적 조사에는 횡단조사와 종단조사가 있으며 횡단 조사란 인간의 성별, 연령, 소득 수준, 교육정도, 종교, 취미 등을 파악하는 것으로 이를 토대로 동일한 성향을 가지는 인구집단을 분류하는 방법이다. 주로 설문지를 통해서 이루어지며 시간을 절약할 수 있는 장점이 있다.

종단조사란 한 사람을 대상으로 출생에서 어느 특정 시점까지 일정한 간격을 두고 반복적으로 측정하여 변화정도를 살펴보는 것으로 기술적 조사에 비해 시간이 많이 걸린다는 단점이 있다.

### 3) 설명적 조사

설명적 조사는 인관관계를 밝히는데 그 목적이 있는 것으로 사회복지현장에서 사회문제의 원인을 알아내기 위해 주로 사용된다. 예를 들면, 아동학대나 이론문제와 같이 사회적 문제와 가족적 문제로 그 원인을 찾을 수 있는 것을 가리킨다.

### 4) 양적 조사

양적조사란 사회문제나 사회적 현상을 계량화 시켜 수치화 시키는 작업으로 계량적 통계방법이다. 주로 설문지에 의해 이루어지며 측정도구인 SPSS나 SAS 통계프로그램을 이용하여 빈도, 교차, 희귀 분석을 실시하는 것이다.

양적 조사에는 인구조사와 같이 전인구를 대상을 하는 전수조사와 일정한 표본을 조사하여 그 결과로 전체를 파악하는 조사방법이 있다.

### 5) 질적 조사

질적 조사는 소수의 표본을 대상으로 장기간의 시간적 여유를 가지고 대상자와 조사자가 긴밀하게 관계를 가지면서 조사하는 방법이다. 양적 조사에 비해 계량화 시키지 않는 점이 있다. 사회복지 현장에서는 시간이 많이 걸린다는 이유로 환영받지 못하고 있기도 하다.

## 3. 사회복지조사의 과정

사회복지조사의 과정은 조사할 문제를 먼저 설정하고 결정된 문제에 대해 가설을 설정하고 가설이 성립된 이후에 조사의 전과정을 어떻게 진행할 것인가를 조사설계하는 작업이다.

### 1) 문제의 형성

조사의 주제는 연구문제를 가지고 시작한다. 조사연구를 시작하는 문제형성의 과정은 창의성을 요구한다. 주로 조사의 제목과 조사하려는 목적과 필요성, 이론적 또는 배경과 분석과정에서 사용하게 되는 객관적인 측정도구의 설명 등이 포함되어야 한다. 조사의 문제는 현질적인 문제를 설정하여야 하며 인과관계를 추론 할 수 있어야 한다.

예를 들면 다음과 같은 것이 있다.

아버지의 문제 음주여부가 자녀의 적응에 어떠한 영향을 미치는가?

사회기술훈련은 정신장애인의 독립적인 생활에 영향을 주는가?

이혼이 자녀 양육에 어떤 영향을 미치는가?

약물남용 청소년의 불안과 공격성에는 어떠한 관련이 있는가?

### 2) 가설의 설정

가설이란 변수와 변수와의 관계 즉 가정을 명제화 한 것으로서 이 조사를 통해 어떤 결과를 도출할 수 있을 것인가를 미리 가정하는 것으로 '만일 -하면 -할 것이다.'라고 표현하는 방식이다(A : 가설의 선행조건 B: 가설의 결과조건). 가설을 설정할 수 있는 이유는 조사가 끝날 때까지 목적과 방향을 제시할 수 있고 일관성을 가지고 연구를 진행할 수 있다는 점이다. 이러한 점에서 가설은 두 개 이상의 변수의 관계로 표현되어야 한다.

예를 들면, 정신장애인의 지시체계는 삶의 질에 영향을 줄 것이다.

정신장애인의 지시체계가 독립변수이고 삶의질이 종족변수가 된다.

### 3) 조사설계

연구문제나 가설에 대한 해답을 구하기 위해 어떤 자료들을 수집, 분석, 해석하는 것에 대해 계획하는 것이 조사설계이다.

단어의 의미 그대로 조사설계는 설계하는 작업으로 조사를 진행하기에 앞서 계획을 수립하는 절차라고 할 수 있다. 이 과정에는 조사일정과 조사 전반에 걸쳐 소요될 조사의 비용까지도 포함된다.

### 4) 자료의 수집

자료는 문헌이나, 선행연구, 면접, 전문가의 의견, 클라이언트와의 방문 면접 등으로 사회복지현장에서 널리 사용하고 있다. 본 방법은 설문조사로서 한글을 알고 있는 응답자라면 손쉽게 작성할 수 있으며 익명성이 보장되기 때문에 사실적인 접근이 가능하다.

### 5) 자료분석

설문지를 통해 자료가 수집되었다면 이를 과학적인 도구를 통해 분석해야 하는데 SPSS 를 통해 설문조사를 통해 나타난 결과에 대해 코딩작업과 분석작업을 하게 된다. 이 과정을 통해 분석된 자료를 토대로 현상에 대한 해석작업이 요구된다.

### 6) 보고서의 작성

자료분석과 결과에 따라 일정한 형식에 맞추어 보고서를 작성하는 단계로서 육하원칙에 따라 논리적으로 작성하게 된다.

보고서를 작성할 때 가장 범하기 쉬운 오류의 하나로 명료성이 부족한 것이다. 명료성은 명확하면서도 논리적인 사고와 정확한 표현을 함으로써 달성될 수 있다. 따라서 보고서를 작성하는 경우 사용되는 단어가 명확하고 애매모호한 말은 사용해서는 안된다. 문장도 체계적으로 배열하며 간결하면서도 함축적인 의미를 포함하도록 해야 할 것이다.

**간결성(簡潔性)**

보고서는 완전해야 하지만 이와 더불어 간결해야 한다. 즉 연구자는 보고서에 기재할 내용을 선별적을 택하여야 한다는 것이다. 조사자는 보고서를 읽는 사람에게 자신이 발견한 사실에 대해 모두 전달하려는 인상을 주어서는 안된다. 연구주제와 직접적으로 관련이 되지 않는 내용은 가능한 한 삭제해야 한다.

# 제7장 사회보장과 사회복지

## 제1절 사회복지의 기본이해

### 1. 사회보장의 개념(Concept of Social Security)

#### 1) 단어적 개념

사회보장이 무엇인가에 대해서는 한마디로 정의하기 어렵다. 이는 사회보장과 관련을 가지는 프로그램이나 정책이 각 국가의 이념적 또는 역사적 배경을 바탕으로 다양하게 발전되어 왔기 때문이다. 사회보장을 쉽게 이해하기 위해서 먼저 단어적인 의미로부터 사회보장의 개념을 유추해볼 수 있다. 사회보장은 '사회적 보장'을 의미하는 것으로서, 보장의 주체와 객체 즉, 누가(주체) 무엇(객체)을 보장한다는 의미를 동시에 포함하고 있다. 이것은 '사회가 사회를 보장한다'는 의미이다. 구체적으로 살펴보면, 사회보장의 주체는 사회공동체이며, 이는 현실적으로 정부 또는 국가를 의미한다. 국가가 보호하는 대상자(객체)는 사회구성원으로서 현실적으로 국민 또는 시민이라고 할 수 있다. 그렇다면 무엇으로부터 국가가 국민을 보호한다는 것인가? - 이는 사회로부터 발생하는 사회적인 문제나 위험들이 국민의 사회생활을 위협하거나 또는 위협할 가능성이 있을 때 이를 보장한다는 의미이다. 결국, 사회보장이란 사회(정부 또는 국가)가 주체가 되어 사회안에서 발생하는 사회문제나 사회적 위험으로부터 국민을 보호한다는 것이며, 이를 통해 국민의 복지를 실현하고자 하는 것으로서, 구체적으로는 사회보장과 관련 있는 사회보장 프로그램이나 정책으로 나타나고 있다.

#### 2) 역사적인 발전에서의 개념

사회보장을 실제 프로그램이나 정책과 관련하여 살펴보면, 사회보장이라는 용어가 구체적으로 언급되지는 않았으나, 영국에서 1601년에 제정된 빈민법(The Poor Law), 독일에서 1880년대에 제정된 사회보험제도(1883년 질병보험, 1884년 산재보험, 1889년 노령폐질보험)와 그 이후 각국으로 확산된 사회보험제도의 성립 등에서 그 기원을 살펴볼 수 있다.

그러나 사회보장이라는 용어가 최초로 공식 사용된 것은 미국에서이다. 1929년 심각한 세계경제공황이 발생하자 미국의 루즈벨트((Franklin D. Roosevelt)대통령은 뉴딜정책의 일환으로 사회보장법(Social Security Act, 1935)을 제정하였다. 경제대공황의 영향으로 대규모실업과 인플레이션, 기업의 대량도산 등과 같은 국가경제파탄의 문제가 발생하였고, 이는 대량빈민의 발생, 연달은 거센 시위 등의 사회문제로 이어졌다. 그러나 그 때까지 고전적 자유방임주의 이념에 의해 운용되었던 자본주의시장은 이러한 문제에 적절히 대응하지 못하였다. 루즈벨트는 시장경제에 개입하여 인위적으로 시장을 조정하고 경제적 마비를 극복하기 위하여 국가경제재건, 실업자구제 등을 주장하며, 새로운 정책노선을 내세우고 1933년 이후부터 뉴딜정책을 구체화하였다. 이는 금융관리, 농업조정, 전국산업부문조정, 노동자에 대한 안정된 임금과 고용환경의 조정, 공공일자리의 창출 등에 관한 정책 등을 실시하고 국민의 복지를 추구하는 정책을 도입하는 것이었다. 특히 1935년에 제정되었던 사회보장법은 연방정부가 노령연금제도를 운영하고, 주정부차원에서는 실업보험 및 빈곤자와 취약계층에 대한 부조제도를 의무적으로 실시할 것을 규정함으로써, 노동자뿐만이 아니라 노인, 장애인, 아동, 빈곤자 등의 광범위한 계층을 위하여 국가가 실시하는 사회보장의 프로그램과 내용을 명문화하였고 이후 사회보장의 개념을 발전시키고 사용하는데 영향을 주었다.

사회보장법의 제정이후 사회보장의 개념은 1941년 미국의 루스벨트 대통령과 영국의 처칠 수상이 공동선언하였던 대서양 헌장(Atlantic Charter), 1945년의 유엔헌장(U.N.Charter), 국제노동기구 등의 사회보장분야보고서 등에서 공식적인 개념으로 발전하였다.

국제노동기구(ILO)가 1942년에 발표한 「사회보장에의 접근」이라는 보고서에서 제시한 사회보장의 내용은 사회보장의 개념, 대상자와 범위를 구체적으로 포함하고 있어서 현재까지 국제적으로 널리 수용되고 있다. 여기에서 보면, "사회보장은 사회 구성원이 부딪히는 일정한 위험에 대해서 사회가 적절한 조직을 통해 부여하는 보장"이라고 정의되고 있다.

그 내용을 살펴보면,

① 전체 국민을 대상으로 하여,

② 최저생활이 보장되어야 하고,

③ 모든 위험과 사고에 대하여 보호받고,
④ 공공의 기관을 통하여 보호나 보장이 이루어져야 함을 그 구성요소로 하였다. 여기에서 사회보장제도는 국민 생활상에 닥치는 불의의 위험이나 소득의 중단이 온다 하더라도 정상적인 생활을 유지할 수 있도록 그 생활을 보장하는 수단을 국가가 책임을 지고 수행하는 제도인 것이다. 또한 ILO가 사회보장입문(Introduction to Social Security, 1989)에서 정의한 바에 의하면, 사회보장이란 '질병, 분만, 산업재해, 실업, 고령, 폐질(장애), 사망 등에 의한 소득의 중단 또는 감소가 미치는 경제사회적 불안을 공적대책을 통해 대처하기 위해서 사회가 그 구성원에게 제공하는 보호(protection)'를 의미한다(모지환 등, 2004).

우리나라에서 사회보장의 개념을 명확하게 규정하고 있는 것은 「사회보장기본법」에서이다. 「사회보장기본법」은 1995년, 사회보장에 관한 국민의 권리와 공적주체의 책임을 정하고 사회보장제도에 관한 기본적인 사항을 규정함으로써 국민의 복지증진에 기여하기 위하여 제정되었다.

사회보장기본법에서 밝히고 있는 사회보장의 기본이념은 모든 국민이 인간다운 생활을 할 수 있도록 최저생활을 보장하고 국민 개개인이 생활의 수준을 향상시킬 수 있도록 제도와 여건을 조성하는 것과 복지사회를 실현하는 것이다. 따라서 여기에서의 '사회보장'의 개념은 질병 · 장애 · 노령 · 실업 · 사망 등의 사회적 위험으로부터 모든 국민을 보호하고 빈곤을 해소하며 국민생활의 질을 향상시키기 위하여 제공되는 제도로서 정의되어 있으며, 구체적으로 사회보험 · 공공부조 · 사회복지서비스 및 관련복지제도 등이 라고 할 수 있다.

**〈표 2-1 사회보장프로그램과 사회적 위험〉**

| 사회보장프로그램 | 망라하는 사회적 위험 |
|---|---|
| 국민연금 | 노령, 사망, 장애 등 |
| 건강보험 | 질병 |
| 산업재해보상보험 | 장애, 사망 |
| 고용보험 | 실업, 직업재활 |
| 노인수발보험 | 치매 |
| 국민기초생활보장제도, 의료보호 | 빈곤 |
| 사회복지서비스 | 심리사회적 위기 상담, 재활 · 직업소개 및 지도 · 사회복지시설이용 |
| 관련복지제도 | 보건 · 주거 · 교육 · 고용등의 복지관련문제 |

〈표 2-1〉에 나타난 바와 같이, 우리나라에서 시행하고 있는 주요 사회보장프로그램은 사회보험이며, 국민연금, 건강보험, 산업재해보상보험, 고용보험, 노인수발보험(2008년 7월이후 시행)등이고, 이와 함께 공공부조제도로서 국민기초생활보장제도, 그 외에 사회복지서비스 및 보건·주거·교육·고용 등의 분야와 관련된 각종의 복지제도 등을 들 수 있으며, 각 프로그램들은 특별한 사회적 위험들과 사회문제들에 대응하고 있다.

## 2. 사회보장의 목적과 기능

1) 국가는 사회보장제도를 실시함으로써 모든 국민이 건강하고 문화적인 생활을 유지할 수 있도록 한다.
2) 사회생활에서 발생하는 사회적 위험과 사회문제를 예방하고 제거하고자한다. 사회생활에서 발생하는 사회적 위험은 노령, 질병, 실업, 재해 등이며, 이로 인하여 소득이 감소하게 되면 생존이 위협받을 수 있다. 또한 이러한 문제가 개인적인 차원을 넘어 대량으로 발생하면 이는 사회문제로 발전한다. 사회문제는 사회불안을 가져올 수 있으며, 이는 결국 국민의 통합과 연대를 저해하고 국민계층간의 분열을 가져올 수 있으며, 정치적인 불신과 사회적 불안을 초래할 수 있다. 사회보장제도는 사회적 위험과 사회문제를 제거함으로써 국민통합과 연대를 도모하고자 한다.
3) 사회보장제도는 국민의 최저생활수준을 보장함으로써 국민의 인간다운 생활을 보장하고자 한다. 국민의 최저생활을 보장한다는 의미는 최저생계비를 기준으로 하여 생존유지를 할 수 있는 수준의 소득을 보장하면서도 동시에 국민의 부담정도를 고려하여 질적인 삶을 영위할 수 있는 수준을 보장하는 것이다. 이는 빈곤으로부터 국민을 보호하고 질적인 삶을 도모할 수 있도록 함으로써 국민의 기본권리인 생존권을 보장하려는 것이다.
4) 사회보장제도는 대상자들의 기여와 급여수준을 조정하여 소득을 재분배함으로써 대상자들 사이의 소득격차를 좁히려는 목적과 기능을 수행하고 있다. 자본주의의 원리와 관점에서 보면, 시장경제내에서의 소득분배는 전적으로 시장 내에 참여하는 사람들이 자율적·독립적으로 획득하는 소득이나 이득에 의하여 결정되며, 이러한 부의 획득은 개인의 능력이나 자본 등의 투자에 의해 이루어진 정당한 것이다. 따라서 이에 대한 인위적인 조정이나 개입은 시장의 원리와 개인의 자유를 침해하는 것으로 인식되었다. 그러나 자본주의시장내에서의 부의 분배는 심각한 소득격차를 발생

시키면서 계층 또는 계급간의 차이와 이로 인한 사회구성원간의 갈등을 야기하고 빈곤계층을 만연시키며, 또한 사회적 위험이 발생했을 때 이의 대처를 불가능하게 함으로써 사회적 불안을 야기하는 요소로 인식되었다. 사회보장제도는 소득의 격차를 감소시키는 구조를 통하여 소득격차를 줄이고자 하는데, 이를 위하여 다양한 분배형태를 활용하고 있으며, 이에 따라 소득이 재분배되는 방향이나 격차감소의 효과도 다르게 나타나고 있다. 소득재분배란 한 계층에서부터 다른 계층으로 소득이 이전되는 것을 의미하는데, 사회보장프로그램을 통하여 보통 저소득층으로부터 고소득층으로, 또는 사회적 위험에 처한 계층으로부터 사회적 위험에 처하지 않은 계층에게로 소득이 이전된다.

5) 사회보장제도는 경제제도와 무관하지 않으며, 오히려 경제제도를 안정화시키는 목적과 기능을 가지고 있다. 사회보장프로그램은 대상자에게 사회적 위험이 발생했을 때 현금과 현물 등의 급여를 제공하여 소득이 감소했을 때에도 시장에서의 소비력을 유지할 수 있도록 하며, 이와는 반대로 대상자의 소득이 안정적일 때는 기여하도록 함으로써 과잉소비를 줄이고 사회적 위험에 대비할 수 있도록 하고 있다. 이는 결국 경기의 불황이나 호황 등의 영향을 줄이면서 국민의 소득수준을 안정화시키고 유효수요를 조절하여 경기변동을 안정화하는 기능을 하는 것이다. 또한 직업재활, 의료서비스 등의 제공을 통하여 노동력의 질을 향상시킴으로써 질 좋은 노동력의 공급과 노동력 재생산 등에도 기여하고 있는 것이다.

## 3. 사회보장의 주요형태

사회보장제도는 사회적 위험으로부터 국민의 삶의 질을 보호한다는 추상적인 목적을 표현하고 있으나, 다양한 형태의 사회보장프로그램을 실시함으로써 구체적으로 목적을 실현하고 있다. 우리나라의 「사회보장기본법」에서 사회보장의 대표적인 형태는 사회보험, 공공부조, 사회복지서비스 등으로 구성되어 있으나, 오늘날 세계 각국의 사회보장형태를 살펴보면 사회수당의 형태도 포함되어 있다.

위에서 언급한 사회보장제도들은 고유 형태로 실시되기도 하고, 서로 조합되어 실시되기도 한다. 예를 들면, 노령연금사회보험을 실시할 때 사회수당의 성격을 갖는 기초연금형태를 가미하여 대상자 모두에게 동일한 액수의 기초연금을 지급하고 일정연금액이상은 사회보험형태로 급여하는 이층구조를 가진 경우도 있다.

### 1) 사회보험제도(Social Insurance)

사회보험은 국민에게 발생하는 사회적 위험을 보험방식에 의하여 대처함으로써 국민 건강과 소득을 보장하는 제도를 말한다(사회보장기본법, 제3조). 사회보험방식이란 가입대상자에게 보험료를 기여하도록 하고 노령, 장애, 산업재해, 질병 등에 처하여 급여 자격을 얻게 되면 급여를 제공하는 방식이다.

**사회보험의 특징은**

① 가입자뿐만 아니라 가입자의 가족이 보장의 대상자로 포함된다.

② 대상자의 소득 또는 자산을 기준으로 하여 일정비율을 기여하도록 하며, 급여를 제공할 때는 기여정도에 의하여 비례적으로 보상을 받을 수 있도록 하고 있다. 이 때 기여정도가 높으면 높을수록 높은 정도의 급여를 받을 수 있도록 설계되어 있어서 급여를 받기 이전의 소득을 보존해줄 수 있도록 하고 있다. 그러나 대부분의 국가에서 급여정도에 차등을 두면서도 한편으로는, 누진적인 구조를 사용하여, 저소득자인 경우 급여의 비율을 고소득계층보다는 높게, 그리고 고소득층에게는 저소득층보다 수급할 수 있는 비율을 낮게 설계하여 소득이 재분배될 수 있도록 하고 있다. 특히, 현금급여를 함으로써 직접 소득을 보장하는 연금제도가 대표적인 예라고 할 수 있다. 그러나 의료보험 또는 간병(수발)보험제도처럼 질병· 장애 등과 관련하여 급여를 제공하는 경우는 대상자가 질병이나 장애 정도에 의하여 급여를 수급하기 때문에 소득상태를 지원하는 효과는 있지만, 빈부격차를 감소시키는 소득재분배 효과는 상대적으로 미약하다고 할 수 있다.

③ 사회보험제도는 강제가입을 원칙으로 한다.

④ 급여조건이 발생하기 이전에 기여하는 것을 원칙으로 하기 때문에 사회적 위험에 대처하려는 예방적인 성격이 강하다.

⑤ 급여조건이 발생하기 이전의 생활 및 소득수준을 보장해주고자 한다.

⑥ 대상자 자신이 부담한 보험료에 대하여 급여를 받기 때문에 대상자는 권리에 의하여 보장을 받으며, 따라서 자신이 기여한 부분에 대하여 보상을 받는다는 긍정적 느낌을 갖는다.

### 2) 공공부조제도(Public Assistance)

공공부조는 '사회부조', '공적 부조' 또는 '국가부조'라고도 한다. 국가 및 지방자치단체의 책임하에 생활유지능력이 없거나 생활이 어려운 국민의 최저생활을 보장하고 자립을 지원하는 제도를 말하는(사회보장기본법, 제3조) 것으로서, 우리나라에서는 국민기초생활보장제도와 의료보호제도가 대표적이라고 할 수 있다. 국가는 국민 스스로 사회생활에서의 생존에 대한 책임을 일차적으로 경제활동을 통해지도록 하고, 사회적 위험이 발생했을 때는 사회보험제도를 통하여 대처하도록 하며, 이 후 사회보험제도나 여타의 원조체계로부터도 보호받을 수 없을 때는 공공부조에 의하여 원조를 제공하게 된다. 따라서 공공부조를 '최후의 사회적 보호망'이라고 말한다.

**공공부조제도의 특징은,**

① 공공부조제도는 최저생계비수준 이하의 소득을 가진 빈곤자를 대상으로 한다.
② 주요재원은 조세로 이루어져 있으며, 따라서 대상자의 기여를 조건으로 하지 않는다.
③ 공공부조제도는 대상자가 현재의 자산이나 소득으로 최저생활조차도 유지할 수 없는 빈곤상태에 놓여있다는 것을 증명했을 때 급여하기 때문에, 대상자의 상태를 객관적으로 조사하는 자산조사(Means Test)를 실시한다.
④ 자산조사는 수급자의 수치심과 낙인을 유발할 수 있다.
⑤ 공공부조는 최저생계수준 이하의 빈민이 발생했을 때 급여를 제공하기 때문에 사후적인 조처라고 할 수 있다.

### 3) 사회복지서비스(Social Work Service)

사회복지서비스는 국가·지방자치단체 및 민간부문의 도움을 필요로 하는 모든 국민에게 상담·재활·직업소개 및 지도 · 사회복지시설이용 등을 제공하여 정상적인 사회생활이 가능하도록 지원하는 제도를 말한다(사회보장기본법, 제3조).

**사회복지서비스의 특징은,**

① 저소득층만이 아니라, 모든 국민에게 심리사회적인 문제로 인하여 상담이 필요할 때, 또는 재활, 직업상담 및 소개, 직업재활, 사회복지시설의 이용과 관련된 사회복지서비스를 제공하는 것이다.
② 서비스 제공을 위하여 사회복지전문가의 이론과 실천기술이 활용된다.

### 4) 사회수당제도(Social Allowance)

사회수당은 모든 국민에게 보편적으로 현금급여를 제공하는 제도이며, 가족수당, 아동수당, 주택수당, 노인수당, 장애수당 등의 형태가 있다.

**수당제도의 특징은,**

① 수당제도는 일반적으로 기여를 전제로 하지 않으며, 조세를 재원으로 한다.

② 소득, 자산, 고용상태 등에 관계없이 시민이라는 권리만으로 수급할 수 있으며, 자산조사나 소득조사를 요구하지 않는다. 예를 들면, 국민이 일정 나이에 도달하거나 아동이 있는 가정이거나, 장애인이거나 등의 법에서 정한 일정조건에 해당할 때 급여를 수급할 수 있다. 즉, 사회수당제도는 일정선 이하의 소득자나 장애 등으로 노동이 불가능한 자의 소득을 보충하기 위하여 급여를 제공하기도 하고, 아동수당처럼 가구 소득의 크기에 관계없이 아동이 있는 가정의 소득을 보충해주기 위하여 급여하기도 한다.

사회수당제도는 가장 발전된 사회보장프로그램으로 여겨진다. 이는 모든 국민을 대상으로 하는 보편적 제도이며, 자산·소득조사 없이 시민의 권리로서 급여를 제공하였기 때문이다. 그러나 1980년대 이후 서구복지국가에서 사회보장제도의 축소에 대한 요구가 높아지면서 일정소득이하의 국민으로 자격조건을 제한하여 소득보충적인 의미로 사회수당을 제공하는 국가가 확대되고 있다.

## 제2절 사회복지프로그램

2007년을 기준으로 실제로 실시되고 있는 사회보장프로그램은 사회보험의 형태인 국민연금, 건강보험, 산업재해보상보험, 고용보험, 노인수발보험제도가 있으며, 공공부조제도로서는 국민기초생활보장제도 및 의료보호제도가 있다. 이외에도 사회복지서비스 및 관련 사회보장제도가 있으나 여기에서는 대표적으로 전 국민을 대상으로 하는 사회보험의 형태와 공공부조제도를 살펴보고자 한다.

## 1. 국민연금제도

### 1) 역사적 변천과정

우리나라에서 최초로 도입된 연금제도는 1960년에 실시된 공무원연금제도이다. 그 후 1963년에 군인연금제도, 1973년에 국민복지연금법이 제정되었다. 이 중 국민복지연금법은 그 시행이 보류되어 왔으나, 공적연금제도 적용대상의 형평성을 도모하자는 이념적 주장과 1인당 국민소득이 1986년에 2,271달러로 상승하여 국민연금제도의 시행을 위한 사회경제적 여건이 성숙하면서 1986년 국민복지연금법이 대폭 개정되었고, 명칭도 국민연금법으로 바뀌었다. 국민연금제도는 1988년부터 10인 이상 사업장을 적용대상으로 본격적으로 실시되면서 1992년에는 5인 이상 사업장, 1995년 이후에는 농어촌 지역주민 및 도시거주 농어민으로 확대되었으며, 1999년에는 도시지역주민으로 적용대상이 확대되면서 전국민을 적용대상으로 하는 국민연금제도가 완성되었다(이인재, 2002: 모지환, 2004)

그러나 공무원·군인 및 사립학교교직원, 기타 대통령령이 정하는 자는 각각 공무원연금법, 군인연금법 및 사립학교교직원연금법, 별정우체국법에 의한 퇴직연금 등의 적용을 받고 있다. 여기에서는 2005.12.29 개정된 법률을 기준으로 그 내용을 살펴보고자 한다.

### 2) 목적: 국민의 노령·폐질 또는 사망에 대하여 연금급여를 실시함으로써 국민의 생활안정과 복지증진에 기여하고자 마련되었다.

### 3) 국민연금제도를 이해하기 위한 중요 용어의 정의는 다음과 같다.

1. "근로자"는 직업의 종류에 불구하고 사업장에서 노무를 제공하고 그 대가로 임금을 받아 생활하는 자(법인의 이사 기타 임원을 포함한다)를 말한다.
2. "사용자"는 사업주 또는 사업경영자를 말한다.
3. "소득"은 일정기간 동안의 근로의 제공 또는 사업 및 자산의 운영 등에서 얻는 수입을 말한다.
4. "평균소득월액"은 매년의 사업장가입자 및 지역가입자 전원의 표준소득월액의 평균치를 말한다.
5. "표준소득월액"은 연금보험료 및 급여의 산정을 위하여 가입자의 소득월액을 기준

으로 하여 등급별로 금액이 정하여진다.

6. “사업장가입자”는 사업장에 사용된 근로자 및 사용자로서 국민연금에 가입된 자를 말한다.
7. “지역가입자”는 사업장가입자외의 자로서 국민연금에 가입된 자를 말한다.
8. “임의가입자”는 사업장가입자 및 지역가입자외의 자로서 국민연금에 가입된 자를 말한다.
9. “임의계속가입자”는 국민연금 가입기간이 20년미만인 가입자가 국민연금제도에 계속적으로 가입된 자를 말한다.
10. “연금보험료”는 국민연금사업에 필요한 비용이다. 사업장가입자에 있어서는 부담금 및 기여금의 합계액을 말하며, 지역가입자·임의가입자 및 임의계속가입자에 있어서는 본인이 납부하는 금액을 말한다.
11. “부담금”은 사업장가입자의 사용자가 부담하는 금액을 말한다.
12. “기여금”은 사업장가입자가 부담하는 금액을 말한다.
13. “사업장”은 근로자를 사용하는 사업소 및 사무소를 말한다.
14. 기타로서, 국민연금제도에서 배우자·부 또는 처에는 사실상의 혼인관계에 있는 자를 포함한다.

### 4) 적용대상자

(1) 국내에 거주하는 18세이상 60세미만의 국민은 국민연금의 가입대상이 된다.
가입자는 사업장가입자·지역가입자·임의가입자 및 임의계속가입자로 구분한다.

#### ① 사업장가입자

a. “당연적용사업장”가입자: 사업의 종류, 근로자의 수 등을 고려하여 18세이상 60세미만의 근로자와 사용자는 당연히 사업장가입자가 된다.

b. “임의적용사업장”가입자: 당연적용사업장외의 사업장의 사용자가 해당 사업장의 18세이상 60세미만의 근로자 3분의 2이상의 동의에 의하여 국민연금관리공단에 신청을 하는 경우에는 임의적용사업장가입자가 될 수 있다.

c. 국민연금에 가입된 사업장에 종사하는 18세미만의 근로자는 본인이 원하는 경우에 사용자의 동의를 얻어 사업장가입자가 될 수 있다.

② 지역가입자

사업장가입자, 국민기초생활보장법에 의한 수급자가 아닌 자로서 18세이상 60세미만인 자는 당연히 지역가입자가 된다.

③ 임의가입자

사업장가입자와 지역가입자를 제외하고 18세 이상 60세 미만인 자는 가입신청을 하는 경우에는 임의가입자가 될 수 있다.

④ 임의계속가입자

국민연금가입기간이 20년 미만인 가입자로서 60세에 달하였거나, 공무원·군인·교직원으로서 노령연금수급권을 취득한 자 등은 65세에 달할 때까지 가입신청을 하는 경우에는 임의계속가입자가 될 수 있다.

### 5) 급여

급여는 수급권자가 연금을 수급하는 것을 의미하며, 급여수준과 연금보험료는 국민연금재정의 장기적인 균형이 유지되도록 조정되고 있다. 보건복지부장관은 5년마다 국민연금의 재정수지에 관한 계산을 실시하고, 국민연금의 재정전망과 연금보험료의 조정 및 기금의 운용에 관한 계획 등을 포함한 국민연금운영 전반에 관한 계획을 수립한다. 또한 급여액은 국민의 생활수준·임금·물가 기타 경제사정에 현저한 변동이 생긴 때에는 그 사정에 맞도록 조정되고 있다.

① 수급권자가 수급하는 급여의 종류는 노령연금, 장애연금, 유족연금, 반환일시금 등으로 나누어지며, 수급권자의 청구에 의하여 공단이 지급하게 된다.

② 연금액은 기본연금액과 가급연금액을 기초로 하여 지급사유에 따라, 연금산정방식에 의하여 수급권자의 연금수급 이전 소득에 비례하여 산정된다.

#### a. 기본연금액

- 기본연금액은 연금수급전년도의 평균소득월액, 가입자 개인의 총 가입기간 중 매년의 표준소득월액 등을 기준으로 하여 산정된다(국민연금법 제47조 참조). 기본연금액은 균등부분과 소득비례부분으로 구성되어 있어서 소득수준에 관계없이 수급권자 모두가 정액으로 급여하는 부분이 있으며, 여기에서 소득재분배가 발생하는 것이다(이인재 등, 2002).

기본연금액의 산정 (국민연금법 제47조 및 제48조)

연금액 = 기본연금액 × 연금종별 지급율 및 제한율 + 가급연금액

기본연금액 = [2.4(A+0.75B)×P1/P+1.8(A+B)×P2/P]×(1+0.05n/12)

A = 연금수급전 3년간의 평균소득월액의 평균액

B = 가입자 개인의 가입기간 동안의 표준소득월액의 평균액

※ 가입자 개인의 가입기간 동안의 표준소득월액을 매년 보건복지부장관이 고시하는 연도별 재평가율에 의하여 연금수급전년도의 현재가치로 환산한 후 그 합계액을 가입자의 전체 가입월수로 나누어 산정

(P1= '98.12.31 이전 가입월수

P2= '99. 1. 1 이후 가입월수

P = 가입자의 전체 가입월수

n = 20년 초과월수

- 기본연금액을 산정할 때는 전국소비자물가변동률을 기준으로 하여 그 변동률에 해당하는 금액이 조정된다. 이를 통해 실제 생활에서 요구되는 소득수준을 보장할 수 있다.

**b. 가급연금액**

수급권자가 연금액을 급여 받을 당시 그에 의하여 생계를 유지하고 있는 배우자, 18세미만 또는 장애등급 2급이상에 해당하는 자녀, 60세이상 또는 장애등급 2급이상에 해당하는 부모에게 지급하고 있는 일종의 가족수당 성격의 부가급여이다. 가급연금액은 연금액이 매우 낮아 국민연금액의 주요 부분은 기본연금액이 차지하고 있다.

- 가급대상자의 범위 및 가급연금액(2006.4~2007.3)의 예(출처: 국민연금관리공단)
  - 배우자 : 연 195,910원
  - 18세미만 또는 장애등급 2급이상에 해당하는 자녀 : 연 130,600원(1인당)
  - 60세이상 또는 장애등급 2급이상에 해당하는 부모 : 연 130,600원(1인당)

c. 급여를 받을 권리(수급권)는 보호되며, 이를 양도·압류하거나 담보에 제공할 수 없다.

d. 수급권자에게 지급된 금액은 조세 기타 국가 또는 지방자치단체의 공과금을 감면한다.

### ③ 노령연금

a. "노령연금"의 수급은 가입기간이 20년 이상인 가입자가 60세(선원·광원의 경우에는 55세)에 달한 때부터 그가 생존하는 동안 노령연금을 지급한다.
노령연금액은 기본연금액에 가급연금액을 더한 금액이다.

b. "감액노령연금"은 가입기간이 10년 이상 20년 미만인 가입자가 60세(선원·광원의 경우에는 55세)에 달한 때부터 생존기간 동안 노령연금액에서 일정한 금액을 감액한 연금을 지급한다.
감액노령연금액은 기본연금액의 1천분의 475에 해당하는 액에 가급연금액을 가산한 액으로 하며, 가입기간이 10년을 초과하는 경우에는 초과하는 1년마다 기본연금액의 1천분의 50에 해당하는 액을 가산한다.

c. "재직자노령연금"은 가입기간이 10년 이상인 자로서 60~64세의 기간(선원 · 광원은 55~59세의 기간) 동안 소득이 있는 업무에 종사하고 있는 경우에 지급한다. 재직자연금액은 가입기간에 따라 기본연금액의 50~90%를 지급한다. 이 경우는 가급연금은 지급하지 않는다.

d. "조기노령연금"은 가입기간이 10년 이상인 가입자가 55세 이상이며 소득이 있는 업무에 종사하지 아니할 때, 본인의 희망에 의하여 생존하는 동안 일정한 금액의 연금을 지급한다. 조기노령연금액은 연령별지급률에 따라 기본연금액의 75~95% +가급연금액을 가산하여 산정한다.

e. 국민연금제도는 배우자의 노령연금에 대한 분할권리도 인정하고 있다. "분할연금"은 수급권자가 가입한 기간 동안 혼인기간을 5년이상 유지한 배우자가 이혼한 후 60세에 도달한 때에 지급한다.
분할연금액은 배우자이었던 자의 가급연금액을 제외한 노령연금액 중에서 혼인기간에 해당하는 연금액을 균분한 액으로 한다. 이때 분할연금수급권자가 재혼한 때에는 그 재혼기간동안 해당 분할연금의 지급을 정지하고 있어서 분할권리에 제한조치를 두고 있다.

### ④ 장애연금

a. 연금가입 중에 발생한 질병 또는 부상으로 인하여 완치 후에도 신체 또는 정신상의 장애가 있는 수급권자에게는 장애존속기간 동안 장애정도에 따라 장애연금을 지급한다. 장애등급은 1급, 2급, 3급, 4급으로 구분한다.

b. 장애연금액은 각 장애등급에 따라 기본연금액 100, 80, 60% +가급연금, 4급은 기본연금액 x 2.25 의 일시금을 가산하여 산정한다.

### ⑤ 유족연금

a. 유족연금의 수급권자는 노령연금수급권자, 가입기간이 10년 이상인 가입자이었던 자, 가입자, 장애등급 2급이상에 해당하는 장애연금수급권자가 사망한 때에는 그 유족에게 유족연금을 지급한다. 그러나 가입기간이 1년미만인 가입자가 가입 중에 질병이나 부상으로 인하여 사망한 경우에 지급한다.

b. 가입기간이 10년미만인 가입자이었던 자가 가입 중에 발생한 질병이나 부상 또는 그 부상으로 인한 질병으로 가입중의 초진일 또는 가입자자격상실 후 1년이내의 초진일로부터 2년이내에 사망한 때에는 그 유족에게 유족연금을 지급할 수 있다. 그러나 본인 또는 유족이 반환일시금을 수급한 경우에는 지급하지 않는다.

**c. 유족의 범위**

- 유족연금을 지급받을 수 있는 유족은 가입자 또는 가입자이었던 자의 사망 당시 그에 의하여 생계를 유지하고 있던 자로서, 배우자(부의 경우에는 60세이상이거나 장애등급 2급이상에 해당할 경우), 자녀(18세미만이거나 장애등급 2급이상에 해당할 경우), 부모(배우자의 부모를 포함하며, 60세이상이거나 장애등급 2급이상에 해당할 경우), 손자녀(18세미만이거나 장애등급 2급이상에 해당할 경우), 조부모(배우자의 조부모를 포함하여 60세이상이거나 장애등급 2급이상에 해당할 경우이며, 위의 순위에 따라 최우선순위자에 한하여 지급하며, 같은 순위의 유족이 2인이상 있는 경우에는 그 유족연금액을 균분하여 지급한다.

d. 유족연금액은 가입기간에 따라 10년미만이면 기본연금액의 1천분의 400, 10년이상 20년미만이면 기본연금액의 1천분의 500, 20년이상이면 기본연금액의 1천분의 600에 해당하는 액을 지급한다.

e. 유족연금의 수급권자가 처일 경우에는 수급권이 발생한 때부터 5년간 유족연금을 지급한 후 50세에 달할 때까지 그 지급을 정지한다. 장애등급 2급이상이거나, 가입자의 18세미만 또는 장애등급 2급이상인 자녀의 생계를 유지하고 있거나, 소득이 있는 업무에 종사하지 아니할 경우는 예외이다.

### ⑥ 반환일시금

a. 가입자가 가입기간이 10년미만이나 60세에 도달하거나, 가입자가 사망하거나,

가입기간이 10년미만인 자가 60세에 도달하거나, 가입자가 국적을 상실하거나 국외에 이주하거나, 공무원연금법 · 군인연금법 · 사립학교교직원연금법 또는 별정우체국법의 적용을 받게 된 경우에 지급된다.

b. 반환일시금의 산정은,

- 사업장가입자: 기여금 및 부담금에 각각 대통령령이 정하는 바에 의하여 산정한 이자를 합산한 액
- 지역가입자 · 임의가입자 및 임의계속가입자와 보험료를 추후에 납부한 가입자의 경우는 본인이 부담한 연금보험료 또는 추후 납부한 보험료에 산정한 이자를 합산한 액이다.

### ⑦ 사망일시금

- 가입자가 사망하였으나 유족이 없는 경우에는 그 배우자 · 자녀 · 부모 · 손자녀 · 조부모 · 형제자매 또는 4촌이내의 방계혈족으로서 가입자에 의하여 생계를 유지하고 있던 자에게 반환일시금에 상당하는 금액으로 사망일시금을 지급한다.
- 사망일시금을 지급받는 순위는 배우자·자녀·부모·손자녀·조부모·형제자매 및 4촌이내의 방계혈족 순으로 한다. 이 경우 동순위자가 2인이상 있을 때에는 균분하여 지급한다.

### ⑧ 급여의 제한

a. 가입자가 고의로 질병 · 부상 또는 그 원인이 되는 사고를 발생시켜 장애를 입은 경우에는 이를 지급사유로 하는 장애연금을 지급하지 않을 수 있다.

b. 가입자가 고의 또는 중대한 과실로 요양지시에 따르지 아니하여 장애 · 사망 또는 그 원인이 되는 사고를 발생하게 하거나 장애를 악화시키거나 회복을 방해한 때에는 이를 원인으로 하는 급여의 전부 또는 일부를 지급하지 않을 수 있다.

c. 가입자 또는 가입자이었던 자를 고의로 사망하게 한 유족이거나, 유족연금의 수급권자로 될 수 있는 자를 고의로 사망하게 한 유족이거나, 유족연금의 수급권자가 다른 수급권자를 고의로 사망하게 한 경우에는 해당자에게 유족연금을 지급하지 않는다.

### (6) 재원

국민연금의 재원은 가입자가 부담하는 비용, 국고의 부담, 국민연금기금으로 구성되어 있다.

① 연금재원의 가장 큰 부분은 가입자의 비용부담에 의해 구성되며, 비용부담률은 사업장가입자와 지역가입자가 서로 다르게 적용되어 왔으며, 재정안정을 위해 순차적으로 인상되어 왔다.

〈표 6-1〉 사업장가입자의 비용부담률

| 구분 | | 1988 ~ | 1993 ~ | 1998 ~ | 1999.4 ~ |
|---|---|---|---|---|---|
| 사업장가입자 | 계 | 3% | 6% | 9% | 9% |
| | 근로자 | 1.5% | 2% | 3% | 4.5% |
| | 사용자 | 1.5% | 2% | 3% | 4.5% |
| | 퇴직금전환금 | - | 2% | 3% | - |

〈표 6-2〉 지역가입자의 비용부담률

| 구분 | 1995.7~ 2000.6 | ~2001.6 | ~2002.6 | ~2003.6 | ~2004.6 | ~2005.6 | ~2006.6 |
|---|---|---|---|---|---|---|---|
| 지역 가입자 | 3% | 4% | 5% | 6% | 7% | 8% | 9% |

국회 보건복지위원회는 2006년 11월 30일에 상임위원회를 열어 연금보험료률은 현행 9%에서 2009년부터 2018년까지 매년마다 0.39%씩 높여 12.9%까지 단계적으로 인상하지만 반면, 국민연금의 장기재정안정을 도모하기 위해 평균적인 소득이 있는 자가 40년 동안 가입할 경우 급여수준은 현행 평균소득액의 60%에서 2008년부터는 50%로 낮추는 '국민연금재정안정화방안'을 통과시킴으로써 노령사회에 대비하고 있다.

② 국고의 부담: 국가는 매년 국민연금사업의 관리 · 운영에 필요한 공단의 관리·운영비의 전부 또는 일부를 부담한다.

#### ③ 국민연금기금

국민연금기금은 연금사업에 필요한 재원을 원활하게 확보하고, 급여에 충당하기 위한 책임준비금이라고 할 수 있으며, 보건복지부장관이 관리 · 운용한다. 국민연금재정의 장기적인 안정유지를 위하여 그 수익을 최대로 증대시킬 수 있도록 국민연금기금운용위원회에서 의결한 바에 따라 기금을 관리 · 운용하되, 수급권자의 복지증진을 위한 사업에의 투자는 국민연금재정의 안정을 해치지 아니하는 범위 안에서 하도록 되어 있다. 기금은 연금보험료, 기금운용수익금, 적립금 및 공단의 수입지출결산상 잉여금으로 조성한다.

국민연금기금의 위탁운용은 2002년 3.5%(2조2578억원), 2003년 3.9%(3조9142억원), 2004년 8.1%(10조5719억원), 2005년 10.0%(16조2789억원), 2006년 10.2%(19조2370억원) 등으로 지속적으로 늘어났다.

현재 우리나라의 국민연금제도는 적금과 같이 일정기간 기금을 축적하여 미래의 시점에 연금을 지급받는 방식으로 운용되고 있으며, 이를 적립방식이라고 한다. 이와는 달리 연금을 운용한 역사가 오래된 서구복지국가에서는 현재의 근로세대로부터 거두어들인 연금기금을 현재의 연금수급권자에게 지급하는 방식을 채택하고 있다. 이를 부가방식이라고 한다. 일반적으로 적립연금이 고갈되면, 부가방식으로 운영을 전환하게 된다.

④ 국민연금적용대상자는 강제적으로 보험료를 납부해야 하지만, 사업중단, 실직 또는 휴직중인 경우, 병역법에 의한 병역의무를 수행하는 경우, 초 · 중등교육법 또는 고등교육법에 의한 학교에 재학 중인 경우, 교도소에 수용중인 경우, 보호감호시설 또는 치료감호시설에 수용 중인 경우, 행방불명인 경우, 재해 · 사고 등으로 소득이 감소되거나 기타 소득이 있는 업무에 종사하지 않는 경우에는 납부의무예외로 하고 있다.

⑤ 국민연금기금운용위원회: 기금의 운용에 관한 사항을 심의·의결한다. 위원장은 보건복지부장관이며, 당연직위원인 재정경제부차관·농림부차관·산업자원부차관·노동부차관·기획예산처차관과 공단이사장 및 위원장이 위촉하는 위원으로 구성된다. 또한 기금운용에 관한 사항을 심의·평가하기 위하여 운용위원회에 국민연금기금운용실무평가위원회를 둔다.

### (7) 관리운영체계

① 국민연금사업은 보건복지부장관이 관장하며, 보건복지부장관의 위탁을 받아 국민연금제도를 실제로 운영하는 관리역할은 국민연금관리공단이 담당하고 있다.

② 보건복지부는 국민연금제도의 적용 및 적용시기, 연금보험료의 부과기준 및 보험료율, 급여수급요건 및 지급수준, 장기재정추계 및 기금운용계획, 가입자 및 수급자의 복지증진사업 등에 대한 정책을 계획하고 수립할 책임을 가지고 있다.

③ 국민연금관리공단은 국민연금제도의 목적을 달성하기 위한 사업을 효율적으로 수행하기 위하여 설립되었으며, 가입자에 대한 기록의 관리 및 유지, 보험료의 징수, 급여결정 및 지급, 수급권자를 위한 자금의 대여 및 복지시설의 설치·운영 등 복지증진사업, 기금증식을 위한 자금의 대여사업, 기타 보건복지부장관이 위탁하는 사항 등의 업무를 담당하고 있다. 공단은 원활하게 각 지역주민의 연금관련욕구에 대응하고 관련업무를 수행하기 위하여 일정 지역을 단위로 하여 주된 사무소와 분사무소를 두고 있다.

국민연금관리공단은 1987년, 본부 6부15과 14개지부에 총인원 656명으로 설립되었으며, 그 후 국민연금 적용대상의 확대와 특례노령연금지급, 농어촌지역 국민연금확대실시, 5인미만 사업장 확대 등으로 업무량이 대폭 증가하고 전문화됨에 따라 인력 및 조직이 확충되어, 2006년 현재 본부 7실 2단 1센터 1팀, 기금운용본부(1), 연구원(1), 4대사회보험정보연계센터(1), 91개 지사, 5개 통합지원센터, 22개 사무소에 총 4,900여명의 임직원이 근무하고 있다(국민연금관리공단).

## 2. 건강보험제도

### 1) 역사적 변천과정

우리나라에서 건강보험제도는 1963년 의료보험법이 제정되면서 근로자 300인 이상의 사업장과 농어민을 적용대상으로 하여 시행하기로 하였으나, 그 시행이 유보되었다가, 1976년 의료보험법이 개정되면서 1977년부터 본격적으로 시행되었다. 1977년의 의료보험은 500인 이상 대기업사업장과 공단사업장의 근로자를 적용대상으로 하는 직장의료보험이었다. 이는 소득이 안정된 임금근로자에게 먼저 의료보험을 적용함으로써 시행을 용이하게 하기위한 의도였으나, 질병에 대한 보장이 필요한 저소득계층이 제외되었다는 비판을 받았다. 1979년에는 공무원 및 사립학교교직원 의료보험, 1988년 농어촌 의료보험, 1989년 도시자영업자를 적용대상으로 하는 지역의료보험이 시행되면서 전국민 의료보험이 완성되었다. 이후 1998년 국민의료보험법이 시행되면서 공·교의료보험공단과 지역의료보험조합이 국민의료보험공단으로 통합되었고, 2000년 7월 국민건강보험법이 시행되면서, 국민의료보험공단과 직장의료보험조합이 통합되면서 현재의 단일운영방식의 국민건강보험공단이 완성되었고, 2003년 직장재정과 지역재정이 통합하면서 실질적인 건강보험 통합이 이루어졌다.

우리나라의 국민건강보험제도는 강제가입을 원칙으로 하며, 보험료의 부담은 소득 또는 자산 등을 기준으로 부담하고, 보험의 급여는 기여한 보험료에 관계없이 질병, 부상, 분만 등이 발생했을 때 지급된다. 또한 보험료 수입이 바로 지출로 연결되기 때문에 단기적으로 재분배되는 보험형태이다. 우리나라의 건강보험제도는 서구국가의 의료보험제도에 비하여 보험가입자의 자기부담비율이 높고 고비용 질병에 대한 의료보장이 미흡하다는 비판을 받고 있다.

여기에서는 2006.12.30에 개정된 국민건강보험법을 기준으로 건강보험제도의 내용을 살펴보고자한다.

### 2) 목적

국민건강보험제도는 국민의 질병 · 부상에 대한 예방 · 진단 · 치료 · 재활과 출산 · 사망 및 건강증진에 대하여 보험급여를 실시함으로써 국민보건을 향상시키고 사회보장을 증진하기 위하여 마련되었다.

### 3) 국민건강보험제도를 이해하기 위한 중요 용어의 정의는 다음과 같다.

1. "근로자"는 직업의 종별에 불구하고 근로의 대가로서 보수를 받아 생활하는 자이며, 공무원과 교직원을 제외한 자를 말한다.
2. "사용자"는 근로자가 소속되어 있는 사업장의 사업주, 공무원이 소속되어 있는 기관의 장, 교직원이 소속되어 있는 사립학교를 설립·운영하는 자,
3. "사업장"은 사업소 또는 사무소를 말한다.
4. "공무원"은 국가 또는 지방자치단체에서 상시 공무에 종사하는 자를 말한다.
5. "교직원"은 사립학교 또는 그 학교경영기관에서 근무하는 교원 및 직원을 말한다.

### 4) 적용대상자

① 국내에 거주하는 전국민을 적용대상으로 하고 있다. 의료보험가입자의 피부양자(직장가입자에 의하여 주로 생계를 유지하는 자로서 보수 또는 소득이 없는 자를 말하며, 직장가입자의 배우자, 배우자의 직계존속 포함하는 직계존 · 비속, 형제 · 자매)는 의료보험료의 기여 없이 자동적으로 가입자에 포함된다. 그러나 의료급여를 받는 자이거나, 「독립유공자예우에 관한 법률」 및 「국가유공자 등 예우 및 지원

에 관한 법률」에 의하여 의료보호를 받는 자는 제외된다.

② 가입자의 종류

a. 가입자는 직장가입자 및 지역가입자로 구분한다.

b. 직장가입자: 모든 사업장의 근로자 및 사용자와 공무원 및 교직원은 직장가입자가 된다. 그러나 1개월미만 동안 고용되는 일용근로자, 현역병과 전환 복무된 사람 및 무관후보생, 선거에 의하여 취임하고 매월 보수 또는 이에 준하는 급료를 받지 않는 공무원, 사업장의 특성 · 고용형태 및 사업의 종류 등을 고려하여 대통령령으로 정하는 사업장의 근로자 및 사용자, 공무원 및 교직원 등은 제외된다.

c. 지역가입자: 직장가입자를 제외한 적용대상자로서 도시 및 농어촌 지역주민을 말한다.

③ 2006년 현재 총 가입자는 인구의 97% 이며, 이 중 직장가입자는 58%, 지역가입자는42%로 구성되어 있다. 직장가입자를 제외한 도시 및 농어촌 지역주민이다. 건강보험 대상에서 제외되는 157만 명(인구의 3%)은 국가로부터 보호를 받는 의료급여 대상자이다(국민건강보험공단).

## 5) 급여

건강보험제도에서 급여의 주요형태는 현물의 형태이며, 특히 의료서비스의 형태라고 할 수 있다. 이는 가입자가 의료시설에서 근무하는 의료전문가를 방문하여 해당질병에 대한 진단·치료·재활 등의 요양급여를 수급하는 것이다. 이외에도 의료서비스의 형태인 건강검진이 있으며, 현금급여의 형태로는 요양비, 장제비, 출산비, 장애인보장구급여비, 본인부담액보상금 등이 있다.

보험급여는 가입자가 고의 또는 중대한 과실로 인한 범죄행위·고의로 사고를 발생시키거나, 공단이나 요양기관의 요양에 관한 지시에 따르지 않거나, 법령에서 요구하는 문서 기타 물건의 제출을 거부하거나 질문 또는 진단을 기피하거나, 다른 법령에 의한 보험급여나 보상을 받는 경우는 보험급여에서 제외될 수 있다.

### (1) 요양급여

가입자의 질병 · 부상 · 출산 등에 대하여 요양기관에서 행하며 진찰 · 검사, 약제 · 치료재료 지급, 처치 · 수술 기타의 치료, 예방 · 재활, 입원, 간호, 이송 등을 실시하는 것이다.

### (2) 건강검진

가입자의 질병의 조기발견과 그에 따른 요양급여를 하기 위하여 실시하며, 가입자 및 피부양자에 대하여는 2년에 1회(비사무직근로자는 1년에 1회) 무료 건강검진을 실시하고 있다. 이외에도 건강검진 대상자중 희망할 경우에 특정암검진을 실시하고 있다.

(3) 요양비는 처방전에 의해 직접 구입한 만성신부전증환자의 복막관류액 구입비를 가입자, 피부양자에게 지급하는 것이다.

### (4) 장제비

가입자 또는 피부양자가 사망하여 그 장제를 행한 경우에 25만원의 장제비를 지급한다.

### (5) 출산비

요양기관 외의 장소 예를 들면, 자택, 이송 중 출산한 경우에, 출산일로부터 3년 이내에 신청할 수 있으며 25만원의 출산비를 지급한다.

### (6) 장애인보장구급여비

등록장애인 가입자로서 지체장애인용 상하의지, 보조기 등 69항목, 시각장애인용-저시력 보조안경·의안 등 6항목, 청각장애인용 보청기, 언어장애인용-체외용 인공후두 등을 구입하는 경우에 지급한다. 급여액은 기준액 이내의 보장구에 대하여 실구입가의 80%를 지급하며, 기준액을 초과하는 보장구에 대하여는 기준액의 80%를 지급한다.

### (7) 본인부담액보상금

가계의 경제적 부담을 감소시키기 위하여 마련된 급여제도로서, 병원에서 진료 후 발생한 본인부담금이 매30일간 120만원을 넘었을 경우, 그 넘은 금액의 50%를 지급하고 있다.

## 6) 재원

건강보험의 재원은 가입자의 부담금과 국고지원에 의해 구성되어 있다. 가입자의 부담금은 의료보험료기여금과 본인일부부담금으로 나누어 살펴볼 수 있다. 보험료의 부담은 직장가입자인가 또는 지역가입자인가의 여부에 따라 산정방식이 달라진다.

### (1) 의료보험료

① 직장가입자

직장가입자는 근로소득에 대해 보험료를 부과하며, 【보험료=표준보수월액 x 보험료율】로 산정한다. 표준보수월액은 직장가입자가 당해 연도에 받은 보수총액을 근무월수로 나눈 금액이며, 상ㆍ하한선이 적용된다. 상한선은 가입자의 보수월액이 6,579만원 초과는 6,579만원 적용되며, 하한선은 가입자의 보수월액이 28만원 미만은 28만원으로 적용하고 있다. 2007년 1월을 기준으로 적용되는 보험료율은 4.77%(사용자 2.385%, 가입자 2.385%부담)이다.

직장가입자가 교직원인 경우는 해당 직장가입자가 50%, 사용자가 30%, 국가가 20%를 각각 부담하고 있다.

② 지역가입자

직장가입자와는 달리 일정한 월소득을 정확하게 파악하기 어려운 지역가입자의 월별 보험료액은 세대단위로 산정하되, 보험료 부과는 가입자의 소득, 재산(전월세, 자동차포함), 생활수준 및 경제활동참가율을 고려하여 부과요소별 점수를 합산한 후 부과표준소득(점수)에 적용점수당 금액을 곱하여 보험료를 산정하고 경감율 등을 적용하여 부과하고 있으며, 상·하한을 정할 수 있다.

소득, 재산(전월세, 자동차 포함), 세대원의 성·연령을 부과요소로 하며, 소득금액 연 500만원을 기준으로 부과요소를 달리 적용하고 있다.

- 기본산정방식: 부과표준소득(적용점수)×131.4원(적용점수당 금액)

1. 연 소득 500만원 이하 세대

부과요소별 점수【생활수준(재산·자동차 등) 및 경제활동참가율(성ㆍ연령) + 재산 (전월세포함) + 자동차】를 합산한 부과표준소득(적용점수) × 131.4원 (적용점수당 금액)

2. 연 소득 500만원 초과 세대

부과요소별 점수【소득+재산(전월세포함) + 자동차】를 합산한 부과표준소득(적용점수) × 131.4원(적용 점수당 금액)

③ 도서ㆍ벽지ㆍ농어촌 등의 지역에 거주하는 자, 가입자가 65세 이상인 자, 등록한 장애인, 국가유공자, 휴직자, 그 밖에 생활이 어렵거나 천재지변 등의 사유로 보험료의 경감이 필요하다고 고시하는 자 등의 보험료는 그 일부를 경감할 수 있다.

(2) “본인일부부담금”은 요양급여를 받는 자가 비용의 일부를 요양기관에 본인이 부담하는 금액이다. 본인일부부담금은 수급자가 이용하는 요양기관의 종별에 따라 진찰료총액, 요양급여비용총액, 약가비용 등이 고려되며, 30~50%까지 서로 다르다(국민건강보험시행령 제22조 참조).

## 7) 관리운영체계

① 건강보험사업은 보건복지부장관이 관장하며, 보건복지부장관의 위탁을 받아 실제로 운영하는 관리역할은 국민건강보험공단이 담당하고 있다.

② “**건강보험정책심의위원회**” : 건강보험정책에 관한 요양급여의 기준, 요양급여비용에 관한 사항, 직장가입자의 보험료율, 지역가입자의 보험료부과점수당 금액, 그 밖에 건강보험에 관한 주요 사항을 심의 · 의결하기 위하여 보건복지부장관 소속하에 건강보험정책심의위원회를 두고 있다.

③ “**건강보험분쟁조정위원회**” : 가입자는 자격 · 보험료등 · 보험급여 및 보험급여비용에 관한 공단의 처분에 이의가 있을 때는 공단에 이의신청을 할 수 있으며, 분쟁조정위원회가 이를 심사한다.

④ “**국민건강보험공단**” : 가입자 및 피부양자의 자격관리, 보험료 또는 기타 징수금의 부과 · 징수, 보험급여의 관리, 가입자 및 피부양자의 건강의 유지 · 증진을 위하여 필요한 예방사업, 보험급여비용의 지급, 자산의 관리 · 운영 및 증식사업, 의료시설의 운영, 건강보험에 관한 교육훈련 및 홍보, 건강보험에 관한 조사연구 및 국제협력, 위탁받은 업무, 기타 건강보험과 관련된 업무를 수행하고 있다.
2006년 현재, 본부(1센터, 12실), 6개 지역본부, 178개 지사를 전국에 두고 있으며, 10,334명의 직원이 업무를 수행하고 있다.

⑤ "**재정운영위원회**" : 요양급여비용의 계약, 보험료의 결손처분 등 보험재정과 관련된 사항을 심의 · 의결하기 위하여 공단에서 운영한다.

⑥ “**건강보험심사평가원**” : 요양급여비용을 심사하고 요양급여의 적정성을 평가하며, 요양급여비용의 심사, 요양급여의 적정성에 대한 평가, 심사 및 평가 기준의 개발, 조사연구 및 국제협력, 다른 법률의 규정에 의하여 지급되는 급여비용의 심사 또는 의료의 적정성 평가에 관하여 위탁받은 업무, 건강보험과 관련된 업무, 기타 보험급여비용의 심사와 보험급여의 적정성 평가와 관련된 업무 등을 관장한다. 또한 심사평가원의 업무를 효율적으로 수행하기 위하여 심사평가원에 진료심사평가위원회를 두고 있다.

## 3. 산업재해보험제도

### 1) 역사적 변천과정

우리나라의 산업재해보상보험제도(이하 '산재보험'이라 하다)는 산업재해를 당한 근로자를 보호하기 위한 사회보험이다. 산업재해란 사업장의 근로자가 업무상 발생하는 재해로 인해 부상, 질병, 신체장해, 사망을 당한 경우를 말한다. 아울러 업무수행 중의 사고뿐만 아니라 사업장의 설비 미비로 인한 사고, 업무수행을 위한 출장 중에 당한 사고, 사업주가 제공한 차량으로 출·퇴근하다 당한 사고, 작업환경이나 근무조건 등 유해요인으로 인해 생기는 질병도 산업재해로 본다. 이러한 산업재해에 대해 치료비와 보상금을 지급하고 직업재활, 생활장학금보조 등의 복지증진을 위해 국가가 관장하는 사회보험이 산재보험이다(모지환, 2004).

세계적으로 산업재해에 대한 대처는 일정한 역사적 발전경로를 보이고 있다. 산업재해관련 보상제도는 초기에는 근로자가 산업재해에 대해 스스로 책임을 지는 것을 원칙으로 하여 고용주의 과실을 증명할 수 있을 경우, 민법에 의거하여 소송을 통하여 법적인 보상을 고용주로부터 받을 수 있었다. 이 경우 근로자가 자신의 과실이 아닌 고용주의 과실을 증명해야 하는 어려움과 법적판결을 위한 기간소요로 인하여 근로자가 제때에 보상을 받을 수 없다는 문제점 등이 발생하였다. 그 후 점차로 고용주에게 산재로부터 안전한 근로환경의 조성이 요구되면서 근로기준법 등을 통한 보상제도가 마련되었다. 그러나 산재가 발생했을 때 고용주가 산재보상비용을 부담하는 것이 경영상의 재정부담을 가져오는 등의 문제점이 나타나면서 산재보험이 도입되었다. 산재보험은 산재에 대해 미리 예비적인 보험료를 지불하고 원인의 소재에 관계없이 산재가 발생했을 때 신속하게 근로자에 대한 보상이 이루어질 수 있도록 하고 있다.

산재보험제도는 강제가입을 원칙으로 하며, 다른 사회보험제도와는 달리 고용주가 산재보험가입자가 되며, 재해는 업무상재해로 인정받아야 하며, 과실의 책임소재를 고려하지 않고 산업재해가 발생한 경우 산재보험에 의해 보상된다.

산재보험은 우리나라의 사회보험 중에서 가장 먼저 도입되었으며, 1963년 「산업재해보상보험법」이 제정되었고, 1964년 7월부터 500인이상의 사업장을 중심으로 실시되었으며, 이후 여러 차례 법이 개정되면서 적용대상자와 급여가 확대되었다. 1995년부터는 노동부장관의 위탁을 받아서 근로복지공단이 보험제도를 실제 관장하고 있으며, 2000년부터는 1인이상의 전사업장으로 확대되면서 거의 대부분의 사업장으로 적용되고 있다.

여기에서는 2005.12.29 에 개정된 산업재해보상보험법을 기준으로 산재보험제도를 살펴보고자한다.

### 2) 목적

산업재해보상보험사업(이하 산재보험)은 근로자의 업무상의 재해를 신속하고 공정하게 보상하고, 재해근로자의 재활 및 사회복귀를 촉진하기 위하여 이에 필요한 보험시설을 설치 · 운영하며 재해예방, 기타 근로자의 복지증진을 위한 사업을 행함으로써 근로자를 보호하고자 마련되었다.

### 3) 산재보험제도를 이해하기 위한 중요 용어의 정의는 다음과 같다.

1. "업무상의 재해"는 업무상의 사유에 의한 근로자의 부상 · 질병 · 신체장해 또는 사망을 말한다. 업무상재해의 기본원칙은 다음과 같다.
   a. 근로자의 '업무상의 사고'는 근로자가 근로계약에 의한 업무를 사업주의 지배관리하에 수행하는 상태에서 사고가 발생하거나 사업주가 관리하고 있는 시설물의 결함 또는 관리상의 하자로 인하여 사고가 발생하여 사상하거나, 사고와 근로자의 사상 간에 상당한 인과관계가 있어야 하며, 근로자의 고의 · 자해행위나 범죄행위 또는 그것이 원인이 되어 발생한 사상이 아닐 경우를 업무상 사고로 본다.
   b. '업무상질병'은 근로자의 질병에의 이환이 근로자가 업무수행과정에서 유해요인을 취급하거나 이에 노출된 경력이 있을 경우이거나, 유해요인을 취급하거나 이에 노출될 우려가 있는 업무를 수행함에 있어서 작업시간·종사기간·노출량 및 작업환경 등에 의하여 유해인자의 노출정도가 근로자의 질병 또는 건강장해를 유발할 수 있다고 인정되거나, 유해요인에 노출되거나 취급방법에 따라 영향을 미칠 수 있는 신체부위에 그 유해인자로 인하여 특이한 임상증상이 나타났다고 의학적으로 인정될 경우이거나, 실병에 이환되이 의학적인 요양의 필요성이나 보험급여 지급사유가 있다고 인정될 경우이다. 또한 업무상 부상으로 인하여 질병에 이환된 근로자의 상태가 부상으로 인한 신체의 손상과 질병간에 신체부위 및 시간적 · 기능적 관련성이 의학적으로 인정될 경우, 부상의 원인 · 정도 및 상태 등이 질병의 원인임이 의학적으로 인정되거나, 기초질환 또는 기존질병이 있는 근로자의 경우 그 질환 또는 질병이 자연발생적으로 나타난 증상이 아닐 경우에는 업무상 질병으로 인정한다.

c. '작업시간중 사고' 는 근로자가 사업장내에서 작업시간 중에 작업, 용변 등 생리적 필요행위, 작업준비 · 마무리행위 등 작업에 수반되는 필요적 부수행위를 하고 있던 중 발생한 사고로 인하여 사상한 경우, 근로자가 사업장내에서 천재지변 또는 화재 등의 돌발적인 사고가 발생하여 사회통념상 예견될 수 있는 구조행위 또는 긴급피난행위를 하고 있을 때 발생한 사고로 인하여 사상한 경우에는 이를 업무상 재해로 본다.

d. '작업시간외 사고' 는 근로자가 사업장내에서 작업시간외의 시간을 이용하여 다음의 행위를 하고 있을 때 발생한 사고로 인하여 사상한 경우이다 :

① 근로자가 사업장내에서 작업시간외의 시간을 이용하여 작업, 용변 등 생리적 필요행위, 작업준비 · 마무리행위 등 작업에 수반되는 필요적 부수행위를 하고 있을 때 발생한 사고로 인하여 사상한 경우,

② 사업주가 관리하고 있는 시설(차량·장비 등을 포함)의 결함 또는 사업주의 시설관리소홀로 인하여 재해가 발생한 경우에는 그 재해가 작업시간외의 시간 중에 발생한 때에도 당해 근로자의 자해행위 또는 사업주의 구체적인 지시사항을 위반한 행위로 인하여 사상한 경우를 제외하고는 이를 업무상 재해로 본다.

③ 태풍 · 홍수 · 지진 · 눈사태 등의 천재지변이나 돌발적인 사고가 발생할 우려가 많은 장소에서 업무를 수행하는 근로자가 근로자의 자유로운 행동이 허용되고 있는 휴식시간을 이용하여 사적행위를 하고 있을 때, 근로자가 작업시간외의 시간 중에 사업장내의 시설을 자유롭게 이용하고 있을 때, 근로자가 사업장내에서 자유롭게 출·퇴근하고 있거나 출 · 퇴근중에 잠시 머무르고 있을 때 발생한 사고로 인하여 사상한 경우로서 작업장소(인근지역을 포함)에서 그러한 행위를 하는 것이 사회통념상 인정되는 경우에는 이를 업무상 재해로 본다.

④ 근로자가 출 · 퇴근하는 도중에 발생한 사고로 인하여 사상한 경우로서 사업주가 소속 근로자들의 출 · 퇴근용으로 제공한 교통수단의 이용 중에 발생한 사고일 경우, 사업주가 제공한 교통수단에 대한 관리 · 이용권이 근로자 측에 전담되어 있지 아니할 경우에는 이를 업무상 재해로 본다.

e. '휴게시간중 사고'는 「근로기준법」에 의하여 사업주가 근로자에게 제공한 휴게시간중에 사업장내에서 사회통념상 휴게시간중에 할 수 있다고 인정되는 행위로 인하여 발생한 사고로 사상한 경우에는 이를 업무상 재해로 본다.

f. '출장중 사고'는 근로자가 사업주의 출장지시를 받아 사업장 밖에서 업무를 수행

하고 있을 때 발생한 사고로 인하여 사상한 경우, 근로자가 사업주의 지시를 받아 출·퇴근중에 업무를 수행하고 있을 때 발생한 사고로 인하여 사상한 경우, 사업주의 지시를 받아 사업장외의 장소로 출·퇴근하여 직무를 수행하고 있는 근로자(외근근로자)가 최초로 직무수행장소에 도착하여 직무를 시작한 때부터 최후로 직무를 완수한 후 퇴근하기 전까지의 사이에 발생한 사고로 인하여 사상한 경우 이를 업무상 재해로 본다.

g. '행사중 사고' 근로자가 운동경기·야유회·등산대회 등 각종행사에 참가중 사고로 인하여 사상한 때에는 사회통념상 당해 행사에 근로자의 참여가 노무관리 또는 사업운영상 필요하다고 인정되는 경우에는 이를 업무상 재해로 본다. 또한 행사참가를 위한 준비연습중에 발생한 사고로 인하여 근로자가 사상하거나 행사의 기획·운영업무를 담당하고 있는 근로자가 그 행사의 기획·운영업무를 수행하던 중 발생한 사고로 인하여 사상한 경우에도 이를 업무상 재해로 본다.

h. '기타 사고'란 타인의 폭력행위에 의하여 또는 사고로 인하여 근로자가 사상한 경우에는 제3자의 행위에 의한 업무상 재해로 본다. 또한 업무상 재해를 당하여 요양중에 있는 근로자가 요양과 관련된 행위중에 발생한 사고로 인하여 사상한 경우로서 요양중인 행위와 사고간에, 사고와 새로운 사상간에 각각 상당인과관계가 있다고 인정되는 경우에는 이를 업무상 재해로 본다.

2. "근로자"·"임금"·"평균임금"·"통상임금"은 각각 근로기준법에 의한 정의에 의하여 말한다.
3. "유족"은 사망한 자의 배우자(사실상 혼인관계에 있는 자를 포함)·자녀·부모·손·조부모 또는 형제자매를 말한다.

### 4) 적용대상자

#### ① 당연적용사업장

1인이상의 근로자를 사용하는 모든 사업 또는 사업장에 적용한다. 농업·임업(벌목업 제외)·어업·수렵업 중 법인이 아닌 자의 사업으로서 상시 근로자수가 5인 미만인 사업은 제외한다.

#### ② 적용특례

중소기업 사업주의 경우 사실상 근로에 종사하는 경우가 많기 때문에 임의로 가입할 수 있다. 50인미만의 근로자를 사용하는 사업주이거나, 자동차를 사용하여 행하는 여객 또는 화물운송사업을 근로자를 사용하지 않고 직접 행하는 사업주 등이 해당한다.

### 5) 급여

보험급여의 종류는 요양급여, 휴업급여, 장해급여, 간병급여, 유족급여, 상병보상연금, 장의비 등이 있다.

#### (1) 요양급여

① 요양급여는 근로자가 업무상의 사유에 의하여 부상을 당하거나 질병에 걸린 경우에 지급한다. 요양급여는 요양비의 전액으로 하되, 공단이 설치한 보험시설 또는 지정한 의료기관에서 요양을 하게 한다. 부상 또는 질병이 3일이내의 요양으로 치유될 수 있는 때에는 요양급여를 지급하지 아니한다. 공단이 근로자가 요양하고 있는 보험시설 또는 의료기관의 소재지·인력 또는 시설 등이 그 근로자의 요양에 적합하지 아니하다고 인정하는 경우에는 다른 보험시설 또는 의료기관을 지정하여 그 보험시설 또는 의료기관에서 요양하게 할 수 있다.
요양급여의 범위는 진찰, 약제 또는 진료재료와 의지 · 기타 보철구의 지급, 처치 · 수술 기타의 치료, 의료시설에의 수용, 간병, 이송 등이다.

② **"재요양" 급여:** 요양급여를 받은 자가 치유 후 요양의 대상이 되었던 업무상의 부상 또는 질병이 재발하거나 치유 당시보다 상태가 악화되어 적극적인 치료가 필요하다는 의학적 소견이 있는 경우에 받을 수 있다.

#### (2) 휴업급여

휴업급여는 업무상 사유에 의하여 부상을 당하거나 질병에 걸린 근로자에게 요양으로 인하여 취업하지 못한 기간에 대하여 지급하는 것으로, 1일당 지급액은 평균임금의 70%에 상당하는 금액으로 한다. 당해근로자가 일정연령에 도달한 이후에는 노동능력 등을 고려하여 휴업급여를 감액하여 지급하게 된다. 산정한 휴업급여가 최저임금법의 규정에 의한 최저임금액에 미달하는 경우에는 그 최저임금액을 당해근로자의 1일당 휴업급여 지급액으로 한다.

#### (3) 장해급여

장해급여는 근로자가 업무상의 사유에 의하여 부상을 당하거나 질병에 걸려 치유 후 신체 등에 장해가 있는 경우에 당해근로자에게 지급한다. 장해급여는 장해등급에 따라 장해보상연금 또는 장해보상일시금으로 하게 되며, 장해보상연금 또는 장해보상일시금은 수급권자의 선택에 따라 이를 지급한다. 다만, 노동력을 완전히 상실한 장해등급의 근로자에 대하여는 장해보상연금을 지급한다. 장해보상연금은 수급권자의 신청이 있는 경우에는 그 연금의 최초의 1년분 또는 2년분을 선급할 수 있다. 장해급여를 연금의 형태로 지급하는 것이 곤란한 경우에는 장해보상일시금을 지급한다.

### (4) 간병급여

간병급여는 요양급여를 받은 자가 치유 후에 의학적으로 상시 또는 수시로 간병이 필요하여 실제로 간병을 받는 자에게 지급한다.

### (5) 유족급여

① 유족급여는 근로자가 업무상의 사유에 의하여 사망한 경우에 유족에게 지급한다.

② 유족급여는 유족보상연금 또는 유족보상일시금으로 하되, 유족보상일시금은 유족급여를 연금의 형태로 지급하는 것이 곤란한 경우에 한하여 지급한다. 유족보상연금의 수급권자가 원하는 경우에는 유족보상일시금의 50%에 상당하는 금액을 일시금으로 지급하고 유족보상연금은 50%를 감액하여 지급한다.

③ 유족보상연금을 받던 자가 그 수급자격을 잃은 경우 다른 수급자격자가 없고 이미 지급한 연금액을 지급당시의 각각의 평균임금으로 나눈 일수의 합계가 1,300일에 미달하는 경우에는 그 미달하는 일수에 수급자격상실 당시의 평균임금을 곱하여 산정한 금액을 유족보상연금수급자격자가 아닌 다른 유족에게 일시금으로 지급한다.

④ "유족보상연금수급자격자"는 유족으로서 근로자의 사망 당시 그에 의하여 부양되고 있던 자중 처(사실상 혼인관계에 있는 자를 포함), 남편(사실상 혼인관계에 있는 자를 포함)·부모 또는 조부모로서 60세 이상인 자, 자녀 또는 손으로서 18세 미만인 자, 형제자매로서 18세 미만이거나 60세 이상인 자 등이다. 근로자의 사망 당시 태아이었던 자녀가 출생한 경우에는 그 근로자의 사망 당시 그에 의하여 부양되고 있던 자로 본다. 유족보상연금수급자격자가 유족보상연금을 받을 권리의 순위는 배우자·자녀·부모·손·조부모 및 형제자매의 순서로 한다.

### (6) 상병보상연금

① 요양급여를 받는 근로자가 요양개시 후 2년이 경과된 이후에 당해 부상 또는 질병

이 치유되지 아니한 상태, 그 부상 또는 질병에 의한 폐질의 정도가 대통령령이 정하는 폐질등급기준에 해당되는 상태가 계속되는 경우에는 휴업급여 대신 상병보상연금을 당해근로자에게 지급한다.

② 상병보상연금은 폐질등급에 따라 지급한다.

#### (7) 장의비

장의비는 근로자가 업무상의 사유에 의하여 사망한 경우에 지급하되, 평균임금의 120일분에 상당하는 금액을 그 장제를 행하는 자에게 지급한다.

#### (8) 특별급여

특별급여는 근로자가 업무상 사유로 사망하거나 산체장해를 입은 경우 사업주를 상대로 하는 민사상 손해배상의 번거로움을 방지하고 신속한 해결을 위하여 산재보험에서 대불해주고 그 지급상당액을 사업주가 직접 납부하는 제도로서 장애특별급여와 유족특별급여가 있다.

① 장해특별급여

보험가입자의 고의 또는 과실로 발생한 업무상 재해로 인하여 근로자가 장해등급에 해당하는 장해를 입은 경우에 수급권자가 민법에 의한 손해배상청구에 갈음하여 장해특별급여를 청구한 때에는 규정된 장해급여 외에 장해특별급여를 지급할 수 있다. 다만, 근로자와 보험가입자 사이에 장해특별급여에 관하여 합의가 이루어진 경우에 한한다. 수급권자가 장해특별급여를 받은 때에는 동일한 사유에 대하여 보험가입자에게 민법 기타 법령의 규정에 의한 손해배상을 청구할 수 없다.

② 유족특별급여

보험가입자의 고의 또는 과실로 발생한 업무상 재해로 인하여 근로자가 사망한 경우에 수급권자가 민법에 의한 손해배상청구에 갈음하여 유족특별급여를 청구한 때에는 규정된 유족급여외에 유족특별급여를 지급할 수 있다.

### 6) 재원

산재보험의 재원은 가입자의 부담금과 국고지원에 의해 구성되어 있다. 가입자의 부담금은 산재보험료이다.

### (1) 산재보험료

① 산재보험요율은 매년 9월 30일 현재, 과저 3년간의 임금총액에 대한 보험급여총액에 대한 비율을 기초로 재해발생의 위험성에 따라 분류된 업종별 보험요율을 세분화하여 고시한다.

보험요율은 하나의 적용사업장에 대하여는 하나의 보험요율을 적용하며, 하나의 사업장안에서 보험요율이 다른 2종이상의 사업이 행해지는 경우에는 1. 근로자수가 많은 사업 2. 근로자수가 동일하거나 그 수를 파악할 수 없는 경우는 임금총액이 많은 사업 3. 매출액이 많은 사업 순으로 결정한다.

② 산재보험료율의 특례적용

동종사업의 보험료율을 적용함에 있어서, 재해방지를 위해 노력한 사업주와 그렇지 않는 사업주간의 형평성을 고려하여 과거 3년간의 보험료금액에 대한 보험급여금의 비율이 85%를 넘거나 75%이하인 경우, 그 사업에 적용되는 보험료율을 50%범위안에서 인상 또는 인하한 율을 당해사업에 대한 다음보험년도의 보험료율을 적용한다.

개별실적요율 = 해당사업종류의 일반요율±(해당 사업종류의 일반요율×수지율에 의한 증감비율)

* 수지율 : 3년간의 보험급여총액 / 3년간 보험료 총액 × 100

### (2) 국고지원

국가는 보험사업의 사무집행에 소요되는 비용을 일반회계에서 부담하며, 또한 보험사업에  소요되는 비용의 일부를 지원할 수 있다.

### (3) 산업재해보상보험 및 예방기금

① 노동부장관은 보험사업, 산업재해예방사업에 필요한 재원을 확보하고, 보험급여에 충당하기 위하여 "산업재해보상보험및예방기금"을 설치한다. 기금은 보험료 · 기금운용수익금 · 적립금 · 기금의 결산상 잉여금 · 정부 또는 정부외의 자로부터의 출연금 및 기부금 · 차입금 기타 수입금을 재원으로 하여 이를 조성한다. 기금은 노동부장관이 관리 · 운용한다.

② 기금의 용도는 보험급여의 지급 및 반환금의 반환, 차입금 및 이자의 상환, 공단에의 출연, 산업안전보건법의 규정에 의한 용도, 재해근로자의 복지증진, 한국산업안전공단에의 출연금, 기타 보험사업 및 기금의 관리·운용 등에 사용한다.

### 7) 관리운영체계

① 산재보험사업은 노동부장관이 관장하며, 노동부장관의 위탁을 받아 산재보험제도를 실제로 운영하는 관리역할은 근로복지공단이 담당하고 있다.

② "근로복지공단"은 보험가입자 및 수급권자에 관한 기록의 관리 · 유지, 보험료징수법에 의한 보험료와 그 밖의 징수금의 징수, 보험급여의 결정 및 지급, 보험급여에 관한 심사청구의 심리 · 결정, 산업재해보상보험시설의 설치 · 운영, 근로자의 복지증진을 위한 사업, 기타 정부로부터 위탁되고 이에 부대되는 사업 등을 수행한다. 공단은 필요한 때에는 분사무소를 둘 수 있다.

③ "산업재해보상보험심의위원회": 노동부는 보험사업에 관한 중요사항을 심의하기 위하여 산업재해보상보험심의위원회를 두고 있다.

④ "근로복지공단"은 필요하다고 인정한 업무를 수행하고 있다.
2006년 현재, 6개 지역본부, 49개 지사, 2개의 재활훈련원을 전국에 두고 있으며, 3,406명의 직원이 산재보험 및 고용보험의 업무를 수행하고 있다.

⑤ 노동부장관은 근로자의 복지증진을 위하여 근로복지사업을 행한다. 근로복지사업은 업무상의 재해를 입은 근로자의 원활한 사회복귀를 촉진하기 위한 사업으로서 요양 또는 외과후 처치와 의료재활 또는 직업재활에 관한 보험시설을 설치 · 운영하고, 장학사업 등 재해근로자와 그 유족의 복지증진을 위한 사업, 기타 근로자의 복지증진을 위한 시설의 설치 · 운영사업 등을 말한다.

## 4. 실업보험제도

### 1) 역사적 변천과정

우리나라에서 실업이라는 사회적 위험에 대처하기 위한 대표적인 공적보험제도는 고용보험제도이다. 고용보험은 근로자가 근로를 하는 동안 실업에 대비하여 보험료를 납부하고, 실업을 했을 때 고용보험제도로부터 이전의 근로소득을 보장 받고, 실업을 극복하기 위한 고용활동을 지원받기 위하여 마련된 제도이다. 고용보험제도는 2006년을 기준으로 실제로 시행되고 있는 공적보험제도 중에 가장 나중에 도입된 제도로서 1991년 제7차 경제사회발전 5개년계획을 통하여 도입이 결정되었다. 1993년 12월 고용보험법이 제정되었고 1995년 이후부터 30인이상의 근로자를 고용하는 사업장을 적용대상으로 하여 시행되었다. 고용보험제도가 주목받게 된 것은 1997년의 외환금융위기이후이다.

IMF 위기이후 대량실업의 발생과 고용불안 등으로 근로자의 실업에 대한 고용보험의 역할이 요구되면서 1998년 10월부터 1인이상의 근로자를 고용하는 모든 사업장으로 확대되었고 전국민을 대상으로 하는 고용보험제도가 이룩되었다.

우리나라 고용보험제도의 특징은 실업급여를 통하여 소득을 보장하는데 중점을 둔 제도이기보다는 고용프로그램을 통한 재취업과정에 역점을 두고 있다고 할 수 있다.

여기에서는 2006.12.30 에 개정된 고용보험법을 기준으로 제도의 내용을 살펴보고자 한다.

### 2) 목적

고용보험의 시행을 통하여 실업예방, 고용촉진 및 근로자의 직업능력의 개발·향상을 도모하고, 국가의 직업지도·직업소개기능을 강화하며, 근로자가 실업한 경우에 생활에 필요한 급여를 실시함으로써, 근로자의 생활의 안정과 구직활동을 촉진하기 위하여 마련되었다.

### 3) 고용보험제도를 이해하기 위한 중요 용어의 정의는 다음과 같다.

1. "피보험자"는 보험에 가입되거나 가입된 것으로 보는 근로자를 말한다.
2. "이직"은 피보험자와 사업주간의 고용관계가 종료하게 되는 것을 말한다.
3. "실업"이란 피보험자가 이직하여 근로의 의사 및 능력을 가지고 있음에도 불구하고 취업하지 못한 상태에 있는 것을 말한다.
   "실업의 인정"이란 직업안정기관의 장이 수급자격자가 실업한 상태에서 적극적으로 구직노력을 하고 있다고 인정하는 것을 말한다.
4. "임금"이란 「근로기준법」에 의한 임금을 말한다.
5. "일용근로자"란 1개월 미만의 기간 동안 고용되는 자를 말한다.

### 4) 적용대상자

① 근로자를 사용하는 모든 사업 또는 사업장에 적용한다.

② 적용제외 근로자

65세 이상인 자, 소정근로시간이 대통령령이 정하는 시간 미만인 자, 공무원·사립학교교직원 등이 해당한다. 예외로서, 65세이상인 근로자에 대해서는 고용안정·직업능력개발사업을 실시할 수 있다.

### 5) 급여

고용보험제도의 급여는 실업급여, 출산 및 육아휴직급여와 같은 현금급여와 고용을 지원하는 현물급여 등으로 나누어 살펴볼 수 있다. 이는 고용보험사업체계를 구성하고 있다.

고용보험사업은 고용안정 · 직업능력개발사업, 실업급여, 모성보호사업으로 나누어진다.

#### (1) 고용안정 · 직업능력개발사업

피보험자 및 피보험자이었던 자 그 밖에 취업할 의사를 가진 자에 대한 실업의 예방, 취업의 촉진, 고용기회의 확대, 직업능력개발·향상의 기회 제공 및 지원 그 밖에 고용안정과 사업주에 대한 인력확보의 지원을 위하여 고용안정·직업능력개발사업을 실시한다.

① 고용창출의 지원:

고용환경 개선, 근무형태 변경 등을 통하여 고용의 기회를 확대한 사업주에 대하여 필요한 지원을 할 수 있다.

② 고용조정의 지원:

경기의 변동, 산업구조의 변화 등에 따른 사업규모의 축소, 사업의 폐지 또는 전환으로 인하여 고용조정이 불가피하게 된 사업주가 근로자에 대한 휴업, 직업전환에 필요한 직업능력개발훈련, 인력의 재배치 등의 실시 기타 근로자의 고용안정을 위한 조치를 취하는 경우에는 당해 사업주에 대하여 필요한 지원을 할 수 있다.

③ 지역고용의 촉진:

고용기회가 현저히 부족하거나 산업구조의 변화 등으로 고용사정이 급속하게 악화되고 있는 지역으로 사업을 이전하거나 그러한 지역에서 사업을 신설 또는 증설함으로써 당해 지역의 실업의 예방, 재취업의 촉진에 기여한 사업주, 기타 당해 지역의 고용기회의 확대에 필요한 조치를 취한 사업주에 대하여 필요한 지원을 할 수 있다.

④ 고령자등 고용촉진의 지원:

고령자 등 노동시장의 통상적인 조건하에서는 취업이 특히 곤란한 자의 고용을 촉진하기 위하여 고령자등을 새로이 고용하거나 기타 이들의 고용안정에 필요한 조치를 취하는 사업주 또는 사업주가 취하는 고용안정조치에 해당된 근로자에 대하여는 필요한 지원을 할 수 있다.

⑤ 건설근로자 등의 고용안정 지원:

건설근로자 등 고용상태가 불안정한 근로자를 위하여 고용상태의 개선을 위한 사업, 계속고용기회의 부여 등 고용안정을 위한 사업, 기타 고용안정사업 등에 필요한 지원을 할 수 있다.

⑥ 고용안정 및 취업의 촉진:

고용안정 및 취업의 촉진을 위하여 고용관리 진단 등 고용개선지원사업, 피보험자등의 창업촉진을 위한 지원사업, 그 밖에 피보험자등의 고용안정 및 취업의 촉진을 위한 사업을 직접 실시하거나 이를 실시하는 자에게 필요한 비용을 지원 또는 대부할 수 있다.

⑦ 고용촉진시설에 대한 지원:

고용안정 · 고용촉진 및 사업주의 인력확보 지원을 위하여 상담시설 · 보육시설, 그 밖에 고용촉진시설을 설치 · 운영하는 자에 대하여 필요한 지원을 할 수 있다.

⑧ 피보험자등에 대한 직업능력개발의 지원:

직업능력개발훈련을 받거나 기타 직업능력의 개발 · 향상을 위하여 노력하는 경우에는 필요한 비용을 지원할 수 있다. 또한 취업촉진을 위한 직업능력개발훈련을 실시할 수 있다.

⑨ 직업능력개발훈련시설에 대한 지원 등:

직업능력의 개발·향상을 위하여 필요하다고 인정하는 경우에는 직업능력개발훈련시설의 설치 및 장비구입에 필요한 비용의 대부, 직업능력개발훈련시설의 설치 및 장비의 구입 · 운영에 필요한 비용 등을 지원할 수 있다.

⑩ 직업능력개발의 촉진:

직업능력의 개발 · 향상을 촉진하기 위하여 직업능력개발사업에 대한 기술지원 및 평가사업, 기능 · 기술장려사업 및 자격검정사업 실시하거나 이를 실시하는 자에게 그 실시에 필요한 비용을 지원할 수 있다.

⑪ 건설근로자 등의 직업능력개발 지원:

건설근로자등 고용상태가 불안정한 근로자를 위하여 직업능력의 개발·향상을 위한 사업을 실시하는 사업주에 대하여 필요한 비용을 지원할 수 있다.

⑫ 고용정보의 제공 및 고용지원기반의 구축 등:

사업주 및 피보험자등에 대한 구인 · 구직 · 훈련 등 고용정보의 제공, 직업 · 훈련 상담 등 직업지도, 직업소개, 고용안정 · 직업능력개발에 관한 기반의 구축 및 그에 필요한 전문 인력의 배치 등의 사업을 할 수 있다.

### (2) 실업급여

실업급여는 구직급여와 취업촉진수당으로 구분하여 살펴볼 수 있다.

① 구직급여는 피보험자가 이직한 경우로서,

a. 구직급여는 피보험자가 이직한 경우로서 이직일 이전 18개월간 피보험단위기간이 통산하여 180일 이상이며, 근로의 의사와 능력이 있음에도 불구하고 취업(영리를 목적으로 사업을 영위하는 경우를 포함)하지 못한 상태에 있으며, 이직사유가 수급자격의 제한사유에 해당하지 않으며, 재취업을 위한 노력을 적극적으로 한다는 요건을 갖춘 경우에 지급한다. 최종 이직 당시 일용근로자이었던 자는 수급자격인정신청일 이전 1개월간의 근로일수가 10일 미만일 것이며, 최종 이직일 이전 기준기간내의 피보험단위기간 180일중 다른 사업에서 수급자격의 제한사유에 해당하는 사유로 이직한 사실이 있는 경우에는 당해 피보험단위기간 중 90일 이상을 일용근로자로 근로하였을 것에 한하여 구직급여수급대상자가 될 수 있다.

b. 이직일 이전 18개월 동안 질병 · 부상 기타 대통령령이 정하는 사유로 인하여 계속하여 30일 이상 임금의 지급을 받을 수 없었던 피보험자의 경우에는 18월에 당해 사유에 의하여 임금의 지급을 받을 수 없었던 일수를 가산한 기간을 기준기간(3년을 초과할 때에는 3년)으로 한다.

c. 구직급여를 지급받고자 하는 자는 이직 후 지체없이 직업안정기관에 출석하여 실업을 신고하여야 한다.

d. 구직급여를 지급받고자 하는 자는 직업안정기관의 장으로부터 구직급여의 수급요건을 갖추었다는 수급자격 사실에 대하여 인정을 받아야 한다.

e. 구직급여일액이란 구직급여의 산정기초가 되며, 수급자격의 인정과 관련된 최종 이직 당시 「근로기준법」 에 의하여 산정된 평균임금으로 한다. 구직급여일액은 수급자격자의 기초일액의 50% 으로 한다. 그러나 기초일액이 “최저기초일액” 보다 낮은 경우에는 당해 수급자격자의 기초일액에 90% 을 곱한 금액으로("최저구

직급여일액") 지급한다. 산정된 구직급여일액이 최저구직급여일액보다 낮은 경우에는 최저구직급여일액을 당해 수급자격자의 구직급여일액으로 한다.

**f. 수급기간 및 일수:**

- 구직급여는 최대 12개월 내로 수급기간을 한정하고 있다.
- 12개월의 기간 중 임신 · 출산 · 육아 기타의 사유로 취업할 수 없는 자가 그 사실을 수급기간내에 직업안정기관에 신고한 경우에는 12개월의 기간에 그 취업할 수 없는 기간을 가산한 기간(4년을 넘을 때에는 4년)내에 소정급여일수를 한도로 하여 구직급여를 지급한다.

g. 실업의 신고일부터 기산하여 7일간은 이를 대기기간으로 하여 구직급여를 지급하지 아니한다.

**h. 훈련연장급여:**

직업안정기관의 장이 직업능력개발훈련 등을 받도록 지시한 경우에는 당해 직업능력개발훈련 등을 받는 기간 중 실업의 인정을 받은 날에 대하여는 소정급여일수를 초과하여 구직급여를 연장지급할 수 있다. 이 경우 연장지급하는 구직급여를 말한다.

**I. 개별연장급여:**

직업안정기관의 장이 취업이 특히 곤란하고 생활이 어려운 수급자격자로서 그가 실업의 인정을 받은 날에 대하여 소정급여일수를 초과하여 구직급여를 연장하여 지급할 수 있다.

**j. 특별연장급여:**

노동부장관은 실업의 급증 등 대통령령이 정하는 사유가 발생한 경우에는 60일의 범위내에서 수급자격자가 실업의 인정을 받은 날에 대하여 소정급여일수를 초과하여 특별연장구직급여를 연장 지급할 수 있다. 다만, 이직후의 생활안정을 위한 일정기준 이상의 소득이 있는 수급지격지 등 노동부령이 정하는 수급자격자에 대하여는 그러하지 아니하다.

k. 연장급여액은 당해 수급자격자의 구직급여일액의 70%를 지급한다.

**l. 상병급여:**

수급자격자가 실업의 신고를 한 이후에 질병·부상 또는 출산으로 취업이 불가능하여 실업의 인정을 받지 못한 날에 대하여는 당해 수급자격자의 청구에 의하여 구직급여일액에 상당하는 상병급여를 구직급여에 갈음하여 지급할 수 있다.

**m. 훈련거부 등에 따른 급여의 지급제한:**

수급자격자가 직업안정기관의 장이 소개하는 직업에 취직하는 것을 거부하거나 직업안정기관의 장이 지시한 직업능력개발훈련, 재취업 촉진을 위한 직업지도 등을 거부하는 경우에는 구직급여의 지급을 정지할 수 있다.

② 취업촉진수당

취업촉진수당은 조기재취업수당, 직업능력개발수당, 광역구직활동비, 이주비 등이 있다.

**a. 조기재취업수당:**

수급자격자가 안정된 직업에 재취직하거나 스스로 영리를 목적으로 하는 사업을 영위하는 경우에 지급한다. 조기재취업수당의 금액은 구직급여의 소정급여일수중 미지급일수의 비율에 따라 산정한 금액으로 한다. 수급자격자를 조기에 재취업시켜 구직급여의 지급기간이 단축되도록 한 자에게는 장려금을 지급할 수 있다.

**b. 직업능력개발수당:**

직업능력개발수당은 수급자격자가 직업안정기관의 장이 지시한 직업능력개발훈련 등을 받는 경우에 그 직업능력개발훈련 등을 받는 기간에 대하여 지급한다.

**c. 광역구직활동비:**

광역구직활동비는 수급자격자가 직업안정기관의 소개에 따라 광범위한 지역에 걸쳐 구직활동을 하는 경우로서 직업안정기관의 장이 필요하다고 인정하는 경우에 지급할 수 있다.

**d. 이주비:**

이주비는 수급자격자가 취업하거나 직업안정기관의 장이 지시한 직업능력개발훈련 등을 받기 위하여 그 주거를 이전하는 경우로서 직업안정기관의 장이 필요하다고 인정하는 경우에 지급할 수 있다. 이주비의 금액은 수급자격자 및 그 자에 의하여 생계가 유지되는 동거친족의 이주에 통상 소요되는 비용으로 하되, 그 금액의 산정은 노동부령이 정하는 바에 의한다.

**e. 취업촉진수당의 지급제한:**

허위 기타 부정한 방법으로 실업급여를 받았거나 받고자 한 자에 대하여는 당해 급여를 받은 날 또는 받고자 한 날부터의 취업촉진수당을 지급하지 아니한다.

### (3) 모성보호사업

모성보호사업은 직장에서 근로하는 여성이 출산 · 육아시에 모성을 보호하기 위하여 마련된 제도이다. 모성보호와 관련하여 「남녀고용평등법」, 「근로기준법」등이 있다.

① 육아휴직급여:

a. 「남녀고용평등법」에 의한 육아휴직을 30일 이상 부여받은 피보험자중 육아휴직 개시일 이전에 피보험단위기간이 180일 이상이며, 동일한 자녀에 대해서 피보험자인 배우자가 육아휴직(30일 미만은 제외)을 부여받지 않았으며, 육아휴직개시일 이후 1월부터 종료일 이후 12월 이내에 신청한 경우에 육아휴직급여를 지급한다.

b. 육아휴직은 1세 미만의 영아를 가진 근로자로서 해당 사업장에서 1년 이상 근무한 근로자가 사용할 수 있으며 육아휴직 개시일 이전에 180일 이상 고용보험 가입된 근로자가 해당 사업장에서 30일 이상 육아휴직을 부여받은 경우 월 40만원이 지급된다.

c. 육아휴직기간 중 사업주로부터 지급받은 금품의 월평균금액과 육아휴직급여액을 합한 금액이 육아휴직개시일 기준의 통상임금을 초과 하는 경우, 그 초과하는 금액을 육아휴직급여에서 감액하여 지급한다.

② 산전후휴가급여 등

a. 피보험자가 「근로기준법」의 규정에 의한 산전후휴가 또는 유산·사산휴가를 부여받은 경우로서, 휴가종료일 이전에 피보험단위기간이 통산하여 180일 이상이거나 휴가개시일 이후 1월부터 종료일 이후 12월 이내에 신청한 경우에 산전후휴가급여 등을 지급한다.

산전후 휴가기간 중 최초 60일분은 사업주가 지급하고, 이후 30일 분은 고용보험에서 지급한다. 그러나 우선지원대상기업 근로자가 2006.1.1 이후 출산하는 경우에는 90일간의 급여를 고용보험에서 지급한다.

(*우선지원대상기업(고용고용법 시행령 제15조):

- 광업 300인 이하, 제조업 500인 이하 건설업 300인 이하, 운수 · 창고 및 통신업 300인 이하, 기타 100인 이하 사업장
- 중소기업법 제2조 제1항 및 제3항의 기준에 해당하는 기업)

**b. 산전후휴가급여의 산정**

산전후휴가급여는 휴가 개시일 현재의 통상임금을 기준으로 지급하되 90일 기준 최고 405만원까지 지급하고, 해당근로자의 통상임금이 월 135만원을 초과할 경우에는 사업주가 그 차액을 지급하여야 한다.

**c. 산전후휴가급여 감액**

사업주로부터 산전후휴가를 이유로 금품을 지급받은 경우, 그 지급받은 금품과 산전후휴가급여 등을 합한 금액이 휴가개시일 기준 통상임금을 초과한 경우에는 그 초과하는 금액을 산전후휴가급여 등에서 감액하여 지급한다. 다만, 당해 근로자의 통상임금이 산전후휴가급여 상한액(30일 기준 135만원)보다 높아 사업주가 그 차액을 지급하는 경우에는 급여 감액대상에서 제외된다.

### 6) 재원

우리나라에서 고용보험의 비용부담은 사업의 종류에 따라 다르며, 실업급여는 근로자가 50%, 사용자가 50%를 공동으로 부담하고 있으며, 고용안정사업·직업능력개발사업은 사용자가 전액 부담하고 있다.

#### (1) 고용보험료

고용보험료는 근로자 임금총액에 보험사업별 보험요율을 곱하여 확정보험료를 산정한다.

〈표 6-1〉 보험사업별 보험료율

| 고용보험사업 | 구분 | 보험료 | 부담률 |
|---|---|---|---|
| 실업급여 | - | 0.9% | 근로자 각각 0.45% |
| 고용안정 · 직업능력 개발사업 | 150인미만 기업 | 0.25% | 사업주 전액부담 |
| | 150인이상 우선지원대상 기업 | 0.45% | 사업주 전액부담 |
| | 150인이상~1000인미만 기업 | 0.65% | 사업주 전액부담 |
| | 1000인이상 기업 | 0.85% | 사업주 전액부담 |

#### (2) 국고지원

국가는 매년 보험사업에 소요되는 비용의 일부를 일반회계에서 부담할 수 있다.

### (3) 고용보험기금

기금은 보험료와 징수금 · 적립금 · 기금운용수익금 기타의 수입으로 조성한다. 기금의 용도는 고용안정 · 직업능력개발사업에 필요한 경비, 실업급여의 지급, 육아휴직급여 및 산전후휴가급여등의 지급, 보험료의 반환, 일시차입금의 상환금과 이자, 고용보험시행을 위하여 필요한 경비로서 사업의 수행에 부수되는 경비에 사용될 수 있다.

## 7) 관리운영체계

① 고용보험사업은 노동부장관이 관장하며, 다른 사회보험들과는 달리 다른 기관에 위탁을 하지 않고 노동부장관이 직접 관장하는 것이 특징적이다. 노동부장관은 고용보험사업을 운용하며, 기금의 관리운용, 노동시장·직업 및 직업능력개발에 관한 연구와 고용보험 관련업무를 지원하기 위한 조사·연구사업, 보험사업에 관하여 국제기구 및 외국 정부 또는 기관과의 교류 · 협력사업 등을 할 수 있다.

② "고용정책심의회"는 시행에 관한 주요사항을 심의한다.

③ "고용보험심사관": 피보험자격자가 취득·상실에 대한 확인, 실업급여 및 육아휴직급여 · 산전후휴가급여등에 관한 처분에 이의가 있을 때는 심사관에게 심사를 청구할 수 있다.

④ "고용보험심사위원회": 심사관의 결정에 이의가 있을 때는 위원회에 재심사를 청구할 수 있다.

# 5. 공공부조제도

## 1) 개요

공공부조제도는 최저생계소득 이하의 빈곤한 국민에게 생계유지가 가능할 수 있도록 급여를 제공하는 제도로서, 우리나라에서는 '국민기초생활보장제도'(이하 '기초보장제도')가 중심을 이루고 있다. 기초보장제도는 1999년에 법으로 제정되었으며, 이를 바탕으로 2000년 이후부터 시행되었다. 기초보장제도 이전에는 1961년에 제정된 '생활보호법'이 여러 차례 개정되면서 빈곤층에 대한 소득보장을 수행하였다.

기초보장제도의 특징은 빈곤한 국민의 최저생계를 보장하기 위한 제도로서, 조세로 운영되기 때문에 수급자의 기여를 조건으로 하고 있지 않으며, 빈곤자에게 급여를 제공하기 전에 우선적으로 수급권자의 부양가족에게 책임을 지우고 있으며, 그리고 근로를 할 수 있는 수급자에 대해서는 자립·자활의 참여를 조건으로 하여 급여를 제공하고 있다는 것이다.

여기에서는 2006.12.28에 개정된 국민기초생활보장법을 바탕으로 기초보장제도를 살펴보고자한다.

### 2) 목적

기초보장제도는 생활이 어려운 국민에게 필요한 급여를 제공하여, 이들의 최저생활을 보장하고 자활을 조성하고자 마련되었다.

### 3) 기초보장제도를 이해하기 위한 중요 용어의 정의는 다음과 같다.

① "수급권자"는 급여를 받을 수 있는 자격을 가진 자를 말한다.
② "수급자"는 급여를 받는 자를 말한다.
③ "수급품"은 수급자에게 급여하거나 대여하는 금전 또는 물품을 말한다.
④ "보장기관"은 급여를 행하는 국가 또는 지방자치단체를 말한다.
⑤ "부양의무자"는 수급권자를 부양할 책임이 있는 자로서, 수급권자의 1촌의 직계혈족 및 그 배우자를 말한다.
⑥ "최저생계비"는 국민이 건강하고 문화적인 생활을 유지하기 위하여 소요되는 최소한의 비용으로서 보건복지부장관이 공표하는 금액이다.
⑦ "개별가구"는 급여를 받거나 자격요건 부합여부에 관한 조사를 받는 기본단위로서 수급자 및 수급권자로 구성된 가구를 말한다.
⑧ "소득인정액"은 개별가구의 소득평가액과 재산의 소득환산액을 합산한 금액을 말한다.
⑨ "개별가구의 소득평가액"은 개별가구의 실제소득에도 불구하고 보장기관이 급여의 결정 및 실시 등에 사용하기 위하여 산출한 금액을 말한다. 이 경우 소득평가액은 가구특성에 따른 지출요인과 근로를 유인하기 위한 요소 등을 반영하여야 한다.
⑩ "재산의 소득환산액"은 보장기관이 급여의 결정 및 실시 등에 사용하기 위하여 개별가구의 재산가액에 소득환산율을 곱하여 산출한 금액을 말한다.
⑪ "차상위계층"은 수급권자에 해당하지 아니하는 계층으로서 소득인정액이 기준 이하인 계층을 말한다.

### 4) 적용대상자

(1) 수급권자는 부양의무자가 없거나, 부양의무자가 있어도 부양능력이 없거나 부양을 받을 수 없는 자로서 소득인정액이 최저생계비 이하인 자로 한다.

(2) 수급권자가 아니라도 생활이 어려운 자로서 일정기간동안 급여가 필요하다고 인정하는 자는 수급권자로 본다.

(3) 부양의무자가 있어도 부양능력이 없거나 부양을 받을 수 없는 경우이다.

(4) 국내에 체류하고 있는 외국인 중 대한민국 국민과 혼인하여 대한민국 국적의 미성년 자녀를 양육하고 있는 사람은 수급권자가 된다.(외국인에 대한 특례)

### 5) 급여

(1) 급여는 수급자가 자신의 생활의 유지·향상을 위하여 그 소득 · 재산 · 근로능력 등을 활용하여 최대한 노력하는 것을 전제로 이를 보충·발전시키는 것을 기본원칙으로 한다.(자립지원 · 보충급여의 원칙)

#### (2) 급여의 기준으로는

① 급여는 건강하고 문화적인 최저생활을 유지할 수 있는 것이어야 한다.(최저생활보장의 원칙)

② 급여는 수급자의 연령·가구규모·거주지역 기타 생활여건 등을 고려하여 급여의 종류별로 정한다.

③ 보장기관은 급여를 개별가구를 단위로 하여 행하되, 특히 필요하다고 인정하는 경우에는 개인을 단위로 하여 행할 수 있다.

#### (3) 급여의 종류

생계급여, 주거급여, 의료급여, 교육급여, 해산급여, 장제급여, 자활급여 등과 근로가 가능한 자에게 행하는 자활지원서비스의 형태가 있다.

① 수급권자에 대한 급여는 생계급여와 수급자의 필요에 따라 지급하며, 급여의 수준은 급여와 수급자의 소득인정액을 포함하여 최저생계비 이상이 되도록 하여야 한다.

② 차상위계층에 대한 급여는 보장기관이 가구별 생활여건을 고려하여 급여의 전부 또는 일부를 행할 수 있다.

③ 의료급여는 따로 법률이 정하는 바에 의한다.

### (4) 생계급여

생계급여는 수급자에게 의복·음식물 및 연료비와 기타 일상생활에 기본적으로 필요한 금품을 지급하여 그 생계를 유지하게 하는 것으로 한다.

① 생계급여는 금전을 지급함으로써 행한다. 그러나 금전으로 할 수 없거나 적당하지 않은 인정하는 경우에는 물품을 지급할 수 있다.

② 수급품은 매월 정기적으로 지급하여야 한다. 그러나 특별한 경우에는 그 지급방법을 다르게 정할 수 있다. 또한 수급품은 수급자에게 직접 지급한다. 그러나 보장시설이나 타인의 가정에 위탁하여 생계급여를 행하는 경우에는 그 위탁받은 자에게 이를 지급할 수 있다.

③ 생계급여는 수급자의 소득인정액등을 감안하여 차등지급할 수 있다.

④ 보장기관은 자활지원계획을 감안하여 근로능력이 있는 수급자에게 자활에 필요한 사업에 참가할 것을 조건으로 하여 생계급여를 지급할 수 있다.

⑤ 생계급여는 수급자의 주거에서 행한다. 그러나 수급자가 그 주거가 없거나 주거가 있어도 그곳에서는 급여를 줄 수 없거나, 또는 수급자가 희망하는 경우에는 수급자를 보장시설이나 타인의 가정에 위탁하여 급여를 행할 수 있다. 생계급여를 타인의 가정에 위탁한 경우에는 거실의 임차료 기타 거실의 유지에 필요한 비용은 이를 수급품에 가산하여 주거급여로서 지급한다.

### (5) 주거급여

수급자에게 주거안정에 필요한 임차료, 유지수선비 기타 수급품을 지급하는 것이다.

### (6) 교육급여

수급자에게 입학금·수업료·학용품비 기타 수급품을 지원하는 것이다. 금전 또는 물품을 수급자 또는 수급자의 친권자나 후견인에게 지급한다.

### (7) 해산급여

수급자에게 조산, 분만전과 분만 후에 필요한 조치와 보호급여를 행하는 것이다. 보장기관이 지정하는 의료기관에 위탁할 수 있으며, 필요한 수급품은 수급자나 그 세대주 또는 세대주에 준하는 자에게 지급한다. 그러나 급여를 의료기관에 위탁하는 경우에는 수급품을 그 기관에 지급할 수 있다.

### (8) 장제급여

수급자가 사망한 경우 사체의 검안·운반·화장 또는 매장 기타 장제조치를 행하는 것이다. 실제로 장제를 행하는 자에게 필요한 비용을 지급한다.

### (9) 자활급여

자활급여는 수급자의 자활을 조성하기 위하여 자활에 필요한 금품의 지급 또는 대여, 자활에 필요한 근로능력의 향상 및 기능습득의 지원, 취업알선 등 정보의 제공, 자활을 위한 근로기회의 제공, 자활에 필요한 시설 및 장비의 대여, 창업지원, 자활에 필요한 자산형성지원, 자활조성을 위한 각종 지원의 급여를 지원하는 것이다.

### (10) 자활지원

시장 · 군수 · 구청장은 수급자의 자활을 체계적으로 지원하기 위하여 조사결과를 감안하여 수급자 가구별로 '자활지원계획'을 수립하고 그에 따라 급여를 실시하여야 한다.

① 중앙자활센터

수급자 및 차상위자의 자활촉진을 위하여 자활지원을 위한 조사·연구·교육 및 홍보 사업, 사업의 개발 및 평가, 지역자활센터 및 자활공동체의 기술·경영지도 및 평가, 자활 관련 기관간의 협력체계 및 정보네트워크 구축·운영, 그 밖에 자활촉진에 필요한 사업을 수행한다.

② 지역자활센터 등

a. 보장기관은 수급자 및 차상위자의 자활의 촉진에 필요한 자활의욕 고취를 위한 교육, 자활을 위한 정보제공·상담·직업교육 및 취업알선, 생업을 위한 자금융자 알선, 자영창업 지원 및 기술·경영지도, 자활공동체의 설립 · 운영지원, 기타 자활을 위한 각종 사업 등을 수행하기 위하여 사회복지법인등 비영리법인과 단체를 법인 등의 신청을 받아 지역자활센터로 지정할 수 있다. 이 경우 보장기관은 법인 등의 지역사회복지사업 및 자활지원사업의 수행능력 · 경험 등을 고려한다.

b. 보장기관은 지역자활센터에 대하여 정기적으로 사업실적 및 운영실태를 평가하고 수급자의 자활촉진을 달성하지 못하는 지역자활센터에 대하여는 그 지정을 취소할 수 있다.

c. 지역자활센터는 수급자 및 차상위자에 대한 효과적인 자활지원과 센터의 발전을 공동으로 도모하기 위하여 지역자활센터협회를 설립할 수 있다.

③ 자활기관협의체

시장 · 군수 · 구청장은 자활지원사업의 효율적인 추진을 위하여 지역자활센터, 직업안정기관, 사회복지시설의 장 등과 상시적인 협의체계로서 "자활기관협의체"를 구축하여야 한다.

④ 자활공동체

a. 수급자 및 차상위자는 상호협력하여 자활공동체를 설립 · 운영할 수 있다. 공동체는 직접 또는 중앙자활센터 및 지역자활센터를 통하여 보장기관으로부터 자활을 위한 사업자금 융자, 국 · 공유지 우선 임대, 국가 또는 지방자치단체가 실시하는 사업의 우선위탁, 국가 또는 지방자치단체의 조달구매시 공동체 생산품의 우선 구매, 기타 수급자의 자활촉진을 위한 각종 사업지원을 할 수 있다.

⑤ 수급자의 고용촉진

보장기관은 수급자의 고용을 촉진하기 위하여 상시근로자의 일정비율 이상을 수급자로 채용하는 기업에 대하여 자활기금의 적립·관리·운영을 지원할 수 있다.

#### (11) 급여의 신청

① 수급권자와 그 친족, 기타 관계인은 관할 시장 · 군수 · 구청장에게 급여를 신청할 수 있다. 또한 사회복지전담공무원은 급여를 필요로 하는 자가 누락되지 않도록 관할지역내에 거주하는 수급권자에 대한 급여를 직권으로 신청할 수 있다.

② 신청에 의한 조사

급여신청이 있는 경우에는 사회복지전담공무원이 급여의 결정 및 실시 등에 필요한 부양의무자의 유무 및 부양능력 등 부양의무자와 관련된 사항, 수급권자 및 부양의무자의 소득 · 재산에 관한 사항, 수급권자의 근로능력 · 취업상태 · 자활욕구 등 자활지원계획 수립에 필요한 사항, 기타 수급권자의 건강상태 · 가구특성 등 생활실태에 관한 사항 등을 조사하게 하거나 수급권자에게 보장기관이 지정하는 의료기관에서 검진을 받게 할 수 있다.

### 6) 재원

기초보장제도의 가장 중심적인 재원은 일반예산이다. 기초보장제도를 수행하기 위하여 소용되는 비용을 보장비용이라 한다. 이는 보장업무에 소요되는 인건비와 사무비, 생활보장위원회의 운영에 소요되는 비용, 급여실시비용, 보장업무에 소요되는 비용 등으로 구성된다.

#### (1) 보장비용의 부담

① 국가 또는 시 · 도가 직접 행하는 보장업무에 소요되는 비용, 급여의 실시비용은 국가 또는 당해 시 · 도가 부담한다.

② 시 · 군 · 구가 행하는 보장업무에 소요되는 비용 중 급여실시비용은 보장기관 간에 협의하여 부담한다. 다만, 시 · 도 및 시 · 군 · 구의 수급자 분포 및 재정자립도등을 고려하여 국가부담비율, 시 · 도 부담비율, 시 · 군 · 구 부담비율은 차등적으로 적용할 수 있다.

③ 지방자치단체의 조례에 의하여 급여범위 및 수준을 초과하여 급여를 실시하는 경우 그 초과 보장비용은 당해 지방자치단체가 부담한다.

#### (2) 부양의무자로부터의 비용징수

수급자에게 부양능력을 가진 부양의무자가 있음이 확인된 경우에는 보장비용을 생활보장위원회의 심의·의결을 거쳐 그 비용의 전부 또는 일부를 그 부양의무자로부터 징수할 수 있다.

### 7) 관리운영체계

(1) 기초보장제도는 실제 수급자 또는 수급권자가 거주하는 지역의 시장·군수·구청장이 행한다. 또한 기초보장업무를 수행하기 위하여 사회복지전담공무원을 배치하여 실제업무를 수행하도록 하고 있다.

(2) "보장시설": 기초생활제도의 급여를 행한다.

(3) "생활보장위원회": 생활보장사업의 기획·조사·실시 등에 관한 사항을 심의·의결한다.

(4) "중앙생활보장위원회"는 보건복지부 산하에 두며, 생활보장사업의 기본방향 및 대책 수립, 소득인정액 산정방식결정, 급여기준, 최저생계비의 결정, 자활기금의 적립·관리 및 사용에 관한 지침의 수립 등의 사항을 심의·의결한다.

# 제3부

# 사회복지분야론

# 제8장 아동복지론

## 1. 아동복지의 개념

아동복지란 아동이 지니고 있는 잠재능력을 최대한도로 발휘할 수 있도록 하며, 사회구성원으로서 아동의 기본적인 욕구를 충족시키고 건전한 성장과 발달을 도모하기 위하여 여러 가지 활동을 가능하게 하는 공적인 방법과 절차라고 할 수 있다. 여기서 방법과 절차란 아동복지와 관련된 법령, 공공과 민간조직, 사회복지 전문직과 같이 제도화된 실천방법 등을 의미한다. 일반적으로 아동의 연령은 16세 이하로 본다. 우리나라 아동복지법에서는 18세 미만으로 보고, 소년법에서는 20세 미만으로 보며, 근로기준법에서는 18세 이하에 속하는 아동으로 분류하고 있다.

협의의 개념으로 아동복지는 아동이 특별한 장애가 있거나 가족이 아동을 보호하고 양육하는 기능을 제대로 수행하지 못할 때 특수 욕구를 가진 아동과 그 가족을 위해서 전문기관이 행하는 조직적인 활동이라 할 수 있다. 광의의 개념은 모든 아동이 건전하게 성장하고 발달할 수 있도록 아동과 관련된 경제, 교육, 보건, 노동 등의 여러 분야에 걸쳐 국가와 사회단체 및 개인에 의해서 이루어지는 입법, 프로그램, 서비스 등을 포함한 일체의 노력이라 할 수 있다. 따라서 포괄적 의미의 아동복지란 아동의 전반적 안녕에 관심을 두고 있고, 아동의 신체적, 심리적, 사회적 발달을 보호하고 도모하기 위해 설계된 교육, 의료, 공원, 레크리에이션과 공공 안전을 포함한 제반 대책을 말한다. 즉, 아동을 위한 사회복지제도로서 사회가 아동의 안녕과 행복을 증진하기 위하여 집합적으로 채택하고 실천하는 구체적 정책 및 프로그램 체계를 의미 한다.

카두신(A. Kadushin, 1980)에 의하면, 아동복지란 '넓은 의미에서 모든 아동들의 행복과 사회적응을 위해 심리적, 육체적 잠재력을 개발시켜 주기 위한 다양한 방법을 말하며, 좁은 의미로는 특수한 문제를 가진 아동과 그 가정을 대상으로 전문적인 기관에서 행하는 서비스'라고 정의 하고 있다. 결국 아동복지는 아동에 대한 사회복지의 대응책으로서 아동의 권리를 강조하면서 아동에게 혜택을 주기위해 사회복지서비스를 제공해 주는 사회사업실천을 의미한다.

이러한 개념정의들은 오늘날 경제적. 사회적 조건의 변화에 맞춰 부모의 역할을 증대시키거나 보충하여 가족의 기능을 강화함으로써 가족에 대한 서비스 와 아동복지서비스를 통합하려는 경향과 지역사회와 지역의 서비스공급기관의 역할을 중시한 것이라 볼 수 있다. 따라서 아동복지란 요보호아동들을 포함한 모든 아동들이 정상적으로 성장, 발전할 수 있도록 국가나 지방자치단체, 공사의 기관이나 단체가 가족과 아동에게 제공하는 제도적이며 보편적인 서비스활동이라고 할 수 있다.

## 2. 아동복지의 원칙

아동은 생활주기에서 가장 특별한 보호와 지도를 필요로 한다. 더욱이 오늘날 아동은 산업화와 서구문화의 유입, 전통적 가족구조와 가치관 붕괴 등 우리사회의 다양한 외적, 환경적 요인에 잘 적응해 나가야 하는 과제에 직면하고 있다. 또한 아동의 건전한 성장과 발달을 위해 아동기의 독특한 욕구와 문제에 대한 적합한 대응책 및 서비스가 마련되어야 한다. 아동복지의 실현을 위해 전제되어야 할 조건으로 안정된 가정과 부모, 경제적인 안정, 사회적 기회로서의 교육, 보건 및 의료, 여가, 유해노동으로부터의 보호 등이 있다. 이러한 전제들은 모든 아동의 복지실현을 위해 필요하지만 특수한 욕구를 가진 아동에 대해서도 사회적으로 특별한 보호가 더욱 요구된다.

그러면 아동문제를 해결하고 복지실현을 위한 아동복지사업의 원칙인 '권리와 책임의 원칙', '보편성과 선별성의 원칙', '개발적 기능의 원칙', '포괄성의 원칙', '전문성의 원칙' 에 대해 살펴보기로 한다.

### 1) 권리와 책임의 원칙

아동의 건전한 육성을 위한 아동복지서비스는 아동과 부모 그리고 사회의 상호관계를 바탕으로 실시되어야 한다. 이러한 삼자관계는 지속적인 균형유지와 적절한 상호관계를 유지해야 한다. 또한 각각의 권리와 책임확립에 기반을 두고 있어야 한다는 것이 원칙이다. 여기서 삼자중 어느 한 부분이라도 권리나 책임으로 인한 갈등 또는 부적응, 지나친 욕구는 아동들에게 어려운 문제점을 갖게 하는 기본적인 원천이 될 수 있다. 따라서 아동은 아동으로서의 권리와 책임을 부여받았고, 부모는 부모로서의 권리와 책임을 지고, 사회는 사회로서의 권리와 책임에 충실할 때 진정한 아동복지가 실현될 수 있을 것이다.

### 2) 보편성과 선별성의 원칙

아동복지서비스는 보편성과 선별성의 원칙이 동시에 적용될 수 있다. 보편성은 전체아동을 대상으로 급여나 서비스를 제공하는 포괄적이고 기회균등적인 원칙이다. 예를 들자면 영국의 아동수당이나 여러 국가들이 실시하고 있는 가족수당, 무상의무교육 등이다. 보편성에 의한 제도의 재정은 대부분 일반조세로 충당한다. 이러한 재정방법은 누진적 조세구조를 통해서 이루어지는 경우 소득계층간 소득재분배 효과가 나타나게 된다.

선별성은 특수아동을 대상으로 하는 보충적이고 열등처우적인 서비스 제공을 하는 원칙이다. 한국의 기존 아동복지사업은 특수한 아동을 중심으로 보충적 서비스가 중심이 되어 왔지만 앞으로는 전체 아동을 대상으로 의료, 주택, 교육, 사회보장 등의 보편적인 제도로서 질적 서비스 방안을 모색해야 할 것이다. 따라서 선별성의 원칙으로 인해 불가피했던 시혜적이고 범주적이며 열등처우의 원칙에 따른 낙인효과로 생겨날 수 있는 수치심을 방지함으로써 아동복지의 기본토대를 마련하게 될 것이다.

### 3) 개발적 기능의 원칙

개발적 기능이란 제도적 변화뿐만 아니라 사회문제를 야기하는 사회구조나 조건에 바람직한 변화를 초래하여 국가적 발전을 촉진하는 것이다. 즉 사회의 부정적인 문제들에 대해 의도적으로 변화를 초래하게 하여 개발체계의 보조를 맞추는 일련의 활동을 의미한다. 개발적 내용을 가진 과제는 '경제적 성장, 욕구의 발견, 사회계획, 변화와 발전에 대한 사람들의 참여, 지도자의 개발, 기관과 집단간의 조정과 협조의 향상, 인력의 훈련과 감독 등에 관여하는 일' 등과 같이 그 구체적 사항들을 지적할 수 있다.

지금까지 한국의 아동복지는 구호적이며 사후치료적인 기능이 주가 되어 고아나 특별보호를 필요로 하는 아동들의 시설보호나 거택보호 등이 지배적이었다. 이러한 기능만으로는 국가와 경제개발의 역기능 현상으로 나타나는 부정적 요소들에 효과적인 대응을 할 수 없게 된다. 현대사회의 아동문제 발생요인으로 예방적 대책이 부재하거나 경제발전과정에서 야기되는 문제에 대한 적극적인 개발기능이 미흡한 것을 들 수 있다. 그러므로 모든 아동들을 위핸 보다 적극적이고 예방적이며 계획적인 변화를 가져올 수 있는 개발적 기능이 이루어져야 한다. 아울러 아동이 사회구성원의 일원으로서 사회적으로 소속이 없는 소외된 대상이 아니라 국가발전에 능동적인 참여를 통해 건전하게 성장할 수 있도록 지속적인 관심이 필요하다.

### 4) 포괄성의 원칙

아동은 하나의 전체성을 띤 인간으로 그들에게 직접적인 관련이 있는 다양한 측면들이 상호 보완되는 가운데 건전한 성장과 발달을 도모할 수 있다. 아동복지는 아동들에게 안정된 가정생활과 경제적인 안정, 교육기회, 건강유지, 오락 활동, 특수보호 등 제 부문에 대한 프로그램이나 서비스가 포괄적이고 통합적으로 제공되어야 한다. 이는 아동복지프로그램이 상호보완적으로 적절히 제공되어야 함에도 불구하고 부분적인 서비스 제공으로 어느 한 측면만을 충족한다고 해서 아동복지 목표를 달성할 수는 없다는 것이다. 각기 자기의 영역에만 치중한다면 전체적인 문제는 그대로 남게 되는 결과를 의미한다. 교육부문은 교육내적 요소만을 강조하고 교육외적 요소를 소홀하기 쉬우며, 보건부문은 보건요소만을 강조하고 복지요소를 소홀하기 쉬운 것이다. 근로아동의 경우에는 기술훈련의 중요성만 강조하여 그들의 생활복지를 등한시 한다면 결국 사회부적응적인 결과를 낳을 수 있다. 그러므로 아동복지사업은 다양한 아동문제에 접근할 수 있는 통합적인 서비스가 요청되며, 다양한 분야 간 상호의뢰, 조정, 보완을 통해 아동의 전인적인 특성을 잘 길러 나가야 할 것이다.

### 5) 전문성의 원칙

전문성은 아동복지의 성과를 좌우하는 중요한 원칙적 방향이다. 즉 아동들의 건전한 성장과 발달을 위해서는 이들을 위한 전문기구와 아울러 전문적인 지식과 기술을 가진 인력이 절실히 요구된다. 아동복지서비스의 전문성은 다양화되고 세분화된 현대사회의 특성에 따라 기존의 자원봉사활동정도의 기능만으로 당면한 아동문제를 해결해 나가는데 무리가 따르는 실정이다. 즉 아동들의 욕구나 사고 및 행동문제 등에 관한 전문적 지식이나 기술이 없이는 문제를 제대로 파악하고 대응하기는 어렵다는 것이다. 따라서 아동복지사업을 효율적으로 전개해 나가려면 사회복지, 아동복지, 교육학, 심리학 등을 이수한 다양한 분야의 전문인력 활용이 반영되어야 한다. 또한 현행 전문가에 대한 지속적이고 체계적인 교육과 훈련을 실시함으로써  아동복지프로그램의 기획과 실천을 위한 전문인력을 양성하는데 주력하여야 할 것이다.

## 3. 아동복지의 서비스 기능

아동복지사업은 부모의 역할을 지지하느냐 , 보완하느냐, 대리하느냐에 따라 기능상 차이를 나타낸다. 카두신(KAdushin, 1984)은 아동복지사업의 기능을 가정 내 부모의 역할기능과 관련시켰으며 이를 기초하여 아동복지사업을 지지적 서비스, 보충적 서비스, 대리적 서비스로 분류하였다.

이러한 분류는 아동의 양육기능의 1차적 책임이 부모에게 있다는 것을 전제하여 부모가 아동양육의 책임을 다하지 못할 때 그 정도에 따라 국가나 사회가 부모의 양육을 보완하거나 대리 할 수 있다는 시각을 반영한 것이다.

### 1) 지지적 서비스

지지적 서비스(supportive service)는 부모와 아동의 관계에서 일어나는 갈등상황을 처리할 수 있도록 가족능력을 지원하고 강화시켜 주는 서비스이다. 이 서비스는 다른 서비스와는 달리 아동이 자신의 가정에 머물면서 받을 수 있는 서비스이다. 이때 서비스의 기능은 부모나 아동의 역할을 대행해 주는 것이 아니라 외부에서 가족 내부의 역할기능이 제대로 수행될 수 있도록 지원하는 역할을 의미한다. 지지적 서비스를 제공하는 주요 기관은 아동복지기관, 아동상담소 등이 있다. 이러한 아동복지서비스의 초점은 가족구성원의 개인을 대상으로 개입하면서 개별상담, 집단상담, 가족치료 및 지역사회조직 등의 다양한 가족치료방법을 활용한다.

한편 지지적 서비스는 이미 자녀와 부모로서 가정을 이룬 대상뿐만 아니라 미혼남녀에게 미리 예비부모교육을 행함으로써 아동복지를 위협하는 문제를 조기에 예방하려는 활동도 포함하고 있다. 이러한 지지적 서비스는 가족관계의 개선과 부모의 양육기능을 강화함으로써 아동이 자신의 집에서 부모와 함께 생활할 수 있도록 지원하기 때문에 아동복지를 위한 제1차 방어선(아동복지사업은 수행되는 방어선(line of defence)위치에 따라 제1차 방어선, 제2차 방어선, 제3차 방어선으로 구분되기도 한다(zukerman, 1983). 제1차 방어선은 아동이 자신의 가정에서 거주하면서 서비스를 제공받도록 하는 사업을 말한다. 상담이나 가족치료 등이 이에 포함된다. 제2차 방어선이란 아동이 자신이 가정을 대리한 가정에서 보호를 받으면서 서비스를 제공받도록 하는 사업을 말한다. 위탁이나 입양이 이에 포함된다. 제3차 방어선이란 아동이 자신이 가정이나 대리가정이 아닌 집단적인 생활시설에서 보호를 받으며 서비스를 제공받도록 하는 사업을 말한다(장인협 · 오정수, 1983). 이라 할 수 있다.

### 2) 보충적 서비스

보충적 서비스(supplementary service)란 다양한 상황으로 인해 부모나 가족의 힘만으로는 도저히 아동양육이 어려운 경우에 부모의 역할인 양육기능의 일부를 보충해 주는 복지서비스이다. 다시 말해 가정과 가족의 형태는 그대로 유지하고 부족한 부모의 자녀양육에 대한 역할을 대행하거나 도와주는 것이다. 이 서비스는 부모의 실업이나 질병, 장애, 가족의 재정적 곤란 등을 보충하는데 그 목적이 있다.

보충적 서비스는 '탁아보호서비스(day care service)', '프로텍티브서비스(protective service)', '홈메이커서비스(home maker service)'등으로 구분할 수 있다. 탁아보호서비스는 여러 가지 이유로 인해 아동을 낮 시간 동안 친부모가 아닌 다른 사람에 의해 보호받도록 해주는 서비스이다. 프로텍티브서비스는 아동을 유기, 방임, 학대할 경우 전문사회복지기관에서 주어지는 서비스이다. 홈메이커서비스는 아동이 가정적 위기에 처했을 때 전문적 교육을 받은 여자가 가사전반을 돌보게 하는 위탁서비스 등을 의미한다. 이러한 보충적 서비스가 갖는 의의를 살펴보면 사회가 부분적으로 양육책임을 분담함으로써 아동이 가정과 부모로부터 분리되지 않고 가정에서 부모와 함께 생활 할 수 있도록 보장한다는 것이다. 이러한 점에서 보충적 서비스는 아동복지를 위한 제1차 및 제2차 방어선이라고 볼 수 있다.

### 3) 대리적 서비스

대리적 서비스(substitute service)는 부모가 아닌 제3자가 부모의 역할 전부를 하게 되는 경우이다. 즉 부모와 가족이 당면한 문제를 해결할 수가 없어서 양육기능을 일시적 또는 영구적으로 포기한 경우, 다른 가정위탁이나 입양 또는 생활시설을 통해 부모역할을 일시적 또는 영구적으로 대리함으로써 아동을 보호해 주는 서비스를 말한다. 아동은 자신이 태어난 가정에서 가족과 함께 성장하고 발달해야 한다. 그러나 부모가 자녀를 보살필 능력이 없거나 이혼, 사망, 유기 등으로 가정이 해체된 경우 정상적인 부모와 자녀관계 유지를 위해 사회가 부모의 양육기능을 전적으로 대리해야 할 필요성이 제기되는데 이때 제공되는 아동복지사업의 기능이 대리적 서비스에 해당된다. 이러한 기능을 하는 대표적인 형태로 입양(adoption), 가정위탁보호(foster family care), 시설보호(institutional care)등으로 구분할 수 있다.

이러한 대리적 서비스는 자녀의 양육기능을 수행할 수 없는 부모와 가족을 대신하여 국가나 사회가 아동의 생존권 및 생활권을 보장해 줌으로써 아동복지의 제3차 방어선에 해당된다.

## 4. 아동복지의 과제

아동은 차세대의 주역이며 국가발전과 안정의 원동력이다. 이처럼 중요한 역할을 수행해 나가는 아동들이 건강하게 성장, 육성되기 위해서는 이들의 양육책임을 부모와 사회 및 국가가 관심을 갖고 떠맡아야 한다. 아동복지는 불우한 아동뿐만 아니라 전체 아동의 복지증진에 목적이 있다. 따라서 사회복지 전반에 걸친 보편적 서비스의 확대와 아울러 아동의 사회복지서비스도 보편적인 서비스로 지향해 나가야 한다. 기존의 빈곤구제와 의료보호 등 요보호 아동을 대상으로 실시되었던 서비스와는 달리 사후대책적인 측면보다는 예방적인 아동복지서비스가 이루어져야 한다. 따라서 현대사회의 약화된 가족기능을 강화하고 모든 아동들을 건전하게 육성하기 위한 아동복지의 과제를 정리하면 다음과 같다.

첫째, 체계적인 부모교육의 활성화

둘째, 전체 아동을 위한 보편적인 프로그램 개발

셋째, 입양 및 가정위탁의 활성화와 사후관리

넷째, 아동양육시설의 소규모화와 전문화된 서비스

다섯째, 장애아동의 조기진단 및 조기치료

여섯째, 아동학대에 대한 대책강화

일곱째, 아동전용시설 증설 및 아동을 위한 건전한 생활환경조성과 여가시설이 증대되어야 한다.

# 제9장 청소년복지론

## 1. 청소년의 이해

### 1) 청소년의 개념

청소년(靑少年)이란 인간의 생애주기에 있어, 부모에게 의존했던 아동의 시기를 지나 자신의 판단에 의해 독립적으로 생활할 수 있는 성인기 사이의 사람이나 그 집단을 말한다. 청소년기란 아동기와 성인기 사이의 중간 단계이며, 영어의 'adolescence'는 '성장한다'라는 의미를 내포하고 있다. 청소년기에는 신체적 성장은 물론이고 지적 · 정서적 · 사회적 측면에서 급격한 성장이 이루어지는 시기이다.

청소년심리학의 아버지로 불리우는 스텐리 홀(Stanley Hall)은 청소년의 시기를 '질풍노도의 시기(a period of storm and stress)'로 묘사 하였는데, 질풍노도란 용어는 이상주의, 열정, 혁명 등에 관한 소설을 쓴 독일작가 괴테와 쉴러에게서 가져온 표현이다. 청소년은 아동도 아니고 성인도 아닌 모호한 위치에서 자아의식과 현실사이의 갈등, 소외, 외로움, 혼돈의 감정을 경험하게 되고, 이로 인한 긴장과 혼란이 이 시기를 질풍노도의 시기로 만든다는 것이다. 또한 홀은 청소년 시기를 '새로운 탄생'으로 보았는데, 이는 청소년기에 보다 높은 수준의 그리고 보다 완전한 인간 특성이 새로이 탄생하는 것으로 보았으며, 인간의 발달과정을 끝없이 계속되는 과정으로 보았다(이용교, 2012a: 48).

청소년의 개념은 생리학적 측면과 연령에 의해 구분할 수 있다. 생리학적 측면에서 보면 청소년기는 소녀의 초경과 소년의 사정에서 시작되어 신체적 · 성적 발육이 완성된 시기까지를 말한다. 그러나 개인에게서 나타나는 신체적 징후나 사춘기의 특성이 나타나는 시기가 서로 다르며, 근래에 들어서는 충분한 영양섭취와 환경으로 인해 사춘기의 시기가 점차 낮아지고 있다. 청소년기가 끝나는 시점은 신체적인 면보다는 부모로부터 독립하거나 그 사회의 역할 기대, 개별 국가의 법에 의하는 등 사회적 측면에서 이루어지기 때문에 일괄적으로 규정하기에는 어려움이 따른다.

청소년의 연령에 대한 기준은 법의 목적과 특성에 따라 다르게 나타나고 있다. 청소년

기본법에서는 청소년의 나이를 9세에서 24세까지로 규정하고 있다. 9세는 초등학교 3학년 정도의 나이로, 이 때부터 학교의 대외 수련활동이나 청소년단체의 캠프에 참여할 수 있는 시기로 보며, 24세는 UN의 청소년기준과 일치된다. 아동복지법에서는 아동의 나이를 18세 미만으로 규정하고 있는데 이는 '아동의 권리협약에 관한 국제협약'의 나이와 같다. 청소년을 유해환경으로부터 보호하고자 하는 청소년보호법에서는 보호청소년의 연령을 만19세 미만으로 규정하고 있다. 근로기준법에서는 18세 미만을 근로청소년으로 보호하고 있으며, 비행을 저지른 청소년을 대상으로 하는 소년법에서는 20세 미만의 청소년을 촉법소년, 범죄소년, 우범소년으로 나누어 규정하고 있다.

일반적으로 초등학생을 어린이 또는 아동으로 지칭하며, 이들은 어린이 날 행사에 참여하는 반면, 중 · 고등학생은 청소년으로 호칭되고 있다. 중·고등학생의 나이대인 1318은 전화번호부에서 청소년 단체들의 선호하는 번호가 되고 있다.

**〈표 1〉 청소년관련 법률에서 청소년 명칭 및 연령 규정**

| 법률상 명칭 | 연령 | 규정법률 | 비 고 |
|---|---|---|---|
| 청소년 | 만 19세 미만 | 청소년보호법(연나이 적용) | 다른 법 우선 적용 규정 |
| | 9-24세 | 청소년 기본법<br>연령 정의 없이 청소년명칭사용<br>-방송법, 종합유선방송법<br>-옥외광고물 관리법<br>-외국간행물수입배포에관한 법률 | UN 권장사항<br>-15세~24세를 청소년으로 규정<br>청소년기본법<br>-육성·지원의 폭 확대 도모 |
| 소년 | 19세 미만 | 소년법 | 촉법소년, 범죄소년, 우범소년 구분 |
| 근로소년 | 18세 미만 | 근로기준법 | 유해 · 위험 사업장 근로 금지 |
| 아동 | 18세 미만 | 아동복지법 | |
| 연소자 | 18세 미만 | 영화진흥법<br>음반 및 비디오물에 관한 법률<br>공연법 | 공영법상에는 연령 규정 없이 연소자로만 규정 |

| 미성년자 | 만 20세 미만 | 미성년자 연령 정의한 법률 없음.<br>-민법의 성년개념 반대해석<br>연령 정의 없이 청소년명칭사용<br>-미성년자보호법<br>-공중위생법<br>-식품위생법<br>-정기간행물의 등록 등에 관한 법률 | 민법 : 만 20세 성년(제4조) |
|---|---|---|---|
| - | 19세 미만<br>18세 미만 | 국민건강증진법<br>향정신성의약품관리법 | 명칭 없이 연령만 규정 |
| 청소년, 미성년자, 18세, 19세 미만자혼용 | | 풍속영업의 규제에 관한 법률 | 풍속영업의 종류에 따라 출입 제한연령을 상이하게 규정 |

출처 : 김진화 외(2003: 14), 일부 수정

### 2) 청소년의 현황

2009년 현재 0에서 24세 아동·청소년의 인구는 1,467만명으로 전체인구의 30.1%를 차지하고 있다. 성별로는 남자가 770만명, 여자 697만명이며, 여자를 100으로 할 때 남성의 비를 나타내는 성비는 110.4이다.

우리나라 아동·청소년인구는 1960년에는 전체 인구의 61.3%를 기록한 후 계속 감소하여, 1980년 56.6%, 1990년 46.1%, 2000년도에는 37.5%를 나타내었으며, 2010년 29.5%, 2020년에는 23.7%, 2030년에는 19.8%가 될 것으로 전망되고 있다(보건복지부, 2009: 54).

### 3) 청소년의 특성과 과업

청소년기는 아동기와 성인기의 과도기적 시기로, 아동적인 의존 성향과 사회적 독립을 추구하는 성인기의 특징이 동시에 나타난다. 특히 부모로부터 독립하고자하는 성향은, 또래문화를 형성하여 가정이 아닌 주변을 맴돌게 하며, 부모나 교사의 충고를 잔소리로 취급하여 전혀 관심을 갖지 않기도 하고, 아예 가출을 꿈꾸거나 시도하기도 한다. 근래에는 삶의 목적과 활력을 잃고, 사회와의 교류를 단절한 채 오직 방안에서만 거주하는 은둔형 외톨이가 문제가 되고 있다.

청소년기의 특성을 신체적·생리적·심리적·사회적 특성을 살펴보면 다음과 같다(홍봉선 외, 2006: 21-25).

### (1) 신체 · 생리적 특성

청소년 시기에 나타나는 신체·생리적 변화로는 첫 번째는 호르몬의 변화로 남성의 경우 안드로겐, 여성의 경우 에스트로겐의 왕성한 분비로 신체의 성징이 나타나게 된다. 두 번째는 신장과 체중의 증가, 세 번째는 성적 측면에서의 성숙이다. 이러한 신체·생리적 특성은 청소년에게 다음과 같은 영향을 미친다.

첫째, 유아기나 아동기에 비해 청소년기는 자신의 신체변화에 대해 자각을 하게 되므로 자신의 신체에 대한 관심이 많다.

둘째, 자신의 신체변화와 친구들의 변화 정도를 비교함으로써 자신의 신체 발달이 정상적인지 아닌지를 고민하게 되고 심지어는 신체적 열등감을 갖기도 한다. 이렇게 청소년이 자신의 신체를 어떻게 평가하는가는 청소년의 성격이나 자아존중감, 대인관계 형성에 중요한 변수로 작용한다. 예를 들어, 비만이나 작은 키는 청소년들의 가장 심각한 고민거리 중의 하나이다.

셋째, 성호르몬의 분비는 성적 욕구의 발달을 동반하며 성적 욕구는 죄의식과 충동조절의 문제를 초래한다. 청소년들이 성에 관심을 가지거나 성적 욕구를 갖는 것은 성호르몬의 분비가 왕성해지는 청소년기에 지극히 자연스런 현상이지만 상당수의 청소년들은 성적 욕구를 가지고 있는 것에 대한 심리적 불안감이나 수치심, 죄책감 등 부정적인 정서를 가지고 있으며 특히 성적 충동을 제대로 조절하지 못하면 임신, 근친상간, 이상성행위, 성폭행 등의 문제를 일으킬 수 있다.

### (2) 인지적 특성

Piaget 의 이론에 따르면, 청소년기는 형식적 조작기에 해당된다. 이 시기는 눈앞의 현실세계를 뛰어넘어 자신이 경험해 보지 못한 이상이나 가능성의 세계, 추상적인 것에 대한 사고가 발달하게 되고 조합적 사고가 발달하여 어떤 문제에 직면하였을 때 여러 가지 요인들을 고려하여 논리적이고 체계적으로 문제해결을 시도한다. 이러한 인지발달은 청소년의 심리와 행동에 다음과 같은 영향을 미친다.

첫째, 자아정체감(self identity) 이 형성·발전하는 동시에 정체감 형성의 위기를 경험한다.

둘째, 자기중심적이다. 즉 아무도 자신의 경험이나 감정을 진실로 이해하지 못하고 있다고 생가하거나 자신은 특별한 사람이기 때문에 위험으로부터 안전하다고 생각하는 경우이다.

셋째, 도덕성의 발달이다. 청소년기의 도덕적 사고와 행동은 아동기와 질적으로 다르며 그들의 인지적 성숙과 사회 환경적 역할 변화에 의해 크게 영향을 받게 된다.

넷째, 사회적 이해력이 발달함으로써 자신이 경험하지 않았더라도 상대방이 갖고 있는 감정이나 느낌을 정확하게 파악하게 되고 더 나아가 상대방의 감정이나 느낌을 그대로 느끼기도 한다. 따라서 사회적 상호작용이 활발하게 된다.

### (3) 정서적 특성

청소년기는 급격한 신체 발달과 더불어 사회적으로 요구되는 과다한 과업으로 인해 정서적으로 불안정한 상태이다. 청소년기에 보이는 정서적 특성과 이러한 특성이 청소년의 심리와 행동에 미치는 영향들은 다음과 같다.

첫째, 감정의 기복이 심하고 예민하다. 사소한 일에 예민하고 쉽게 우울하며 낙담에 빠진다. 화를 잘 내기도 하고 불안정하게 보인다.

둘째, 수줍음이 많다. 지나치게 남을 의식하기 때문에 마음과 행동이 자유롭지 못하고 특히 이성 앞에서 부끄러움을 많이 느낀다. 그러나 종종 수줍음을 감추기 위해 겉으로는 과장된 행동을 보이기도 한다.

셋째, 열성적이며 호기심과 모방성이 강하다. 어떤 일에 쉽게 흥분하며 현실감을 잃고 곧잘 열중해서 그 일에 빠진다. 또한 자신의 관심사를 가정에서 지역사회로 확대시키기 시작함으로써 귀가시간이 늦고 외출이 잦으며 특히 우상을 만들어 맹목적으로 추종하는 경향도 있다.

### (4) 사회적 특성

청소년기는 부모로부터 분리되고자하는 시기로서 부모와의 잦은 갈등을 일으키고 동성친구나 이성친구 또는 또래집단에 몰두한다. 구체적으로 살펴보면 다음과 같다.

첫째, 부모로부터 개별화되고자 한다. 만약 부모들이 이러한 과정을 자연스런 성장과정으로 인정하지 않고 부모에 대한 도전이나 반항으로 인식할 때 부모와 자녀간의 갈등이 증폭될 수 있다.

둘째, 동성이나 이성친구 등 또래집단(peer group) 에 몰입한다.

이상에서 청소년기의 일반적인 발달 특성을 살펴보았다. 그러나 이러한 발달은 개인차가 클 뿐 아니라 또한 개개인에 있어서도 여러 측면에서의 발달이 동시에, 그리고 동일한 속도로 일어나지 않는다는 점을 유의해야 한다. 이러한 보편적인 특성을 토대로 하면서도 청소년 개개인의 독특한 경험과 개별성을 고려하는 것이 무엇보다도 중요하다.

청소년기의 시기는 인생에 있어서 대단히 중요한 시기로, 미래를 대비하고 준비해 나가야하는 시기이다. 무엇보다 주체적인 인간으로 성장하고, 의존성을 벗어나 자립하여야 하며, 우리사회의 건강한 시민으로 성장하여야 한다. 그러나 오늘의 우리나라 현실을 보면 청소년들에게 이러한 발달과업을 기대하기에는 무리가 따른다고 할 수 있다. 다양한 정서적, 사회적 경험과 직업에 대한 탐색의 시기에 대학입시라는 굴레에서 벗어나지 못하며, 부모로부터 독립하여 일거리를 찾고자하는 학교 밖 청소년들을 부정적인 인식으로 바라보기 때문이다.

해비거스트(Havighurst)는 발달과업을 개인의 생애 중 어떤 일정한 시기나 그 가까이에서 나타나는 과업으로 보며, 그 과업을 훌륭히 성취하면 행복을 누릴 수 있고 또 다른 과업을 잘 달성할 수 있지만 실패하면 후일에 다른 과업도 곤란을 받을 수 있음을 지적하면서 청소년기의 발달과업을 다음과 같이 제시하고 있다(한국청소년개발원, 2005: 35).

① 자기의 체격을 인정하고 자신의 신체를 효과적으로 구사하는 것을 인식한다.
② 남녀간의 새롭고 보다 성숙한 관계를 이루는 것을 배운다.
③ 남성으로서의 역할과 여성으로서의 역할이 무엇인가를 학습한다.
④ 부모나 다름 성인과의 정서적 독립을 이룩한다.
⑤ 경제적 독립의 필요성을 절실히 느낀다.
⑥ 직업의 선택과 그 준비에 몰두한다.
⑦ 시민적 자질로서 필요한 지적 기능과 개념이 발달한다.
⑧ 결혼과 가정생활을 준비한다.
⑨ 사회적으로 책임 있는 행동을 요망하고 이를 실천하는 습관을 기른다.
⑩ 적절한 과학적 지식에 맞추어 가치관과 윤리체계를 습득한다.

## 2. 청소년복지의 이해

### 1) 청소년복지의 개념

청소년복지란 청소년과 복지(福祉)가 합쳐진 용어이다. 사회복지(social welfare)의 복지(welfare)란 '만족스럽게 지내는 상태'를 의미하며, 건강하고 행복하며 안락한 안녕(well-being)의 상태를 말한다.

이용교(2012a: 112-113)는 청소년복지란 가정이나 사회로부터 버려지거나 적응하지 못하는 청소년뿐만 아니라, 모든 청소년의 안녕에 관심을 가진다. 청소년복지활동은 청소년들의 기본적인 욕구를 충족케 하고, 정신적-정서적-신체적으로 최상의 발달을 기하기 위해서 청소년자신들에게 직접적으로 또는 가정이나 사회를 통해 간접적으로 제공되는 모든 사회제도적, 전문적 활동이라고 정의하고 있다.

김성이(1994: 6)는 청소년복지란 가정이나 사회로부터 버려지거나 적응하지 못하는 청소년뿐만 아니라, 모든 청소년의 안녕에 관심을 가진다. 청소년복지 활동은 청소년의 기본적인 욕구를 충족케 하고, 정신적, 정서적, 신체적으로 최상의 발달을 기하기 위해서 청소년 자신들에게 직접적으로 또는 가정이나 사회를 통해 간접적으로 제공되는 모든 사회제도적, 전문적 활동을 말한다라고 정의하고 있다.

한편, 노혁(2002: 49-52)은 청소년복지는 청소년의 올바른 성장과 발달을 목표로 청소년에게 일정한 사회적 역할과 책임을 부여하는 동시에 현재의 삶의 질을 제고할 수 있는 환경을 조성해주고, 나아가 미래에 긍정적인 자아실현과 자립기반을 조성할 수 있도록 청소년과 성인의 참여 및 공동노력을 통해 청소년의 능력을 향상시키고, 다양한 삶의 기회를 마련해 주는 제반의 복지활동이다 라고 정의하였다. 그는 청소년복지를 소극적인 측면과 적극적인 측면으로 정리하고 있다. 즉 소극적인 측면에서는 청소년복지는 "사회적으로 소외되거나 적응에 실패한 청소년에게 사회복지정책과 개별 서비스의 전달을 통해 사회구성원으로서 정당하게 생활하고 나아가 신체적 심리적 사회적 자립능력을 갖도록 돕는 복지"이다. 적극적인 측면에서 청소년복지는 "성과 능력, 신체 및 정신과 사회적 조건에 관계없이 모든 청소년이 인간답게 생활하는데 필요한 권리와 책임을 갖게 하여 청소년으로서의 삶을 풍요롭게 누릴 수 있고 잠재적 능력을 개발하도록 돕는 복지"임을 강조하고 있다.

청소년복지에 대한 의미는 우리 사회가 가지고 있는 청소년을 보는 관점에 따라, 또한 사회복지 체계 내에서의 위상에 따라 조금씩 다르게 나타나고 있다. 그러나 전반적인 흐름에서 살펴보면, 우리나라의 사회복지가 잔여적 모형에서 제도적 모형으로 확대되는 것처럼, 청소년복지 역시 예전의 요보호 청소년만을 대상으로 하였던 잔여적 모형 혹은 소극적 측면에서, 모든 청소년을 대상으로 하는 제도적 모형 혹은 적극적 측면으로 확대되어 가고 있다고 할 수 있다.

### 2) 청소년복지의 특성과 필요성

청소년복지는 사회복지의 한 분야로, 청소년을 대상으로 복지를 실천해 가는 접근이다. 과거에는 요보호청소년과 문제청소년이 주 대상이었지만 지금은 전체 청소년을 대상으로 복지를 전개해 나가고 있으며 그 폭을 학교를 비롯한 가정 및 지역사회 환경까지 확대해 나가고 있다.

김영모 외(1991), 이영숙 외(1993), 이용교(1995) 등은 청소년복지의 특성을 다음과 같이 설명하고 있다.

첫째, 청소년복지는 단지 청소년복지 정책뿐 아니라 가족정책, 산업정책, 지역복지 정책 등 다른 사회정책과 밀접한 관련이 있다는 것이다.

둘째, 학교교육의 연상과 그 역기능 속에서 청소년복지의 필요성이 다루어진다.

셋째, 청소년복지를 위한 정부와 민간의 협력이 강조되고 있다.

넷째, 청소년을 복지의 대상으로만 인식하지 않고 사회변동의 주체로 인식하는 경향이 높아지고 있다.

사회적 존재로서 청소년은 가족의 틀 안에서 양육 받으며 학교를 비롯한 지역사회의 관심 속에서 성장하여야 하나, 자본주의라는 경제적 환경 속에서 빈부의 격차는 심화되고, 가정의 해체가 증가되고 있다. 특히 아동과 청소년의 경우는 주변의 사회적 지원이 없으면 건강한 사회 구성원으로 성장하기 힘들기 때문에 사회복지적 지원이 절실한 대상이다.

청소년복지는 대체로 다음 세 가지의 경우에 개발되며, 한가지 요인이 아니라 복합적으로 작용한다(이종복 외, 2000: 40).

첫째, 청소년이 태어난 가족으로부터 소득, 보건, 교육, 주거 등 인간의 기본적인 욕구를 충족할 수 없을 때 국가나 지방자치단체의 개입이 일어난다.

둘째, 청소년이 보호를 받아야 할 가족으로부터 가출하거나 상습적인 약물 오남용, 성 문제 등으로 부모가 청소년기 자녀를 지도하기 어려운 경우이다.

셋째, 청소년이 살고 있는 생활환경에서 유해한 것을 줄이고, 유익한 환경을 조성하기 위해 복지가 필요하다.

### 3) 청소년복지의 발달

청소년복지의 발달과정은 주요 법이나 제도의 변화에 따라 세 시기로 나누어 볼 수 있다. 즉, 해방 후부터 아동복리법이 제정된 1961년까지는 청소년복지가 아동복지와 그 영역이 분화되지 않은 청소년 복지의 맹아기이고, 1962년부터 청소년육성법이 제정된 1987년까지는 청소년복지의 도입기이며, 1988년부터 현재까지는 청소년복지의 전개기라고 할 수 있다. 다음은 이용교(2012a: 104-108)가 분류한 우리나라의 청소년복지 변천사이다.

#### (1) 청소년복지의 맹아기(광복 이후 ~ 1961년)

해방 후부터 아동복리법과 미성년자 보호법이 제정된 1961년까지는 청소년복지와 아동복지기 그 영역이 구분되지 않고, 아동복지도 다른 사회복지의 영역과 별 구분 없이 긴급구호를 하는 수준이었다. 그러나 요보호아동·연소노동자· 비행소년의 보호에서 청소년복지의 맹아를 찾을 수 있다. 이 시기의 보호대상은 일차적으로 요보호아동이었지만, 그 대상에 따라서 연령이 약간씩 차이가 있음을 알 수 있다, 즉, 시설보호의 대상은 조선구호령에 의해서 13세 이하이었지만, 근로아동의 보호연령은 18세 미만이었고, 20세 미만 비행소년은 소년법에 의해서 형사처분 대신에 보호처분을 받을 수 있었다. 생계욕구에 대한 복지서비스는 '아동'에 한정 시켰지만, 노동과 인권의 옹호에서는 그 대상을 '소년'까지 확장시킨 것이다. 당시의 보호수준은 매우 열악하였고, 서비스의 질에 대한 국가 책임의 한계도 명확하지 않았다.

#### (2) 청소년복지의 도입기(1962 ~ 1987년)

한국에서 청소년복지가 도입되기 시작한 것은 미성년자보호법과 아동복리법(1961)의 제정에서 찾을 수 있다. 아동복리법은 요보호아동의 연령을 기존의 13세 이하에서 '18세 미만'으로 상향시키고, 아동복지에 대한 국가의 책임을 명시했다는 점에서 그 의의가 크다. 보호대상을 18세 미만의 아동으로 확장시킨 것은 비록 '아동'이란 용어를 사용하고 있지만 '청소년'까지 포함한 것이다. 또한, 보호의 대상인 '요보호아동'에 대한 정의를 명확히 하고, 이들에 대한 국가의 책임을 명시 하였다.

아동복리법의 체계는 전면 개정되어 아동복지법(1981)이 제정되면서 보호의 대상이 '요보호아동'에서 '전체 아동'으로 크게 바뀌었다. 이는 아동복지의 대상을 일부로 인식하지 않고 전체로 본다는 점에서 큰 변화이었다. 또한, 청소년복지의 시각에서 볼 때, 이 시기에는 미성년자보호법이 제정되어서 청소년의 보호와 선도를 위한 법적 장치가 마련되었다.

이 시기에 청소년복지의 도입은 비행의 우려가 있는 미성년자의 보호와 근로청소년의 복지, 그리고 장애청소년의 복지에 초점이 맞추어졌다. 특히 산업화, 도시화와 함께 근로청소년에 대한 관심이 증가되었다. 일반학교에 부설된 야간특별학급과 산업체 부설학교의 개설(1977)은 중·고등학교에 취학할 기회를 박탈당한 근로청소년에게 중등교육 기회를 제공하였다.

### (3) 청소년복지의 전개기(1988 ~ 현재)

아동복지와 청소년복지의 구분은 청소년육성법(1987)의 제정에서 찾을 수 있다. 이 법의 어느 조항에도 청소년복지 혹은 복지란 낱말은 없지만, 이 법이 청소년복지에 미친 영향은 청소년정책의 영역을 설정하고 이를 담당할 수 있는 행정체계가 확립되었다는 점에서 그 의의를 찾을 수 있다. 정부는 체육부에 청소년국을 설지하고(1988) 시·도에 가정복지국 청소년과를 설치하였으며, 매년 청소년의 육성 등을 위한 가정·학교·사회 각 영역에 걸친 종합계획을 수립·시행하도록 하였다

청소년육성법은 청소년단체의 지원과 청소년시설의 설치 운영을 핵심적인 내용으로 담고 있다. 그 중 청소년시설은 청소년 전용시설과 청소년 이용시설로 구분되었다. 청소년시설은 청소년기본법(1991)에서 청소년수련시설로 바뀌면서 생활권 수련시설, 자연권 수련시설, 유스호스텔로 정리 되었다. 그런데, 양 법 모두 청소년복지시설은 매우 소홀히 다루어졌다. 다만, 청소년기본법에서 한국청소년상담원, 시도청소년종합상담실, 시·군·구 청소년상담실에 관한 사항을 상세히 규정하고, 청소년기본법의 개정을 통해서 청소년자원봉사센터, 청소년쉼터 등에 대한 규정을 포함한 것은 큰 진전이라고 할 수 있다. 또한, 1997년에 청소년보호법이 제정되어서 청소년에게 유해한 매체, 유한 환경으로부터 청소년을 보호하려는 적극적인 시책이 강구되었다.

이 시기에 빈곤청소년에게 가장 도움을 준 복지는 생활보호법의 개정과 그 후속 조치에서 찾을 수 있다. 생활보호법의 개정(1982)으로 기존의 4가지 보호 (생계보호, 의료보호, 해산보호, 장제보호)에 교육보호와 자활보호가 첨가되었는데 이는 청소년복지에 획

기적으로 기여하였다. 특히 교육보호는 그 보호대상자가 중·고등학생이기 때문에 생활보호를 받는 빈곤 청소년들이 실질적인 혜택을 받았다. 1987년에 처음 실시될 때에는 보호 대상자가 생활보호대상자의 일부로 제한되었지만 점차 저소득층 자녀를 포함해 중학교와 고등학교의 입학금과 수업료를 면제하였다. 청소년기의 가장 큰 욕구가 교육욕구라고 할 때 이 교육보호는 빈곤청소년을 위한 가장 필요한 복지사업이라고 할 수 있다. 생활보호법은 1999년 국민기초생활보장법으로 전면 개정되었고, 교육보호는 교육급여로 바뀌어서 계속 시행되고 있다.

## 3. 청소년복지의 법적 기반

청소년복지를 비롯한 제반 사회복지실천은 법적 기반 위에 제도적 체계를 이루고 실천되어진다. 우리나라의 청소년복지 관련법은 청소년기본법을 근간으로 청소년보호법, 청소년 성 보호에 관한 법률, 청소년복지지원법, 청소년활동진흥법 그리고 아동복지법으로 이루어져 있다.

청소년관련법의 입법배경 및 의의, 법의 목적, 주요내용을 살펴보면 다음과 같다(한국청소년개발원, 2005: 342-367).

### 1) 청소년기본법

#### (1) 입법배경 및 의의

정부는 심각해지는 청소년문제에 효과적으로 대처하기 위해서는 각각의 청소년관계법규간의 청소년 연령의 불일치 등의 문제의 개선이 필요하다고 판단하고 청소년에 대해 통일된 연령의 적용 및 청소년에 대한 지원과 육성을 강조하는 청소년육성법을 1987년 제정하였다. 그 후 정부가 전체 청소년을 대상으로 한 장기적 종합계획인 한국청소년기본계획을 수립하고 효과적인 추진을 위한 법적 기반으로 청소년육성법을 전면 개편하여 1991년 청소년기본법을 제정하였다. 청소년기본법은 청소년육성법에서 미진하였던 청소년수련활동에 관련된 청소년지도자의 양성, 청소년단체의 육성, 수련거리의 개발, 청소년육성기금의 조성 등의 내용을 담아 개정된 법이다. 청소년기본법은 다시 2003년 12월 30일 개정되어 청소년육성의 기본원리와 정책적 근간에 관한 사항을 규정함으로써 청소년육성에 대한 정책적 지원이 유기적이고 종합적으로 이루어 질 수 있는 기반을 마련하고 있다. 특히, 개정법에서는 청소년의 참여보장 규정을 둠으로써 청소년들이 청소년관련 정책결정에 참여하도록 하여 정책실효성을 높이고자 하였으며, 자치단체에 청소년육성업무를 추진하기 위한 체계를 갖추게 하고 있다. 청소년기본법은 헌법 다음으로 효력을 가지는 청소년육성정책에 관한 법률들의 기본법적 지위를 가진다.

#### (2) 목적

청소년기본법은 청소년의 권리 및 책임과 가정, 사회, 국가 및 지방자치단체의 청소년에 대한 책임을 정하고, 청소년육성정책에 관한 기본적인 사항을 규정함을 목적으로 한다(동법 제1조). 이법의 기본이념은 청소년이 사회구성원으로서 정당한 대우와 권익을 보장받음과 아울러 스스로 생각하고 자유롭게 활동할 수 있도록 하며 보다 나은 삶을 누리고 유해한 환경으로부터 보호될 수 있도록 함으로써 국가와 사회가 필요로 하는 건전한 민주시민으로 자랄 수 있도록 하는 것이다(동법 제2조 제1항).

#### (3) 주요내용

청소년기본법은 총칙, 청소년육성정책의 총괄, 조정, 청소년시설, 청소년지도자, 청소년단체, 청소년활동 및 복지, 청소년육성기금, 보칙, 벌칙 등의 주요내용으로 구성되어 있다. 제1장 종직에서는 법의 목직, 기본이념, 용어의 정의, 다른 법률과의 관계, 청소년의 권리와 책임, 가정과 사회, 국가 및 지방자치단체의 청소년에 대한 책임 등이 규정되어 있으며, 제2장은 청소년육성정책의 총괄, 청소년육성위원회의 설치, 청소년특별회의 개최, 청소년육성에 관한 기본계획의 수립, 청소년의 달 등에 관한 규정이다. 제3장 청소년시설에는 청소년시설의 종류, 설치, 운영 및 지도, 감독에 관한 규정이 있으며, 제4장 청소년지도자는 청소년지도자의 양성, 청소년지도사, 청소년상담사의 자격, 배치 및 채용, 청소년육성전담공무원, 청소년단체의 역할, 청소년단체에 대한 지원, 한국청소년진흥센터의 설치, 청소년단체협의회, 한국청소년상담원의 설립, 지방청소년종합상담센터 등의 실치 등을 규정하고 있다. 제6장 청소년활동 및 복지, 유해환경의 규제 등을 규정하고 있으며, 제7장 청소년육성기금에서는 기금의 설치, 조성, 사용 등을 규정하고 있다.

### 2) 청소년복지지원법

#### (1) 입법배경 및 의의

청소년복지지원법은 헌법 제32조 제4항의 "국가는 노인과 청소년의 복지향상을 위한 정책을 실시할 의무를 진다"에 근거하여 2003년 12월 30일에 제정되었다. 이 법은 사회, 경제적으로 특별한 지원이 필요한 청소년과 교육적인 선도가 필요한 비행청소년에 대하여 기초생활보장, 학업, 의료지원, 직업능력 강화와 상담, 수련, 체육활동 등의 다양한 활동을 통하여 자립, 자활할 수 있는 복지서비스의 제공을 제도화하고 있다. 또한 모든 청소년에 대한 인권의 보장, 건강, 안전의 보장 및 경제적 자립지원 등에 대한 사항을 명확히 규정하여 청소년들의 삶의 질 향상과 최적의 성장, 발달을 도모하고 있다. 이 법이 제정됨으로써 수련과 보호위주의 청소년 육성법률 체계에 복지부분이 보완되어 균형 있는 청소년육성을 위한 기반이 마련되었다.

### (2) 목적

청소년복지지원법은 청소년기본법 제49조 제4항의 규정에 따라 청소년복지 증진에 관한 사항을 정함을 목적으로 하고 있다(동법 제1조). 청소년복지는 청소년이 정상적인 삶을 영위 할 수 있는 기본적인 여건을 조성하고, 조화롭게 성장, 발달 할 수 있도록 제공되는 사회적, 경제적 지원을 의미한다(청소년기본법 제3조 제4항).

### (3) 주요내용

청소년복지지원법은 총칙, 청소년의 인권보장 및 복지향상, 청소년의 건강보장, 특별지원청소년 지원, 교육적 선도, 벌칙 등의 주요내용으로 구성되어 있다. 제1장 총칙에서는 법의 목적, 정의에 관한 규정을 하고 있으며, 제2장 청소년 인권보장 및 복지향상에서는 청소년의 인권보장, 청소년의 자치권확대, 청소년의 우대, 청소년증에 관한 규정을 하고 있다. 제3장 청소년의 건강 보장은 건강한 심신의 보존과 체력검사와 건강진단 등에 관한 규정이다.

제4장 특별지원청소년에 대한 지원에서는 특별지원청소년에 대한 지원과 청소년쉼터의 설치, 운영에 관한 사항이 규정되어 있다. 제5장 교육적 선도는 교육적 선도의 실시 및 시설의 설치, 운영, 선도후견인에 관한 규정으로 구성되어 있다.

교육적 선도는 비행청소년이나 범죄청소년의 재사회화와 관련되며, 교육적 선도라는 용어에 대해 김은경(2006: 115)은 21세기 소년사법 패러다임의 전환을 염두에 두어 회복적 사법과의 연관성을 담아 '회복적 보호지원'이란 용어로 대체를 주장하고 있다.

## 3) 청소년보호법

### (1) 입법배경 및 의의

청소년보호법은 날로 심각해지고 있는 음란, 폭력성의 청소년유해 매체물과 유해약물의 유통, 유해한 업소에의 청소년출입 등을 규제함으로써, 성장과정에 있는 청소년을 각종 유해한 사회환경으로부터 보호하고 나아가 건전한 인격체로 성장할 수 있도록 하기 위하여 1997년 3월 7일 제정되었다. 또한, 이 법은 국가가 청소년보호를 위하여 청소년유해환경의 정화에 필요한 모든 시책을 강구, 시행하는 등 필요한 노력을 하도록 하고, 그 밖에 청소년보호를 위한 지방자치 단체, 사회, 가정의 역할과 책임을 명시함으로써 유해환경의 정화에 광범위한 국민적 참여 장치를 법적으로 마련하기 위해 제정되었다. 현행 제도의 운영상 나타난 일부 미비점을 개선, 보완하기 위하여 2004년 3월 11일 일부 개정되었다. 청소년보호법은 사회적 유해환경의 규제와 정화를 통해 청소년을 보호하고자 하는 규제법적인 특징을 가지고 있다. 이법은 청소년유해환경의 규제에 관한 형사처벌에 있어서 다른 법률에 우선하여 적용된다.

### (2) 목적

청소년보호법은 청소년에게 유해한 매체물과 약물 등이 청소년에게 유통되는 것과 청소년이 유해한 업소에 출입하는 것 등을 규제하고, 청소년을 청소년폭력, 학대 등 청소년유해행위를 포함한 각종 유해한 환경으로부터 보호, 구제함으로써 청소년이 건전한 인격체로 성장 할 수 있도록 함을 목적으로 한다(동법 제1조).

### (3) 주요내용

이 법은 총칙, 청소년유해매체물의 청소년대상 유통규제, 청소년유해업소, 청소년유해약물 및 청소년유해행위 등의 규제, 청소년보호위원회, 보칙, 벌칙, 부칙 등의 주요내용으로 구성되어 있다. 제1장 총칙에서는 목적, 용어의 정의, 청소년보호에 내한 가정의 역할, 사회의 책임, 국가와 지방자치단체의 책임, 다른 법률과의 관계를 규정하고 제2장 청소년유해매체물의 청소년대상 유통 규제에서 매체물의 범위, 유해매체물의 심의, 결정, 등급구분, 청소년유해매체물의 심의기준, 유해매체물의 자율규제, 판매금지, 방송시간 및 광고선전 제한, 청소년유해매체물의 고시 등을 규정하고 있다. 제3장 청소년 및 출입제한, 청소년통행금지, 제한구역의 지정, 청소년유해약물 등으로부터 청소년보호, 청소년유해행위 금지, 청소년대상 무효인 채권을 규정하고 있다. 제4장 청소년보호위원회는 청소년보호외원회의 설치, 기능, 구성, 조직 및 운영, 청소년 보호센터 등에 관한 규정을 주요 내용으로 하고 있다.

### 4) 아동 · 청소년의 성보호에 관한 법률

#### (1) 입법배경 및 의의

아동 · 청소년의 성보호에 관한 법률은 원조교제 등 아동 · 청소년의 성을 매매하는 행위가 심각한 사회문제가 되면서 청소년보호법, 윤락행위등방지법과 같은 기존의 법만으로는 효과적으로 대응하기 어려웠기 때문에 청소년의 성을 보호하기 위하여 2000년 2월 3일 청소년의 성보호에 관한 법률로 제정되었으며, 2009년 아동·청소년의 성보호에 관한 법률로 개정되었다. 이 법은 성매매된 자 및 성을 파는 행위를 한 자의 사회복귀를 돕기 위하여 지원시설 및 상담소의 설치 및 운영을 활성화하고, 이용자의 의사에 따라 지원시설 및 상담소에서 제공하는 의료지원, 취업교육 및 법률지원 등을 자유롭게 이용할 수 있도록 하여 원활한 사회복귀와 성매매행위의 재발을 방지하기 위해 마련되었다. 이 법은 청소년을 대상으로 하는 성매매 및 성매매를 조장하는 중간매개행위 및 성폭력행위자는 강력하게 형사처벌하지만, 성매매와 성폭력행위의 대상이 된 아동·청소년은 보호처분을 통해서 보호·구제하고자 한다.

#### (2) 목적

아동 · 청소년의 성보호에 관한 법률은 아동·청소년의 성을 사거나 이를 알선하는 행위, 아동 · 청소년을 이용하여 음란물 제작 · 배포하는 행위 및 아동 · 청소년에 대한 성폭력행위 등으로부터 아동 · 청소년을 보호 · 구제하여 이들의 인권을 보장하고 건전한 사회구성원으로 성장할 수 있도록 함을 목적으로 한다(동법 제1조)

#### (3) 주요내용

아동 · 청소년의 성보호에 관한 법률은 총칙, 청소년의 성을 사는 행위 등의 처벌, 대상 청소년의 선도보호, 보칙 등의 주요내용으로 구성되어 있다. 제1장 총칙에서는 법률의 목적, 용어의 정의, 해석, 적용상의 주의 및 국가 및 지방자치단체의 의무가 규정되어 있으며, 제2장 아동 · 청소년의 성을 사는 행위 등의 처벌에서는 아동 · 청소년의 성을 사는 행위자, 아동 · 청소년의 성매매를 강요하는 행위, 아동 · 청소년에 대한 성폭력행위자, 아동 · 청소년을 이용한 음란물의 제작, 배포자등에 대한 처벌을 규정하고 있다. 제3

장 대상 아동·청소년의 선도보호 등에서는 성매매와 성폭력의 대상이 된 아동·청소년을 보호하는 방안들에 대해 규정하고 있다. 제4장 보칙에는 아동 · 청소년의 성을 사는 행위 등의 범죄방지를 위한 계도 · 문의 · 게시 또는 배포와 아동 · 청소년의 성보호와 관련된 국제협력에 대한 규정이 있다.

## 5) 청소년활동진흥법

### (1) 입법배경 및 의의

청소년활동진흥법은 주입식 교육위주에서 인성교육 장려, 주 5일 수업시대의 도래 등 사회적, 문화적 여건에 변화에 대응하여 청소년의 균형 있는 성장을 위하여 필요한 다양한 청소년활동의 진흥을 위한 제도적 기반을 마련하기 위해 2003년 12월 30일 청소년기본법의 개정 및 청소년복지지원법의 제정과 함께 제정되었다. 이 법은 청소년활동을 청소년수련활동, 청소년문화활동 및 청소년교류활동으로 범주화하였으며, 다양한 청소년활동에 대한 정책적 지원이 가능하도록 하였다.

### (2) 목적

청소년활동진흥법은 다양한 청소년활동을 적극적으로 진흥하기 위하여 필요한 사항을 정함을 목적으로 제정되었다(동법 제1조). 청소년활동은 청소년의 균형 있는 성장을 위하여 필요한 활동과 이러한 활동을 소재로 하는 수련활동, 교류활동, 문화활동 등 다양한 형태의 활동으로 정의되어 있다(청소년활동진흥법 제3조 제3항).

### (3) 주요내용

청소년활동진흥법은 총칙, 청소년활동의 보장, 청소년활동시설, 청소년수련활동 지원, 청소년교류활동 지원, 청소년문화활동 지원, 보칙, 벌칙에 관한 규정을 주요내용으로 하고 있다. 제1장 총칙은 법의 목적, 용어의 정의, 관계기관과의 협소, 청소년운영위원회에 관한 규정으로 이루어져 있다. 제2장 청소년활동의 보장에서는 청소년활동의 지원, 청소년활동지원 본부 및 지방청소년활동지원센터의 설치, 청소년활동정보의 제공 등과 학교와의 협력 등이 규정되어 있다. 제3장 청소년활동시설은 청소년활동시설의 종류, 수련시설의 설치, 운영 등, 수련시설의 허가요건, 등록 및 운영대표자, 수련시설 운영의 활동지원은 수련거리의 개발, 보급, 청소년수련활동인증제의 운영, 한국청소년수련시설협회, 지방청소년수련시설협회, 한국청소년수련원의 설립, 청소년수련지구의 지정 등에 관한 규정으로 이루어져 있다. 제5장 청소년교류활동 교류활동의 지원, 청소년교류센터의 설치, 운영, 남·북 청소년교류활동의 제도적 지원 등을 규정하고 있다. 제6장 청소년문화활동지원에서는 청소년 문화활동의 진흥, 청소년문화활동 기반 구축, 전통문화의 계승, 청소년축제의 발굴 지원, 청소년동아리활동 및 청소년자원봉사활동의 활성화 등이 규정되어 있다.

### 6) 아동복지법

#### (1) 입법배경 및 의의

아동복지법에서는 아동의 나이를 18세 미만으로 규정하고 있으며 이는 청소년 기본법의 9세 이상 24세까지 청소년과 중복된다. 아동복지에 관한 최초의 법은 1961년 12월 30일 제정된 아동복리법이다. 이 법은 그 당시의 국가재정의 어려움 때문에 요보호아동을 위한 소극적인 대책을 중심으로 입법되었다. 이후 아동복리법은 요보호아동뿐만 아니라 일반아동의 건전한 육성에 중점을 두도록 보완되어 1981년 4월 13일 아동복지법으로 개칭되어 입법되었다.

#### (2) 목적

아동복지법은 아동이 건강하게 출생하여 행복하고 안전하게 자라나도록 그 복지를 보장함을 목적으로 한다(동법 제1조).

#### (3) 주요내용

아동복지법은 법의 목적 및 기본이념, 아동의 복지증진에 대한 국가 등의 책임, 아동위원과 아동복지지도원, 보건소의 아동관련 업무, 아동의 건강과 안전, 요보호아동에 대한 보호조치, 아동복지시설의 설치, 아동복지시설의 종류와 목적, 학대아동에 대한 보호, 아동학대 신고의무와 절차, 아동학대접수기관 등의 응급조치의무, 아동에 대한 금지행위, 아동복지관련 기관 및 시설의 비용보조 등을 주요 내용으로 하고 있다.

〈그림 1〉 청소년기본법과 관련법의 관계

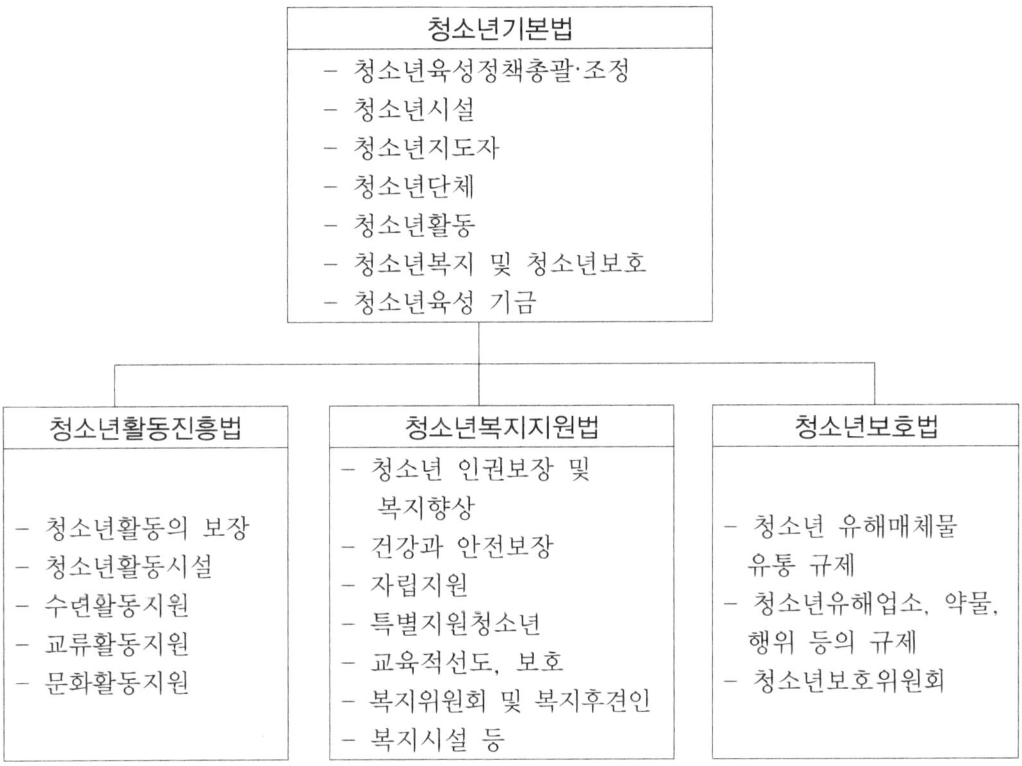


자료: 한국청소년개발원-청소년육성제도론(2006: 90)

### 7) 청소년복지의 정책

청소년정책이란 청소년에 관한 모든 공공의 정책을 의미하며, 궁극적으로 청소년이 미래 사회의 주역으로서 현재의 권리와 행복이 유보되는 주변적 존재가 아니라 오늘의 사회구성원으로서 인간다운 권리와 행복을 추구할 수 있는 사회적 주체로 인식하고 이를 조성하며 지원하는 정책적 노력을 총칭한다고 할 수 있다(한국청소년개발원-청소년학 용어집, 2004: 348). 청소년복지정책이란 청소년의 복지와 관련된 정책을 총칭하는 용어이다.

우리사회의 청소년정책은 다양한 행정체계 하에서 그 하위 영역별로 시행되고 있다. 청소년의 학교교육정책은 교육인적자원부, 청소년육성 정책과 보호업무는 국가청소년위원회, 보건복지정책은 보건복지부, 노동정책은 노동부, 비행 및 범죄와 관련된 정책은 법무부에서 이루어지고 있다.

세계화와 지식정보화 시대의 변화에 따라서 앞으로 청소년정책은 다양하게 변화되어 가리라 여긴다. 최근 사회적으로 대두되고 있는 청소년정책의 주요 쟁점과 추진방향은 크게 다음과 같이 정리할 수 있다(한국청소년개발원-청소년정책론, 2003: 94-98).

① 국가적 통합 아젠다의 수립과 실천기반 확보

② 정보사회의 자율과 창조 중심의 청소년문화 진흥

③ 사회적 능력개발, 직업세계로의 원활한 이행 지원

④ 청소년 참여와 인권의 제도적 실천

⑤ 지방자치단체의 청소년 행정력 강화

청소년정책 조직과 관련하여, 기존의 문화관광부 청소년국과 국무총리 산하 중앙행정기관인 청소년보호위원회가 2005년 4월 27일 국가청소년위원회로 통폐합되었다. 그동안 청소년육성 업무는 문화관광부 청소년국이 중점을 두고 추진한 반면 청소년보호 업무는 청소년보호위원회에서 담당하여, 청소년관련 업무의 통합화가 절실히 요구되었는데, 국가청소년위원회의 출범으로 청소년관련 정책이나 실천이 통합적이며 체계적으로 이루어지고 있다.

## 4. 청소년복지의 실천

### 1) 청소년복지실천 방법과 분야

사회복지학문은 다른 어떤 학문보다 사회적 참여를 강조하는 학문이다. 사회복지실천은 클라이언트가 필요한 서비스를 받을 수 있도록 돕고, 개인, 가족, 집단에 필요한 상담과 심리치료를 제공하며, 집단이나 지역사회에 사회복지 및 보건의료서비스가 제공되도록 지원하고, 유관 입법 활동을 실천해 나간다.

청소년복지의 기술론적 접근방법으로는 개별사회사업과 집단사회사업, 지역사회조직 그리고 사례관리 등이 대표적 방법이며, 정책론적 접근으로는 사회복지정책, 사회복지행정, 사회복지법제 등이 있다. 이러한 접근 방법들은 개별적으로 접근되기 보다는 통합적으로 접근되어 청소년복지를 이루어가고 있다.

사회복지실천의 3대 방법론은 개별사회사업, 집단사회사업, 지역사회사업으로 구분되며, 근래에는 통합적 접근방법과 복합적 문제를 가진 사람에게 다양한 기관과 환경을 연계하는 사례관리(case management) 그리고 가족치료 방법이 활용되고 있다. 이러한 사회복지 실천방법은 주된 대상에 따라 아동복지, 청소년복지, 장애인복지, 노인복지 등으로 세분되며, 그 수준에 맞게 실천되고 있다.

개별사회사업(casework)이란 문제를 가진 개인이나 가족을 대상으로, 과학적이며 전문적 기술을 가진 사회복지사에 의해 클라이언트의 심리적 재조정과 치료에 중점을 두며, 클라이언트가 자신의 환경에 잘 적응하도록 돕거나 클라이언트의 삶에 부정적 압박을 가하는 사회경제적 문제를 변화시키는 데 목적이 있다. 케이스워크의 실천모델로는 ①심리사회적 모델 ②기능적 모델 ③문제해결 모델 ④행동수정 모델 ⑤가족치료 모델 ⑥위기개입 모델 ⑦사회화 모델이 있다.

집단사회사업(group work)은 개인의 사회적 기능을 향상시키기 위하여, 기능상의 문제를 가진 집단 구성원을 대상으로 한다. 집단사회사업의 실천모델로는 ①사회적 목표모델 ②치료적 모델 ③상호작용적 모델이 있다.

지역사회사업(community work) 지역주민들이 복지와 관련된 주택, 소득, 교육, 환경 등의 문제에 대해 계획된 집단행동으로 지역복지를 이루어 나가거나 사회제도에 바람직한 변화를 일으켜가는 사회복지적 개입을 말한다. 지역사회사업의 실천모델로는 ①지역개발모델 ②사회계획 모델 ③사회행동 모델이 있다.

한편 청소년복지 분야는 청소년이 지닌 문제나 대상자 또는 서비스 제공주체에 따라 다양하게 분류 된다. 청소년복지는 제도적 또는 보편적 사회복지 관점에서 기본적으로 모든 청소년을 대상으로 하며, 특별한 일부 청소년만을 대상으로 하는 잔여적 관점에서 특별 서비스가 이루어진다. 청소년복지의 주요 분야와 이들이 가지고 있는 주요 문제 그리고 복지적 대책을 살펴보면 다음과 같다(박경일 외, 2004: 328).

〈표 2〉 청소년복지의 주요 분야와 문제 및 복지적 대책

| 분야 | 주요문제 | 복지대책 |
|---|---|---|
| 일반청소년을 위한 복지 | 자아정체성 확립, 능력개발, 자기수양 등 | 자아개념증진, 가치관확립 프로그램, 수련활동, 진로지도, 자원봉사 프로그램 |
| 비행청소년을 위한 복지 | 범죄, 약물남용, 가출, 학교폭력 등 | 상담 및 치료 프로그램, 교정교화 프로그램, 주변환경 정화, 매스컴 등의 홍보 및 교육활동, 학교와 복지기관 및 지역사회의 연계 강화 등 |

| 근로청소년을 위한 복지 | 임금 및 근로시간 등의 근로환경, 사회정서적 문제, 진로 및 교육기회 | 근로환경개선, 주거여건확충, 여가·문화 프로그램, 교육기회제공, 자기성장 프로그램 등 |
|---|---|---|
| 미혼청소년부모를 위한 복지 | 신체적·정서적 발달장애, 낙태나 약물남용, 학대나 방임, 기타 사회적·경제적 손실 등 | 상담, 보건의료대책, 교육 및 취업기회 제공, 입양 및 시설보호, 생활보호, 교육 및 홍보 등 |
| 청소년가장을 위한 복지 | 심리적 고립, 괴리감, 대인관계 장애, 가족문제, 가사문제, 경제적 어려움 등 | 생활보호, 결연, 상담, 가사지원 서비스 등 |
| 장애청소년을 위한 복지 | 지체, 시각, 청각, 언어장애, 정신지체, 장애로 인한 사회적 차별 문제 등 | 공적부조, 장해연금, 조세감면 및 이용요금 할인, 의료보장, 시설보호, 재가복지 서비스, 재활 서비스 등 |

자료: 박경일 외(2004: 328-329)

### 2) 청소년자원봉사활동

매슬로우(A. Maslow)는 '욕구단계이론'에서 인간의 욕구를 ① 생리적 욕구, ② 안정 욕구, ③ 애정 욕구, ④ 존경 욕구, ⑤ 자아실현 욕구로 나누고 있다. 그러나 개인의 삶을 보면 이러한 개인적 욕구보다 더 고귀한 어떤 욕구가 존재하고 있음을 알 수 있는데 이를 자아 초월의 욕구라고 말할 수 있다.

자원봉사활동이란 인간을 사랑하는 마음을 가진 사람이, 자기 스스로의 결정에 의해 도움이 필요한 이웃이나 지역사회의 복지를 위하여 대가를 바라지 않고 행하는 아름다운 활동으로 정의할 수 있다. 한편 성인에게는 자발성에 의한 봉사활동을 기대하지만, 우리나라의 중·고등학교에서 실시하는 봉사활동은 스스로 원해서 하는 '자발성'보다는, 봉사활동을 통해서 이웃에 대한 사랑과 지역사회에 대한 책임감 및 연대감을 갖게 하는 '봉사학습'이 강조되고 있다.

자원봉사활동의 의의를 살펴보면 다음과 같다(최덕경 외, 2006: 23-26).

첫째, 교육적 측면에서 보면 더불어 살아가는 사회에 대한 책임과 의무를 감당함으로써 개인적 성숙과 사회적 발전을 함께 기할 수 있다. 특히 청소년의 경우 사회에 대한 책임감과 애국심을 가르치며 건전하고 성숙한 가치관을 가진 선진시민으로 성장하게 한다.

둘째, 사회복지적 측면에서 보면 사회복지실천 현장에 부족한 인적·물적 자원을 보충하고 동반자적 역할을 통해 지역사회에 기여하며, 복지수준 향상을 도모한다.

셋째, 개인적 측면에서 보면 스스로에 대한 자아존중감이 높아지고, 사회적 인정과 보상을 통해 보다 적극적이며 건전한 삶을 유지하게 된다. 또한 인간관계 훈련을 통하여 사회성이 향상되고 개인이 가진 소질과 소양을 계발할 수 있다.

넷째, 가정적 측면에서 보면 가족자원봉사를 통해 우리 사회가 맞고 있는 가정의 위기에 대한 우려를 불식시킬 수 있고, 가정의 건강성과, 사회적 건강성을 증진시킨다는 측면이 있다.

다섯째, 사회적 측면에서 보면 자본주의 사회의 구조적 모순으로 발생되는 각종 부조리와 사회 병폐적인 문제를 해결하는 방안으로써 국가에서 실시하는 다양한 정책과 제도적이고 법률적인 문제에 참여함으로써 이의 개선과 개혁에 기여할 수 있다.

기존의 청소년복지가 사회복지 서비스를 받는 것이라면, 청소년자원봉사활동은 청소년이 주체가 되어 이웃과 지역사회에 사회복지를 실천하는 바람직한 방법이다. 청소년 자원봉사활동은 제7차 교육과정에서 특히 강조되고 있다.

제7차 교육과정에서는 초등학교 1학년부터 고등학교 1학년까지를 국민공통 기본교육기간(10년)으로 설정하고 있으며, 고등학교 2 ~ 3학년에서는 교과에 따라 일반선택과 심화 선택으로 나누고, 다양한 선택 과목을 개설하여 과정·계열의 구분 없이 운영함으로써 학생 선택 폭을 넓히고 있다. 국민공통 기본교육과정은 크게 교과과정, 재량활동, 특별활동으로 나누어져 있으며, 특별활동은 자치활동, 적응활동, 계발활동, 봉사활동, 행사활동의 5개 영역으로 설정되어있다.

자원봉사는 남을 돕는 활동이므로 일상생활의 모든 분야에서 봉사거리를 찾을 수 있으며, 주요 활동 터전은 다음과 같다.

① 사회복지시설 및 기관에서 하는 자원봉사
② 시민운동 단체에서의 자원봉사
③ 가정 및 이웃을 위한 자원봉사
④ 지역사회를 위한 자원봉사
⑤ 국제사회를 위한 자원봉사

한편 국가 및 지방자치단체 차원에서 자원봉사활동을 지원하기 위한 '자원봉사기본법(2005. 6. 30 제정)'과 '자원봉사기본법 시행령'에서는 자원봉사활동 중에 발생한 사망이나 후유장애, 타인의 신체 또는 재물손괴에 대해 보상할 수 있는 보험 또는 공제에 가입할 수 있도록 하고 있으며, 매년 12월 5일을 자원봉사자의 날로 하고, 자원봉사자의 날부터 1주간을 자원봉사주간으로 설정하고 있다.

## 5. 청소년지도자와 국가자격

청소년지도자란 광의적으로 국가나 사회가 기대하는 청소년을 지도하는 데 종사하는 모든 사람을 지칭하는 것이며, 협의적으로는 청소년 관계 전문지식을 가지고 전문직업인으로서 청소년을 주 대상으로 그들을 교육, 육성, 지도, 보호, 선도하는 활동에 종사하는 사람만을 의미한다(오치선, 1999: 553).

한국청소년학회(1999: 559-561)는 청소년지도자의 일반적 역할을 다음과 같이 제시하고 있다.

첫째, 전문가로서의 역할이다.

둘째, 프로그램 설계자 및 운영자로서의 역할이다.

셋째, 촉진자로서의 역할이다.

넷째, 지역사회 지도자로서의 역할이다.

다섯째, 과학자 및 예술가로서의 역할이다.

한편 청소년관련 전문자격제도로는 청소년지도사와 청소년상담사가 있다.

### 1) 청소년지도사

청소년지도사는 청소년기본법 제21조에 의거, 청소년 관련분야의 경력 및 기타 자격을 갖춘 자로서 자격검정에 합격하고 소정의 연수를 이수한 자에게 부여된다. 청소년지도사는 청소년 수련활동을 전담하여 학생, 근로, 복무, 무직청소년 등 전체 청소년의 신체단련, 정서함양, 자연체험, 예절수양, 사회봉사, 전통문화활동 등을 지도한다. 청소년지도사 자격제도는 1993년부터 시행되었으며, 한국청소년개발원이 자격검정기관으로 지정되어있다. 청소년지도사는 1급, 2급, 3급으로 구분된다.

청소년지도사의 경우 대학에서 특정한 과목(총 8과목)을 이수한 사람과 청소년육성분야 경력자에게만 시험에 응시할 기회를 주고 있다. 따라서 4년제 대학교에서 사회복지학과를 전공한 사람이 청소년지도사를 취득하려면 청소년육성분야(청소년수련관, 청소년상담센터, 청소년단체, 청소년쉼터, 청소년활동진흥센터 등)에서 2년 이상 경력을 쌓은 후 시험에 응시해야한다.

〈표 3〉 청소년지도사 검정과목 및 방법

<table>
<tr><th>구분</th><th>검정 과목</th><th colspan="2">검정 방법</th></tr>
<tr><td>1급</td><td>청소년연구방법론, 청소년인권과 참여, 청소년정책론, 청소년기관운영, 청소년지도자론</td><td colspan="2">주·객관식 필기 시험</td></tr>
<tr><td>2급</td><td>청소년육성제도론, 청소년지도방법론, 청소년심리 및 상담, 청소년문화, 청소년활동, 청소년복지, 청소년문제와 보호, 청소년프로그램 개발과 평가</td><td>객관식 필기시험</td><td>면접 (3급 소지자는 면제)</td></tr>
<tr><td>3급</td><td>청소년육성제도론, 청소년활동, 청소년심리 및 상담, 청소년문화, 청소년지도방법론, 청소년문제와 보호, 청소년프로그램 개발과 평가</td><td>객관식 필기시험</td><td>면접</td></tr>
</table>

## 2) 청소년상담사

청소년상담사는 청소년기본법 제62조에 의거, 청소년상담관련 분야의 경력 및 기타 자격을 갖춘 자로서 자격검정에 합격하고 연수를 이수한 자에게 부여된다. 청소년상담사는 2003년에 시행되었으며, 한국청소년상담원에서 자격검정을 실시하고, 실무능력 향상을 위해 소정의 의무연수를 실시하고 있다. 청소년상담사는 1급, 2급, 3급으로 구분된다.

청소년상담사의 경우 4년제 대학에서 사회복지학을 전공한 사람은 학교에서 어떤 과목을 이수했느냐에 상관없이 누구나 3급 과정에 응시할 수 있다. 대학원에서 사회복지학을 전공한 경우에는 2급 또는 1급에 응시할 수 있다.

〈표 4〉 청소년상담사 검정과목 및 방법

<table>
<tr><th rowspan="2">등급</th><th colspan="2">검정 과목</th><th rowspan="2" colspan="2">검정 방법</th></tr>
<tr><th>구분</th><th>과 목</th></tr>
<tr><td rowspan="2">1급</td><td>필수</td><td>- 상담자 교육 및 사례지도<br>- 청소년 관련법과 행정<br>- 상담 연구방법론의 실제</td><td rowspan="2">필기 시험</td><td rowspan="2">면접</td></tr>
<tr><td>선택</td><td>- 비행상담, 성상담, 약물상담, 위기상담 (2과목 선택)</td></tr>
<tr><td rowspan="2">2급</td><td>필수</td><td>- 청소년 상담의 이론과 실제 - 상담 연구방법론의 기초<br>- 심리 측정 평가의 활용 - 이상심리</td><td rowspan="2">필기 시험</td><td rowspan="2">면접</td></tr>
<tr><td>선택</td><td>- 진로상담, 집단상담, 가족상담, 학업상담<br>(2과목 선택)</td></tr>
<tr><td rowspan="2">3급</td><td>필수</td><td>- 발달심리 - 집단상담의 기초<br>- 심리측정 및 평가 - 상담이론 - 학습이론</td><td rowspan="2">필기 시험</td><td rowspan="2">면접</td></tr>
<tr><td>선택</td><td>- 청소년이해론, 청소년수련활동론 (1과목 선택)</td></tr>
</table>

## 6. 청소년복지의 전망과 과제

21세기 지식정보화 시대의 특징은 세계화와 정보화로 요약할 수 있다. 청소년문화는 점차 확대되는 세계 시장 속에서 소비주도 계층을 형성하고 있으며, 문화와 경제적 환경의 주체로 성장하고 있다. 또한 IT강국으로서 우리나라는 전세계의 첨단정보제품의 전초지로 각광받고 있으며, 인터넷을 활용한 정치·사회 참여는 청소년들의 위상을 더욱 높이고 있다. 이러한 환경의 변화는 청소년과 관련된 정책이나 제반복지에 있어 청소년의 영향력을 더욱 확대시키고 있다.

이용교(2012b: 357-363)는 청소년복지정책의 과제를 다음과 같이 요약하고 있다.

1) 시 · 군 · 구에 청소년 수련관 운영
2) 읍 · 면 · 동에 지역청소년센터 등록제
3) 교육급여를 차상위계층까지
4) 청소년쉼터를 '청소년복지지원센터'로 확대
5) 체계적인 건강관리
6) 청소년을 위한 진로지도의 체계화
7) 청소년복지사업과 인접 영역 연계
8) 청소년지도자의 처우개선

청소년복지와 관련하여, 앞으로는 청소년의 직접적 참여가 높아지리라고 여겨진다. 비록 중학생이나 고등학생들이 학원이나 입시위주의 교육에 묶여 있지만, 인터넷을 이용한 상호정보 교류는 교복자율화나 두발자유화, 종교재단의 종교교육시간 참여에 대한 반발 등이 현실적 모임으로 나타나기도 한다. 또한 학생회의 학교운영참여와 대입제도 개선 및 두발자유화 등을 목적으로 내건 전국 규모의 고교생 연합조직이 결성 되는 등 학생들의 인권과 권리를 찾기 위한 직접적 참여가 늘어나리라 전망된다.

이렇듯 급변하는 지식정보화 사회 속에서 삶을 영위해야 하는 청소년들의 복지 과제를 요약하면 다음과 같다.

첫째는 청소년들의 인권보장이다. 전통적으로 유교문화권 속에서 장유유서의 질서의식이 강조된 우리 사회는 아직도 청소년의 의결표명권이나 자기결정권의 인정에 주저하는 편이다. 21세기 청소년은 보호의 대상이 아니라 사회 변화의 주체임을 인정해야 하며, 특히 학교에서의 학생에 대한 인권보장은 시급한 문제라고 할 수 있다. 또한 청소년이 자신의 삶에 영향을 미칠 중대한 결정, 예를 들면 부모의 이혼시 친권행사자 및 양육권자의 지정, 선택, 변경에 관한 권리, 입양시 입양여부의 결정 등에 청소년들의 결정권이 요구되고 있다.

둘째는 청소년의 다양한 복지권의 보장이다(홍봉선 외, 2006: 326-327).

① 경제적인 어려움이 있는 청소년에게는 생계보호와 교육보호, 의료보호 외에도 학용품비, 급식비 등 부가급여를 충분히 지급하여야 하며 모든 청소년이 건강한 생활을 영위할 수 있도록 적절한 생활보장이 있어야 한다.

② 가정폭력의 피해자인 청소년을 보호하기 위해서는 아동 및 청소년 학대방지법과 피해자에 대한 적절한 보호와 지원이 필요하다.

③ 학교폭력으로부터 청소년들이 보호 받을 수 있는 강력한 법적·제도적 보완이 이루어져야하며, 학교사회복지사업의 제도화가 요구된다.

④ 근로기준법을 적용 받지 않는 소규모 작업장에서의 청소년노동금지를 위한 관계법이 보완되어야하며, 정부는 국제노동기구(ILO)협약을 이행하여야 한다.

⑤ 가정환경을 상실한 소년소녀가장가정에 대한 생활보호, 감독, 지도 등의 서비스가 실시되어야한다.

⑥ 학교 내의 의사결정 과정에 청소년들이 교사, 학부모와 함께 학교의 한 주체로서 동등하게 참여하여 의견을 낼 수 있도록 할 뿐 아니라 더 나아가 정책과정에도 참여가 이루어져야한다.

⑦ 비행, 범죄 등에 의해 자유를 구속당할 수밖에 없는 청소년에 대한 권리보호를 위해 사법처리절차와 과정에서 철저히 청소년의 권리가 보장될 수 있도록 해야 한다.

⑧ 그 외에도 특히 장애청소년문제, 가출청소년문제, 근로청소년문제 등이 다루어져야 한다.

셋째는 청소년복지를 위한 전달체계의 확립이다(박경일 외, 2004: 332). 현재정부와 지방자체단체의 청소년복지 관련 업무를 전담하는 부서가 마련되어 있지 않고, 담당인력도 주로 일반 행정직 공무원이 맡고 있기 때문에 그 전문성이나 계속성이 떨어지는 면이 있다. 따라서 독립적인 진달체계로서 시·군·구 하부단위에 '청소년복지사무소'를 설치하는 방안과 '청소년복지센터'를 설치하는 방안을 통하여 행정적으로 여러 부처간 분리된 청년복지 관련업무를 통합할 수 있는 전달체계가 마련되어야 할 것이다.

마지막으로 청소년복지 전문 인력의 양성이다. 사회복지사 자격을 비롯한 청소년지도사, 청소년상담사 등 국가의 인정을 받은 기본 자격위에 상담이라든지 가족치료 또는 미술치료 등 문제청소년이나 학교 밖 청소년 또는 학교부적응학생들을 위한 다양한 치료기법을 갖춘 전문가의 양성이 필요하다고 할 수 있다. 결국 청소년복지는 전문가의 전문적 지식과 사랑에 의해 이루어지고 발전되기 때문이다.

# 제10장 장애인복지론

장애인은 심신의 기능저하나 상실로 인해 일상생활에서 곤란을 겪고 있는 사람들이다. 본 장에서는 장애를 가진 사람들이 신체적, 직업적, 사회적 재활을 통하여 사회의 모든 구성원들과 마찬가지로 인간다운 삶을 영위할 수 있도록 지원하는 법적, 제도적, 사회적 보장활동에 대해 살펴보고자 한다.

## 1. 장애인의 개념

### 1) 장애인의 일반적 개념

장애인은 시대와 문화와 국가에 따라 그 정의가 다르게 내려지기 때문에 한마디로 정의하기 어렵다. UN에서 1975년에 발표한 장애인권리선언에 의하면, 장애인은 "선천적이든 후천적이든 신체적·정신적 능력의 불완전으로 인하여 일상의 개인적 또는 사회적 생활에서 필요한 것을 확보하는 데 자기 자신이 완전하게 또는 부분적으로 할 수 없는 사람"으로 정의하고 있다. 또한 국제노동기구(ILO)의 규정에 의하면 장애인은 "신체적 또는 정신적 결함의 결과로 정당한 직업을 확보·유지해 나갈 전망이 없는 상당한 손상을 받은 사람"으로 이해하고 있다. 그리고 우리나라 장애인복지법 제1장 제2조를 살펴보면, "신체적 · 정신적 능력의 결함으로 인해 일상생활에 불편을 겪고 있는 사람"을 장애인으로 정의하고 있다.

이상에서 살펴본 것처럼 일반적으로 통용되는 장애인에 대한 개념은 '심신의 기능저하나 상실, 이상 또는 신체일부의 훼손'이라는 의학적 의미를 들 수 있다. 이를 기초로 하여 1980년 세계보건기구(WHO)는 국제장애분류(ICIDH: International Classification of Impairment, Disabilities, and Handicaps)라는 장애의 개념을 발표하였다. 이 개념은 장애를 신체적 일부가 영구적으로 절단, 상실 또는 기형인 상태를 의미하는 기능장애, 신체의 기능상실, 정신적 기능상실에 대한 사회의 부정적인 반응으로 인해 독립적인 사회활동에 지장을 받게 되어 발생하는 사회적 불리로 구분한 것이다.

이상의 세 가지 구분은 WHO가 1997년까지 장애인을 정의한 것으로 신체적 결함이 장애인의 기준이 되어 의학적 차원에서 장애를 분류한 것이다. 그러나 이 분류는 신체적 장애가 없어도 개인의 성격적·문화적·환경적 차이로 인해 사회생활에 어려움을 겪는 사회적 장애에 대한 설명을 포함시키지 않았다. 따라서 WHO의 ICIDH는 장애와 사회환경과의 상호관계를 고려하지 않았다는 지적이 대두되면서 새로운 규정의 필요성이 나타나게 되었다. 그에 따라 WHO는 장애의 개념·범주 등에 대해 ICIDH-2를 1997년에 새롭게 발표하였다. 이전의 ICIDH가 질병의 결과로 나타나는 장애에 초점을 맞추었다면, ICIDH-2는 신체의 구조와 기능에 따른 사회적인 활동의 제약이라는 측면에서 다루었다. 새롭게 제시된 ICIDH-2의 장애인에 대한 정의는 손상·활동·참여·상황요인으로 구분한다.

ICIDH-2에 의하면 장애는 처음의 장애분류처럼 신체적 기능손상이 능력장애나 사회적 불리로 발전되는 것이 아니라 특수한 사회환경에서 활동의 제약을 받게 되면서 사회참여에도 제한을 받게 되는 것을 의미한다. 즉, 장애는 사회가 만드는 사회적 상태인 것을 말하며, 결국 신체적 기능손상으로 장애와 비장애를 구분하는 것이 아니고, 환경과의 상호적인 관계상에서 나타나는 복합적인 것으로 장애를 이해하기 때문에 장애에 대한 부정적인 인식은 약화될 수 있다.

〈표 1〉 ICIDH-2에 의한 장애의 개념

| 구 분 | 손상유형 (impairments) | 활동 (activities) | 참여 (participation) | 상황요인 (contextual factors) |
|---|---|---|---|---|
| 기능의 수준 | 신체 (신체의 부분) | 개인 (전체로서의 개인) | 사회 (사회와의 관계) | ·환경적요인 (기능상의 외부적 영향)<br>·개인적 요인 (기능상의 내부적 영향 |
| 특 징 | 신체기능, 신체구조 | 개인의 일상활동 | 상황에서의 관련 | 신체적, 사회적, 태도적 세계의 형태 |
| 긍정적 측면 | 기능적, 구조적 통합 | 활동 | 참여 | 촉진자 |
| 부정적 측면 | 손상 | 활동제한 | 참여제한 | 장벽, 어려움 |

### 2) 우리나라 장애인의 개념

우리나라의 장애범주와 장애인의 개념정의는 장애인복지법에 근거한다. 장애인과 관련하여 우리나라에서 1981년에 처음 제정된 심신장애자복지법은 1989년에 전문 개정되고 장애인복지법으로 변경되었다. 이 법은 2000년도에 재개정되면서 기존의 장애인범주에 신장장애 · 심장장애 · 발달장애 · 뇌병변장애 · 정신장애 등 다섯 종을 추가하였다. 그리고 2003년 7월부터 호흡기 · 간 · 안면변형 · 장루/요루 · 간질 등 다섯 종을 추가하여 법정장애인은 현재 모두 열다섯 종으로 늘어났다.

현행 장애인복지법에서 규정하고 있는 장애인의 정의와 범주는 앞으로 더 확대될 예정으로 향후 확대가 예상되는 장애의 범주는 아래 표와 같다. 확대예상 장애범주는 장애가 장기간 지속되어 일상생활 및 사회생활의 제약정도 또는 소득활동 제약정도에 어려움이 있으나 치료결과에 따라 장애정도의 변화가 가능한 사람까지 포함을 하고 있다. 다만 정신적 장애로 분류하고 있는 알콜 및 약물중독의 경우는 장애로 포함하기 이전에 적극적인 치료와 재활을 통한 심리적인 극복의 동기를 강화시켜야 한다는 논란이 있고, 치매는 고령화사회로 진입하는 상황에서 현재 예산상의 이유로 법정장애로 포함하기에는 어렵다는 주장이 있다.

〈표 2〉 장애분류 및 확대예상 장애범주

| 대분류 | 중분류 | 소분류 | 세분류 | 확대예상<br>장애범주 |
|---|---|---|---|---|
| 신체적<br>장애 | 외부<br>신체<br>기능의<br>장애 | 지체장애 | 절단장애, 관절장애, 지체기능장애, 변형 등의 장애 | |
| | | 뇌병변장애 | 중추 신경의 손상으로 인한 복합적인 장애 | |
| | | 시각장애 | 시력장애, 시야결손장애 | |
| | | 청각장애 | 청력장애, 평형기능장애 | |
| | | 언어장애 | 언어장애, 음성장애, 구어장애 | |
| | | 안면장애 | 안면의 추상 함몰, 비후 등 변형으로 인한 장애 | |

<table>
<tr><td rowspan="6"></td><td rowspan="6">내부 기관의 장애</td><td>신장장애</td><td>투석치료 중이거나 신장을 이식받은 경우</td><td rowspan="2">소화기장애, 비뇨기장애, 만성통증, 기타 암</td></tr>
<tr><td>심장장애</td><td>일상생활이 현저히 제한되는 심장기능 이상</td></tr>
<tr><td>간장애</td><td>일상생활이 현저히 제한되는 만성·중증의 간기능 이상</td><td rowspan="4"></td></tr>
<tr><td>호흡기장애</td><td>일상생활이 현저히 제한되는 만성·중증의 호흡기기능 이상</td></tr>
<tr><td>장루·요루장애</td><td>일상생활이 현저히 제한되는 장루·요루</td></tr>
<tr><td>간질장애</td><td>일상생활이 현저히 제한되는 만성·중등의 간질</td></tr>
<tr><td rowspan="3">정신적 장애</td><td colspan="2">정신지체</td><td>지능지수가 70 이하인 경우</td><td></td></tr>
<tr><td colspan="2">정신장애</td><td>정신분열병, 분열형 정동장애, 양극성 정동장애, 반복성 우울장애</td><td>만성알코올·약물중독, 기질성뇌증후군, 치매</td></tr>
<tr><td colspan="2">발달장애<br>(자폐증)</td><td>소아자폐 등 자폐성 장애</td><td>기타<br>정신발달장애</td></tr>
</table>

출처: 한국보건사회연구원, 2005년도 장애인실태조사, 2006

## 2. 장애인복지의 필요성

### 1) 장애인구의 변화

세계보건기구는 어느 국가를 막론하고 전체인구 중 장애인구의 출현률은 10% 내외라고 보고 있다. 그러나 장애인에 대한 규정은 국가별로 그에 대한 정의와 분류방법에 따라 다소 차이가 있다. 우리나라의 장애인 출현률은 2005년 현재 전인구대비 4.09%로 세계보건기구의 출현률과 비교해 보았을 때 매우 낮은 편인데, 이는 법정장애인의 범주가 제한적이기 때문이다. 또한 우리나라는 2003년도 관련법 개정을 통해 일부 내부장애도 포함하고 있지만, 대부분 신체장애를 중심으로 장애인을 규정하고 있기 때문에 장애인의 인구비율은 아직 낮은 편이라 할 수 있다.

〈표 3〉 전국 장애인 추정수

(단위: %, 천명)

| 구 분 | 2000년 | | | 2005년 | | |
|---|---|---|---|---|---|---|
| | 계 | 재가장애인 | 시설장애인 | 계 | 재가장애인 | 시설장애인 |
| 장애인수 | 144.9 | 139.8 | 51.3 | 214.8 | 210.1 | 47.6 |
| 구 성 비 | 100.0 | 96.5 | 3.5 | 100.0 | 97.7 | 2.3 |
| 출 현 률 | 3.09 | 2.98 | - | 4.59 | 4.50 | - |

출처: 한국보건사회연구원, 2005년도 장애인실태조사, 2006

### 2) 도시화, 산업화로 인한 생활의식 및 수준의 변화

급속한 경제성장은 대도시의 인구집중화 현상을 불러왔고 도시가 발전되고 복잡해짐에 따라 산업사회에 적합하지 않은 사회부적응자는 도시외곽으로 내몰리는 현상이 나타나기 시작하였다. 그 중 장애인을 위한 보호시설도 사람들과의 교류가 적고 소외된 고립지역에 설립되면서 현대사회에서의 장애인소외문제가 장애인복지의 과제가 되었다. 한편 산업화로 인해 국민의 생활수준이 향상되면서 삶의 질적 향상에 대한 욕구가 커지기 시작하였고, 복지실현이 사회의 중요한 과제로 등장하게 되면서 사회적으로 불리한 위치에 있는 장애인에 대한 관심이 높아지기 시작하였다. 이에 비장애인은 물론 장애인도 질적으로 풍요로운 생활의 욕구를 가지게 되고, 여가시간을 보다 더 적극적으로 활용하는데 관심을 보이게 된 것이다.

### 3) 핵가족화

전통적인 확대가족제도는 장애인에게는 강력한 경제적 기반이 될 뿐만 아니라 정신적 지지제도로 이해해 볼 수 있다. 그러나 산업화와 도시화의 결과로 가족구조에 변화가 생겨나면서 핵가족 내의 장애인은 보호받을 수 없는 불안정한 정신적, 경제적 상황에서 고립된 상태가 되면서 장애인보호와 관련한 과제가 대두되게 되었다고 할 수 있다.

## 3. 장애인복지의 원칙

장애인복지는 장애인을 인간으로서 존중하고, 더불어 같이 살며, 능력을 최대한 발휘하여 인권차원에서 가치있는 삶을 영위하도록 지원하는 것이다. 이러한 차원에서 장애인복지정책은 다음과 같은 이념에 기초하여 수립될 필요가 있다.

### 인권존엄의 원칙

장애인에 대한 일반적인 사회적 인식은 인간의 본질적인 면은 보지 않은 상태에서 차별과 편견이 지배적이라 할 수 있다. 그러나 신체적·정신적으로 장애가 있다 하여도 한 인간으로서 생명이 존중되어야 하며, 비장애인과 동일한 사회의 기본적인 의무와 권리가 존중되어져야 한다.

### 개별화의 원칙

장애를 가지고 있어도 개인이 추구하는 삶의 목표는 다르다. 따라서 다양한 장애를 가진 개인에 대한 장애의 의미부여와 문제해결을 위한 접근방법에는 개별화가 요구된다.

### 발달보장추구의 원칙

모든 개체는 변화하고 발달하며 그 가능성을 믿고 잠재능력을 개발하는 것이 발달보장이다. 따라서 장애인의 개성적 발달과 잔존능력의 성상가능싱을 칮이 그 성장에 기대를 걸고 개성이나 특성을 파악하여 발달시켜야 한다.

### 기회균등의 원칙

기회균등이란 모든 사람이 일상생활을 하는데 필요한 모든 사회적 기구와 서비스를 이용할 수 있는 것을 의미한다. 장애인도 한 사람의 사회구성원이기 때문에 모든 사람들이 공유하는 사회적 기회가 장애인에게도 보장되어야 한다. 즉, 비장애인과 다른 생활이나 분리된 생활은 바람직하지 못하므로 정상적인 사회생활을 할 수 있도록 해야 한다.

### 사회참여와 평등성의 원칙

장애인은 신체적 · 정신적 장애가 있다는 이유만으로 기본권이 보장되지 않은 채 사회에서 소외되어지고 존재조차도 무시되어져 왔다. 장애인의 평등한 기본권이란 정치적, 법적, 사회적 권리로 비장애인과 동등한 의무와 권리가 인정되어야 한다. 장애인의 완전한 사회참여와 평등이 진행되어 장애인과 비장애인이 하나의 사회를 형성할 때 사회통합이 가능하다.

### 사회적 가치화의 원칙

장애를 가지고 있다는 이유만으로 장애인은 사회로부터 가치절하되는 평가를 받게 되고, 장애인의 잠재된 능력은 인정받지 못하게 되는 경우가 많다. 그러나 장애인도 사회의 한 구성원으로 역할을 부여받아 함께 살 수 있는 존재로 사회적 권리가 부여되어야 한다.

이러한 장애인복지의 원칙은 UN의 인권선언과 우리나라의 인권헌장에서 천명한 것처럼 어떤 심신의 상태에서도 장애인은 인간으로서 존중되어야 할 자유권과 사회권의 주체임을 인정하는 것을 전제한다. 그리고 사회와 국가는 인간의 존엄과 가치를 가지고 행복을 추구할 권리를 가지고 있는 장애인의 인권을 보호하고 완전한 사회참여와 평등을 이루어 더불어 살아가는 사회를 만들기 위한 여건과 환경을 조성하도록 노력해야 하는 것을 강조한다.

## 4. 장애인복지의 이념

장애인복지의 이념은 장애인복지의 가치실현에 요구되는 일정한 원칙으로서 장애인이 인간으로서 존중받고, 비장애인과 더불어 살아가며, 그가 가지고 있는 능력을 최대한 발휘하여 한 인간으로서 가치있는 삶을 누릴 수 있도록 지원하는데 있어 요구되는 가치개념이다(문선화, 외, 2005: 45). 특히 정상화와 사회통합, 그리고 자립은 장애인복지의 주요 이념으로서 장애인 본인의 노력과 더불어 사회적 노력이 반드시 요구된다.

### 1) 정상화이론

1960년대 말에 등장한 정상화이론[1)]은 모든 사람이 시민으로서의 혜택을 완전히 누려야 한다는 권리의 철학으로 장애인도 사회에 참여할 권리를 가진다는 사회정치적 의미를 내포하고 있다. 즉, 장애를 가지고 있다는 특수성 때문에 장애인에 대한 복지정책이 따로 수립된다는 것은 장애인의 차별화를 의미하는 것으로 이해하고, 전체 국민의 보편적인 삶의 질을 향상시키기 위한 차원으로 정상화이론이 등장한 것이다. 정상화이론은 자유롭고 존엄한 인간의 인권보장에 관한 이론으로 시설보호의 문제점을 제기하면서 탈

1) 정상화이론은 1959년 덴마크의 정신지체인법에서 그 유래를 찾는다. 이 법은 '정신지체인을 가능한 최대로 정상적인 생활조건에 가깝게 생존하도록 하는'데 그 목적을 두고 있다. 이는 1969년 스웨덴의 뉴리에(Nirje)에 의해 '모든 정신지체인의 생활방식과 매일의 생활이 그 사회의 일반적 환경과 생활방식에 가장 가깝도록 만드는 것'으로 정상화의 개념이 정리되었다.

시설화 또는 지역사회재활운동으로 발전한다(이성규, 2001: 405~417). 이는 장애인이 사회로부터 배제된 제한적인 삶을 사는 것이 아니라 지역사회 내에서 장애종류와 정도에 따라 각종 지원과 지지서비스를 받으면서 지역사회생활의 주류에 동참할 수 있도록 한 것이다. 따라서 정상화이론은 사회통합의 주요 개념인 동시에 사회통합의 전제조건이라 할 수 있다.

### 2) 사회통합

정상화이론이 사회에 받아들여지게 되면서 장애인의 복지이념은 장애인의 사회통합에 최고의 가치와 목표를 두는 것으로 발전하게 되었다. 사회통합은 장애인이 기본적인 시민의 권리를 실현할 수 있도록 하면서, 동시에 지역사회 구성원으로 참여할 수 있도록 하는 것이다. 이를 위해 장애인의 잔존능력과 잠재능력을 고려하여 사회적 역할을 수행할 수 있도록 지원하며, 사회환경을 개선하여 장애인의 사회적 접근성을 보장하려는 노력이 필요하다. 그리고 사회는 장애인의 재활교육 및 재활훈련을 지원하고 지역사회 내에서 독립적인 생활이 가능하도록 하면서 평가절하된 사회적 판단을 개선하려는 노력을 해야 한다(강영실,2004: 41). 만약 사회로부터 이들을 차별하고 사회적으로 분리시킨다면 장애인이 비장애인과 어울리지 못하고 오히려 사회적 무능력과 부적응을 경험하게 된다. 따라서 지역사회가 장애인이 일상생활에서 격리되지 않고 지역사회에서 자립적인 생활을 할 수 있도록 공존할 수 있는 사회적 인식과 환경변화를 계획해야 한다는 것이다.

### 3) 자립

정상화와 사회통합의 이념은 장애인의 자립생활과 밀접하게 연관되어 있다. 자립생활이란 장애인의 독립적인 생활만을 의미하는 것이 아니라 장애인이 지역사회중심에서 재활의 주역으로 살아갈 수 있는 법적, 제도적 권익을 확보하는 것까지 내포하고 있다. 장애인의 자립생활은 장애인 스스로 자조집단을 형성하고 시민으로서의 권리를 보장받기 위한 노력에서 출발하였다(장애우권익문제연구소, 2001: 479). 다른 사람의 도움이 필요할 때라도 자신의 의사에 따라 결정하고 선택하는 것이 중요하기 때문에 가능한 의존정도는 최소화하고 자신의 삶을 주도적으로 이끌어가고자 한 것이다. 이를 위해 장애인 자신이 가지고 있는 능력을 최대한 활용하여 직업적, 경제적으로 자립생활을 영위할 수 있도록 사회는 필요한 기술과 원조를 제공해야 한다. 이로써 장애인은 자신의 결정에 따른 주체적인 삶을 통해 사회참여에 대한 만족감을 얻을 수 있을 것이다.

## 5. 장애인의 현황

우리나라는 매 5년마다 실시되는 장애인실태조사를 통해 장애인의 현황을 파악하고 있다. 2005년 현재 추정되고 있는 장애인의 수는 약 214만 명으로 2000년의 약 145만 명에 비해 증가한 추세이다. 이처럼 장애인의 수가 증가한 이유는 2003년도 장애인복지법의 개정이후 장애인의 범주가 기존의 10종에서 15종으로 확대되었고, 또한 동일한 장애라 하더라도 장애기준이 개정이전보다 완화되었기 때문이다.

### 1) 장애발생의 원인

장애발생의 원인은 크게 선천적 원인과 출생시 원인 및 후천적 원인으로 구분할 수 있다. 장애발생원인을 살펴보면, 대부분의 장애는 예방가능한 각종 질환(52.4%)이나 사고(36.6%) 등의 후천적 원인이 89%인데 반해 선천적 장애는 4.0%, 출산시 원인과 원인불명인 경우는 각각 0.7%와 6.3%에 불과하여 질병·사고 등으로 인해 후천적으로 발생하는 장애의 증가율은 매우 높게 나타나고 있다. 이는 예방을 통해 장애의 출현률을 줄일 수 있는 것으로 이해할 수 있다. 한편 장애발생의 원인이 불분명한 비율이 약 6.3% 수준인 것은 예전과 달리 장애를 발견하면 의료서비스를 이용하는 비율이 높기 때문에 장애의 원인을 많이 알게 된 것으로 생각해 볼 수 있다.

〈표 4〉 장애유형별 장애 원인

(단위 : %)

| 구분 | | 지체 장애 | 뇌병변 장애 | 시각 장애 | 청각 장애 | 언어 장애 | 정신 지체 | 발달 (자폐) | 정신 장애 | 신장 장애 | 심장 장애 | 호흡기 장애 | 간 장애 | 안면 장애 | 장루요루 장애 | 간질 장애 | 계 |
|---|---|---|---|---|---|---|---|---|---|---|---|---|---|---|---|---|---|
| 선천적원인 | | 1.6 | 2.2 | 5.4 | 3.7 | 22.8 | 23.2 | 13.2 | 0.9 | 1.9 | 10.1 | - | - | 19.3 | - | 8.8 | 4.0 |
| 출산시 원인 | | 0.1 | 2.3 | 0.3 | 0.3 | - | 3.9 | 7.3 | - | - | - | - | - | - | - | - | 0.7 |
| 후천적 원인 | 질환 | 38.3 | 82.1 | 49.8 | 68.2 | 52.8 | 20.8 | 12.3 | 82.4 | 92.5 | 88.1 | 93.0 | 100.0 | 9.6 | 100.0 | 33.6 | 52.4 |
| | 사고 | 58.8 | 11.5 | 36.5 | 18.1 | 10.1 | 12.5 | 1.7 | 7.3 | 3.8 | 0.9 | 4.1 | - | 63.9 | - | 23.7 | 36.6 |
| 원인불명 | | 1.2 | 1.9 | 8.0 | 9.7 | 14.3 | 39.6 | 65.5 | 9.4 | 1.7 | 0.9 | 2.9 | - | 7.2 | - | 33.9 | 6.3 |
| 계 | | 100.0 | 100.0 | 100.0 | 100.0 | 100.0 | 100.0 | 100.0 | 100.0 | 100.0 | 100.0 | 100.0 | 100.0 | 100.0 | 100.0 | 100.0 | 100.0 |
| 전국추정수 | | 987,129 | 264,536 | 218,460 | 227,513 | 19,433 | 110,520 | 22,836 | 77,180 | 40,286 | 41,684 | 29,568 | 13,012 | 3,965 | 14,634 | 14,555 | 2,085,311 |

출처: 한국보건사회연구원, 2005년도 장애인실태조사, 2006

### 2) 등록장애인 현황

우리나라는 1989년부터 장애인의 현황파악과 복지전달체계구축 등을 목표로 전국적으로 장애인등록사업을 실시하고 있다. 장애인의 등록률과 등록증가율은 해마다 높아지고 있으나 실제로 보건복지부에 등록된 장애인구수는 2005년도 현재 전체 추정장애인의 77.4%에 불과하다. 장애인의 등록률은 처음 장애인등록제도가 실시되었던 1989년 이후부터 꾸준히 증가하였는데, 이는 장애인에 대한 인식이 어느 정도 변화된 결과와 2000년과 2003년 두 차례에 걸쳐 장애인의 범주가 확대되어 우리나라에서의 장애인구수가 급속히 증가한 것으로 이해해 볼 수 있다. 2003년 장애인의 범주가 5종 더 추가되면서 2005년도에 실시한 실태조사결과에 따른 장애인의 수와 등록수는 2000년도에 비해 증가함을 알 수 있다.

〈표 4-2〉 연도별 등록장애인 현황

(단위 : 명, %)

| 구 분 | 1989 | 1990 | 1995 | 2000 | 2005 |
|---|---|---|---|---|---|
| 등록인원 | 218,601 | 248,447 | 378,323 | 907,571 | 1,669,329 |
| 등 록 률 | 23.8 | 26.0 | 35.9 | 62.6 | 77.7 |
| 전국추정수 | 915,000 | 956,000 | 1,053,000 | 1,449,496 | 2,148,686 |

출처: 한국보건사회연구원, 장애인실태조사, 해당연도

### 3) 장애유형

현재 우리나라에서 규정한 법정 장애인은 총 15종으로, 크게는 주요 외부기능의 장애, 내부기관의 장애가 있는 신체적 장애와 정신지체 또는 정신질환의 정신적 장애로 구분한다. 이는 다시 신체기능 손상 또는 상실로 인해 일상생활을 수행하는데 어려움이 있는 신체장애, 내부기관기능의 이상으로 인한 내부장애, 뇌기능손상 또는 기질적 이상으로 인한 정신장애, 사회활동의 제약을 받는 사회적 장애로 구분할 수 있다.[2)]

#### 지체장애

지체장애는 팔, 다리, 관절 등에 나타난 운동기능상의 장애로 생활과 활동에 지장을 갖고 있거나, 기능의 부자유로 일상생활이 어려운 경우, 그리고 절단, 형태 이상(척추에

2) 장애유형은 장애인복지법 제2조 관련 시행령, 장애인의 종류 및 기준, 별표 1을 참조하여 재정리하였다.

현저한 변형 또는 기형, 왜소증) 등의 이유로 사회생활이 곤란한 경우 등을 말한다. 최근에는 교통사고, 산업재해, 각종 질환 등의 이유로 지체장애의 발생률이 높아지고 있는 상태로 우리나라의 전체 장애인 중 지체장애인이 차지하는 비율은 가장 높다. 지체장애인은 개인적인 차가 심하지만 대체로 유연성, 근력, 순발력, 민첩성, 평행성 등의 운동기능이 지체되어 있으며, 형태적인 이상으로 인한 운동부족, 불규칙한 발달 등이 특징으로 나타난다. 지체장애인은 지능적인 면에서는 비장애인과 큰 차이가 없다.

### 시각장애

시각장애란 시력의 상실이나 시기능의 장애가 있는 사람으로 전혀 보지 못하거나 시력에 제한을 가지고 있어 일상생활 또는 사회생활에 제약이 있는 경우를 말한다. 우리나라의 장애인복지법에서는 시각장애인을 "좋은 눈의 시력이 0.2 이하인 사람, 두 눈에 의한 시야의 1/2 이상을 잃은 사람, 나쁜 눈의 시력이 0.02 이하인 사람, 그리고 한쪽 눈이 실명인 사람"으로 규정하고 있다. 시각장애인의 특성은 시각장애를 갖게 된 시기나 시력상실 정도에 따라 정상적인 학습능력과 정밀작업능력에 지장을 받는 정도가 다르게 나타나지만, 일반적으로 구체적이고 기능적인 수준으로부터 추상적인 개념을 형성하는 능력이 일반인에 비해 약간 뒤지는 경향이 있다.

### 청각장애

청각장애는 청각경로의 부분에 이상이 생겨 소리를 듣지 못하거나 듣는 소리의 뜻을 이해하지 못하는 경우이다. 우리나라의 장애인복지법에서는 청각장애인을 "한귀의 청력손실이 80데시벨 이상, 다른 귀의 청력손실이 40데시벨 이상인 사람과 두 귀의 청력손실이 각각 60데시벨 이상인 사람, 그리고 평형기능에 장애를 보이는 사람"으로 규정하고 있다. 청각장애인은 다른 신체적 기능에는 영향을 미치지 않지만 운동기능면에서 평형감각이 떨어지는 경우가 있다. 그리고 청력이 없거나 청각기능의 제한 때문에 일상생활을 하는데 장애를 받거나 학업을 성취하는 데 있어서 특수한 교육방법과 자료를 필요로 한다. 표준화된 지능검사결과에 의하면 청각장애인의 지능은 일반인과 별 차이가 없음에도 불구하고 학습능력에는 차이를 보이는 경우가 있다. 이는 음성언어의 자극을 받지 못하고, 음성정보를 인지하기 어려운 상태에서 언어의 습득이 힘들고 언어능력발달이 지체되기 때문으로 볼 수 있다.

### 언어장애

언어장애는 말이 불완전하거나 쉽게 이해되지 않는 경우, 발성, 리듬, 음조, 고저에 이상이 있거나 특정 음성의 변형으로 듣기에 거북한 경우를 말한다. 장애인복지법에서는 언어장애인을 "음성기능 또는 언어기능을 상실했거나 영속적인 현저한 장애가 있는 사람"으로 규정하고 있다. 언어장애는 다른 신체적 기능에는 영향을 주지 않지만, 의사소통의 제한으로 인해 일상생활을 하는데 장애를 보이고 있으며, 학습과정에서도 학습지체 등이 나타나는 경우도 있다.

### 정신지체

정신지체는 일반적으로 지적능력의 발달이 불충분하거나 불완전하고 적응행동수준이 낮은 것을 말한다. 지적능력은 인지기능, 언어능력, 운동기능, 사회적 발달 등을 종합한 표준화된 지능검사를 실시하여 지능지수가 70이하인 경우를 말한다.

### 뇌병변장애

뇌병변장애는 노인인구의 증가에 따라 1999년 장애인복지법 개정시 기존의 지체장애에서 별도로 분리하여 새로운 장애범주로 추가되었다. 뇌병변장애인은 "뇌성마비, 외상성 뇌손상, 뇌졸중 등 뇌의 기질적 병변에 기인한 신체적 장애로 보행 또는 일상생활 동작 등에 상당히 제한을 받는 사람"으로 규정하고 있다. 뇌병변 장애는 중추신경계의 손상으로 인한 복합적 장애로 뇌손상으로 인한 지적발달의 지체가 나타나는 경우도 있으며, 뇌의 기질적 병변으로 인해 시각, 청각 또는 언어상의 기능장애가 동반되기도 한다.

### 발달장애

발달장애는 소아기 자폐증, 유사자폐증 등에 의한 기능 및 능력장애로 반 사회적 행동을 주도하는 것으로 이해하고 있다. 장애인복지법에서는 지능지수는 71이상이지만 사회성숙도 검사에 의한 사회발달지수가 50이하이고 사회생활을 영위하는데 어려움이 있어 타인의 도움을 필요로 하는 경우로 규정하고 있다.

### 심장장애

심장의 기능장애로 일상적인 생활활동에도 무리를 느끼고 사회생활을 유지할 수 없으며, 수술을 통해서도 일상적인 활동이 불가능한 경우이다.

### 신장장애

신장장애는 신장기능이 장애를 일으켜 생체의 내부환경을 정상적으로 유지하기 어렵게 된 상태로 급성과 만성으로 나뉘는데, 우리나라는 만성신부전 만을 장애범주에 포함한다. 즉 신장기능이 90% 이상 소실되어 1개월 이상 혈액투석이나 복막투석을 지속적으로 받고 있거나, 신장을 이식받을 상태에서 일상생활유지가 어려운 경우를 말한다.

### 정신장애

정신장애는 정신분열로 인한 망상, 환청, 사고장애, 기괴한 행동 등으로 일상생활 및 사회생활을 영위하기에 어려운 상태에 있는 경우를 말한다. 또한 생물학적, 심리적 병변으로 인해 지능, 지각, 사고, 기억, 의식, 성격 등에서 병리학적 현상이 진행되는 경우도 정신장애로 볼 수 있다.

### 호흡기장애

호흡기장애는 폐나 기관지 등 호흡기관의 기능에 장애가 있어 1년 이상 치료를 받고 있으면서, 일상생활이나 사회생활 활동에 현저한 제한을 받는 경우이다.

### 간장애

간의 기능에 장애가 있어 1년 이상 치료를 받고 있으나 일상생활이나 사회생활 활동에 현저한 제한을 받으면서, 수시로 타인의 보호가 필요한 상태에 있거나 간이식을 받은 경우를 말한다.

### 안면변형

선천성 기형, 후천적 사고 및 질환, 화상 등으로 인해 안면 부위의 색깔, 모양, 혹 등이 변형을 보여서 사회생활 활동에 상당한 지장이 있는 경우에 안면변형장애로 분류한다.

### 장루 · 요루장애

장루(요루, 회장루, 횡행결장루, 에스결장루) 기능의 장애로 배설에 어려움이 있는 경우를 말한다. 이로 인해 일상생활이나 사회생활 활동에 현저한 제한을 받고, 기능장애정도에 따라 타인의 보호가 필요한 경우가 많다.

### 간질장애

간질이나 반복되는 경련으로 인한 기능 및 능력장애로 인하여 1년 이상 치료를 받고 있으면서, 일상생활이나 사회생활 활동에 현저한 제한을 받게 되는 상태를 말한다.

## 5. 장애인복지서비스의 유형

### 1) 소득보장서비스

현재 우리나라의 일반적인 장애인소득보장급여는 생계를 유지하기 위해 지원되는 직접적 소득보장과 간접적 소득보장으로 구분해 볼 수 있다. 장애인과 그 가족들에게 지원하는 직접적 소득보장은 자립이 곤란한 장애인에게 제공하는 것으로 소득대체의 성격을 가지는 생계보조수당과 각종 자활 및 자활훈련에 필요한 자금을 대여하는 생업지원, 자녀교육비지원 등이다. 간접적 소득보장은 장애인이 사회적 기능을 수행할 때 필요한 비용의 일부를 보조의 성격을 가지고 지원하는 소득지원급여로 세금감면 및 할인 등의 경제적 경감시책을 들 수 있다.

#### 생계보조수당

우리나라의 장애인을 위한 소득지원제도는 장애인의 낮은 소득과 장애로 인해 지출되는 추가비용을 인정하면서 실시되고 있음을 의미한다. 현행 장애인 생계보조수당의 지원수준은 2006년 현재 중증 7만원, 경증 2만원이었으나 2007년부터 기초중증 13만원, 차상위 중증 12만원, 기초 및 차상위 경증 3만원으로 상향조정하여 장애인의 경제적 부담을 덜어주려는 노력을 하고 있다. 이와 더불어 장애아동 부양수당도 월 7만원으로 일괄 지급하던 것을 기초중증 20만원, 차상위 중증 15만원, 기초 및 차상위 경증 10만원으로 장애정도에 따라 구분하여 상향조정하였다. 이는 장애인의 생활안정을 목표로 하여 지원하고 있는 장애수당지급수준이 장애로 인한 추가비용에도 미치지 못하고 있거나, 국민기초생활보장 수급권자로 대상자를 제한함으로 인해 실제적인 효과는 적다는 지적에 따른 것이다.

#### 자립자금대여사업

자립자금대여는 국민기초생활보장수급권자를 제외한 저소득 장애인에게 지원하는 것으로 생업자금 및 장애인사용 자동차 구입비, 취업에 필요한 지도 및 기술훈련비, 기능회복훈련에 필요한 재활보조기구구입비, 사무보조기기구입비, 기타 보건복지부장관이 장애인재활에 필요하다고 인정하는 비용 등의 자금대여종류에 따라 대여하고 있다.

#### 교육비지원

교육비는 장애인의 자녀 또는 장애가 있는 학령기 아동을 대상으로 국민기초생활보장법의 기준에 근거하여 소득인정액에 따라 지원한다. 구체적인 지원내용을 보면 1급~3급 등록 장애인을 대상으로 중·고등학교과정 교육대상자인 자녀가 있거나 중 · 고등학교과정 교육대상자인 자녀가 1~3급의 등록 장애인인 경우 입학금 및 수업료 전액, 교과서대금, 학용품비 등을 지원하고 있다.

#### 기타

이상의 직접적 소득보장지원 외에도 장애인의 생활에서 경제적으로 부담되는 경비를 경감해 주기 위하여 할인, 세제감면, 공제 등의 간접적 소득지원시책을 시행하고 있다. 등록 장애인을 대상으로 상속세, 소득세, 자동차세 등의 세금을 감면하고 있으며, 각종 공공시설물을 이용하는 경우 총비용의 50%에서 100%까지 할인하고 있다. 또한 장애인의 정보접근율을 높이기 위해 전화요금 및 PC통신요금도 최고 50%까지 이용료를 할인한다.

### 2) 고용보장서비스

장애인고용촉진 및 직업재활법을 근거로 현재 우리나라는 장애인의 경제활동을 도모하고 있지만 장애인의 경제활동참가율은 2005년 현재 38.1%로 낮은 것으로 나타나고 있다. 또한 경제활동에 참여하고 있더라도 대부분 단순노무직 또는 농어업에 종사하는 비중이 크다(한국보건사회연구원, 2006: 59). 장애인의 취업이 현실적으로 어려운 상황에서 장애인의 고용을 확대하기 위하여 현재 우리나라는 장애인고용을 보장하는 의무고용, 보호고용, 지원고용제도를 두고 있으며, 고용을 장려하는 의미에서 장애인을 고용하는 사업주에 대해서는 고용지원금을 지급하고 있다.

#### 의무고용

사업주의 사회연대책임의 이념에 기초를 두고, 사업주가 고용하고 있는 전체 근로자 중에서 차지하고 있는 장애인의 비율이 일정률 이상이 되도록 장애인의 고용을 의무화하는 것이다. 장애인고용촉진 및 직업재활법 제23조와 제24조에 따르면 장애인의 고용의무를 가진 대상과 고용비율은 국가 및 지방자치단체의 장과 300인 이상의 상시직원을 둔 사업체로 이들은 각각 소속공무원 정원과 상시근로자의 100분의 2 이상을 장애인으로 고용하여야 한다고 규정하고 있다.

### 보호고용

"통상적인 고용이 될 수 없는 장애인을 위하여 보호적 조건하에서 행하여지는 훈련 및 고용"으로 정의하고 있는 보호고용제도는 정상적인 작업조건하에서 일하기 어려운 장애인을 위하여 특정한 근로환경을 제공하고 그 근로환경에서 일할 수 있도록 하면서 장애인에게 고용의 기회를 제공하기 위한 것이다. 장애인을 위한 보호고용시설로는 정부에서 운영비를 지원하는 장애인근로시설과 장애인수용시설에서 운영되고 있는 보호작업장이 있다.

### 지원고용

보호고용만으로는 장애인의 고용안정이 어려울 뿐만 아니라, 비장애인과의 격리된 작업현장으로 인해 사회통합에도 한계가 있다. 따라서 장애인이 비장애인과 더불어 지역사회에 생활하면서, 사회구성원으로서의 역할을 다할 수 있도록 새롭게 등장한 것이 지원고용이다. 지원고용제도는 장애인이 취업할 수 있는 사업체를 발굴하고, 업무를 수행할 수 있는 간접적 또는 직접적인 다양한 서비스를 통해 장애인을 경쟁고용으로 통합시키는 것이다. 즉, 장애인의 직업재활서비스의 하나로 보호작업장에서 분리나 보호를 조장하는 보호고용체계에서 탈피하여, 지역사회에 기초한 사회통합을 추구하는 재활체계로 시도되고 있다.

### 고용지원금제도

장애인의 고용촉진과 직업안정을 실현하기 위해 노동부는 장애인을 고용하여 사업을 영위하거나 영위하고자 하는 사업주에 대해서는 장애인고용에 소요되는 비용을 융자하거나 무상지원하고 있다. 즉, 장애인이 작업하기에 편리한 작업환경을 조성할 때 필요한 비용이나 고용관리에 필요한 운영자금을 장애인고용을 조건으로 지원하는 것이다.

## 3) 의료보장서비스

장애인의 의료보장정책은 질병과 사회적 요인을 연관시켜 사회가 공동으로 대처해야 한다는 필요성을 강조하면서 사회보장제도로서의 국민건강보험, 공적부조제도로서의 의료보호제도, 저소득장애인의료비지원시책, 재활보조기구 무료교부사업을 실시하고 있다. 국민건강보험은 전 국민을 대상으로 하여 장애가 있다 하더라도 특별히 지원되는 내용은 없으므로 본 절에서는 저소득장애인을 대상으로 한 의료서비스만을 다룬다.

### 의료보호

장애로 인해 취업의 기회를 제공받지 못하거나 노동력을 상실하는 장애인의 경제적 곤란은 장애와 관련하여 지속적인 치료를 하기에는 경제적 부담이 클 수밖에 없다. 현재 우리나라는 의료비 부담이 과중한 장애인들에게 국민건강보험과 의료보호제도를 통해 의료재활서비스를 받도록 하고 있다. 현행 국민건강보험은 장애인과 비장애인을 동일하게 적용하고 있고, 의료보호대상자는 국민기초생활보장대상자로 선정된 장애인에 한하여 혜택을 받을 수 있다. 의료보호대상자 중 1종은 외래 및 입원이 전액무료, 2종 의료급여수급권자는 1차 진료기관 외래 이용시 본인부담금 1,000원 중 750원을 지원하며, 입원시에는 비용의 20%를 본인이 부담하도록 하고 있다. 그러나 우리나라의 장애인 중 국민기초생활보장대상자는 그 수가 매우 적기 때문에 실제로 의료보호의 혜택을 받는 장애인은 많지 않다. 또한 장애인은 비장애인에 비해 저소득층이 많은 반면 장기간의 치료와 고가치료를 요구하는 경우가 많기 때문에 이러한 현행 의료보장제도로는 장애인의 의료비 부담은 여전히 클 것으로 예상할 수 있다.

### 재활보조기구지원 사업

장애인의 신체적 기능상의 장애를 경감 또는 완화시켜주어 일상생활과 사회활동을 가능하게 하는 것이기 때문에 매우 중요하다. 따라서 장애인의 신체적 기능을 보완하고 일상생활에 불편을 덜어주기 위해서 등록장애인 중 국민기초생활보장 수급대상자에게 의수족, 보조기, 휠체어, 보청기, 흰지팡이 등의 재활보조기구를 무료교부 또는 구입지원하고 있다. 지급기간은 의수족과 보조기는 유형별로 다르게 적용하고 있고, 휠체어와 보청기는 5년, 흰지팡이는 1년 등의 기간이 경과한 경우에 한하여 구입비를 지원하고 있다. 지체장애인용 지팡이와 목발, 시각장애인용 흰지팡이는 의사의 처방전없이 구입할 수 있으며, 수리는 1인당 연 2회 내에서 인정하고, 검진비와 적응훈련비를 지원하고 있다. 또한 2002년부터 뇌성마비, 외상성 뇌손상, 뇌졸중 등 뇌의 기질적 병변에 기인한 신체적 장애로 보행 또는 일상생활동작 등에 제한을 받는 뇌병변장애인에 대해서 장애인 재활보조기구보험급여가 실시되고 있는데, 보험급여대상 재활보조기구는 지팡이, 목발, 휠체어 등 3종이다. 즉, 장애인등록을 마친 뇌병변장애인은 지팡이와 목발이 보험급여가 가능하고 휠체어는 1급 또는 2급 장애인이 그 대상이 된다.

### 4) 교육보장서비스

장애인교육은 장애정도와 특징에 따라 수준에 맞는 개별화교육 (IEP: Individualized Education Programs)이 강조되고는 있으나, 현재 우리나라는 비장애인의 교육과정과 큰 차이없이 생애주기와 발달주기별로 구분하여 이루어지는 것이 일반적이다. 장애인교육은 특수교육진흥법에 근거한 영유아기부터 전문과정인 대학교육과정까지 다양하게 제공되고 있다. 특히 교육을 통하여 장애인이 가지고 있는 잔존능력을 최대한 발휘할 수 있도록 극대화시키고 자립할 수 있도록 원조하면서 생활안정과 사회에 참여하도록 하는데 장애인교육의 목적을 두고 있다. 특히 1997년부터 실시된 장애인특례입학제도를 통하여 전문적인 교육을 받은 장애인의 양성에 주력하기 시작했다. 그 외에도 사회의 흐름에 맞추어 장애인의 정보화수준도 높이려는 노력의 일환으로 컴퓨터보급이나 방문교육 등을 통해 장애인을 위한 IT분야의 직종 발굴 및 취업활성화를 위한 제도개선을 추진하고 있다.

## 6. 결론

우리나라의 장애인복지는 1980년 세계장애인의 해를 시작으로 관심을 집중시키다가 1988년 서울 장애인올림픽개최이후 발전했다고 할 수 있다. 그리고 1998년부터 계획된 제1차, 제2차 장애인복지 5개년 계획을 중심으로 장애인의 욕구에 근거한 서비스의 제도적인 마련을 위해 노력하고 있다.

그러나 아직도 사회적으로는 장애인에 대한 부정적인 인식이 여전히 남아있는 상태이기 때문에 사회통합의 관점에서 접근하는 장애인복지서비스의 내용은 부족한 상황이다. 장애인의 경우 신체적, 정신적 특징상 의료비, 교육비 등 특별한 추가비용을 필요로 한다. 특히 장애정도가 심할수록 추가 의료비용을 더 많이 필요로 한다. 그러나 현재 우리나라의 장애인복지서비스는 저소득층을 주대상으로 최소한의 서비스만 제공하고 있나.

또한 장애인은 신체적, 정신적 기능약화로 인해 일상생활 및 사회활동에 제약을 받고 있고, 이는 자기정체성의 위기를 초래하고 부정적인 자아상을 형성할 가능성이 커진다. 반면 장애인은 사회적 참여를 원하고 다른 사람과의 상호작용을 통해 지역사회에 참여하고자 하는 욕구도 크게 나타나고 있는 것으로 알려져 있다. 그러나 장애인의 사회참여의 제약은 경제적, 사회적, 심리적 의존상태를 높일 수 있는 것으로 사회에서는 비생산적인 대상으로 인식될 가능성이 높다. 따라서 장애인복지서비스는 사회참여 등을 기초로 한 경제적, 사회적, 심리적 자립에 초점을 두고 확대·발전시켜나가야 할 필요성이 있다.

특히 2007년부터 도입되는 수발보험제도는 노인의 장기요양보호에 제한을 두고 있고, 중증장애인은 보호대상에서 제외하고 있다. 요양 및 수발서비스의 내용은 노인과 중증장애인 모두에게 필요한 것이므로 이 제도는 노인은 물론 중증장애인에게 까지 그 대상을 확대하여 중증장애인보호제도로 발전시켜나가야 할 것이다.

# 제11장 노인복지론

산업화와 도시화 그리고 그 결과로 나타난 핵가족화 및 사회가치관의 변화를 특징으로 볼 수 있는 현대사회에서 노인을 둘러싼 주변환경의 변화는 노인인구에 대한 관심으로 나타났다. 본 장에서는 노인인구에 관한 제반 지식은 물론 노인의 복지를 위한 사회복지적 해결방안을 모색해보고자 한다.

## 1. 노인의 개념

### 1) 노인의 정의

노인의 개념은 사전적으로 '나이가 많은 사람'으로 정의하고 있지만 한 국가의 사회, 정치, 경제적 배경과도 연관이 있으며 시대적인 차이와 특성을 함께 고려하여 설명할 수 있기 때문에 노인에 대한 개념은 간단하게 설명하기 어렵다. 1951년에 개최된 제2회 국제노년학회는 노인을 '인간의 노화과정에서 나타나는 생리적, 심리적, 환경적 변화 및 행동의 변화가 상호작용하는 복합형태의 과정에 있는 사람'으로 정의하고 다음과 같은 다섯 가지 특성을 가지고 있다고 하였다. 즉, 노인은 ① 환경변화에 적절히 적응할 수 있는 자체조직에서 결핍이 있는 사람, ② 자신을 통합하려는 능력이 감퇴되어가는 시기에 있는 사람, ③ 인체기관, 조직기능 등에 있어서 감퇴현상이 일어나는 시기에 있는 사람, ④ 생활자체의 적응이 정신적으로 결손되어 가고 있는 사람, ⑤ 인체의 조직 및 기능저장의 소모로 적응이 감퇴되어가는 시기에 있는 사람이라고 정의하고 있다(이인수, 1999: 28, 재인용).

그러나 이러한 특성은 각 개인이 가지고 있는 생리적, 신체적, 정서적 변화와 자기유지기능 또는 사회적 역할기능에도 차이가 있기 때문에 노인을 개념화하는 것은 보다 복잡할 수 있다.

#### (1) 개인의 자각

개인의 자각에 따른 노인의 개념은 신체적 노화현상이 뚜렷하게 보이는 사람일지라도 스스로 노인으로 생각하지 않는 경우가 있고, 자신의 연령에 비추어 스스로를 노인으로 자각하는 경우가 있다. 이는 신체적 증후와 정신적, 사회적 경험으로부터 영향을 받아 자각하게 되는 것으로 개인이 가지고 있는 주관적인 자각에 따라 노인의 개념은 달라지게 된다. 다시 말하면 개인의 자각에 따른 노인의 개념은 객관적인 현상 또는 기준이 없이 가정적, 사회적 위치에 따라 차이가 있고, 개인의 생리적, 신체적 변화와 역할상실 및 심리적 측면 등에서 각각 다르게 나타난다.

#### (2) 역연령

역연령에 의한 노인의 개념은 가장 일반적으로 사용되는 것으로 달력상 계산의 60세 이상 혹은 65세 이상을 노인으로 규정하는 것이다. 우리나라의 경우 전통적으로 만 60세를 회갑년으로 지내고 있기 때문에 대체적으로 60세가 되면 노인으로 규정한다. 그러나 일정연령의 기준 이상을 노인으로 규정함으로써 노화의 개인차 또는 개인내면의 차를 무시하고 그로 인한 고정관념을 가지게 한다는 단점이 있다.

이러한 부정적인 관점에서 뉴가르텐 (Newgarten)은 노인을 역연령별로 3가지, 55~64세는 연소노인 (the young-old), 65~74세를 중고령노인 (the middle-old), 그리고 75세 이상을 고령노인 (the old-old)으로 구분하였다. 이처럼 노인을 역연령에 따라 구분하는 이유는 평균수명의 연장으로 노인인구가 증가함에 따라 같은 노인이라 하더라도 연령에 따른 신체적, 경제적, 사회적 특성과 욕구 및 문제는 서로 다르기 때문이다(이해영, 2006: 44). 따라서 65세 이상이 된 사람을 동일하게 취급함으로써 나타나는 문제를 해소하고자 한 것이라 할 수 있다.

#### (3) 행정적 규정

행정적 규정에 의한 노인의 개념은 실정법상 또는 공식적, 제도적 장치의 규정에 의한 것으로 용이성과 편리성을 이유로 가장 보편적으로 사용되는 것이라 할 수 있다. 우리나라의 노인복지법에서는 65세를 노인으로 규정하고 있으며, 이 연령에 도달한 사람을 법적 노인으로 인정하고 이때부터 제도적 보호가 시작된다.

### 2) 노인의 특성

노인이 된다는 것은 신체적, 심리적, 사회적 측면에서 성장과 퇴행을 경험하게 되는 것을 의미한다. 그리고 이와 같은 퇴행적 발달이 나타나는 인생주기의 단계를 우리는 노년기라 지칭한다. 노년기는 사회적, 심리적으로 많이 위축되는 시기가 되기 때문에 사회적으로 노인에 대해서는 부정적인 인식이 일반적이다. 그리고 노인들 스스로도 자신을 비하하고 무능력한 존재로 규정하면서 사회적 적응능력이 더욱 저하되기도 한다. 다른 측면에서 노년기는 직업에서 자유롭기 때문에 여유로운 시간을 가지고 인생을 즐기는 시기로 볼 수 있다. 이처럼 각기 다르게 나타나는 노인의 일반적 특성은 빈곤, 질병, 고독, 무위의 4고(四苦)로 설명된다. 이에 기준하여 노인의 특성을 신체적, 경제적, 심리·정서적으로 구분하여 살펴본다.

### (1) 신체적 특성

노화는 빠르게 혹은 늦게 나타나는 차이가 있을 뿐 누구에게나 오는 생물학적 현상으로 노인이 되어 가장 먼저 나타나는 것은 외모의 변화와 신체기관 및 내부기능의 감퇴이다. 노인이 되면 외면상의 변화를 시작으로 건강이 악화되고 질병에 걸릴 확률이 매우 높다. 특히 연령이 높아질수록 장기적이고 완치가 어려운 만성질환의 발병률이 증가하게 되기 때문에 평균수명의 연장으로 현대노인들은 유병장수하면서 타인의 도움을 요하는 경우가 점차 증가한다.

### (2) 경제적 특성

높아지는 연령과 함께 경제활동에서 은퇴하게 되는 노인들은 점차 경제적인 능력을 상실하게 되고, 이는 때때로 노인들의 생계를 위협하기도 한다. 산업사회이전에는 노인들의 경험, 지식이 매우 중요했으나, 현대산업사회는 새로운 지식과 기술혁신의 도입으로 노인의 가치는 점차 줄어들고 노동시장에서 고용의 기회도 적어진다. 은퇴를 한 노인들은 주수입원인 근로소득을 상실하게 되면서 심각한 경제적 위기에 처하게 된다.

특히 현재 우리나라 대부분의 노인들은 자녀양육비, 교육비 등으로 자신들의 노후를 준비할 만한 여유가 없었나. 따라서 노인들은 퇴직 이후에 퇴직이전의 생활수준을 유지하는 것이 어렵게 되었고, 평균수명의 연장에 따라 무소득 기간이 길어지면서 경제적 곤란을 겪는 경우가 대부분이다. 이러한 문제를 해결하기 위해 1988년에 노후생활보장제도로 도입된 국민연금제도는 20년 보험료 납입기간조건을 충족해야하므로 완전노령연금의 지급은 2008년이 되어야 발생하게 되며 2006년 현재 국민연금을 통해 안정적인 노후생활을 할 수 있는 대상노인의 수는 매우 적다. 즉 정년퇴직이후의 소득감소 및 상실로 인해 노인들의 생활규모는 축소되고 그에 따른 경제적 불편을 경험하게 된다. 실제로 절대적 빈곤계층인 국민기초생활보장대상자 중 65세 이상의 노인비율을 살펴보면 2003년 현재 우리나라 전체 기초생활보호자 중 24.4%를 차지하고 있으며, 이는 전체 노인인구의 8.3%이다

#### (3) 심리 · 정서적 특성

노인의 심리 · 정서적 특성으로 나타나는 역할상실, 고독의 문제는 노인의 경제사회적 위치와 가치측면의 권위 등과 연관이 있다고 할 수 있는데, 노인의 경험, 지식, 문화적 가치는 산업화 이전사회와 현대산업사회에서 각기 다르게 이해되고 있다. 노인들은 산업화 이전사회에서 가족과 집안일에서 결정권을 가지고 있었지만, 현대산업사회에서는 노인들이 산업현장에서 물러나면서 사회적 역할을 상실하게 되고, 자녀들의 독립으로 인한 부모역할의 상실, 친구들의 사망으로 인한 친구역할의 상실 등을 경험한다. 동시에 경제적 여건과 건강의 약화 등과 함께 가족과 사회에서의 역할을 획득하는데 불리한 위치에 있는 노인들은 사회구성원으로서의 소속감까지 잃게 되면서 자발적인 사회참여도 적어진다. 결과적으로 노인들은 개인의 자아개념과 사회적 정체감의 혼란을 가져오고 사회 부적응의 문제를 야기하기도 한다.

## 3. 노인복지의 필요성

### 1) 인구의 고령화

UN은 한 나라의 인구 가운데 65세 이상인구가 전체 인구에서 차지하는 비율이 4% 미만인 국가를 유년인구국(young population), 4% 이상 7% 미만을 성년인구국(youthful population), 7% 이상을 노년인구국(aged population) 이라고 칭하고 있다. 더욱이 1990년 UN 기준은 전체 인구에 대한 노인인구의 비율이 7% 이상인 사회를 고령화 사회(aging society)로 분류하였고, 14% 이상인 단계에서 안정을 이루는 사회를 고령사회(aged society)로 지칭하고 있다.[1)]

이와 같이 인구고령화란 전체 인구 중 노인이 차지하는 비중이 증가하는 것으로 UN의 기준에 근거해서 보면 우리나라는 인구고령화현상이 두드러지게 나타나고 있는 국가 중의 하나로 볼 수 있다. 우리나라는 2000년 7월 1일을 기점으로 65세 이상의 노령인구

1) 고령화사회란 전체 인구에 대비한 노령인구의 비율이 7% 이상 증가하는 상태, 즉 인구의 고령화가 진행 중에 있는 상태의 사회를 말하고, 고령사회란 고령인구가 일정비율(14% 이상)로 증가한 단계에서 그 비율이 거의 안정된 상태로 지속되는 사회를 말한다.

가 7%대를 넘어서면서 이미 고령화 사회로 진입하였고, 노인인구는 계속적으로 증가할 것으로 예상하여 2018년에는 노령인구의 비율이 14%를 넘어 고령사회로, 2026년에는 20%를 넘어서는 초고령사회로 진입할 전망이다.

〈표 1〉 노인인구의 추이

(단위: 만명, %)

| 구분 | 1990년 | 2000년 | 2006년 | 2018년 | 2026년 |
|---|---|---|---|---|---|
| 총인구 | 4,287 | 4,701 | 4,850 | 4,993 | 4,977 |
| 노인인구 | 220 | 340 | 460 | 716 | 1,036 |
| 비율(%) | 5.1 | 7.2 | (9.5) | (14.3) | (20.8) |

출처: 통계청, 장래인구 특별추계, 2005.

또한 우리나라는 1960년대 중반이후 급격하게 저하된 출산률과 평균수명연장으로 노인인구가 상대적으로 증가하게 되었다. 즉, 저출산과 고령화가 동시에 진행되면서 고령화 사회로의 진입이 빨라졌으며,[2] 평균수명은 2006년 현재 평균 79세(남성 76세, 여성 82세)로 증가하였고, 출산률은 1.08명으로 급격히 저하되면서 노령화 지수는 빠른 증가를 보이고 있다. 노인인구의 증가와 평균수명의 연장은 문제와 욕구를 가진 노인의 수가 증가하는 것을 의미하면서, 동시에 노동시장의 인력감소를 의미하는 것으로 사회적으로는 노인부양을 위한 사회적 비용의 증가를 의미한다. 노인부양비는 1970년에 5.7%에 불과하였으나 2005년 현재 12.6%로 2배 이상 증가하였고, 2020년에는 21.8%, 2030년에는 37.3%로 높아질 전망이다. 결과적으로 2005년 현재 생산가능인구 7.9명당 노인 1명을 부양하지만, 2030년에는 2.8명당 노인 1명을 부양하게 되면서 젊은 연령층의 부양비 부담도 매우 커지게 된다. 또한 노령화지수도 2005년 현재 유년인구 100명당 노인인구 47.4이지만, 2020년에는 124.2로 노인인구가 유년인구를 초과할 것으로 보이며, 2030년에는 214.8로 노인인구가 유년인구보다 두 배 이상 많아질 것으로 예상하고 있다(통계청, 2005).

2) 우리나라 인구고령화의 특징 중 하나는 그 속도가 매우 빠르게 진행되고 있다는 것이다. 예를 들어 프랑스는 노인인구가 7%에서 14%이르는데 115년이 걸렸고, 미국 73년, 영국 47년, 독일 40년이 걸린데 비해 우리나라는 18년 정도 예상되고 있다.

〈표 2〉 노인부양비 및 고령화지수

(단위: %, 명)

| 구분 | 1970 | 1980 | 1990 | 2000 | 2005 | 2010 | 2020 | 2030 |
|---|---|---|---|---|---|---|---|---|
| 노년부양비 | 5.7 | 6.1 | 7.4 | 10.1 | 12.6 | 14.9 | 21.8 | 37.3 |
| 노령화지수 | 7.2 | 11.2 | 20.0 | 34.3 | 47.4 | 66.8 | 124.2 | 214.8 |
| 노인1명당 생산가능인구 | 17.7 | 16.3 | 13.5 | 9.9 | 7.9 | 6.7 | 4.6 | 2.8 |

주: 노인부양비 = (65세 이상 인구 / 15~64세 인구)×100
노령화지수 = (65세 이상 인구 / 0~14세 인구)×100
노인 1명당 생산 가능 인구 = (15~64세 인구 / 65세 이상 인구)
출처: 통계청, 장래인구 특별추계, 2005.

## 2) 가족구조의 변화

1960년대 이후부터 나타난 산업화, 도시화로 인해 우리나라는 핵가족화 등 급속한 사회구조적인 변화를 경험하고 있다. 이는 결과적으로 노인단독가구의 증가를 불러왔으며, 특히 혼자 사는 노인의 수도 급격히 증가하고 있다. 2004년도 한국보건사회연구원의 조사에 의하면 조사대상 노인가구 중 노인독신가구와 노인부부가구가 1998년의 조사에 비해 크게 증가한 것을 알 수 있는데, 이는 전체 노인가구 중 절반 이상이다. 노인단독가구의 증가는 현대산업사회에서 변화된 가족구조로 인해 가족 본래의 기능인 보호의 기능이 제대로 수행되지 못하게 되면서 노인의 빈곤, 즉 생계를 위협하는 문제와 요보호 노인의 문제로 나타나고 있다. 결국 노인부양이 가족과 사회의 공동책임이라는 인식으로 바뀌면서 점차 사회적 보호를 요구하게 되었다.

〈표 3〉 노인가구 형태의 변화

(단위: %)

| 특성 | 노인독신 | 노인부부 | 자녀동거 | 기타 |
|---|---|---|---|---|
| 1998년 | 20.1 | 21.6 | 53.2 | 5.1 |
| 2004년 | 24.6 | 26.6 | 43.5 | 5.4 |

출처: 한국보건사회연구원, 2004년도 전국 노인생활 실태 및 복지욕구조사, 2005.

### 3) 여성의 사회참여율증가

우리나라는 전통적으로 노인을 대상으로 한 부양의 책임이 여성에게 있었다. 그러나 산업화구조 속에서 여성의 사회참여율이 계속 높아지면서 노인부양의 문제가 심각한 사회문제로 대두되고 있다. 2005년 현재 여성의 취업률은 50.8%로 나타나고 있는데 이는 한국사회에서 아직도 보호가 필요한 노인의 주부양자가 여성임을 감안할 때 여성의 사회참여율이 점차 높아짐에 따라 상대적으로 가족의 부양기능은 더욱 약화될 전망이다.

### 4) 부양의식의 변화

우리나라는 전통적으로 경로효친사상이 강조되어 가족 내 노인의 부양을 당연시 하였다. 그러나 사회구조의 변화 속에서 가족관이나 경로의식에도 변화가 나타나 가족중심의 사고보다는 개인중심적인 사고로 바뀌었는데, 이는 노인부양에 대한 의식에도 영향을 미쳐 점차 부양의식이 약화되고 있다. 한편 노인들의 경우에도 부양에 대한 의식변화가 나타나기 시작했는데, 최근 들어 신체적, 정신적으로 건강하고 경제력이 있는 노인의 경우 자녀에게서 독립된 생활을 유지하고자 하는 경향이 높게 나타나고 있다. 이는 자녀로부터 독립적인 생활이 가능한 사회적 지원을 필요로 한다고 볼 수 있다.

## 4. 노인복지서비스의 원칙

UN은 1991년 유엔총회에서 '노인을 위한 유엔원칙'을 채택하여 노인복지사업을 추진하는데 있어 독립, 참여, 보호, 자아실현, 존엄의 원칙을 반영하도록 하였다. 그리고 우리나라 노인복지의 기본이념을 살펴보면 노인복지법 제2조에 노인은 '후손의 양육과 국가 및 발전에 기여하여 온 자로서 존경받으며, 건전하고 안정된 생활을 보장받아야 하며, 또한 그 능력에 따라 적당한 일에 종사하고 사회적 활동에 참여할 기회를 보장받는다'라고 명시되어 있다. 이러한 규정은 노인의 건강유지 및 생활안정이 노인복지의 중요한 목적임을 나타내는 것으로 이해할 수 있는데, UN에서 채택한 원칙을 중심으로 노인복지서비스의 원칙을 살펴본다(보건복지부, 2000: 47-48).

#### 독립의 원칙

독립은 소득, 가족과 지역사회의 지원 및 자조를 통해 적절한 식량, 물, 주거, 의복 및 건강보호에 접근할 수 있어야 함을 의미한다. 이를 위해서 적절한 교육과 훈련을 통해 일을 할 수 있는 기회를 제공받거나 다른 소득을 얻을 수 있는 기회를 얻을 수 있어야 하며, 안전하고 적응할 수 있는 환경, 즉 오랫동안 가정에서 살 수 있어야 한다.

**참여의 원칙**

참여는 노인자신의 복지서비스를 위한 선택 및 결정이 노인스스로 가능하도록 하는 것이다. 즉, 노인의 복지에 직접 영향을 미치는 정책의 형성과 이행에 적극적으로 참여하고, 노인의 지식과 기술을 젊은 세대와 함께 공유하면서 사회통합이 이루어지도록 함을 뜻한다. 이를 위해 지역사회봉사를 위한 기회를 찾고 개발하며, 노인들을 위한 사회운동과 단체를 조직할 수 있어야 한다.

**보호의 원칙**

노인들은 신체적, 정신적, 정서적으로 약화되어져 있기 때문에 가족과 지역사회의 보살핌과 보호를 받으면서 인간적이고 안전한 환경에서 보호, 재활, 사회적·정신적 지지를 제공하는 적정수준의 서비스를 받아야 한다. 또한 시설 등에서 보호를 받을 경우에도 건강보호와 인간적인 권리를 향유할 수 있어야 한다.

**자아실현의 원칙**

자아실현은 노인들의 잠재력을 개발하기 위한 기회를 주는 방법을 모색하는 것으로 사회의 교육적, 문화적, 정신적 자원과 여가에 관한 자원에 접근할 수 있도록 해야 한다.

**존엄의 원칙**

존엄은 우선 노인이 안전 속에서 살 수 있어야 하며 착취와 육체적, 정신적 학대로부터 자유로워야 한다는 것을 의미한다. 또한 나이, 성, 장애나 여타 지위에 상관없이 공정하게 대우받아야 하며, 노인의 경제적인 기여와 관계없이 평가되어야 한다. 이로써 노인들도 차별받지 않는 인간적인 권리가 보장될 수 있다.

## 5. 노인복지서비스의 유형

노인복지는 "노인이 인간다운 생활을 영위하면서 자기가 속한 가족과 사회에 적응하고 통합할 수 있도록 필요한 자원과 서비스를 제공하는데 관련된 공적 및 사적 차원에서의 조직적 제반활동"이라고 할 수 있다(최성재, 장인협, 1997: 266). 우리나라 노인복지서비스는 이러한 제반 활동 중에서 노인의 4고(빈곤, 질병, 고독, 무위)를 우선적으로 해결해야 할 문제로 보고 그를 중심으로 하여 소득보장, 의료보장, 주거보장, 기타 복지서비스 등이 계획되고 실시되고 있다.

### 1) 소득보장서비스

고령화사회에서 나타나는 가장 대표적이고 보편적인 사회적인 위험은 정년에 의한 소득상실이라 할 수 있다. 노인소득보장제도는 은퇴로 인해 소득중단 및 감소로 생계에 위협을 받을 수 있는 것에 대비하기 위한 것으로 연금제도가 대표적인 제도이다. 현재 우리나라에서 실시하고 있는 공적연금제도는 국민연금과 특수직 연금(공무원, 군인, 사립학교교직원)으로 구성되어 있다. 그리고 공적연금제도는 아니지만 1998년부터 노인복지법에 근거하여 저소득층 노인의 소득보장을 위해 일종의 무갹출 노령연금인 경로연금이 지급되고 있고, 그 외에도 공공부조, 경로우대제도, 세제감면제도, 고용증진 및 생업지원 등의 직접적 또는 간접적 소득보장지원이 이루어지고 있다.

#### 국민연금

공무원, 군인, 사학연금 등 특수직연금을 제외하고, 일반국민을 대상으로 하는 것으로 1988년 도입되었다. 노년기의 경제적 생활안정을 목적으로 도입된 국민연금제도는 2008년부터 완전노령연금을 수급받을 수 있기 때문에 사실상 현재 노년기에 접어든 대부분의 노인들은 공적연금을 통한 소득안정은 기대하기 어렵다. 다만 완전노령연금 외에도 특례노령연금, 감액노령연금, 조기노령연금, 장애연금, 유족연금 등이 지급되고 있기 때문에 2004년 현재 약 46만 여명의 노인이 국민연금을 받고 있는 것으로 나타나고 있으며, 전체 노인 중 연금수급노인은 특수직 연금을 포함하여 13.9%이다.

〈표 4〉 65세 이상 공적연금 수급자 현황

(단위 : 명, %)

| 구분 | 합 계 | 노령연금 (퇴직,퇴역연금) | 장애연금 (장해,상이연금) | 유족연금 | 연금수급률1) |
|---|---|---|---|---|---|
| 2003 | 455,236(100.0) | 405,911(89.2) | 2,274(0.5) | 47,051(10.3) | 11.5 |
| 국 민 연 금 | 344,616 | 310,053 | 2,005 | 32,558 | 8.7 |
| 공 무 원 연 금 | 73,439 | 66,041 | 254 | 7,144 | 1.9 |
| 사 학 연 금 | 9,551 | 9,191 | 22) | 3582) | 0.2 |
| 군 인 연 금 | 27,630 | 20,626 | 13 | 6,991 | 0.7 |

| 2004 | 581,928(100.0) | 519,079(89.2) | 3,018(0.5) | 59,831(10.3) | 13.9 |
|---|---|---|---|---|---|
| 국 민 연 금 | 458,419 | 412,682 | 2,680 | 43,057 | 11.0 |
| 공 무 원 연 금 | 83,658 | 75,373 | 313 | 7,972 | 2.0 |
| 사 학 연 금 | 8,877 | 8,232 | 6 | 639 | 0.2 |
| 군 인 연 금 | 30,974 | 22,792 | 19 | 8,163 | 0.7 |

주 : 1) 각 연금 수급자의 합계를 장래특별추계인구(65세 이상)로 나눈 숫자임
2) 2003년 사학연금 중 장애연금 및 유족연금은 2001. 6월말 기준
출처 : 통계청, 2005 고령자 통계, 2005

### 경로연금

경로연금은 공적연금에 가입할 수 없었던 기존의 노인과 20년의 수급조건을 채우지 못한 저소득 노인들의 생활안정을 도모하기 위한 목적을 가지고 1989년에 개정된 노인복지법에 따라 1991년부터 노령수당으로 지급하기 시작하였다(법 제13조 및 동법 시행규칙 제17조). 그리고 1996년 노인·장애인복지 종합대책 수립 당시 노인에 대한 특별소득보장대책이 마련됨에 따라 1997년 전문 개정된 노인복지법에 경로연금에 대한 규정이 신설되었고, 1998년부터는 노령수당이 경로연금으로 개칭되어 실시되고 있다. 경로연금은 경제적으로 어려움을 겪고 있는 65세 이상의 국민기초생활보장 수급권자와 저소득 노인들을 대상으로 한 것으로 추가생활비의 성격을 가지고 직접적인 소득지원을 하는 것이다. 경로연금은 2006년 현재 월 3만원에서 5만원을 연령에 따라 차등지급하고 있다.

**〈표 5〉 경로연금지급대상 및 지급액**

| 지 급 대 상 자 | 지 급 액 | |
|---|---|---|
| ① 65세 이상 국민기초생활보장수급자 (특례수급자 포함) | 80세 이상 | 월 50,000원 |
| | 65~79세 | 월 45,000원 |
| ② 1933.7.1일 이전 출생한 저소득노인 (7.1일생 포함) | 無배우자 | 월 35,000원 |
| | 부부동시 수급자 | 월 30,630원 |

출처: 보건복지부, 2006년 노인보건복지사업안내, 2006

### 공공부조

우리나라는 전통적으로 노후를 가족에 의존하는 경향이 강하였기 때문에 현재의 노인들은 자신의 노후생활을 미리 설계해야 한다는 인식과 여유가 없던 세대였다. 더욱이 사회적으로는 노후생활보장에 대한 제도가 마련되지 않은 상태에서 노년기에 들어섰다. 이는 은퇴한 노인의 경제적인 생활을 곤란하게 만드는 요인으로, 2003년 현재 우리나라 노인 중 국민기초생활보장 수급권자의 수는 전체 노인의 8.6%를 차지하고 있다. 이러한 생활곤란 노인들은 공적인 사회안전망제도인 국민기초생보장제도에 따라 최저한의 생계를 보장하고 있다. 이에 따라 생활능력이 전혀 없는 노인을 대상으로 하여 자산조사에 따라 차등적으로 생계급여를 지급하고 있다.

〈표〉 65세 이상 인구의 기초생활보장수급자 현황

(단위 : 명, %)

| | 총수급자 | 65세이상 | 구성비1) | 수급률2) | 남 | 수급률 | 여 | 수급률 |
|---|---|---|---|---|---|---|---|---|
| 2002 | 1,275,625 | 329,251 | 25.8 | 8.7 | 82,747 | 5.6 | 246,504 | 10.7 |
| 2003 | 1,292,690 | 340,527 | 26.3 | 8.6 | 85,605 | 5.5 | 254,922 | 10.6 |

주 : 1) 65세 이상 수급자/ 총수급자
2) 해당인원을 2002년 65세 이상 장래특별추계인구로 나눈 비율임

출처 : 통계청, 2005 고령자 통계, 2005

### 세제감면제도

세제감면제도는 직접적인 소득지원은 아니지만 간접적으로 경제적인 보호를 하고 있는 제도로 노인과 동거하는 가족에게 주택상속세 공제, 상속세 인적공제, 부양가족공제, 경로우대 공제, 주택자금 할증지원 등으로 노부모를 모시는 자녀에게 세제상의 혜택을 주는 것이다. 상속세 및 증여세법 제20조에 의하면 60세 이상의 자에 대해 1인당 3천만원씩 상속세를 공제해 주고 있으며, 소득세법에 의해 직계존속노인 1인당 부양가족공제가 연 100만원, 65세 이상의 노인과 생계를 같이하는 자에 대해서는 노인 1인당 연 100만 원의 경로우대공제를 해 주고 있다. 또한 각각 주택을 소유하고 살던 부모와 자녀가

세대를 합치게 되면 양도세를 면제하고 있다. 그리고 경로우대제도를 통해 노인들이 각종 공공시설물을 이용할 경우 무료 또는 최대 50%까지 할인하여 이용할 수 있도록 하였다.

#### 고용증진 및 생업지원

간접적 경제지원을 도모하는 또 다른 방안으로는 고용증진 및 생업지원이 있다. 이는 노인의 취업기회를 확대하기 위해 고령자 적합 직종을 선정하여 고령자의 우선취업을 권장하고 있으며, 노인공동작업장 등의 운영을 통하여 소득 및 여가활동의 기회를 제공하고 있다. 생업지원을 위해서는 국가·지방자치단체 및 공공단체가 설치·관리하는 공공시설 안의 매점운영 또는 자동판매기의 설치 등에 65세 이상의 노인에게 우선지정의 혜택을 주도록 규정하고 있다.

### 2) 의료보장서비스

노인이 되면 자연스럽게 신체적 기능이 약화되며 이는 연령이 높아질수록 더욱 심화된다. 따라서 노인을 대상으로 한 의료서비스는 질병의 조기발견 및 조기치료로 건강을 유지 또는 향상 · 증진시킨다는 의미에서 매우 중요하다고 할 수 있다.

#### 국민건강보험

우리나라는 1989년부터 전 국민 의료보장시대로 접어들었고, 현재 전 국민이 의료보험 또는 의료보호의 혜택을 받을 수 있도록 하고 있다. 따라서 노인의 건강보호문제를 해결하고 예방하기 위한 의료보장제도가 따로 마련되어 있는 것은 아니고 국민건강관리제도를 통해 노인들도 필요에 따라 의료서비스를 제공받는다. 그러나 노인성 질병과 신체적 노화를 고려한 의료비지급이 이루어지지 않기 때문에 저소득층 노인의 경우에는 의료비지출의 부담으로 인해 질적인 의료서비스를 제공받지 못하는 경우가 종종 발생한다.

#### 의료보호

건강보험에서 제외된 국민기초생활보장수급대상자 및 의료빈곤자를 위해서 의료보호제도를 실시하고 있다. 의료보호는 의료서비스를 필요로 하는 저소득층 요보호노인을 대상으로 수급자격은 1종과 2종으로 구분한다. 1종 수급권자는 국민기초생활보장법에 의한 수급자 중 근로능력이 없거나 보장시설에서 급여를 받는 자 등으로 외래 및 입원의 비용을 전액 무료로 한다. 2종 수급권자는 국민기초생활보장법상 수급자 중 1종 수급권자에 해당되지 않는 자로 외래진료시 진료당 1차 기관 1,500원을 부담해야 하고, 2·3차

기관은 외래진료시 15%, 입원시 15%가 본인부담이다.

### 노인건강진단

현재 우리나라 노인질병에 대해 사전적 예방사업의 성격을 가지고 있는 것으로 건강진단사업이 있다. 이 사업은 1983년부터 노인복지법에 의해 노인질병을 조기에 진단하고 예방하려는 측면에서 65세 이상 저소득층 노인을 대상으로 노인건강진단을 국공립병원이나 보건소에서 무료로 실시하고 있다. 노인건강진단사업의 대상은 65세 이상 국민기초생활보장대상 및 차상위대상 노인 중 희망자에게 실시되고 있다. 건강진단은 1차, 2차로 이루어지며, 1차 검진 후 이상이 발견된 노인 및 전년도 진단결과 유질환자에 한하여 2차 검진을 실시하고, 필요한 치료를 실시하고 있다. 그리고 재가노인복지사업의 일환으로 방문의료서비스가 실시되고 있는데, 이는 재가노인의 가정을 의사나 간호사가 방문하여 질병을 진료하거나 간호서비스를 제공하는 것으로 국민기초생활보장수급자 및 저소득층노인이 주 대상이 된다.

### 노인수발보장

급격한 고령화 사회가 도래하면서 치매 및 중풍 등 노인성 질병으로 인해 스스로 일상생활이 어려운 노인들이 증가하고 있다. 그리고 이들을 돌보는 수발서비스에 대한 사회적 욕구도 점차 증가하고 있는 상황이다. 이에 우리나라는 2004년에 '공적노인요양제도 실행위원회'를 구성하여 노인요양보험에 대한 제도를 개발하기 시작하였고, 동시에 노인요양제도의 필요성에 대한 사회적 인식을 확산시켰다. 그리고 2005년에 노인요양과 관련한 '노인수발보장법'이 제정되었고, 2007년부터 시행될 예정이다.

노인수발보험제도는 고령이나 치매·중풍 등 노인성 질병으로 인해 일상생활을 수행하기 어려운 노인에게 신체활동, 가사지원 등의 서비스를 제공하여 노후생활의 안정과 그 가족의 부담을 덜어주기 위한 사회보험제도이다(보건복지부, 2006b: 81). 이 보험은 국민건강보험가입자와 의료수급자를 가입대상으로 하고, 65세로 수발필요등급을 받은 자에게 급여를 지급한다. 급여는 노인요양원이나 전문요양원, 소규모 공동생활의 그룹홈에서 제공되는 시설급여와 방문수발, 방문간호, 방문목욕, 주간보호, 단기보호 등의 서비스가 제공되는 재가급여로 구분한다. 수발서비스에 필요한 재원은 국가, 보험료, 본인부담으로 이루어진다.

### 3) 주거보장서비스

주거보장이란 개인 자신의 독립성을 유지하면서 안전하고 안락한 일상생활을 유지할 수 있는 공간을 확보하고 유지할 수 있도록 주택의 건설과 공급, 그리고 이와 관련한 서비스를 통해 지원하여 주는 제반 사회적 노력을 의미한다. 따라서 노년기에 신체적, 심리적, 사회적 노화와 경제적 특성 등을 고려한 노인주거서비스는 노인복지의 주요한 과제이며, 노인이 지역사회와 교류하면서 안전하고 안락한 일상생활을 유지할 수 있는 공간을 확보하여 건강하고 자립을 유지할 수 있도록 돕는 것이다(이해영, 2006: 167).

이에 기준하여 우리나라의 노인을 위한 주거보장서비스를 살펴보면 재가목적의 주거보장과 입소보호목적의 주거보장으로 분류된다.

재가목적의 주거보장은 노인들이 일반가정과 같은 환경에서 생활하도록 하는 것으로 실비노인복지주택, 유료노인복지주택이 있지만 현재 우리나라에 보편화되어 있지 않다. 저소득층 노인들을 위해서는 노인의 집이 있는데, 이는 저소득층 노인들이 공동생활을 함으로써 경비를 절감할 수 있고, 월세부담을 해소할 수 있도록 한다. 그리고 일반 재가노인을 위해서는 주택자금할증지원, 주택분양우선권 부여, 주택임대료보조 또는 주택수리비 및 개조비 융자제도 등이 있고, 저소득층 노인을 대상으로 주거비부담의 문제를 해결하기 위한 주택수당제도를 실시하고 있으며, 영구임대아파트의 입주를 지원하고 있다.

시설보호목적의 주거보장은 노인복지법에 의해 노인주거시설과 노인의료시설 등에 대한 설립과 운영지원으로 구분할 수 있다. 입소노인을 위한 주거보장서비스는 무료양로시설, 실비양로시설, 유료양로시설, 무료요양시설, 실비요양시설, 유료요양시설, 치매전문요양시설 등이 있다.

### 4) 고용보장서비스

의학기술의 발달로 평균수명이 늘어나고 건강을 유지하고 있는 노인층이 증가하면서 일할 능력과 의욕이 있는 노인의 수도 점차 늘어나고 있다. 따라서 노인고용은 소득보장의 측면은 물론 삶의 보람과 여가시간을 활용할 수 있다는 점에서 그 의의를 찾을 수 있다. 특히 고령화 사회의 급속한 진행으로 생산연령층이 감소하고 있기 때문에 앞으로는 노인인력을 활용하는 방안을 보다 적극적으로 모색해야 할 것이다. 현재 우리나라의 노인고용과 관련한 서비스는 고령자 고용 및 재취업으로 구분할 수 있다.

### 고용촉진사업

고용촉진사업은 고령자가 그 능력에 적합한 직업에 취업하는 것을 지원함으로써 고령자의 고용안정과 국민경제발전에 기여하도록 하기 위하여 1992년에 제정된 고령자고용촉진법에 의해 실시되고 있다. 이 사업은 300인 이상 사업장에 '고령자 기준고용률'을 제시하여 업종에 따라 일정비율(2~6%) 이상의 55세 이상 고령근로자를 채용하도록 권장하고 있다(고령자고용촉진법 제13조).

### 고령자 고용촉진장려금 지원

고령자고용촉진장려금은 고령자에게 일자리를 제공하는 사업주의 경제적 부담을 완화시키기 위해 지원하는 것으로 장려금에는 다수고용, 신규고용, 정년퇴직자 계속고용, 중장년훈련수료자 채용장려금이 있다(고령자고용촉진법 제14조 2항, 제18조).

### 고령자 우선고용직종

고령자 우선고용직종은 일반 사업주 또는 국가, 지자체, 정부투자, 출연기관 등의 공공기관이 고령자(55세 이상) 및 준고령자(50세 이상)를 우선적으로 고용하도록 하는 것이다(고령자고용촉진법 제15조, 제16조). 노동부는 우선고용직종으로 공공부분 70개, 민간부분 90개 직종을 선정하여 고시하였다.

### 정년연장지도, 재고용 및 계속고용 장려

이는 사업체가 근로자의 정년을 정하는 경우 60세 이상이 되도록 지도하고, 300인 이상 사업장의 근로자 정년이 낮은 경우 사업주에게 정년연장계획서를 제출하도록 지도하며, 고령자의 근무연장을 위해 퇴직 전 임금수준의 일정비율로 임금계약을 체결하도록 지도하는 것이다(고령자고용촉진법 제20조).

### 기타

그 외 노인고용을 위한 사업으로 보건복지부에서 실시하고 있는 노인취업알선센터, 노인공동작업장, 지역시니어클럽, 사회적 일자리 창출사업 등이 있다(노인복지법 제23조). 각각은 근로능력이 있는 노인에게 일할 수 있는 기회를 제공하고 우선고용 직종을 개발 및 보급하면서 노인취업을 알선하는 것으로 노인들의 실질적인 소득보장대책을 강구한다.

### 5) 재가노인복지서비스

그 외 노인복지서비스는 노인을 대상으로 하는 사회적 서비스로 노인의 다양한 욕구를 충족시키기 위해 제공되는 물질적, 비물질적 서비스로 주로 재가노인을 대상으로 제공되는 것으로 주단기보호사업, 가정봉사원, 노인돌보미 사업 등이 있다. 그리고 재가노인복지서비스를 한 곳에서 종합적으로 제공할 수 있는 '종합재가지원센터'를 신규·설치하여 가정봉사원파견서비스, 주단기보호서비스를 필요에 따라 각각 제공하도록 하고 있다.

#### 주간보호사업

주간보호사업은 1990년대 초 한국노인복지회, 은천노인복지센터, 천사양로원에서 시작하였다가 점차 확대되어 현재 전국 200여개소가 운영되고 있다. 주간보호사업은 가정에서만 생활하고 있는 노인과 장애인이 사회적으로 고립되어 있는 생활에서 벗어나 자립생활과 심신의 기능이 저하되지 않도록 하고, 가정에서 노인 및 장애인을 부양하는 가족의 부담을 덜어주고자 하는데 그 목적이 있다.

주간보호사업을 통해 요보호노인 및 장애인은 복지서비스를 집중적으로 제공받을 수 있고, 서비스를 통해 심신의 기능을 유지 또는 향상시킬 수 있기 때문에 생활시설의 입소를 막을 수 있거나 입소시기를 늦출 수도 있다. 또한 그동안 가정에서 외부와의 접촉이 단절된 상태에 있던 대상자들은 외부인과의 교류 및 접촉으로 생활의 만족도를 높일 수 있을 것을 기대할 수 있다.

#### 단기보호사업

단기보호사업은 집에서 보호를 받고 있는 노인 및 장애인을 단기간 보호하여 서비스를 제공하는 사업으로 부양의무자가 여행, 질병과 같은 개인적인 일로 보호를 할 수 없을 때 이 사업을 이용할 수 있다. 단기보호사업을 통해 요보호대상자들은 부양의무자인 보호자없이도 안정과 휴양의 장소와 보호감독의 서비스를 제공받을 수 있다. 뿐만 아니라 각종 문제의 상담 및 재활서비스를 받게 된다.

#### 가정봉사원/노인돌보미

재가복지봉사센터가 전국적으로 확산되면서 재가복지분야에서 봉사를 할 자원봉사인력도 많이 필요하게 되었다. 그리고 이 센터에서 봉사활동을 펼치는 사람들을 가정봉사원 또는 자원봉사자 등으로 부르게 되었다. 1980년대 중반까지 우리나라의 자원봉사활동은 대개 사회복지시설이나 병원 또는 사회복지관을 중심으로 이루어져 오다가, 그 이후부터 서서히 가정을 중심으로 한 자원봉사활동이 증가하게 되었다. 특히 1990년대 들어 재가복지봉사센터가 개소되면서 사회복지시설지향의 자원봉사활동은 가정에 있는 요보호대상자를 중심으로 한 가정봉사활동으로 변화하기 시작하였다. 이러한 가정봉사활동은 최근 들어 재가복지사업을 수행하기 위한 주요한 활동이라 할 수 있다.

이러한 활동은 무료자원으로 저소득층 노인들을 지원하고 있으나, 일반 서민층 노인의 경우 가정봉사원서비스 이용시 필요한 경비는 본인부담으로 되어 있다. 그러나 서민층 노인들은 경제적 부담으로 인해 유료가정봉사원서비스를 이용하지 못하고 노인수발의 문제는 가족의 부담으로 남게 되었다. 이러한 문제를 해결하기 위해 2007년 상반기부터 노인돌보미제도를 도입·시행하게 되었다. 이 제도는 서민층 노인에게 월 20만원 상당의 이용권을 제공하여 재가노인복지서비스를 선택해서 이용가능하도록 한 것이다.

## 6. 결론

UN은 199년을 '세계노인의 해'로 정하고 '모든 세대를 위한 사회를'(towards society for all ages)이라는 원칙하에 각 나라별로 인구고령화에 대한 계획을 수립하였다. 우리나라도 그동안 개인 또는 가족의 문제로 생각했던 노인문제에 대한 사회적 관심이 높아지면서 특히 '세계 노인의 해'를 계기로 기존의 서비스에 보다 나은 노인의 문제해결을 위한 정책적 · 제도적 · 법적 · 개별적 서비스 전달 방안에 대한 마련을 모색하고 있다.

그러나 앞서 살펴본 바와 같이 현재 우리나라 노인복지의 주요 대상은 여전히 국민기초생활보장수급자나 저소득층으로 제한하고 있고, 서비스의 수준도 최소한의 급여가 지급되고 있는 상태이다. 노인의 신체적, 정서적, 경제적 상황을 고려할 때 추가비용이 필요한 만큼 앞으로는 대상을 확대한 서비스개발과 함께 서비스의 질적 향상도 이루어져야 할 것이다. 2007년부터 도입 · 시행하게 된 노인수발보험제도는 전문적인 서비스 제공 및 가족의 부양부담을 덜어준다는 점에서는 의미있다고 할 수 있으나, 신체적 기능이 약화된 노인만을 대상으로 한 것으로 전체 노인을 대상으로 한 의료서비스의 확대 등도 보다 더 요구된다.

노인문제와 관련해서는 노인 또는 노인을 부양하는 가족의 문제가 아니라 사회적 관심과 노력이 중요하다는 인식이 확산되어야 한다는 것이다. 따라서 현재 정부의 노력은 노인문제의 발생원인에 대한 연구와 사회적 개입의 필요성을 부각시키면서 지속적으로 제도적인 도입을 시도해야 할 것이다. 그 결과 노인의 빈곤, 질병, 무위, 고독을 중심으로 경제적 안정 및 생산적인 여가활용을 위해 노인일자리 만들기 등을 보다 활성화시켜야 하며, 한편으로는 삶의 질을 높이기 위해 실버산업의 활성화를 위해 노력해야 할 것이다.

# 제12장 여성복지론[1)]

산업화와 경제발달로 인한 영향중의 하나인 가족제도의 변화는 여성의 삶에 직접적인 영향을 미쳐 다양한 사회문제를 초래하였다. 이러한 사회경제구조와 가족의 변화와 관련된 여성의 문제로는 취업여성에 대한 문제, 학대받는 여성의 문제, 저소득계층 여성의 문제, 모자가정 및 미혼모 문제, 윤락여성 문제 등이 포함되며 심각한 사회 문제로 대두되고 있다.

## 1. 여성복지의 개념

여성복지는 모든 여성이 국가나 사회로부터 인간의 존엄성과 인간다운 생활을 하는 권리를 보장받음으로써 사회구성원으로서 건강하고 문화적인 생활을 영위할 수 있도록 여성의 욕구나 문제를 해결하고 복지증진을 도모하는 공·사차원의 사회적인 노력활동을 말한다. 다시 말하자면 여성복지란 현존하는 여성억압과 성차별 문제를 해결하고 양성 평등적 사회를 구현하려는데 뜻을 둔 사회보장과 사회복지서비스면에서 여성들이 요구하는 제도와 서비스를 제공함으로써 여성들의 사회기능을 증진시키려는 사회복지의 한 전문분야에 해당된다.

지금까지 여성복지는 그 대상이 주로 부녀복지라는 개념아래 저소득모자가정, 미혼모, 가출여성, 요보호여성 등에 대한 상담, 직업보도, 모자보호 등 선별적이고 제한적인 서비스로 전개되어왔으나 최근에는 그 대상범위가 전체여성을 보편적 대상으로 하는 포괄적인 의미의 여성복지 개념으로 확대되었다. 여성에 대한 서비스를 규정한 최초의 입법은 1961년의 윤락행위방지법으로 1980년대 이전까지의 유일한 여성 관련 입법이었다. 여성의 지위 향상과 복지증진을 위한 법 제도는 1980년대에 들어와서 획기적인 발전을 이루었다. 이러한 제도적 변화는 국민의 증대된 복지의 인식과 요구를 정부 차원에서 수용한 결과로 나타났으나 여성복지사업의 중요성과 긴급성이나 다양한 복지욕구에 비하면 실질적인 서비스의 내용은 아직도 미흡한 수준에 머무르고 있다.

1) 이 부분은 동서대 경찰행정학과 천정환 교수가 작성하였음.

## 2. 여성복지의 필요성

1980년 이후「복지국가」로 향한 정부와 지역사회의 본격적인 노력에도 불구하고 대부분 의 여성들은 복지정책 수립 및 시행과정에서 상대적으로 소외된 집단으로 존재해 왔다. 기존의「여성복지」는 요보호여성을 대상으로 하는 제한적인 협의의 복지정책으로 해석되어 왔으며, 특히 다른 부문의 복지향상으로 인하여 자연스럽게 이루어 질 수 있는 부수적인 영역으로 다루어져 왔기 때문에 현실적으로 상당히 낙후된 상태이다.

복지정책의 궁극적인 목표는 경제적 복지를 누리는 것에 초점을 두고 기존의 여성복지정책의 주요대상인 빈곤여성이나 사회적 보호가 요구되는 여성들의 경제적 수준을 향상시키는데 주력해 왔다. 그러나 21C는 네트워크 기술발전과 사회구도의 변화로 인하여 가정과 사회의 벽이 허물어지고, 시간 혹은 공간을 초월한 상호관계가 쉽게 이루어질 수 있다는 점에서 복지라는 개념도 보다 광범위하게 쓰여 져야 할 것이다. 특히 일과 가족의 영역이 과거처럼 분리되지 않고 밀접한 상호관계를 유지함으로써 여성의 가사노동의 가치를 재평가하는 등 여성복지의 영역도 확대되어야 한다.

사회의 구성을 성별 기준으로 구분하면 여성과 남성의 두 집단으로 나누어진다. 그러나 '여성과 사회복지' 혹은 '여성복지'가 보편적인 논의의 주제로 성립되어 온 반면, '남성과 사회복지' 또는 '남성복지'는 논의에 배제되어 왔다. 이러한 논의 이면에는 여성이 남성과 비교하여 사회에서 그만큼 불이익과 불공평을 경험하고 있다는 사실을 엿볼 수 있다. 그 결과 여성을 위한 사회복지정책 및 임상차원에서의 의도적인 개입과 아직도 사회에 널리 만연되어 있는 양성 불평등에 따른 여성들의 고충을 완화시킬 수 있는 대안에 관심을 가지게 된 것이다.

### 1) 사회적 위험성의 증대

현대사회는 풍요로움 속에서도 다른 한편으로는 생의 위기에 빠질 위험성이 증대되고 상호 의존적이 되어가고 있다. 사회적 위험은 산업재해, 교통사고, 각종공해, 산업재해와 직업병, 신종질병, 이혼 등 가족해체, 알콜 및 약물중독, 비행 및 범죄, 노후빈곤, 미혼부모 발생 등의 위험들이다. 이와 같은 사회적 위험의 증대현상과 함께 그러한 위험이 발생했을 때 그 원인 및 책임의 소재 파악이 매우 힘들다는 것이다. 편부모가정의 발생원인인 남편의 각종 사고나 질병, 가출 그리고 이혼 그리고 수명연장으로 인한 노후생계의 위협 등을 개인의 책임만으로 지울 수는 없다.

이와 같이 개인의 복지를 저해하면서도 그 원인이 개인에게 보다는 사회 전체에게 있을 때 그러한 요인들을 비 복지(diswelfare)라고 하며, 이러한 비 복지는 산업사회가 빚어낸 산물이라고 할 수 있으므로 해결의 책임 또한 사회에 있다고 볼 수 있다. 바로 이러한 비복지의 속성 때문에 여성복지는 사회정책의 주요 대상이 되어야 한다는 것이다.

### 2) 취업여성의 증가

최근 여성과 관련하여 일어나고 있는 변화에는 여성의 노동시장 참여 증가와 새로운 생활양식의 등장을 들 수 있다. 즉, 취업여성이 증가하는 한편으로는 이혼, 별거 등의 다양한 생활형태의 여성이 증가하고 있다. 현대사회의 여성이 기계중심의 공업경제하에서는 남성과 대등한 위치를 차지할 수 있을 뿐만 아니라 자녀의 출산 및 양육위주의 가사가 주가 되었던 여성의 전통적 고유기능에서 자녀양육과 임금소득의 이중역할을 수행하게 되었다.

저임금과 해고의 위험에 가장 취약한 집단 역시 여성근로자들이란 점은 자본주의 사회의 단점으로 지적된다. 이외에도 여성의 사회진출에 따른 이중역할 수행은 영유아의 탁아문제, 자녀양육 및 교육문제 등에 파급효과를 가져왔고, 특히 모성기능 수행에 반작용을 초래하게 되었다.

### 3) 여성에 대한 차별

전통사회에서는 여성에 대한 관념은 남성의 보호를 받아야 할 대상으로 인식되어 여자의 일생에 대하여 어려서는 아버지의 보호를 받고, 결혼해서는 남편의 지배를 받으며, 늙어 남편이 죽게 되면 아들의 보호를 받는 것으로 표현되기도 했다. 사회적으로 남성들보다 낮은 위치에 있는 여성들은 그들의 낮은 지위로 인한 불이익을 당하는 일이 흔히 있다. 그들은 의존적이고 불안정하여 남성에 비해 심리적 장애를 가질 가능성이 더 많다고 볼 수 있다.

### 4) 이중적 성 윤리와 성 개방 풍조

전통적인 가부장적 제도 하에서는 부부간의 자연스런 애정의 교류를 배제하는 대신에 남성에게는 혼외 성관계를 용인하고 여성에게는 이를 절대로 금지하는 성에 대한 이중적인 기준이 당연한 것처럼 허용되었다. 이러한 풍습은 아직도 남아 있어서 여성을 애정의 대상이라기보다 남성의 이기적 본능의 대상으로 생각하는 경향이 잔존하고 있다. 또한 급속한 사회변화와 경제발달로 인해 성 개방 풍조가 파급되어 혼전 성관계 및 혼외정사가 점점 늘어나는 추세를 보이고 있어 남녀간의 성 윤리가 더욱 문란해지고 있다.

이와 같은 이중적인 성 윤리의 기준과 성 개방 풍조의 만연으로 이혼여성, 미혼모, 성매매피해여성 등과 같은 요보호여성이 급증하게 되고 성의 상품화현상을 초래함으로써 여러 가지 심각한 사회문제가 발생하고 있어 이들에 대한 보호와 대책이 요구된다.

### 5) 생활의 질 향상의 욕구

여성의 여가시간의 활용문제는 그것의 사회·문화적 중요성은 물론 국가의 경제적 측면에서도 그 중요성이 부각되고 있다. 이밖에도 핵가족화와 맞벌이 부부의 증가로 인한 사회 환경의 변화는 여성에게 보다 다양한 역할을 요구하고 있다. 따라서 여성의 능력을 극대화시키고 여가시간을 최대한 활용할 수 있는 사회정책이 필요하다.

### 6) 여성복지문제의 해결방안 모색

여성복지의 일차적인 과제는 여성들이 그들이 지니고 있는 문제들을 해결하고 욕구를 충족시키는 것이다. 그렇다면 여성들의 문제와 욕구가 무엇인지를 파악하고 효과적으로 해결하기 위해 적절한 방안이 모색되어져야 한다. 즉 여성들의 기회균등을 확보하고 특수한 환경에 처해 있는 저소득 모자가정, 미혼모, 성매매피해여성, 그리고 가출여성 등에게 최저생활을 보장해 주는 것이 절실하다. 우선 여성의 잠재능력을 개발하고 사회참여 기회를 확대해 나가야 하며, 가정의 기능을 강화하여 가정문제의 사회문제화 되는 것을 방지함과 동시에 요보호여성의 복지증진에 힘써야 한다.

따라서 과거의 여성문제를 바라보는 단순한 시각에서 벗어나 오늘날은 도시화, 산업화, 서비스산업화 등으로 인해 가치관이 변화되었으며, 여가시간의 증가, 여성노인인구의 증가, 장애여성의 증가 등의 인구학적 변화와 함께 가정의 구조와 기능에도 많은 변화를 가져왔다. 그러므로 여성의 문제와 욕구는 복합적인 다양한 형태로 나타난다는 점에서 여성복지는 매우 중요하다. 무엇보다 진정한 복지사회를 이루기 위해서는 여성의 다양한 역할 수행에 따른 여성문제를 해결하고 지원하는 방향으로 여성복지정책이 수립되어야 할 것이다. 언급하자면 여성들의 이중역할에 따른 부담을 경감하고 기혼여성의 취업과 가사활동, 자녀양육 등이 원활하게 이루어 질 수 있도록 여성복지 향상을 위한 사회적 지원체계가 마련되어야 할 것이다.

## 3. 현대사회의 여성문제

최근 사회적으로 여성에 대한 인식변화와 여성들의 사회진출이 빠르게 움직이고 있는 것은 세계적인 추세다. 한국에서도 여성문제에 대한 관심이 종종 거론되고 있으며, 여성과 관련된 사회적 지위와 역할, 기타 문제 등이 여성문제로 부각되고 있다.

오늘날 여성문제는 일반적인 사회문제의 한 부분으로 인식되고 여성을 위한 여성복지의 문제도 변화하고 있다. 이러한 관점에서 볼 때 여성들에게 가장 심각한 문제로 나타나고는 있는 양성불평등문제, 생활보장문제, 요보호여성의 문제 등을 구체적으로 제시하면 다음과 같다.

### 1) 양성불평등 문제

여성복지는 양성평등의 이념을 기초로 하여 전개되어야 한다. 헌법 제36조에서 '혼인과 가족생활은 개인의 존엄과 양성의 평등을 기초로 성립되고 유지되어야 하며, 국가는 이를 보장한다.'고 규정하고 있다. 여성이 단지 여자라는 이유만으로 불평등한 대우를 받아서는 안 된다는 것이다. 즉 가정생활이나 교육, 취업과 승진의 기회에 동동한 권리를 보장해야 한다는 것이다.

주로 산업사회에서 나타내는 불평등 문제는 남녀의 역할에 대한 고정관념과 편견이 남성이 처한 상황은 객관적이고 여성은 주관적이라는 것이다. 예로서 남편은 경제활동에 직접 참여하고 있는 반면 아내는 가정에서 간접적인 경제활동을 하고 있을 뿐이며 역사적으로 볼 때 남성은 직접 노동을 해 왔고 여성은 잔여노동을 분담해 왔다는 것이다. 그러므로 남성의 역할은 사회현실을 대변하는 일반적인 것으로 다루어져 왔으며 여성의 역할은 그저 일반화된 남성의 역할 속에 당연히 포함되는 것으로 간주되었다. 이와 같은 남녀의 역할분담은 사람들의 인격과 내면적인 생활에 불평등을 조장해 온 것이다.

남성은 유년시절부터 상호의존체계인 기업에서의 역할을 하도록 싱징해 왔기에 '객관적'인 것이 기대되었고, 여성은 태어날 때부터 사회적으로 고립된 출산, 육아, 그 외의 단조로운 가사를 분담해 왔으므로 '주관적'일 수밖에 없었다. 오랫동안 사회적으로 내면화되어 온 고정관념과 편견으로 인해 여성은 취업이 불리하고 남성과의 동일임금이 보장되지 않았다. 또한 승진의 기회가 제한되기도 하였으며, 여성 경시풍조 등 여성이 사회에서 당면하는 차별적 상황이 계속되고 있다.

### 2) 생활보장 문제

산업사회의 발전으로 일상생활의 기본단위와 가정의 중심지주, 주변적 생활환경이 크게 변화되어 왔다. 실례로 대부분의 가정이 기존의 전통적 가족제도인 확대가족에서 핵가족으로 빠르게 변화하고 있다. 특히 핵가족 중심의 가족에서 생산적 기능을 하는 중심인물인 가장이 사망했거나 가장으로서의 역할을 하지 못할 경우 저소득층으로 전락할 가능성이 높다.

여성이 실절적인 가구원의 생계를 책임지고 대표해야 하는 저소득 모자가족은 경제적 · 정신적 · 사회적으로 여러 가지 문제가 대두되었다. 따라서 여성문제는 열악한 환경속에서 저임금에 시달리는 여성근로자의 수적 증가, 법적 · 문화적 보호를 받지 못하는 '미혼모'와 '성매매피해여성'등의 문제로서 더욱 심각해져 가고 있다. 이러한 가정들에 제공되는 사회복지서비스는 대부분 최저수준의 생계를 유지하도록 하는 경제적 지원으로 한정되어 있는 경우가 많아 실질적인 생활을 위한 복지욕구에 비해 매우 부족한 상태이다.

### 3) 요보호여성의 문제

일반여성의 문제가 그들의 가정에의 종속성과 남성에의 의존성에서 연유된 것이라면 요보호여성의 문제는 의존성과 종속성의 대상이 되는 가정과 남성의 부재 또는 부조화에서 비롯된 것이라고 할 수 있다. 즉 요보호여성이란 사회적으로 특수한 문제를 가진 것으로 인식되는 여성으로서 이들의 문제는 환경부적응, 욕구불만, 불안 등으로부터 발생하는 문제에 봉착해 있는 사람들이다. 이러한 요보호 여성문제의 특성으로 출산, 육아, 가사에서 또 사회참여와 직장진출에서 모성보호조치를 필요로 하고 있다. 특별히 요보호여성 중에서도 모자가정의 문제는 매우 심각하다. 이제까지의 모자가정의 정의는 주로 배우자와 사별하거나 이혼한 경우의 모자가 주요 대상이었다. 그러나 현대사회에서는 실제로 배우자가 존재하고 있더라도 정신적 또는 신체적 장애로 장기간 근로능력을 상실한 배우자를 가진 여성이나 미혼모와 그의 자녀는 사회적으로 보호해야 할 대상이다. 이러한 다양한 형태의 모자가족은 가족 본래의 기능인 성적 기능, 경제적 기능, 자녀의 사회화 기능 및 교육기능을 상실하게 됨으로써, 정서적인 문제와 자녀양육 및 교육의 문제, 경제적인 문제에 부딪히게 된다.

### 4) 학대받는 여성문제

가정에서의 아내폭력은 불안, 남편에 대한 두려움, 자녀를 버리고 집을 나온 것에 대한 죄의식, 자녀양육과 관련된 불안과 부담, 이혼에 대한 불안, 남편을 만나는 것에 대한 두려움 등을 들 수 있다. 무엇보다 학대받는 아내들의 문제는 자녀들에 대한 걱정과 미래에 대한 장기적 대책이 없기 때문에 가출에 대해 후회하면서 다시 귀가할 가능성이 높다.

아내학대의 문제는 우선 학대받는 여성을 개인적인 결함이나 병리적인 특성을 가진 개인이 아니라 신체적·정서적으로 상처를 입은 개인으로 보아야 한다. 여성의 개인적 희생에도 불구하고 결혼유지를 개입목표로 하는 접근방법보다는 현재의 상황에서 여성이 이혼을 결심했을 때 발생하는 수입의 감소, 이혼녀로서의 낙인, 편모로서의 생활, 탁아서비스 등의 사회서비스의 부족이나 결여로 인한 불이익 등을 최소화시키는 방향으로의 사회복지 정책적 접근이 필요하다.

### 5) 이혼여성의 문제

통계청 자료에 의하면 2005년 여성가구주는 전체가구수의 22%인 349만명, 이중 이혼여성의 비율은 인구 1,000명당 1980년대에는 0.6건에서 2000년도에는 2.5건으로 증가하였으며, 2005년 한 해 동안 결혼자수316,375명에서 이혼128,468명으로 40%의 이혼율을 나타내고 있어 매우 높은 상승률을 보이고 있다. 이혼은 여성들의 자존감 저하와 주변의 낙인, 자녀문제와 경제적인 문제 등을 동시에 경험하게 된다. 특히 결혼 자체를 경제적 원천으로 삼고 있었던 전업 주부의 경우에는 이혼과 더불어 소득원의 상실이 가장 큰 어려움으로 부각되며, 취업과 자년양육에 대한 부담도 증가함으로써 곤란을 겪게 된다. 따라서 이혼여성에 대한 그릇된 고정관념을 버리고 사회변화에 따른 일반적인 문제로 인식변화가 먼저 이루어져야 할 것이나. 또한 여성복지의 한 부분으로 이혼으로 인해 일어날 수 있는 제반 문제 상황에 대한 예방적 대응책이 필요하다.

### 6) 노인여성의 문제

고령화 사회가 됨에 따라 노인여성 문제가 대두된다. 지금처럼 이혼이나 부모사망 시에 여성도 자신의 재산권을 주장하는 것이 일반화 되는 추세지만 지금 노인세대는 경제력이 미약한 상태로 노년기를 맞고 있다. 노인여성의 문제는 전체여성의 문제로 이해될 필요가 있다. 젊은 여성의 미래라는 측면에서도 그렇지만 손 자녀 양육과 공공 보육의 문제, 노인부양과 고부갈등, 여성취업 문제와 직접적 연관이 있기 때문이다. 노인여성 문제를 가족 안에서만 해결하려는 방식은 노인을 비생산적이고 무능력한 존재로 전락시킬 우려가 있다. 지역사회에서 재가복지서비스나 요양시설을 확충하여 여성노인들이 보다 쉽게 부담 없이 이용할 수 있도록 지원하고 노인여성의 사회참여를 보강해 나가야 할 것이다.

## 4. 여성복지의 개선방안

### 1) 적극적 권리의 개념으로서 여성복지

여성은 남성의 부족한 부분을 채워줘야 한다는 식의 사고에서 벗어나 여성의 출산이나 가사노동, 육아에 대한 정당한 가치를 인정하고 여성의 취업을 가계 보조적이거나 부차적인 것으로 보는 고정관념을 없애야 할 것이다. 즉, 남성과 여성의 생물적 차이와 가정 내의 역할, 사회적 역할의 차이를 당연한 것으로 여기는 보호 차원의 여성복지가 아니라, 여성 스스로 적극적 권리로서 요구하고 선택할 수 있는 복지가 시행되어야 하며, 사회적 인식전환이 이루어져야 한다.

### 2) 전달체계의 개편

현재 여성복지와 관련된 행정부처는 보건복지부, 노동부, 여성부 등이 있다. 이런 행정기구들이 유기적인 관계를 맺고 여성복지를 효과적이고 효율적으로 실행해나갈 수 있도록 여성부가 여성복지의 전반을 주관하면서 각기 다른 행정부처에서 일관적이고 중복되거나 누락되지 않은 복지정책과 서비스를 시행해 나갈 수 있도록 해야 한다. 그리고 여성복지에 대한 전문 인력을 확보하여 여성관련 행정조직에 배치함으로써 보다 나은 여성복지 향상을 위해 노력해야 한다.

### 3) 제도적이고 보편주의적 여성복지 전개

보편주의에 입각하여 모든 여성을 대상으로 사회복지를 실현하는 것을 원칙으로 하되, 국가의 재정지원과 관련해서는 빈곤과 성차별의 다중문제를 갖고 있는 저소득계층 여성으로 우선적으로 실시하여 점차 모든 계층 여성으로 확대하고 성차별적 환경을 개선하여 자아실현과 사회참여를 증진시킬 수 있는 사회복지 프로그램을 적극 시행해야 한다.

### 4) 양성평등 복지실행

남성도 가부장제와 자본주의로 인한 억압과 남성으로서의 의무와 책임감에 시달려왔다. 이는 그동안 여성이 가부장제와 자본주의체제 속에서 억압받아온 것과 유사하다. 남성이나 여성 모두의 평등을 지향하고 성 구분 없이 모든 인류의 복지를 위해 나아갈 때 진정한 사회복지가 실현될 수 있다.

## 5. 여성복지의 과제

### 1) 여성의 빈곤을 해소하기 위한 소득지원 및 일자리 창출

빈곤한 여성의 경우 생활보호제도의 한계로 인해 생활보호만으로 최저생활을 유지할 수 없는 경우가 많으므로 국민기초생활보장제도의 실시와 더불어 최저생계비 수준의향상과 수급대상의 확대가 필요하다.

또한 여성의 일자리 창출로 빈곤의 원인인 실업에서 벗어나도록 지원한다. 여성의 사회화가 이미 지속 된지 오래되었으나 실제 취업을 희망하는 여성에게 일자리 제공이 어려운 현실이다. 여성이 출산 후에 다시 시회에 진출하려고 해도 마땅한 일자리가 없다. 출산과 가사전담기간이 공백기간이 아니라 그 어떤 분야에서도 이룰 수 없는 실력과 감성을 키울 수 있는 소중한 경력임을 알아야 한다. 이에 지역사회에서 여성인력이 자신의 소질을 맘껏 발휘할 수 있도록 여성과 기업을 연계함으로써 창업프로그램이나 기타 유용한 정보제공이 이루어져야 할 것이다.

### 2) 육아보육문제 해결 및 보육예산의 확충

여성일자리가 창출된다하더라도 보육문제 해결이 제대로 안되면 안된다. 영아전담보육시설 등이 설립되고 아동복지에 대한 관심이 높아지고 있기는 하나 아직 국공립, 직장보육시설의 비율은 낮은 실정이다. 이와 아울러 여성정책이 실질적으로 여성의 삶을 변화 시킬 수 있으려면 기본적인 여성 통계가 있어야 한다. 여성정책과 복무를 적절히 수행하려면 현실에 기초한 정책입안과 정책수립을 위한 연구 조사사업이 먼저 이루어져야 한다. 한편 지속적인 보육예산을 확충함으로써 다양한 보육프로그램을 개발하고 보육서비스의 질적 향상을 도모한다.

### 3) 효율적인 복지시스템 구축 및 저소득 모자가정의 지원

여성복지 과제 해결을 위해 지금보다 더 많은 인력과 효율적인 복지시스템이 필요하다. 지역적 특성과 상황에 맞는 양질의 복지서비스를 위해 중앙정부와 지방자치단체가 수직적 관계가 아닌 수평적 역할 부담체계를 갖추는 것이 바람직하다.

즉 지방자치단체가 해당구역의 여성복지 문제를 정확히 파악하고 전략적인 지역복지계획을 수립, 서비스전달의 효율성을 제고해 나가야 한다. 이를 위해서는 인력부족으로 생겨나는 적극적 복지행정의 곤란을 해결해야 하며 여성복지 담당자의 전문지식 습득과 경험, 참여가 필수적이다.

또한 저소득 모자가정의 지원사업을 통해 최근 증가하고 있는 편부모가정의 세습화를 방지하기 위해 자녀교육비 지원에 대한 폭을 점차 확대해 나가야 할 것이다.

### 4) 여성교육프로그램 활성화를 위한 정책방향

주로 여성복지관이나 회관 등 여성시설을 통해 다양한 프로그램이 진행된다. 문화관광부, 행정자치부, 지자체가 부담 없이 이용할 수 있도록 제공한 문화강좌나 문화교육프로그램은 여가활용에 목표를 두고 많은 여성들이 골고루 문화혜택을 누릴 수 있도록 하는 것이 중요한 평가지침이다. 21세기 문화의 시대에 맞추어 여성문화인력 양성에도 관심을 두어야 한다. 문화인력이라면 문화예술가, 문화기획가, 문화행정가를 떠올리지만 이제는 문화자원봉사자, 문화이용자를 포함하여 문화이용자들이 봉사자가 되고 전문기획가, 예술가, 예술경영자가 될 수 있다는 가능성을 염두에 둔 프로그램개발이 이루어져야 한다. 기존의 문화교육 이후 후속교육을 할 수 있는 소모임이나 동아리 등 자율적 운영을 적극 지원하며 이 집단이 지역사회에 기여할 수 있도록 제도화 해 나가야할 것이다.

# 제13장 산업복지론

## 1. 산업복지의 개념

노동의 개인의 삶에서 매우 중요한 영역중의 하나다. 개인의 자아는 그가 종사하는 노동의 유형에 따라 상당부분 규정된다. 또한 산업현장에서의 인간관계를 통해 개인은 자신의 가치를 형성하고 사회적 위치를 확보하게 된다. 그러므로 노동과 산업현장은 사회복지의 핵심적인 패러다임이라 할 수 있는 "상황속의 개인"이라는 공식에 있어 매우 중요한 요소라 할 수 있다. 근래에는 노동자의 복지의식 향상과 노동조합의 욕구 그리고 생산성의 제고에 대한 관심이 커지면서 산업복지에 대한 중요성이 증대되고 있다.

산업복지는 흔히 근로복지, 노동복지라는 용어로 표현되기도 한다. 오늘날 대부분의 국가에서 사회복시세도의 확립과 사회복지프로그램을 시행하고 있다. 산업사회의 현장에서 노동자들의 문제에 개입하는 전문사회복지사들의 활동을 통하여 대상자들의 욕구와 충족을 위해 노력하고 있다. 이러한 산업사회 안에서 일어나고 있는 다양한 문제를 해결하기 위해 산업현장을 중심으로 이루어지는 사회복지의 한 실천분야이다. 즉 전문적 사회사업의 지식과 기술을 적용하여 산업배경에서 발생하는 사회심리적 문제에 효과적으로 대처함으로써 노동자와 그 가족의 복지를 추구하는 노력이다.

산업사회로 인한 물질적 풍요와 생활수준의 향상은 현대사회에 편리함을 제공하기도 하지만 한편으로는 새로운 문제를 발생시켜 이에 대한 해결책으로 사회복지적 과제가 등장하게 되었다. 산업복지의 대상은 노동자와 그 가족이며 주체는 국가와 고용주 그리고 민간사회단체 및 노동조합으로 분류할 수 있다. 여기서 산업복지의 개념을 정의하자면 기업이 실시하는 복지후생, 노동조합이 행하는 근로자복지, 국가가 행하는 사회보장, 민간사회복지단체가 행하는 소비자보호운동을 포함하여 노동자와 그 가족의 생활수준을 향상시키고, 생활복지의 증진을 도모하여 생활의 안정을 위해 전개되는 활동이다. 즉 공공과 민간을 포함하는 제도적이고 포괄적인 개념으로서 노동자를 대상으로 하는 국가에 의한 각종 사회보장 급여, 기업에 의한 부가급여, 기타 비물질적 서비스를 포함한다.

## 2. 산업복지의 출현배경 및 특성

산업사회에서 노동이 갖는 의미는 매우 크다. 자본주의 사회에서 완전고용 혹은 충분한 일자리 제공을 통한 높은 생산성의 실현과 임금의 재분배 임금으로 해결 할 수 없는 사회적 사고나 장애 요인에 대한 대처기제는 주로 사회복지를 통해 이루어진다. 오늘날 산업부문간 불균형 발전, 소득배분의 불평등 현상, 산업구조와 노동시장의 양극화현상, 정체 실업의 누적, 임금격차 확대, 성숙하지 못한 노사 교섭, 사회보장의 낙후 등 사회문제가 정정 확대됨으로써 고용, 배분질서의 합리화와 사회복지확대에 대한 관심과 요청이 절실한 실정이다. 이러한 노동자와 그 가족의 복지문제에 대한 요구는 국가의 사회보장, 기업의 기업복지, 노농조합의 자주복지 등 산업복지의 문제라고 할 수 있다.

산업복지란 노동자 및 그 가족을 대상으로 물질적, 정신적 안정을 부여하는 것으로 좀 더 세부적으로 볼 때 법적으로 확립된 기본 근로조건 아래에서 사회적으로 결정되는 임금 이외에 추가적으로 노동자의 생활안정과 생활향상에 도움이 되는 직접적이고 개관적인 편익이라고 볼 수가 있다.

이러한 산업복지가 출연하게 된 것은 산업화가 진전되고 그에 따라 산업혁명이 진행되었던 시기로서 외국의 경우 18세기에 주로 노동자들의 자조노력에 의해 발전하기 시작하여 19세기에 그 전환점을 맞았다고 볼 수 있다.

우리나라의 경우 1960년대와 1970년대 농업의 생산성 향상과 공업의 선진화의 발전으로 산업화·도시화가 진행됐다. 노동에 대한 억압적 정책과 자본에 대한 지원육성 정책을 통해 본격적인 수출주도 산업화가 시작된 이 시기에 광공업 부문의 취업자수는 두 배 가까이 증가했다. 이에 산업복지가 출현하였고 1960년대 말에는 부분적으로 저임금 여성노동력의 부족현상이 나타나기도 했으며, 기업에서 인사노무관련 부서가 직제화 되기 시작했다.

결국 자신들의 근로 환경에 불만을 품은 다수의 피고용자들에 의해, 그리고 그러한 피고용자를 잘 다루어서 좀 더 자신들의 생산량과 이득을 남기려는 고용자들에 의해 생성된 복지이라고 할 수 있다. 노동자들은 더 이상 상품과 용역을 생산하는 경제적 도구로 전락하는 상황에 순응하지 않으며 거대한 조직 안에서도 조직원간의 유대관계를 맺으며 정서적인 욕구충족과 아울러 노동자들이 자존감을 가질 수 있는 직장을 고용주에게 요청하게 되었다. 또한 고용주들도 노동자를 단순한 노동력으로 파악하기보다는 노동을 하는 인간으로 파악하는 것이 오히려 생산성 증대에 효과적이라는 사실을 깨닫기 시작하여 노동자에 대한 복지사업에 관심을 가지면서 산업복지에 대한 욕구가 생성된 것이다. 산업복지는 직장을 중심으로 실시되는 서비스와 프로그램으로 구성되며 노동자에게 직장에 대한 신뢰감과 성취감 증대 및 직장의 유용성을 높여줄 수 있다. 기업은 생산성 향상이라는 중요한 과제를 안고 있으며 이의 실현을 위하여 과거 강압적인 자세가 아니라 노사협의에 의해 노동자의 복지서비스를 통한 개인의 문제해결을 도움으로써 과제를 실현할 수 있다. 또한 노동자가 익숙한 환경에서 사회적서비스를 접할 수 있으므로 심리적, 경제적, 시간적인 불편을 덜 수 있다. 실제로 기업에서 산업복지서비스가 제공된다면 결국 양질의 노동력 확보와 노동력의 안정에 기여하게 되고 생산성 향상이라는 경영측의 노무관리 목표에도 도달할 수 있게 된다.

## 3. 산업복지의 기능

### 1) 노동력 보호와 비용절감

노동자에게 미치는 자연재해나 또는 산업재해로부터 노동력을 보호함으로써 지출되어야 할 비용을 절감하고 기업의 이윤 증대에 기여하게 된다. 두드러진 예로서 공공산업복지로서의 사회보험으로 산업재해보상보험과 국민건강보험, 고용보험, 국민연금을 들 수 있다. 첫째, 산업재해보상보험은 산업재해로부터 노동자와 사업주 보호를 위해 1964년 도입된 우리나라 최초의 사회보장제도이다. 산업재해보험제도의 목적은 노동자의 업무상 재해를 신속하고 공정하게 보상하고 이에 필요한 의료 및 요양시설을 운영하여 산재예방과 노동자의 복지를 향상하고 보호하는데 있다.

둘째, 국민건강보험은 질병이나 부상, 분만, 사망 등의 원인으로 인해 발생하는 치료비, 요양비에 대한 생활상의 불안을 방지하고 국민들의 최저한의 생활을 보장하는데 그 의의가 있다. 건강보험은 국민들의 의료비에 대한 경제적 부담을 줄이고 의료서비스에 대한 접근을 편리하게 하기위한 목적으로 시행되었다. 우리나라는 1977년 500인 이상의 사업장을 대상으로 실시하여 1989년 도시지역 주민의료보험의 시작으로 전 국민에게 확대 시행되었다. 셋째, 고용보험은 실업예방과 고용촉진 및 노동자의 직업능력개발과 향상을 도모하며 노동자의 생활에 필요한 급여를 지급함으로써 실직노동자의 생활안정과 재취업을 지원하는 사회보험제도이다. 현재 우리나라의 고용보험은 사업장 규모와 상관없이 전체노동자를 가입대상으로 하고 있으나 아직 영세사업장 노동자들의 가입은 저조한 상태이다. 또한 고용보험제도가 실직근로자들의 실업에 대한 적정한 보상을 위해 실시되기보다 주로 실직자들의 고용촉진과 직업능력개발에 초점을 맞추고 있어서 진정한 의미의 실업보험으로서의 역할이 수행되지 못하고 있는 실정이다. 따라서 고용보험의 급여수준과 급여기간의 향상 및 실직자와 그 가족에 대한 제도와 서비스 향상도 이루어져야 한다. 넷째, 국민연금제도는 노령, 폐질 및 사망 등의 사회적 사고로 인한 소득의 중단 또는 상실의 위험이 있는 경우에 일정수준의 생활을 보장해 주는 사회보험이다. 국민연금은 공적연금으로 가입이 법적으로 의무화 되어있다. 국민연금에 가입한 자가 노령이나 질병, 사망으로 인해 소득능력이 상실 또는 감퇴되었을 때 본인이나 유족의 생계를 보장하기 위하여 연금이 지급된다. 따라서 산업복지는 산업재해와 건강보호 및 증진, 레크리에이션과 휴식시간의 관리, 양질의 노동력을 확보하는데 기여하게 된다. 이러한 기능수행에 드는 비용은 단순한 소비가 아니라 오히려 비용절감과 효율증대를 가져오게 되는 적극적인 투자의 효과를 나타내게 되는 것이다.

### 2) 노동력의 안정화 기능

임금차이가 없는 동종업계에서는 산업복지 프로그램의 서비스나 부가급부를 통하여 노동자의 이직률을 감소시키고 유능한 노동력을 확보할 수 있다. 또한 노동자의 욕구를 충족시켜 줌으로써 불만을 해소하고 불필요한 노사간 갈등을 방지, 안정된 노사관계를 통해 노동력을 안정시킬 수 있다.

### 3) 노동력 유지의 기능

산업에 투입되는 노동력은 적합한 조건이 갖추어 졌을 때 보다 효율적인 운용이 가능하다. 산업복지는 근로자의 독특한 욕구들을 수렴하여 새로 유입된 노동력이나 부녀자, 연소자 등 특수집단의 욕구를 충족시켜 줌으로써 노동자들이 가지는 노동력의 장애요소들을 경감시켜 효과적인 노동력을 유지할 수 있도록 해준다. 예를 들면 노동자의 아동에 대한 보육욕구를 해결하기 위해 직장 내 보육시설을 설치하여 운영함으로써 다른 노동자와 마찬가지로 노동력을 잘 활용할 수 있도록 하는 것 등이 있다.

### 4) 고용책임의 전달 기능

고용주의 노동자에 대한 강한 책임감은 구체적인 산업복지서비스를 통해 전달할 수 있다. 임금에 대한 화폐적 보상뿐만 아니라 노동에 대한 비화폐적 보상을 제공함으로써 고용책임을 충분히 완수할 수 있도록 한다. 따라서 산업조직에서 고용주가 노동자에 대한 강한 책임감을 갖게 해줌으로써 비인간화되기 쉬운 산업현장의 직무와 조직을 인간화하려는 노력이다.

### 5) 사회적 책임의 기능

기업이 사회적 기관으로서 혹은 지역사회에 존재하는 한 조직으로서 바람직한 사회적 책임을 수행할 수 있도록 해준다. 특히 기업체는 이윤추구와 함께 지역사회와의 상호 협조관계가 이루어져야 한다. 즉 하나의 개방체계로서 지역사회로부터의 기대와 관심을 받고 이에 부응하기 위해 노력해야 하는 것이다.

## 4. 우리나라 산업복지의 과제

산업복지는 국민의 대다수를 차지하는 노동자와 그 가족의 복지증진 및 복지사회, 복지국가의 실현이라는 목표를 가진다. 그러나 아직도 목표달성에 이르는 데는 미약한 수준이다. 그만큼 발전시킬 부분과 가능성이 크다고 볼 수 있다. 우리나라 산업분야에서 특히 부각되고 있는 문제는 근로자의 생계비충족문제, 임금격차문제, 장시간노동문제, 산업재해문제, 직업병문제, 공해문제 등의 노동문제이다. 이러한 문제들은 제도나 기술면에서 아직 태동기에 머물러 있는 산업복지의 문제로서 분명 복지사회로 나아가는데 장애요인으로 작용한다. 따라서 산업복지의 주체인 국가와 기업, 노동조합이 과연 어떻게 대처해야 할 것인가 하는 문제는 현실적으로 커다란 관심사이다. 따라서 산업복지 발전을 위한 몇 가지 과제를 제시하면 다음과 같다.

### 1) 국가의 사회정의 구현

국가는 본래 균형과 조화가 이루어진 수준에서 노사간 중립을 지키며 사회정의를 구현하고자 하는데 그 본질이 있다. 그러므로 국가는 공공산업복지 또는 산업복지정책을 통하여 저임금개선, 최저임금제도의 확립, 임금격차의 시정, 임금의 물가연동제 등을 통하여 노동자가 최저생활을 유지할 수 있는 안전망을 구축해 가야 할 것이다.

### 2) 기업의 사회적 책임

기업의 경우 기업윤리에 바탕 하여 인도주의적 신념을 갖고 기업의 사회적 책임을 인식하고 장기적 안목으로 사회복지투자에 대한 확신을 갖도록 노력해야 한다. 또한 사회적 책임감을 실현시키기 위해 해당 근로자에 다양하고 질 높은 기업복지를 실시하는 것이 바람직하다. 이 경우 단순히 기업주의 자발적이고 온정주의적 태도가 아니라 근로자와의 단체협상 등을 통해 제도화시켜 나가는 것이 필요하다. 따라서 사업주는 현재 기업 내 사회복지시설이 부족함을 인식하고 합리적인 운영이 이루어지지 않고 있다는 것을 발견하여 시설확충과 합리화에 노력하고 장기적 비전을 제시할 필요가 있다.

### 3) 자주복지사업과 근로복지운동 전개

노동조합의 경우 복지향상을 위해 자주복지운동뿐만 아니라 자주복지사업도 이루어져야 한다. 노동조합은 정부나 기업에 대한 교섭과 참여를 통해  자주복지운동을 전개함과 동시에 신용조합, 노동금고, 소비조합, 책임조합, 공제회, 병원 등 단위노조보다는 산별연맹과 같은 상급노동조합을 중심으로 한 자주복지사업을 전개해 나가야 할 것이다. 우리나라의 노동운동을 보면 주로 근로조건과 임금협상이 주류를 이루었으나 이제는 근로의 질적 향상이라는 측면에서 근로조건과 임금분쟁뿐 아니라 법적, 권리적, 근로생활의 질적 분쟁 등의 복지서비스를 강화하는 근로복지운동의 전개가 병행되어야 할 것이다.

# 제14장 의료사회사업

## 1. 의료사회사업의 개념

현대 사회는 정치·경제·사회·문화 등 사회생활의 모든 면에 있어서 급속한 변화와 발달로 인해 인간의 모든 생활 영역에서 육체적·정신적·사회적·경제적으로 다양한 문제를 일으키고 있다. 이러한 문제에 대해 보다 다각적인 관점에서 접근이 필요하며 특히 질병으로 인해 야기되는 문제에 대한 전문적인 의료사회사업이 요구된다.

의료 사회사업이란 전문사회사업의 한분야로서 의료 및 공중보건 분야에서 실시되며 주로 지급하는 대상자는 질병을 가진 환자와 그 가족들에게 필요한 의료를 가할 수 있도록 치료적 효과를 더디게 하는 사회 심리적인 문제를 해결하도록 도움을 주고 환자가 퇴원한 후에도 정상적인 사회기능을 하도록 사회적 서비스를 제공하는 것이다.

즉 환자의 질병치료와 회복, 사회복귀기능을 돕는 목적을 가지고 질병으로 인하여 파생되는 환자의 심리적 사회적 경제적 문제가 질병치료에나 그 회복에 악영향을 주지 않도록 사회복지실천방법(group work, case work, community organization etc.)의 전문적 원조를 통해 문제를 해결하거나 조정하여 환자 및 그 가족의 당면한 문제를 해결하고 손상된 사회기능을 회복할 수 있도록 지원하는 것이다.

프리드랜더(W. Friedlander)는 의료사회사업을 '전문화된 사회복지의 한 분야로서 가능한 한 환자가 보건서비스를 가장 효과적으로 활용할 수 있도록 하기 위해 병원이나 진료소, 기타 의료기관에서 실시되는 개별사회사업, 집단사회사업, 지역사회조직의 실천을 포함하고 있으며, 환자의 질병과 치료에 영향을 주는 사회적 정서적 문제를 다루는데 있어서 원조에 강점을 두는 것이 특징이다'라고 정의하고 있다.

한 개인이 건강하다는 것은 신체적, 심리적, 사회적으로 건강한 상태를 의미한다. 이러한 요소는 서로 영향을 미치며, 한 개인에게 통합되어 상호 작용하므로 질병의 발생은 환자의 심리적, 사회적 기능에 영향을 주고받게 된다. 그러므로 환자를 치료하기 위해서는 환자의 심리적, 사회적 배경까지도 이해함으로써 보다 효과적인 치료를 할 수 있게 된다. 이러한 인식에서 출발한 의료사회사업은 전인적인 의료서비스를 제공하고 환자와 그 가족이 보다 적합한 보건 및 의료서비스를 활용할 수 있도록 원조함으로써 의료복지를 실천하는데 의의를 가진다.

의료사회사업은 1895년 영국의 왕립시혜병원에 런던자선조직협회의 후원으로 Stewart를 파견하여 입원환자 적격여부 및 상담활동을 한 것이 의료사회복지사 활동의 태동이 되어 1985년 런던의 왕립 자유병원(Royal Free Hospital)에서 처음으로 의료사회복지사를 채용하게 되었다.

1905년 미국 매사추세츠 제너럴병원의 Richard Cabot 박사는 의료사회복지사의 필요성을 제일먼저 인식하여 의료사회복지실천을 세계 최초로 도입했다. Cabot는 질병의 원인과 회복이 생물학적 요인뿐만 아니라 사회적 요인에 영향을 받는다는 것을 인식하고 사회복지사를 채용하여 환자들에게 서비스를 제공하도록 하였다. 이후 1919년 미국병원사회사업가협회가 설립되었고, 1920년대 중반에 약 300개의 병원에 사회사업과가 설립되었고 처음으로 의료사회사업전문직에 대한 구체적인 명시가 나타났다. 이어 1955년에는 전국사회사업가협회가 설립되었다.

우리나라에서는 1973년 제정된 의료법시행령에 따라 종합병원에 사회복지사의 채용을 의무화하였다. 의료법 시행규칙에 의하면 '종합병원에는 사회복지사업법의 규정에 의한 사회복지사 자격을 가진 자 중에서 환자의 갱생, 재활과 사회복귀를 위한 상담 및 지도업무를 담당하는 요원을 1인 이상 둔다'는 규정을 통해 의료사회사업을 법적으로 인정하게 되었다.

## 2) 의료사회사업의 기능

인간의 신체적인 질병은 환자의 심리적, 사회적 기능에까지 영향을 주게 되며 반대로 신체적 질병은 환자의 심리적, 사회적 요인에 의해서 발생되기도 한다. 그러므로 각 개인의 질병을 관찰할 때 생물학적 균형의 파괴뿐 아니라 질병에 영향을 주는 개인적, 정서적, 사회적인 요소에도 관심을 가져야 한다.

의료사회사업은 의료 및 보건기관에서 실천하는 것으로 기본적으로 병원의 규모나 특수성에 따라 그 기능이 다양하며 병원내의 의료사회사업의 기능은 다음과 같이 요약할 수 있다.

### (1) 의료팀과의 협력

의료기관에서는 정확한 진료와 전인적인 치료를 위하여 의료팀을 구성하는 것이 바람직하다. 일반적으로 의료팀은 의사, 간호사, 물리치료사, 작업치료사 등으로 구성되며 사회사업가는 이들과 함께 협력적인 서비스가 제공되도록 한다. 따라서 환자의 개인력과 가족력, 사회경제적 상태와 관계기능을 사정, 평가하여 의료팀에게 정보를 제공함으로써 합리적이고 효과적인 치료계획을 설정하고 실천하는데 협력하도록 한다.

### (2) 직접적인 서비스

의료사회사업가는 환자의 진료과정에서 환자의 정보를 수집하고 사정, 평가하여 개별사회사업과 치료계획을 세운다. 환자와 그 가족들에게 질병에 대한 정서적, 사회적 영향력을 이해시키고 이들 문제에 개입하여 가능한 한 빠른 시일내에 주어진 상황에 잘 적응할 수 있도록 돕는다. 또한 만성적이고 재발 가능성이 있는 질환을 가진 환자나 그 가족에게는 사회사업의 실천기술과 방법을 통하여 직접서비스를 제공한다.

### (3) 프로그램 계획과 정책결정에 참여

의료사회사업가는 사회사업의 전문적인 지식과 경험으로 병원행정이나 다양한 의료사회서비스 전달체계가 지역사회에 대내외적인 기능을 다할 수 있도록 지역사회보건과 사회복지서비스에 관계되는 프로그램 설정에 참가하고 정책결정과정에 참여한다.

### (4) 지역사회자원조직에 참여

의료사회사업가는 병원이나 환자의 문제를 돕는 과정에서 필요한 자원을 지역사회 내에서 동원하여 조직화 한다. 또한 보건의료기관이나 행정당국의 유기적인 관계를 통해 다양한 양질의 서비스가 제공되도록 예방적인 활동을 증진시키는 일에 참여한다. 예를 들면 지역사회 공중보건, 모자보건사업, 재활사업활동에의 지역사회 어머니 자원봉사자 결성과 운영, 특히 정신장애를 가진 이들에 대한 사후지도 및 재활, 지역사회 정신건강 계몽활동에서 자원 활용은 매우 중요하다.

### (5) 교육프로그램 및 조사연구에 참여

의료사회사업가는 의료팀의 일원으로서 사회사업가의 기능과 역할을 소개하고 전인진료를 위한 다양한 프로그램을 지도한다. 의료에 관련된 조사연구에 관련하여 의료사회복지사의 보건의료분야에서 사회사업활동의 개입에 필요한 욕구를 측정하고 파악된 욕구에 따라 새로운 프로그램개발이나 계획을 수립, 수정 과정을 거쳐 보다 과학적이고 합리적인 방안을 모색할 수 있도록 한다.

### 3) 의료사회사업가의 역할

의료사회사업가는 초기에는 환자가 퇴원한 후 사후지도와 방문 지도를 하고 의사요청이 있을 때 환자의 사회력을 조사하여 보고하는 일로서 주로 개별사회사업의 접근이었다. 지금은 이러한 활동과 아울러 인간의 존엄성에 대한 확신을 가지고 이들의 심리적, 정신적, 사회적, 경제적 측면에 대한 지식과 경험축적을 통한 다양한 역할이 요구된다. 의료사회복지에 있어서도 일반의료, 재활의료, 지역사회보건정신과 등의 특수전문분야가 있어 전문적인 역할에는 다소 차이가 있겠지만 공통적인 전문역할에 대해 다음과 같이 요약할 수 있다.

#### (1) 치료자의 역할

질환으로 인한 심리적인 문제는 적절한 의료서비스를 받는데 장애가 될 수 있다. 북돋우고 당면한 문제해결을 위한 지지적인 개별사회사업의 치료적 역할을 해야 한다. 그리고 재활환자의 경우는 자신의 능력을 과소평가함으로써 생겨나는 문제들을 그러므로 의료사회사업가는 환자가 능동적으로 참여할 수 있도록 자신감과 용기를 집단사회사업의 활동을 통하여 성취감과 자신감을 갖도록 유도하는 역할이 필요하다. 특히 환자와 그 가족이 서로 협력하고 치료적인 분위를 조성함으로써 환자가 쉽게 적응할 수 있도록 지원한다.

#### (2) 서비스 조정자의 역할

의료사회사업가는 치료에 참여하는 팀과 함께 전문적인 진단과 치료 및 의료서비스 계획을 수립하여야 한다. 특히 심리적, 사회적, 경제적인 정보를 의료팀에 제공하여 환자의 전인적인 이해증진 및 의료팀의 통합적인 서비스를 위한 협력과 조정적 역할을 수행해야 한다.

#### (3) 자원동원자의 역할

의료사회사업가는 의료적 치료나 재활과정에서 인적, 물적, 제도적, 법적인 자원을 동원하는 역할을 수행해야 한다. 또한 병원 내의 의료적인 제 사회자원의 활동을 극대화하기 위해 자원조직화를 비롯하여 환자의 질병회복과 재활 및 사회복귀를 위한 지역사회의 공·사적인 다양한 사회자원을 조직화하고 동원하는 역할을 한다.

#### (4) 재활 및 교정자의 역할

의료사회사업가는 재활의료팀에서 심리사회적 측면의 조사연구와 평가, 치료, 훈련, 지도 및 서비스의 계획수립에 협력하여 생활지도적, 심리사회적, 직업적 등의 종합적인 재활과정에 참여하여 치료와 교정 역할을 한다. 특히 장애로 발생되거나 재활과정에서 파생될 수도 있는 심리사회적인 제 문제나 행동반응 등을 치료하거나 교정하여 잠재된 기능을 개발하고 사회기능을 회복할 수 있도록 돕는다.

### 4) 의료사회사업 실천영역

#### (1) 일반의료사회사업

의료의 사회화, 현대의학의 전문화 그리고 병원운영의 합리화 등으로 전인적 진료가 어려운 문제를 비롯하여 환자의 질환이나 치료과정에서 파생되는 문제해결이나 효과적인 진료를 위한 협력적인 활동을 말하며 심리사회적 문제와 빈곤 환자의 치료비 문제, 그리고 퇴원 후 생활문제 등에 전문적인 서비스와 자원조정 및 활용에 중점을 두는 활동이다.

따라서 의료사회사업가의 역할은 첫째, 환자와 그 가족에 대하여 질병치료에 관련되는 심리사회적 문제를 이해시키고 치료계획에 적극 참여할 수 있도록 돕는다. 둘째, 의료팀에 대하여 환자의 진료에 있어서 사회경제적 배경과 가족을 비롯한 개인력에 대한 정보를 조사, 수집하여 전반적인 치료과정에 반영토록 하고, 의료팀이 환자를 전인적으로 이해하여 서비스를 제공할 수 있도록 돕는다. 셋째, 퇴원계획과 사후지도이다. 환자의 재활과 사회복귀를 효과적으로 성취할 수 있도록 지역사회자원의 활용과 연결을 돕는다.

특히 환자 및 가족과의 치료적 관계에 있어서 의료사회사업가는 환자와의 바람직한 인간관계 형성이 중요하다. 이는 환자의 심리사회적 욕구와 감정상태를 정확히 파악할 수 있으며, 환자들이 가지고 있는 문제의 이해를 도움으로써 적절한 원조가 제공될 수 있게 되는 것이다.

#### (2) 재활의료사회사업

재활이란 장애인의 잠재능력을 평가하고, 그 잠재능력을 개발할 수 있도록 여러 전문가들의 팀웍과 지역사회 자원을 동원하여 사회구성원으로서 권리와 의무를 다할 수 있도록 돕는 활동이다. 따라서 재활의료사회사업은 인간의 존엄 및 생존권보장과 사회연대성의 이념을 갖고 재활의료 기관에서 심신장애인의 의료적, 사회적, 교육적, 정신적, 직업적 장애로부터 그의 잠재능력을 최대한 개발, 발휘할 수 있도록 하는 것이다. 그러기 위하여 재활팀의 일원으로 모든 재활과정에서 주로 심리사회적 진단과 치료, 사회자원동원과 조정, 사회운동, 직업보도 등의 서비스를 하는 사회사업의 한 영역이다.

#### (3) 지역사회보건사회사업

지역사회복건사회사업이란 자발적이고 조직적인 지역사회 주민의 노력에 의해 지역주민의 전체적인 건강을 증진시키며, 질병의 예방 또는 치료에 의료사회사업가가 행하는 일체의 활동영역을 말한다. 주로 지역사회 보건소나 지역사회기관에서 인근 주민의 보건의료사업을 실시할 때, 이런 기관이 이 분야에 포함될 수 있다. 프로그램은 모자보건사업, 전염병관리, 환경위생, 보건교육, 의료봉사, 의료제도 및 정책결정을 위한 의료사회사업 등이 있다. 지역사회보건사업을 수행하는 기관은 보건소, 모자보건센터, 병원 및 의원, 민간보건기관 등이다.

### 5) 의료사회사업의 과제

#### (1) 표준직무의 개발과 적용

직무표준화는 직무평가의 기준으로 적용할 수 있으며 의료사회복지사의 활동영역을 확대하는 계기가 될 수 있다. 표준 직무의 개발은 의뢰된 문제의 목록, 사정된 문제의 목록, 지원방법 및 지원내용에 대한 학문적 및 실천적 개념을 정립함으로써 달성될 수 있다.

#### (2) 사회사업서비스에 대한 의료보험 수가 적용의 확대

의료보험 수가 적용의 확대는 병원의 수익을 증대함으로써 의료사회사업의 활동 기반을 강화시켜 줄 수 있을 것이다.

#### (3) 퇴원계획지도 및 응급환자에 대한 사회사업서비스 확대

의료사회사업가는 환자의 사회적응을 도움으로써 빠른 시일 내 사회복귀를 할 수 있도록 지원하기 위해 퇴원계획지도 업무를 효과적으로 수행해야 한다. 나아가 외래 및 응급환자에 대한 사회사업서비스의 확대를 도모함으로써 입원중심의 서비스에서 지역사회 중심 서비스로 전환을 의미한다.

### (4) 의료사회사업의 정보화

의료사회사업실천을 효율적으로 이끌어나가기 위해 의료사회사업의 정보화가 이루어져야 한다. 상담기록 등의 업무의 효율적 관리 및 공식적, 비공식적 자원의 체계적이고 효율적인 관리는 정보화를 통하여 달성 될 수 있다.

# 제15장 학교사회사업

## 1. 학교사회사업의 개념

학교사회사업은 미국에서 1906년대를 기점으로 하트퍼드, 보스턴, 뉴욕시 등에서 민간사회복지기관에 의한 방문교사 제도로 시작되어 차츰 학교의 부적응 학생에게 관심을 기울이면서 그 필요성을 인정받게 되었다(Freeman, 1995). 이후 1940년대에 학교제도의 일부로 통합되면서 전문직으로서 학교사회사업가가 학교에 배치되었다. 1970년대에 들어와서는 학교사회사업가가 학교와 지역사회가 갖고 있는 문제들에 관심을 두고 가정과 학교 지역사회의 관계에 초점을 두는 접근방법으로 전환하게 되었다. 프리만(Freeman, 1995)은 학교사회사업이 아동과 청소년 그리고 가족들의 욕구와 제한된 환경내의 자원들을 서로 연계시키기 위해 필요하다고 보고 학교사회사업가의 우선적인 역할은 가정과 학교 지역사회를 연결하고 조정하는 활동이라고 보았다.

학교사회사업의 이론적 토대를 이룬 코스턴(Costin, 1975)은 학교사회사업을 '학교가 학생 개개인의 지적·사회적·정서적 욕구와 문제해결에 관심을 갖도록 도와주며, 이를 통하여 모든 학생들이 학교에서 공평한 교육기회와 성취감을 제공받을 수 있도록 학교현장에서 활동하는 전문적인 사회사업분야'라고 정의하였다. 이처럼 학교사회사업은 사회사업의 다양한 실천기술이 적용되므로 학교사회사업가는 생태학적관점에 기초하여 개인과 사회 환경 간의 상호작용을 파악할 수 있어야 한다. 즉 학교환경과 학생, 가족, 교사, 지역사회 등을 대상으로 직·간접적인 사회사업실천기술을 활용하는 것이다. 여기서 나타내는 생태학적 관점의 사회사업실천기술은 문제행동이 학생과 학생행동에 영향을 미치는 사회체계와 관계가 있다고 보고 학교행정가, 학생, 지역사회와 부모와의 상호작용이 이루어지는 복합적인 학교문제에 접근함에 있어서 유용한 개입방법이라 할 수 있다. 이때 학교사회사업가는 문제가 되는 체계를 알아내어 그 체계가 서로 독립적으로 행동하는지 주변체계와 상호작용 하는지 등을 파악해야 한다.

이러한 다양한 역할을 요구하는 학교사회사업에 대한 정의를 종합해보면 학교사회사업이란 가정과 학교 그리고 지역사회가 서로 연계하여 학생들에게 적극적이고 전문적인 개입을 통해 역기능적 요인을 해소하고 학생들의 잠재력과 사회적 기능을 강화할 수 있도록 지원하고 조정하는 전문사회사업실천분야라 할 수 있다.

## 2. 학교사회사업의 필요성과 목적

### 1) 학교사회사업의 필요성

한국에서 학교사회사업이 시작된 것은 1996년 7월 교육부에서 학교사회사업의 제도적 도입을 발표하면서부터이다. 이때 2년간 실시한 시범사업은 그다지 파급효과가 크지 않았다. 그러나 2000년대 서울시교육청 시범사업은 10개월의 기간이었지만 그 효과성이 인정됨으로써 2003년부터 교육인적자원부가 전국 82개 학교에서 실시하는 '교육복지투자우선지역지원사업'과 2004년 5월부터 '사회복지사를 활용한 연구학교'가 있다.

우리나라의 학교사회사업은 1996년에는 2개 학교에서 실시된 것이 2006년 3월 현재 교육복지투자우선지역 지원사업은 제외하고라도 전국 138개 학교에서 실시되고 있다. 운영형태를 보면 학교자체운영, 민간단체지원, 교육청 및 교육인적자원부 등으로 점차 확대되고 있는 추세이다. 그러나 아직 교육부에서 학교사회사업가의 역할을 직무·규정화 하지 않고 한시적인 시범사업만 시행하고 있다. 이러한 시범사업학교에서 활동하는 학교사회사업가는 '지역사회교육전문가'로 불린다.

전인교육과 학생의 복지실현을 목적으로 하는 학교사회사업은 그동안 충분한 법적, 행정적 조치가 없는 환경 속에서 학교라는 실천현장을 중심으로 다양한 대상자들의 복지향상을 위해 노력함으로써 전문적인 서비스제공자로서의 역할을 인정받게 된 것이다.

학교는 청소년의 조화로운 발달과 지식과 인성을 교육하고 배우는 학습의 장이다. 그러나 오늘날 현대사회의 병폐로 나타나는 물질만능주의와 권력형 사회구조, 학연과 지연위주의 집단주의 등의 특성과 아울러 입시위주의 학습이 두드러진 현실이다. 이러한 특성은 학생들의 가출, 부적응, 폭력, 따돌림, 미혼모, 자살 등으로 이어져 심각한 사회문제로 대두되고 있다. 이러한 상황은 일시적이거나 시간의 흐름 속에 해결되는 문제가 아니라 지식과 기술을 갖춘 전문가의 개입으로 가능하다고 인식함으로서 학교사회사업에 대한 필요성이 나타나게 된 것이다.

### 2) 학교사회사업의 목적

학교의 궁극적 목적인 학생의 잠재능력과 지적 능력을 향상시키고 전인교육 및 사회적 기능을 강화하는 것이라면 학교사회사업의 목적은 학교가 가진 목적을 보다 효율적이고 효과적으로 수행 할 수 있도록 도와주는 조력자의 역할을 하는 전문분야라 할 수 있다.

학교사회사업의 목적은 학생이 안정된 교육을 받을 수 있도록 환경을 도모하는 것과 학생의 심리사회적 기능을 향상시키는 것 그리고 학생복지증진을 도모하는 것이다. 이러한 세 가지로 요약한 목적을 구체적으로 살펴보면 다음과 같다.

첫째, 교육의 효과성을 높이기 위해 안정된 환경이 조성되어야 한다.

학교사회사업의 목적은 교내외의 부적응을 일으키는 문제 환경을 찾아내어 적극 대응하며 학교 내의 위기 문제에 대해 우선적으로 개입하여야 한다.

둘째, 학교사회사업가는 학생의 심리사회적 기능향상에 노력한다.

학교사회사업가는 학생이 가진 심리적, 사회적, 가정적인 문제에 대해 전문상담을 제공한다. 학생을 둘러싼 개인이나 집단과의 관계에서 오는 상호작용에 주목하여 문제요인을 제거, 감소시킴으로서 학생이 학교생활을 잘 해나갈 수 있도록 도운다.

셋째, 학교사회사업가는 학생복지증진을 도모한다.

학생복지는 전체학생과 요보호 학생의 삶의 질적 향상을 도모하는 것으로 분류할 수 있다. 요보호 학생은 학교사회사업가의 집중적인 개입으로 문제대처능력 향상 및 자신감을 부여하고 지역사회의 다양한 인적·물적 자원과 연결할 기회를 제공한다. 전체학생은 학교생활 제반 문제 상황에 대해 개입하여 적절한 사회복지실천기술을 적용함으로써 학생의 복지를 증진시키고 학교와 교사, 학부모, 지역사회와의 관계형성을 도모함으로써 학교생활이 최대한의 효과를 이루도록 지원하는데 목적이 있다.

## 3. 학교사회사업가의 역할

한인영 외(2004)는 다양한 사회사업가의 역할 중 학교사회사업가의 역할로 임상사회사업가, 교육적 상담가, 학교-가정-지역사회의 연계자, 자원동원가, 정책입안자로 구분하고 있다, 전재일 등(1997) 여러 학자들의 분류를 보면 조정자, 자문가, 공조자, 교육자, 중재자, 옹호자, 관리자, 중개자의 역할을 강조하고 있다. 즉 학교사회사업가는 다양한 역할들을 학교라는 특수한 세팅 내에서 필요로 하는 특수한 직무들을 통해 수행하게 되는 것이라고 할 수 있다. 물론 학교라는 특수한 세팅으로 인해 좀 더 강조되는 역할이 있을 수 있다. 그런 대표적인 역할이 교육자, 상담자와 학교-가정-지역사회의 연계자로서의 역할이라고 할 수 있다.

Zastrow는 학교사회사업이 학교라는 특수한 세팅을 중심으로 이루어지는 사회사업실천인 만큼 학교사회사업가는 사회사업가로서 전문적인 역할을 수행해야 하는데 이것이 학교사회사업가의 전통적인 역할이라고 하였다. 이러한 전통적인 역할에는 개별사회사업, 집단사회사업, 무단결석지도교사, 카운슬러, 부모연계 등을 포함한다. 그러나 오늘날 학교사회사업가에 대한 학교의 기대가 커짐에 따라 학교사회사업가는 이전의 전통적인 역할을 넘어 보다 발전된 새로운 접근방법을 시도하게 되었다. 이를 학교사회사업가의 새로운 역할이라 정의하고 있다. 이러한 새로운 역할에는 대변자, 행동수정전문가, 정신보건상담가, 알코올, 약물남용전문가, 복합분야의 팀 구성원, 폭력예방전문가, 시스템변화 전문가 등이 있다(Zastrow, 2000). 따라서 Zastrow가 제시한 학교사회사업가의 새로운 역할을 구체적으로 살펴보면 다음과 같다.

### 1) 대변자로서의 역할

학부모와 학생이 다양한 학교시스템을 보다 잘 이해하도록 하고, 교육 관료제에 직면해 곤란을 겪는 이들의 돕는다. 학부모와 학생에게 교육관련 권리와 법률을 설명하여 이해를 도우고, 그에 합당치 않는 처우를 받는다고 생각하는 학부모와 학생에게 적절한 도움을 준다. 학생에게 필요한 의료서비스와 사회복지서비스를 받을 수 있는 방법을 알려주며, 교사, 교육행정가, 학교위원회, 학부모가 어떤 사안을 놓고 논의할 때 학교사회사업가는 학부모의 입장을 대변하는 역할을 한다.

### 2) 행동수정 전문가

학교사회사업가는 인간행동과 그 수정에 관한 전문가이기도 하다. 따라서 문제행동을 하는 학생(예, 집중력이 부족한 산만한 학생)을 둔 교사를 도와 학생의 행동을 수정한다. 또한 교사를 격려하고, 학생에 대한 칭찬과 보상 등 행동수정 기법을 활용한다.

### 3) 정신보건 상담가

학교사회사업가는 인간행동의 사회심리학을 교육받았기 때문에 정신보건상담가로서

교사들이 자신의 학생을 개별화하여 보다 더 잘 지도할 수 있도록 도울 수 있다. 동시에 학교에서 커리큘럼을 개발할 때 간과하기 쉬운 인간관계 측면(특히 인간의 다양성을 받아들이는 자세를 갖는데 중요한)을 보강하도록 조언할 수 도 있으며, 정서적 문제나 행동상의 문제를 가진 학생을 사정하고 적절히 조처(지역사회정신보건센터에 의뢰하는 것 등)하는 일도 할 수 있다.

### 4) 알코올 · 약물남용전문가

알코올과 약물남용이 학교 안에서도 문제가 됨에 따라 교육청은 이 분야의 전문가인 학교사회사업가를 학교에 배치하였다. 학교사회사업가는 알코올과 약물에 관한 지식, 상담기술, 부모와의 관계에 관한 기술, 지역사회 자원에 관한 지식을 활용해 알코올이나 약물문제를 가진 학생과 학부모를 도와 적절한 처우를 받을 수 있도록 한다. 그리고 커리큘럼전문가의 일원으로서 학교에서 이 부분에 대한 프로그램(예방포함)을 만드는 것을 돕는다. 알코올 또는 약물 치료센터를 거친 학생들의 집단, 알코올과 약물에 대해 보다 더 잘 알기를 희망하는 학생들의 집단 등 집단을 만들어 지도하기도 한다(그룹워크).

### 5) 복합 분야 팀 구성원

학교사회사업가는 심리학자, 언어치료사, 특수교사, 체육교사, 일반교사와 팀을 이루어 특별한 교육적 목적에 필요한 특정 프로그램을 결정하기도 한다. 팀원으로서 학교사회사업가는 학생과 가족에 대해 최초로 사정하고, 가족상담이나 행동수정 또는 위기 개입 등의 임상 기술을 사용하여 학부모를 도울 뿐만 아니라 교사를 돕는 역할도 수행한다.

### 6) 폭력 예방 전문가

학교 내 폭력 서클의 증가, 학생의 학생에 대한 폭력, 학생의 교사에 대한 폭력 등 학교 폭력이 점점 심각해지자 인간행동 전문가인 학교사회사업가를 채용하는 학교가 늘어났다. 학교사회사업가는 폭력 예방 전문가로서 폭력을 방지하는 방법(화 다스리는 법 등)에 관해 교사들을 상대로 교육하거나 학생 핵심 집단을 만들어 경청하는 법, 조정하는 법, 문제 해결 방법 등을 가르쳐 이들로 하여금 학생들 간의 갈등을 중재하거나 사소한 말다툼을 해결해 나가도록 지도한다. 이를 통해 학생들 간의 갈등이 해결 또는 예방될 수 있다. 경찰, 학교, 청소년단체 등과의 협력 하에 학교폭력 예방 팀을 조직해 주도적으로 활동할 수도 있다.

### 7) 시스템 변화 전문가

학교사회사업가는 자신의 문제 해결 능력을 활용해 개인을 시스템에 연계시키고 기존의 서비스와 전달체계를 개선하는 데 기여할 수 있다. 하나의 시스템인 학교 안에서 학교사회사업가는 변화를 지향하는 조직가, 지도자, 촉매자로서 시스템이 원하는 목표를 달성할 수 있도록 조력한다. 학교사회사업가는 시스템 변화 전문가로서 학교 시스템의 개선을 위해 학교나 지역사회가 안고 있는 결함과 잠복해 있거나 서비스 사각지대에 놓인 인구 집단을 외부로 드러나게 하고, 학생을 학교에 돌아오게 만들거나 청소년 비행을 방지할 수 있는 프로그램을 새로이 개발하는 역할도 수행한다. 그리고 학교사회사업가는 제도 변화 대리인으로서 기존의 프로그램을 분석하고 새로운 프로그램을 제안한다. 전통적인 학교사회사업가는 학생을 학교에 적응하도록 돕거나, 학습 기회를 잘 활용하도록 돕거나, 학생의 행동이나 부모와 자녀 관계를 수정하는 역할을 했으나 시스템 변화 전문가로서 학교사회사업가는 시스템에 스트레스를 주는 부분을 찾아내어 시스템 균형이 다시 회복되도록 만드는 역할을 수행한다.

## 4. 학교사회사업의 과제

최근 학교 폭력과 집단따돌림 등이 사회문제화 되면서 학교사회사업에 대한 관심이 높아졌으며, 그로 인해 현재 시범사업이 진행되고 있다. 그러나 아직 학교사회사업을 실천하는데 있어 좀 더 보완 되어야 할 것과 조속히 이루어져야 할 과제에 대해 정리해 보면 다음과 같다.

### 1) 학교사회사업의 제도적·재정적 기반 구축

학교사회시업은 학생들이 위기상황에 대처능력을 키우고 발생가능성이 있는 문제에 대해 사전 예방적 차원에서 이루어지는 사회사업실천이라는 것과 사후 문제해결의 효과적인 면에서 그 타당성이 여러 차례의 시범사업을 통해 증명되었다. 따라서 학교에서 대부분의 청소년 시기를 보내야 하는 학생들이 다양한 위기 상황에서 벗어나 보다 나은 환경에서 건전한 가치관을 확립하고 즐거운 생활을 보낼 수 있도록 학교사회사업 도입은 필수적이다. 아직 우리나라의 학교사회사업의 역사가 그다지 오래되지 못한 단계에 머물러 있기는 하나 제도적으로 의무화하고, 아울러 충분한 재정적 기반이 마련된다면 학교사회사업은 보다 성공적인 원활한 활동을 수행할 수 있게 될 것이다.

### 2) 적극적인 홍보와 교육 강화

학교사회사업실천은 학교 내에서 이루어지는 활동이므로 교직원과 학교사회사업가 그리고 학부모 등 모두가 연계하여 학교사회사업에 대한 교육과 홍보활동에 참여하여야 한다. 즉 교직원들의 연수프로그램에 학교사회사업에 대한 교육을 포함하고 사범대학 학생들을 대상으로 교생실습이나 교육과정 중에 학교사회사업의 내용을 소개함으로써 적극적인 홍보를 통해 학교사회사업에 대한 이해와 인식을 확산시키는 것이 필요하다.

### 3) 전문성을 갖춘 학교사회사업가 양성

학교사회사업의 효율적인 운영을 위해서는 내외적인 다양한 지원과 아울러 무엇보다 전문 인력의 양성이 우선되어야 할 것이다. 그러기 위해서는 대학이나 대학원 과정에 학교사회사업에 대한 교육을 강화하고, 학교사회사업가 연수과정과 현장실습 등을 보다 강화하여 학교사회사업가로서의 전문자질을 함양해야 할 것이다.

### 4) 학교사회사업가로서의 권한부여

현재 학교사회사업가는 대부분 교사와 분리된 특수한 형태의 기능 직원정도의 권한을 가진다. 이는 가정과 학교, 지역사회가 연계하여 이루어나가야 하는 학교사회사업의 실천방법의 역기능적 요인에 해당된다. 여기서 나타내는 권한이란 교직원회의에 참석할 권리, 교직원 회의시 사회사업실 업무내용을 발표하고 협조를 구할 수 있는 권리, 학생회의에 참여하여 발언할 권리, 요보호학생 지도프로그램 운영에 학교사회사업가가 참여하고 지도할 권리 등을 일컫는다. 이런 권한을 부여받기 위해서는 역시 정규직원으로 인정받은 상태에서만 가능한 일이라 볼 수 있다. 그러므로 학교사회사업가로서의 중요한 역할을 수행해 내려면 우선 제도적 안정이 뒷받침되어야 할 것으로 보인다.

# 제16장 자원봉사론

## 1. 자원봉사의 개념 및 특성

### 1) 자원봉사의 개념

자원봉사라는 용어는 영어로 Voluntary로 라틴어인 voluntas에서 유래되었으며, 이는 자유의지, 자주, 자발이라는 의미를 지니고 있다. 즉, 자유의지에 의해서 하는 활동, 자발적으로 하는 활동이라고 할 수 있다.

한문으로는 自願奉仕 즉, 스스로 자(自), 바랄 원(願), 받들 봉(奉), 섬길 사(仕)로 이를 그대로 해석하면 '스스로 원하여 받들고 섬기는 것'이다.

이러한 사전적 개념 이외에 자원봉사에 대한 정의로 미국사회사업협회에서는 '자원봉사란 개인, 집단, 지역사회에서 다양한 사회문제의 영향을 예방, 통제하고 개선하기 위하여 존재하는 공·사의 다양한 조직의 활동에 보수 없이 자발적으로 참여하는 행위를 의미한다'고 정의를 내리고 있다(Sieder, 1971).

또한 한국사회복지협의회(1987)는 '자원봉사란 사회문제의 예방 및 해결을 위하여, 또는 국가의 공익사업을 수행하기 위하여 공·사의 공식조직에 자발적으로 참여하여 영리적 보상을 받지 않고 인간존중의 정신과 민주주의 원칙에 입각하여 낯선 타인들을 상대로 필요로 하는 서비스를 제공함으로써 사회의 공동선을 고양시킴과 동시에 이타성 구현을 통해 자아실현을 성취하고자 하는 지속적이고 계획적인 활동'이라고 정의하고 있다.

한편, 한국자원봉사단체협의회(1998)에서는 '자원봉사란 한 개인이 가지고 있는 자원이나 능력을 활용하여 자발적으로 사회와 공동체, 환경 혹은 타인을 위하여 반대급부를 요구하지 않으면서 계획적이고 지속적으로 수행하는 활동으로 체계적인 노력을 통해 문제를 개선하고 변화시키는 것'이라고 규정하고 있다.

자원봉사에 대한 학자들의 정의도 다양한데, Knowles(1982)는 '자원봉사활동은 봉사가 의미하는 "주는 자와 받는 자" 와의 관계와 같은 일방적이고 일시적인 자혜심이나 감상주의 또는 값싼 영웅주의의 발로가 아니라 한 인간으로서 스스로 타인과 더불어 생활하며 선한 활동을 함으로써 자기실현과 자아초월을 지향하는 것으로, 여기서 말하는 자기실현은 자신을 찾는 일임과 동시에 자기를 성취하는 것'이라고 하였다.

Darvil & Munday(1984)는 자원봉사란 자신의 친족이 아닌 사람들을 위하여 무보수로 자발적인 서비스를 제공하는 것으로서 비공식적으로 이웃과의 만남을 통해서가 아니라 특정한 공식조식을 통해 행하는 서비스라고 규정하고 있다.

Smith(1974)는 자원봉사행동을 ① 직업적인 보상(급료, 경제적 이익)에 대한 기대, ② 법 · 관습 · 물리적인 힘의 강제, ③ 신체 · 생리적인 요구의 강압 등에 의해서가 아니라, 자발적 동기에 의해 수행되는 인간의 행동으로 보았다. 다시 말해서 보상 · 강제 또는 강압에 의해서가 아니라 기본적으로 정신적 이익(psychic benefit)을 지향하면서 이루어지는 인간의 행동이라고 하였다.

자원봉사에 대한 다양한 정의들을 종합해 보면, 결국 자원봉사란 사회의 다양한 문제를 예방 및 해결하기 위하여 어떠한 이익을 추구함이 없이 자발적으로 자신이 가지고 있는 능력과 자원을 활용하여 계획적이고 조직적으로 사회와 이웃을 위해 헌신하고자 하는 활동이라고 할 수 있다.

현대사회의 다양한 사회 문제는 날로 증가하고 있으며 이에 대한 해결과 예방 차원의 복지 욕구 또한 증가하고 있는 실정이다. 그러나 국가의 자원과 능력에는 한계가 있어 모든 사회 문제를 전적으로 책임지는 것은 불가능한데, 이를 대체할 수 있는 것이 바로 자원봉사활동인 것이다. 자원봉사활동은 사회 문제의 해결 및 예방에 동참함으로써 현대 사회의 복지 욕구를 보완해 준다는 데 그 의의를 찾을 수 있다.

### 2) 자원봉사의 특성

자원봉사활동은 인간애를 기반으로 하는 자발적인(volunteerism), 자발적인 복지활동(voluntary action), 그리고 자발적인 기관(voluntary agencies)이 필요하다. 특히 자원봉사활동의 3대 원칙으로 ① 활동의 초점을 기본적 인권 보호에 두며, ② 활동함에 있어서 시민적 성격을 견지하는 것이고, ③ 활동함에 있어서 민주주의 정신과 절차나 방법을 존중해야 한다(최일섭 외, 2000)를 들고 있는데, 이와 함께 자원봉사의 특성으로 이타성, 자발성, 무보수성, 지속성, 조직성, 자아실현성 등이 강조되고 있다.

#### (1) 이타성

자원봉사활동의 가장 중요한 특성 중의 하나가 바로 이타성이며 이는 타인을 존중해

주고 이웃과 더불어 사는 이타주의적 정신을 말한다. 그러나 항상 이타성을 절대적으로 강조할 수는 없으며, 비록 이타성이 없이 여가 활용이나 학점 이수 등 자신을 위해 이기적인 차원에서 봉사활동을 시작했다고 하더라도 봉사활동을 해 나가면서 이웃을 사랑하고 존중해 주는 이타주의적 정신이 생기게 하는 것이 무엇보다 중요하다고 할 수 있다.

### (2) 자발성

자원봉사활동은 자신의 의사에 의해 자발적으로 이루어지는 것이어야 하며 이웃과의 상호 연대감, 사회 통합 속에서 자유의지에 따라 도움을 주고 받아야 한다.

자원봉사활동은 자발적이고 자유의지에 의해서 행해지고 있기 때문에 아무런 반대적인 급부나 댓가가 없어도 계속 이어져오고 있다. 따라서 자원봉사자의 자발성을 어떻게 동기화시킬 것이며, 이를 어떤 방법으로 자원봉사활동으로까지 이어질 수 있게끔 할 것인가와 이들의 자발성을 더욱 활성화 시키면서 법이나 제도적으로 이들을 어떻게 지원해 나갈 것인가가 우리가 고려해 봐야할 과제이다.

### (3) 무보수성

자원봉사활동은 비영리적인 행위로서 내가를 바라고 하는 것이 아니라는 것으로 '무상성' 또는 '무급성'이라는 용어로도 표현된다. 무급성이란 자원봉사활동을 하면서 일어나는 여러 가지 소요경비를 자원봉사활동에 참여하는 자원봉사자가 스스로 책임지는 것을 말한다.

자원봉사활동은 한 시민으로서 당연히 해야 할 의무이며 무엇보다도 자신의 행복을 위해 하는 자발적인 행동이므로 어떠한 댓가도 바라지 않는 활동으로써 자원봉사자가 자원봉사활동의 참여를 통해서 스스로 교육하는 기회를 가져 개인의 발전을 기하며, 나아가 함께 더불어 행복한 삶을 영위한다는 주민공동체 의식과 책임의식을 갖고 시민 대다수가 참여하는 공적인 성격을 가지고 있는 것이다(장창수, 1996).

그러나 외국에서는 급여나 보수에 해당되지 않는 식사비, 교통비에 해당하는 최소한도의 활동비를 지급받으며, 자원봉사활동을 촉진하고 장려하는 사람인 유급자원봉사자의 활동도 활발하다.

자원봉사활동은 무급을 원칙으로 하되, 다양한 계층의 사람들이 참여할 수 있도록 다양한 지원방법이 필요하다. 자원봉사자들에게 지불되는 비용은 봉사의 대가로 지불하는 것이 아니라 봉사활동을 보다 효과적으로 수행하는데 소요되는 비용인 만큼 기관 측에서 제공할 필요가 있다. 물론 이러한 입장에 대하여 순수한 자원봉사활동을 강조하는 입장에서는 나름의 견해를 주장해 오히려 비난할 수도 있다. 그러나 점차 자원봉사활용의 방법에 따른 사고의 변화가 나타날 수도 있는 만큼 적절히 고려해 대응해야 할 것이다(김현호, 2006).

### (4) 지속성

자원봉사활동은 일회적이고 우연한 활동이 아니라 일정기간동안 지속되는 계획되고 의도된 활동이다.

자원봉사활동이 개인의 자발성에 의해서 시작되었다고 하더라도 꾸준히 책임감을 가지고 일정 기간동안 실천해 나가야 하는 것이며, 일시적이고 충동적인 활동은 다른 사람을 존중하며 도와주는 자원봉사활동으로서 그 의의를 찾을 수 없게 된다.

### (5) 조직성

자원봉사활동은 혼자서 할 수 있는 개인 활동이 아니다. 자원봉사자와 봉사대상자 그리고 조정자 등 여러 사람들이 함께 수행하는 체계적인 활동이기 때문이다.

물론 봉사활동을 혼자서 하는 것도 가능하지만 모임이나 단체 등 다양한 조직에서 함께 프로그램을 계획하고 목적을 설정하여 봉사할 때 효과는 극대화될 수 있다. 이럴 때 봉사자 상호 간의 협동성이 신장되어 각자에게 주어진 역할에 충실할 수 있기 때문이다. 따라서 공동체에 대한 이해·소속감·적극적인 사고방식 등 공동체 의식이 신장되는 계기가 된다. 또한 봉사자만의 협동성을 넘어 각 기관 간의 연계성으로까지 확대될 수도 있다.

이처럼 자원봉사활동은 스스로 좋아서 선택한 일인 동시에 스스로 목표를 정하고 스스로 무형의 보상을 받는 특성을 가지고 그 활동을 통해 사회 주변의 어렵고 힘든 일이나 법규정이나 기계로 할 수 없는 일들을 자율적인 마음으로 행하는 것이다. 아울러 자원봉사활동은 행하는 사람이나 대상이 되는 개인이나 사회 모두에게 무한한 행복감을 가져다주고, 더욱 큰 사랑이 울어 나오도록 하는 성스러운 일이다(김현호, 2006).

### (6) 자아실현성

자원봉사활동을 통해서 각 개인은 자신의 존재를 자각하고 인격적 성장을 가져올 수 있으며 자신의 잠재능력을 실현할 수 있다.

즉, 자원봉사활동을 함으로써 자원봉사자는 새로운 사람들과의 관계 속에서 자신이 사회적 존재임을 지각하게 되고, 자신에 대한 가능성과 심리적 만족감, 성취감을 느낄 수 있게 된다. 이를 통해 자신의 잠재능력을 발견하고 실현하는 기회를 갖게 되는 것이다.

## 2. 자원봉사의 발전 과정

### 1) 미국

미국에 있어서의 자원봉사활동의 기초기는 1600년대에서 18세기 말까지이다. 이 시기는 영국에서 새로운 나라를 찾아 미국으로 이주한 때부터 독립 이전의 식민지 시대까지로 이때의 사회복지는 영국 구빈법의 영향을 받아 국가는 극심한 경제적·신체적 궁핍에 대해서만 책임을 지고 빈민의 지역책임제와 가족책임제를 적용했다. 또한 사상적으로는 청교도들의 칼빈주의 정신과 자유방임주의 사상으로 인해 빈곤의 책임을 개인에게 두었다.

19세기의 중심 사상은 개인의 성취와 자립을 강조하는 개인주의였다. 이에 무분별한 자선은 약자의 사회적응을 방해하기 때문에 오직 민간 차원의 자발적인 자선만이 사회적응의 과정을 돕는다고 생각했다. 이로 인해 1820년을 시작으로 많은 민간 기관들이 설립되기 시작했는데 1840년대에 이르러 뉴욕에만 30개 이상의 민간 단체들이 설립되었으며 이들 단체 간의 연락 조정을 위해 1843년 뉴욕에 빈민생활상태개선협회(AICP)를 조직했다(한국복지연구회, 1988).

1877년에는 자선조직협회가 버팔로에서 설립되었는데, 나태, 사치, 낭비를 조장하는 무차별적인 자선을 조정하고 조직화하는 것을 목적으로 하였고 보스턴, 뉴욕, 볼티모어 등에 우애방문원을 두기도 하였다.

이후 빈곤의 원인을 개인적 결함이 아닌 환경 변화에 초점을 두는 인보 사업이 도시 슬럼 지역을 중심으로 발전하기 시작하여 토인비 홀(Toynbee Hall)을 본받아 1887년 뉴욕 동부에 근린조직(Neighborhood Guide)과 시카고 헐하우스(Hull House)가 설립되었으며 1891년에 대학인보사업협회로 개칭되었다.

20세기에 접어들어서는 보이스카우트, 걸스카우트, Boys Clubs 등이 출현했으며, 제1차 세계대전 동안에는 YWCA, 미국 적십자사 등 국가 및 국제 봉사기관들의 활발히게 활약하였다.

이후 1932년에는 전국자원봉사자위원회(National Committee on Volunteers)가 설립되었으며, 1933년에는 전국 28개 도시에 자원봉사국이 설치되어 지방사회복지기관협의회(Council of Social Service Agencies)가 구성되었다.

1943년에는 전국 사회사업 자원봉사자위원회(The National Committee on Volunteers in Social Work)라는 조직이 설립되어 그동안 개별적으로 행해져 왔던 자원봉사활동을 연합하여 실시하였고, 1945년에는 전쟁이 종결되어 민방위국이 해체되면서 미국공동모금 및 지역봉사협의회(Community Chest and Council of America)가 새로 구성되었고 이 기구 안에 시민참여자문위원회(Advisory Committee on Citizen Participation)를 두어 자원봉사활동을 주관하도록 하였다.

미국 내 빈곤퇴치를 위해 '위대한 사회(Great Society)'정책을 실시한 존슨 대통령은 VISTA를 창설하였다. VISTA는 당시 미국의 빈곤 문제 등 여러 가지 사회문제에 대한 대처 방안으로 자원봉사활동을 적극 추진하기 위해 만들어진 기구로 경제기회법청(Office of Economic Opportunities Act)에 의해 지원되었다.

처음으로 자원봉사를 지원하는 법이 제정된 시기는 닉슨 정부 시기로 ACTION 창설과 더불어 자원봉사활동을 더욱 법적으로 보장할 국내자원봉사활동법(Domestic Volunteer Service Act)이 만들어 졌다.

1979년에는 NCVA와 NICV(The National Information Center on Volunteerism)가 통합되어 전국시민참여센터인 VOLUNTEER가 창설되었다. VOLUNTEER는 1982년부터 백악관과 공동으로 자원봉사활동에 관한 보상프로그램을 시작하였고, 1983년 Association of Volunteer Bureau와 통합하였으며, 1990년에는 The National Volunteer Center로 개명되었고, 1991년에 촛불재단(Points of Light Foundation: POLF)이 창설되어 통합되었다.

1990년대에 들어서 전국 및 지역사회봉사법(National and Community Service Act)이 제정되어 자원봉사 활성화를 위한 법적 지위가 강화되었고, 1993년에는 클린턴 행정부가 전국자원봉사신탁기금법(National Service Trust Act)을 새로 제정하여 자원봉사활동을 위한 별도의 전담 기구를 설치하고 예산을 지원했다.

현재 민간부문 자원봉사활동은 촛불재단에서 그리고 공공부문 자원봉사활동을 위한 연방정부 프로그램은 보건복지부·교육부·국방부 등 3개 부처에서 예산을 받아 운영되고 있다. 각 프로그램은 특정한 집단을 대상으로 하여 한 가지 기능만을 수행하며, 특히 민간기관에 대한 지원은 공정한 경쟁을 바탕으로 하는 프로젝트별 지원을 원칙으로 하기 때문에, 프로그램 운영단체 간 혹은 부처 간 갈등은 거의 없는 것으로 알려지고 있다(이번송 외, 1996).

### 2) 영국

영국의 자원봉사는 18세기 시민의식의 성장에 따른 자원봉사정신과 민주주의 철학을 토대로 하여 전통적인 기독교의 자선활동에서 비롯되었다고 할 수 있다.

19세기에 들어서면서 자원봉사활동이 폭발적으로 증가하였지만 산발적인 활동에 그쳐 결과적으로 빈곤자 수는 감소되지 않은 반면에 민간자선활동에 대한 비판이 제기되었고, 이에 대한 대안의 하나로 1869년 자선조직협회(Charity Organization Society)가 창립되었다.

한편, 19세기 후반에 이르러 빈곤이 개인의 책임 아니라 사회의 구조적 결함으로 인하여 발생한다는 사회개량주의가 태동하면서 그 영향으로 인보관운동(Settlement House Movement)이 시작되었다. 1884년에 사무엘 바넷(Samuel Barnett)목사 부부가 시작한 인보관운동은 사회 계층 간의 간격을 좁히고 인간의 가치를 회복하고자 빈민지역에 지역주민들과 함께 거주하면서 우애관계를 맺고 원조를 행하였다.

1960년대에는 자원봉사활동에 대한 국민의 이해와 사회의 역할이 더욱 강조되어 1960년에는 자선법(Charity Act)을 제정하여 민간단체 및 기관의 자원봉사활동을 보호하고 육성하기 위한 최초의 법적 근거를 마련하였다.

영국의 자원봉사활동의 발달에 전환점을 마련한 것은 1968년의 아베스 보고서(Aves Report)였다. 이 보고서는 전문직원의 서비스를 보완하고 사회 서비스의 제공을 통합하기 위해 자원봉사자의 참여가 절대적으로 필요하다고 강조했으며, 다양한 경력자의 자원봉사활동을 가능하게 하는 방법론을 제시하였다(Hedley & Smith, 1992).

1970년대 석유파동 이후에는 '복지국가 위기론'이 대두되면서, 정부의 역할을 감소시키려는 보수 행정부의 의도에 따라 많은 법적인 서비스가 자원봉사부문의 임무로 바뀌었다. 이로 인해 자원봉사자들은 다시금 국가의 주요 자원으로 조명받기 시작했다. 자원봉사활동의 역할에 대한 재평가는 보수당뿐만 아니라 노동당 역시 지지하여 자원봉사자들이 사회에서 중요한 역할을 수행해야 한다는 견해가 널리 받아들여졌다. 자원봉사활동에 대한 보수당의 새로운 관심은 시민의 본질과 개인과 국가의 관계에 대해 광범위하게 진행된 논리와 떨어져 생각할 수 없는 것이었다(이강현, 2002). 1992년에는 자선법이 개정되어 세금 공제 등 자원봉사활동 진흥을 위한 다양한 법안이 만들어졌고, 정부의 재정보조를 통해 새로운 자원봉사기관들이 설립되었다.

1997년 선출된 신노동당 정부는 복지국가 위기론의 인식 위에 자원봉사활동을 활성화시키기 위한 주요 정책을 시행하기 시작하였다. 블레어 총리는 정부와 자원영역 간의 계약을 통해 양자가 공공정책과 서비스를 개발하고 전달하는 데 상호보완적인 역할을 할 것을 강조하였다(Penberthy, 2003).

### 3) 일본

일본의 자원봉사활동은 1890년경에 도입되었으나 활성화되기는 전후 복구사업과 더불어 혼란한 사회를 바로잡고자 자발적인 지역 활동이 일어난 1940년대부터이다.

1949년 태풍의 피해로 동경대학을 중심으로 인보사업운동이 전개되었다. 1960년대는 자원봉사활동이 급속히 확장되었다. 사회복지협의회가 선의은행(Good Will Bank)을 설치하고 이곳에서 돈, 물자 또는 재능을 기부 받은 자원들을 필요로 하는 기관이나 개인에게 배정하는 일을 하여 자원봉사활동을 촉진시키는데 기여한 것이 이 시기부터였다.

1968년 전국선의은행 연락협의회가 발족되면서 자원봉사활동에 대한 일대 전환기를 맞게 되었다. 이것은 이제까지 사회발전은 정부가 주도해야 하며 시민의 책임 영역이 아니라는 사고를 벗어나 지역사회의 향상을 위해서는 자신들이 제공할 수 있는 것은 제공해야 한다는 지역사회에 대한 관심에로의 전환 때문이었다. 전국사회복지협회는 자원봉사활동의 올바른 육성에 도움이 되고자 자원봉사연구위원회를 발족시키기도 하였다.

1975년부터는 자원봉사센터를 설치 운영하고 있는데, 자원봉사센터는 정부지원아래 사회복지협의회 기본요령과 1968년 전국사회복지협회가 채택한 자원봉사활동육성 기본요령에 근거해 세워졌다. 이후 1975년 전국사회복지협회 안에 설치된 중앙자원봉사센터가 1977년 전국자원봉사활동진흥센터로 개명되었고, 57개소의 도·부·현 사회복지협회가 설치되어 활동하고 있다.

이들은 국고보조의 실현에 의해 봉사은행에서는 자원봉사그룹의 상황 · 수요자 즉 요구조사 · 홍보 · 개발매체 장성배포 · 활동에 필요한 자재 및 기구의 확보 등 선의은행에서의 조건 정비로부터 시작하였다(김현호, 2006).

1980년대 후반 이후부터는 복지영역에 국한되었던 민간 활동이 자연 보호, 시가지 보호, 도시 계획, 국제 협력 등의 영역으로 확대되면서 자원봉사정책도 다영역화 되었고 1994년에는 사회복지협의회를 포함한 학교, 기업이 참여하는 전국적인 자원봉사활동 조직체인 '광역볼런티어범주' 연락 회의가 창립되었다.

1995년에 발생한 한신대지진은 자원봉사활동의 촉진을 위한 중요한 계기가 되었다. 한신대지진으로 자원봉사활동에 대한 경제적 지원을 할 필요가 있다는 목소리가 높아짐에 따라 효고현이 1995년 4월부터 자원봉사 활동비의 지급을 규정하는 등 전국사회복지협의회도 운영비 등을 원조하게 되었다. 또한 한신대지진을 계기로 자원봉사 조정자를 하나의 전문직업으로 여기게 되었으며, 정부도 정부 활동과 민간 활동 차이를 인식하게 되어 정부와 민간단체와 파트너로 일하는 방법도 익히면서 정부부처 내에 250개 자원봉사프로그램을 운영하게 되었다(와타도이치로 외, 1997).

이후 1998년에는 자원봉사단체 등 민간비영리단체 활동의 건전한 발전을 지원하기 위하여 특정비영리활동촉진법(Law to Promote Specified nonprofit Activity)이 제정되었다.

### 4) 우리 나라

우리나라 자원봉사활동은 삼한시대에 상부상조를 목적으로 조직된 계와 신라시대 두레라는 주민협동체를 통하여 취미나 행사를 공동으로 행한 지역사회활동과 고려 말 지역주민의 교화와 지역간이 문화를 증진하고 복리와 질서를 유지할 목적으로 만든 향약 등에서 그 역사적 맥락을 찾아볼 수 있다.(이청자 외, 1994)

품앗이는 여유가 있을 때 이웃 농가의 일을 도와주었다가 필요한 경우 이웃의 도움을 받는 것으로 품을 주고받는 것을 의미하는 데 반해 두레는 여러 사람이 힘을 합쳐 일을 하는 것으로 마을 주민이 연대의식을 가지고 평등한 관계로 형성되는 단체의 성격을 띠었다.

향약은 면 단위 정도의 보다 큰 지역사회를 대상으로 행해졌기 때문에 지역의 모든 주민이 직접 참여하는 것이 아니라 지원자에 의하여 참여할 수 있고 뿐만 아니라 반상계층이었던 그 당시 누가 입약자가 되는가 하는 데에는 신분적 제약도 뒤따랐던 것으로 보인다.

계는 지금까지 내려오고 있는 가장 전통적이고 보편적인 활동으로 조선시대의 계는 양반에 의하여 지도되는 향약과는 달리 현실적인 이익과 친목과 공제를 목적으로 자발적으로 이루어진 것이다. 우리의 전통사회에서는 계의 조직을 잘 운영하여 이웃간에 서로 협동하는 생활풍습이 이루어져 왔다.(류기형 외, 2006)

일제시대의 자원봉사활동은, 조선총독부에서 설립한 인보관을 중심으로 행해진 관 주도의 교화사업형태와 일제치하의 구국운동으로 시작한 학생운동 형태의 두 가지로 구분할 수 있다. 구국을 위한 학생운동은 광복 이후 사회개량적 성격으로 전환되어 문맹 퇴치를 위한 야학, 농촌봉사활동 등의 사회봉사활동으로 전개되었다.

1960년대에는 종전까지 산발적으로 전개되었던 자원봉사가 YMCA, YWCA를 중심으로 인도주의와 본격적인 자원봉사를 기본정심으로 하는 적십자운동을 중심으로 보다 조직적으로 활성화되었다.

1970년대에는 경제사회개발계획의 일환으로 새마을 운동이 전개되었다. 근면, 자조, 협동을 기본 이념으로 하여 소득 증대, 환경 개선, 정신 개발 등의 사업을 펼쳐 나감으로써 우리 나라의 사회·경제적인 발전에 크게 기여하였으며, 자원봉사활동에도 많은 영향을 미쳤다. 1978년 이후에는 한국사회복지협의회를 중심으로 사회복지부문으로 자원봉사가 전개되기도 하였다.

한국에서 자원봉사에 대한 관심이 본격적으로 높아지기 시작한 것은 1980년대에 들어서면서부터이다. 1980년대는 경제수준의 향상, 국민의식의 증대, 가족구조의 변화 등 사회·경제적 변화에 의해 기인된 것으로 사회복지 건설이라는 구호와 함께 사회복지 및 자원봉사에 대한 민간인의 역할이 증대되었다. 이에 따라, 1984년 한국여성개발원에서 여성 자원봉사 인력은행을 전국 13개 지역에 설치하여 여성의 사회참여 기회를 통한 자원봉사를 확대하는 데 노력하였으며, 정부는 국내·외적 행사를 기획·집행하게 되었다. 그 결과, 1986년 서울 아시안 게임과 1988년 제24회 서울 올림픽대회에서 많은 국민이 자원봉사에 참여하여 국제적인 성공을 이루었다. 이는 공공부문의 자원봉사에 국민의 관심을 집중시키고 그 활동 영역을 넓히게 된 계기가 되었을 뿐만 아니라 기업과 학교, 많은 시민, 종교를 비롯하여 다양한 계층의 자원봉사 참여를 불러일으키게 되었다.

1990년대에 들어서면서부터는 시민운동의 확대, 지방자치제도의 실시, 자연보호운동의 전개 등에 힘입어 다양한 자원봉사가 전개되었고, 전 국민에게 급격히 확산되어 그 관심도와 참여도가 증가하는 시기였다. 이에 따라 1991년 2월에는 한국자원봉사연합회가 부산에서 창립총회를 가짐으로써 전국 최초의 전문적인 민간자원봉사단체가 설립되었고 한국사회복지협회는 전국 15개 시·도 협의회에 부설조직인 지역복지봉사센터를 설립하였다.

1994년에는 사회복지계 자원봉사관련 단체와 일반 자원봉사단체들이 자원봉사활동에 관한 정보를 협의·조정하는 한국자원봉사단체협의회가 설립되었고, 1996년에는 지역종합자원봉사센터 설치 운영 지침의 시달로 자치구가 자원봉사관련 조례안을 만들어 운영하게 되었다.

1995년에는 각계의 자원봉사 전문가들이 모여 '한국자원봉사포럼'을 구성하고 지속적으로 자원봉사 관련 정책대안을 제시해 오고 있다. 또한 교육개혁안이 발표되어 초·중·고등학생들의 자원봉사활동을 종합생활기록부나 내신 등에 여러 형태로 기록·반영하고 대학에서도 자원봉사과목을 개설하거나 사회봉사단을 운영하게 되었다.

1996년에는 '한국대학사회봉사협의회'가 발족되었고 국민복지기본구상(안)에서 297개의 사회복지관에 지역단위 자원봉사센터를 신설한다는 내용을 발표하였다. 또한 행정자치부 사회진흥과에서 자원봉사 관리 업무를 총괄 관리하도록 하였으며 전국 12개 시 · 도에 20개소의 자원봉사센터를 설립하여 계속 확대하도록 하였다.

## 3. 자원봉사의 필요성과 기능

### 1) 자원봉사의 필요성

현대 사회의 사회구조적인 문제로 인하여 발생되는 다양한 복지 욕구는 자원봉사활동의 필요성을 증대시키고 있다.

자원봉사활동의 필요성에 대해 몇 가지 제시해 보면 다음과 같다(성영혜 외, 2000).

#### (1) 개인의 자기발전에 도움이 된다.

자원봉사는 사회에 대하여 자신이 가지고 있는 능력과 자원의 일부를 서비스하는 것인 동시에 그 사회에서 현재 나타나고 있는 다양한 새로운 인간관계를 맺도록 하며, 자원봉사에 필요한 새로운 기술을 배우게 함으로써 각 개인이 살아가는 데 필요한 능력과 재능을 키워주며 자아실현욕구를 충족시킬 수 있는 수단이 된다.

#### (2) 사회복지 교육훈련의 장이 된다.

자원봉사활동은 역사적으로 그 것 자체가 보이지 않는 복지 일반교육의 기초가 되어 왔으며, 선진국일수록 자원봉사활동은 복지교육훈련의 성숙된 장으로서 중요시되고 있다.

#### (3) 개인의 기본적 욕구 충족에 도움이 된다.

여가가 증가해 가는 현대사회일수록 자원봉사활동을 통해 여가의 활용 기회, 자기실현의 욕구 등과 같은 인간의 기본적 욕구를 충족시켜 정신적 안정감과 자기충실을 기하는 동시에 여가의 건전한 사용을 가능하게 하므로, 여러 가지 사회문제를 예방함은 물론 생의 보람과 희망을 갖게 할 필요가 증가하고 있다.

#### (4) 지역사회 공동체 형성을 쉽게 할 수 있다.

현대사회에서는 사회적인 응집력이 약화되고 지역공동체의 의미가 상실 되어가며 개인 이익에 충실한 자본주의적 삶의 양식이 지배함으로써 인간 소외, 물질 중심주의 등 다양한 사회문제들이 나타나고 있으므로 자원봉사활동을 통해 다양한 사회구성원 간의 지역사회 문제에 대한 공통된 인식과 해결을 위한 노력을 하고, 그로 인해 지역사회 구성원임을 인식하고 협조하는 태도를 길러 지역사회의 유대를 강화할 수 있을 것이다.

**(5) 대인적 서비스 요구와 공적 서비스의 한계성을 극복하는 방안이다.**

사회 변화에 따른 다양한 사회 문제는 화폐나 물질로는 해결할 수 없는 사람만이 할 수 있는 인적 서비스 요구에 자원봉사활동이 대응하기가 용이 할 뿐만 아니라 또한 복지시설의 증설, 사회복지 전문직의 배치, 연금급여 등 공적·제도적 서비스의 대응에는 인적·재정적 한계가 있기 때문이다.

**(6) 복지시설을 사회화하여 공동복지에 기여한다.**

시설의 사회화란 지금까지 수용, 보호중심이며 격리적이었던 것을 지역사회와의 관계를 넓히고 깊게 하려는 것으로서, 시설의 사회화는 시설 수용자를 비롯한 전주민의 공동복지를 위해 꼭 필요한 것이며, 그 중 핵심이 자원봉사활동이다.

**(7) 사회복지의 전문화에 도움이 된다.**

현대사회 복지의 하나의 특색 중 하나는 전문화로서 이것은 전적으로 전문직원에 의해 이루어진다고는 볼 수 없으며, 사회복지 사업 실천면에서 볼 때 전문직 사회사업가의 부족현상이 크게 대두되고 있다. 따라서 사회복지 활동에 자원봉사자를 참여시킴으로써 전문직이 자극을 받게 되며, 그에 따라 새로운 방향으로 적극적이고 창조적인 서비스를 행하게 되므로 자원봉사활동의 육성이 사회복지 전문화를 위해서도 필수적이라 할 수 있겠다.

**(8) 사회적 책임을 공유하게 된다.**

다양한 사회문제의 해결을 위한 국가나 정부의 조직적 노력에는 한계가 있으므로 시민사회가 다양하고 자발적이며 적극적인 참여를 통해 사회적 책임을 공유해야 할 필요에 직면하고 있다. 그러므로 제3영역으로서 비정부조직의 활동이 성공적이기 위해서는 이를 지원할 다양한 자원봉사자의 역할이 중요하다.

**(9) 사회적 생산성의 강화에 도움이 된다.**

사회 각 구성원들이 자신이 가진 능력의 최소한의 부분을 사회에 환원함으로써 사회발전의 총제적인 에너지가 증가하게 된다. 또한 경제적인 풍요와 노인인구의 증가 및 정년제도의 도입에 따라 전문적인 능력을 가진 퇴직인력이 자신의 지식과 기술을 살려 자원봉사를 할 경우에 사회의 전제적인 생산성을 향상시킬 수 있다.

### (10) 유휴인력의 활용에 도움이 된다.

유휴여성인력을 자원봉사활동에 흡수·활용함으로써 복지사회 구현에 일익을 담당하게 함은 물론 여성자신도 수동적인 삶에서 벗어나 지주적 인간으로서의 자아실현에 도움이 될 것이며, 고급 교육을 받고 오랜 기간 동안 각 분야에서 경륜을 쌓은 은퇴한 전문인들의 능력과 경륜을 사회발전에 다시 봉사하게 하여 건전한 사회발전에 기여할 수 있다.

### (11) 대규모 국가행사를 국민적 참여 분위기 속에서 원만히 치룰 수 있다.

국제적인 행사뿐만 아니라, 전국체전과 같은 국가행사나 각 지방에서 벌어지는 소규모행사에도 자원봉사자의 자발적인 협조가 필요한데, 이는 예산절약의 차원뿐만 아니라 자기 고장의 행사에 적극 참여하여 주민으로서 할 수 있는 역할을 함으로써 지역에 대한 자긍심을 높일 수 있기 때문이다. 이러한 행사의 경우 일시에 많은 인력을 필요로 하지만 행사가 끝나면 그 인력을 유지할 필요가 없게 된다. 따라서 많은 인력을 정규직원으로 충당할 필요가 없고, 현실적으로 그렇게 할 수 없는 경우가 많다. 그러나 자원봉사자를 활용하면 경제적 보상은 주지 않지만 중요한 행사에 참여했다는 보람을 얻게 할 수 있고, 개인적으로도 공동의 일에 참여하는 것으로 계기로 자신이 필요한 사람이라는 것을 느낄 수 있게 된다.

한편, 자원봉사의 필요성을 개인적인 측면, 사회적인 측면, 가정적인 측면, 종교적인 측면, 사회복지적인 측면으로 구분하여 살펴보면 다음과 같다.

### (1) 개인적인 측면

인간의 욕구 중 자아실현의 욕구를 자원봉사를 통해서 충족시킬 수 있으며, 자신의 능력을 활용하여 이웃과 사회를 위해 일함으로써 삶의 보람과 성취감을 느낄 수 있다. 또한 여가의 시간을 유용하게 보내어 자신의 발전을 도모할 수 있을 뿐만 아니라 사회문제해결에 참여해 봄으로써 전문적 지식과 기술을 증가시키고 기존의 사회복지 체계 변화의 개량자로서의 역할을 함으로서 자긍심과 만족감을 갖게 한다. 이외에도 자원봉사자 간의 교류를 통하여 연대의식을 갖게 되어 소속감과 시민의식을 갖게 된다.

### (2) 사회적인 측면

시민 의식을 성숙화 시킴으로서 사회의 병폐적 요소들을 제거하고 사회 전반의 유기적 발전을 도모할 수 있으며, 우수한 인적 자원을 계발·육성시킬 수 있다.

### (3) 가정적인 측면

소외된 이웃을 돌보고 지역사회의 발전을 위해 활동한다는 자부심은 가족 구성원 간의 유대감을 강화시키고 결과적으로 가정의 건강성을 증진시킴으로써 가정해체, 가족기능의 취약화와 같은 문제들을 방지한다.

### (4) 종교적인 측면

자원봉사는 한마디로 이웃과 사회에 대한 종교적 신념을 구현하는 방편이라고 할 수 있다. 물론 종교별로 다양한 견해를 가지고는 있지만 공통적으로 이웃과 사회에 기여하는 종교로서의 모습들을 표방하기에 종교적 신념을 구현하는 방편이 된다.

### (5) 사회복지적인 측면

자원봉사활동은 사회복지기관의 부족한 물질적이고 인력적인 자원들을 채워주는 역할을 함으로써 사회복지기관이 사회의 다양한 요구에 효율적이고도 효과적으로 부응할 수 있도록 도와주며, 더 많은 클라이언트에게 더 좋은 양질의 복지서비스를 제공할 수 있도록 하는 동반자적 역할을 담당하고 있다(최덕경 외, 2006).

## 2) 자원봉사의 기능

Nathan Cohen이 제시한 현대적 자원봉사의 기능을 살펴보면 다음과 같다(조휘일, 1995 재인용).

첫째, 사회 내에 민주적 생활방식을 정착시킬 수 있다.

둘째, 사회의 비인간적 분위기를 보다 인간적 분위기로 전환시키는 계기를 마련해 준다.

셋째, 근본적이면서도 무리가 없는 사회 개혁을 가져오게 한다.

넷째, 개인의 성숙과 사회제도의 개선을 통해 민주 사회 및 국가가 지향하는 목표를 달성케 한다.

다섯째, 개인의 사회에 대한 인식을 넓히고 유대를 공고히 할 수 있게 한다.

또한 자원봉사활동을 통하여 자원봉사자는 삶의 보람을 느끼며 자기 성장의 기회를 갖게 되고 지역 사회를 이해할 수 있게 된다.

즉, 현대 산업사회는 노동의 분업화로 인한 인간 소외현상이 심각하게 대두되고 있는데 이러한 소외를 극복하고 자신의 존재가치와 긍지를 확인함으로써 삶의 보람을 얻게 되는 하나의 영역이 자원봉사활동인 것이다.

또한 자원봉사를 통하여 개인은 자신이 가진 능력과 재능을 활용할 뿐만 아니라 이를 향상시킬 수 있으며, 활동 과정에서 인격성숙을 도모하고 자신을 재발견하며, 나아가 여러 가지 유용한 생활 및 사회적 기술을 습득하는 계기를 만들 수도 있어 자기 성장의 기회를 갖게 되는 것이다.

뿐만 아니라 자원봉사활동은 이웃과의 관계로부터 출발하게 되는데 이웃과 만나는 과정에서 그리고 이웃과 대화를 통하여 개인은 자신이 살고 있는 지역의 모습과 지역의 문제 등을 접하게 되며, 이를 통해 지역 사회를 차츰 구체적으로 이해하게 될 뿐만 아니라 나아가 지역 주민과의 연대형성을 통해 지역사회의 각종 문제에 직접 참여, 문제해결에 기여하기도 한다.

## 4. 자원봉사활동의 영역

자원봉사활동은 실천 대상을 중심으로 아동을 위한 자원봉사활동, 청소년을 위한 자원봉사활동, 여성을 위한 자원봉사활동, 노인을 위한 자원봉사활동, 장애인을 위한 자원봉사활동, 지역사회를 위한 자원봉사활동 등 8개의 영역으로 구분할 수 있으며 영역별 자원봉사활동의 종류 및 내용을 살펴보면 다음과 같다.

### 1) 아동을 위한 자원봉사활동

아동이 적절한 환경에서 사회적 보호를 받으면서 신체·심리 그리고 사회적으로 건전한 발달을 도모할 수 있도록 하기 위한 사회 전반의 노력이 필요하다. 그러나 우리나라의 아동복지는 서비스의 대상을 요보호아동으로 제한하고 있으며, 서비스의 내용도 사후치료를 목적으로 한 대체적 서비스에 국한되고 있고 서비스의 질도 매우 낮은 실정이다. 이에 기존의 아동복지 인력뿐만 아니라 자원봉사자의 도움이 필요하며 아동의 발달단계 상의 특성과 사회문제 예방차원을 고려하여 아동이 선전하게 싱징할 수 있도록 성인의 적절한 지도와 감독이 필요하다(김동배, 2005).

아동을 위한 자원봉사활동의 종류와 내용은 다음과 같다.

#### (1) 직접적 자원봉사

- **상담**: 또래상담, 전화상담, 가족상담, 학교부적응아동 상담지도, 문제행동아동 상담지도

- **심리적 자립**: 결손가정아동 지도, 요보호아동 결연, 실직가정아동 심리정서 지도
- **교육지원**: 아동공부방 학습지도, 학습부진아동 지도, 아동 교육 프로그램 지도, 아동 컴퓨터 지도, 아동 자원봉사자를 위한 교육
- **여가선용 지도**: 취미교육, 동아리활동 지도, 캠프활동 보조, 레크리에이션 지도, 독서 지도, 전통문화놀이 지도
- **사회활동 지도**: 동반외출, 농촌활동 지도
- **보호 활동**: 방과 후 아동보호 지도, 일일 위탁부모, 영유아보호시설아동 돌보기, 탁아시설아동 돌보기

#### (2) 간접적 자원봉사

- **업무보조**: 아동단체 및 시설 업무 보조, 아동 숙박시설(수련장) 업무 보조
- **초청 및 방문**: 사회복지시설 방문 봉사
- **조사 활동**: 유해 문화 환경 조사 · 감시
- **정보 제공**: 자원봉사활동 정보지도 제작, 아동을 위한 지역사회신문 제작
- **캠페인**: 가출아동공동체 건립 및 운영을 위한 바자회, 소년소녀 가장을 위한 음악회, 낙도 아동을 위한 도시 및 장난감 보내기 캠페인, 결식 아동을 위한 사람의 빵 나누기 모금, 저소득가정 아동의 교육비 지원을 위한 물품 기증 바자회, 아동 학대 예방 및 신고 캠페인

### 2) 청소년을 위한 자원봉사활동

청소년은 나라의 미래를 짊어지고 나아갈 내일의 주인공들이다. 따라서 청소년을 건강하고 건전하게 성장·육성시켜 나가야 하는 것은 개인이나 가정적 차원을 넘어 국가 차원에서 성취되어야 할 과제이다. 이들의 인격을 발전시키고 각자의 능력을 최대로 성취할 수 있도록 다각적으로 돕는 사회의 노력이 필요하다.

청소년을 위한 자원봉사활동의 종류와 내용은 다음과 같다.

#### (1) 직접적 자원봉사

- **상담**: 청소년 상담(전화, 면접, 인터넷), 학교 상담 자원봉사, 비행 청소년 상담(법무부, 검찰청 관련)
- **결연**: 소년소녀가장, 결손 가정, 시설 청소년, 비행 청소년 개별 결연

- 교육 지원: 기능교실 지원, 방과 후 학습 지도, 청소년 자원봉사자를 위한 교육
- 사회활동 지원: 산업 시찰 및 역사 탐방, 농촌활동 지도
- 여가 선용: 음악·그림·문학·연극·캠프 지도·전통놀이 지도
- 취업지원 서비스: 청소년들의 직업훈련, 직업알선 및 사회적응 훈련
- 생활 및 가사 지원 서비스: 결식 청소년 무료 급식, 불우 청소년 도시락 및 밑반찬 배달, 식사준비 및 취사, 세탁, 생필품 구입·시장 보기 등
- 보호 활동: 가출 청소년 일시보호(쉼터), 민간가정위탁

#### (2) 간접적 자원봉사

- 업무 보조: 시설 환경 정리 및 행정업무 보조, 차량 지원
- 시설 정비: 아동복지시설 화단 만들기, 보일러, 수도, 놀이터 등 각종 시설 및 장비 정비, 아동복지시설 자연학습장 만들기
- 조사 · 정보제공 · 캠페인: 청소년 유해 문화환경 조사·감사, 청소년 신문 제작, 청소년 욕구 조사 등 사회조사, 근로 청소년을 위한 음악회 개최, 청소년 유해환경 단속 및 계몽, 불우 청소년 장학금 모금을 위한 활동, 청소년을 위한 금연, 약물 남용 방지 캠페인

### 3) 여성을 위한 자원봉사활동

여성을 위한 자원봉사활동을 통하여 여성 문제의 심각성과 상대적 지위의 열악성 등 현실을 파악할 수 있으므로 사회적 인식을 개선시킬 수 있으며, 여성 문제 해결 및 복지 증진을 위한 시민들의 자발적인 참여를 유도할 수 있다.

여성을 위한 자원봉사활동의 종류와 내용은 다음과 같다.

#### (1) 직접적 자원봉사

- 정서적 위문: 요보호 여성 말벗, 요보호 여성 상담, 요보호 여성 동반 외출
- 심리적 자립: 폭력 피해 여성 쉼터, 윤락녀 후견인 맺어주기
- 교육 지원: 어머니 교육, 요보호 여성 건강 교육, 빈곤 여성 한글 교육
- 사회활동 지원: 요보호 여성 가정 체험, 요보호 여성 동반 외출, 자조 모임 조직 및 참석 주선
- 여가 선용: 요보호 여성 운동 지도, 윤락녀 취미 교실

- 취업 지원: 무료 직업 상담, 취업훈련생 대상 집단 지도
- 의료 지원: 요보호 여성 건강정보 제공, 요보호 여성 약물 치료
- 생활 지원: 모자원 가자보조 지도, 생활 협동 운동

#### (2) 간접적 자원봉사

- 업무보조: 도서수집 및 정리, 모자원 캠프 보조
- 조사 · 개발: 저소득층 지원 설문 조사
- 정보 제공: 광고 및 비디오 모니터링
- 캠페인: 각종 서명 운동, 요보호 여성 후원금 모금, 여성 관련법 개정을 위한 운동

### 4) 노인을 위한 자원봉사활동

고령화 사회에 접어들어 노인복지가 사회복지의 가장 큰 문제로 대두되었다. 역사 상 유례가 없을 정도로 우리 나라는 노인 인구가 빠르게 증가하고 있는 만큼 노인들의 복지 욕구도 증대되고 있다. 그러나 이를 가정이나 국가차원에서 해결하는 데는 한계가 있으므로 자원봉사활동을 통한 노인들의 복지 욕구 충족이 절실한 상황이다.

노인을 위한 자원봉사활동의 종류 및 내용은 다음과 같다.

#### (1) 직접적 자원봉사

- 정서적 위문: 안부 전화 걸기, 독거 노인 가정 결연, 무의탁 노인 가정방문
- 심리적 자립: 욕창 관리 지도, 인지치료, 작업 요법 지도
- 교육 지원: 노인대학 운영보조, 문맹 노인 학습 지도
- 사회활동 지원: 노인 자서전 쓰기, 독거 노인 모임, 외출 동행, 치매 노인 사회적응 지도
- 여가 선용: 노인 체육 지도, 노인 취미활동 그룹 지도, 노인 특기 개발 지도
- 취업 지원: 노인 취업 알선
- 생활 지원: 노인 가정 환경 미화, 노인 급식, 노인 목욕 보조, 도시락 배달, 무의탁 노인 세탁물 배달, 이·미용 보조
- 의료 지원: 노인 건강 강좌, 노인 진료, 호스피스
- 보호 활동: 무의탁 노인 수발

### (2) 간접적 자원봉사

- 업무 보조: 시설 환경 정리, 차량 운행
- 방문 활동: 노인시설 위문 공연, 노인정 방문
- 조사 · 개발: 노인관련 출판물 제작

## 5) 장애인을 위한 자원봉사활동

현대사회는 각종 사고 및 자연·생태계의 파괴, 환경오염, 약물남용 등 사회적 위험의 증가로 누구나 장애를 입을 가능성을 갖고 있다. 장애인의 문제는 나와는 상관없는 타인의 문제가 아니라 우리 모두의 문제인 것이다. 따라서 장애인이 건강한 사람에 비해 불편함이 더할 뿐 우리와 똑같이 인간으로서의 존엄성을 갖고 있다는 인식을 가지고 그들의 인권을 존중해 주어야 한다.

장애인을 위한 자원봉사활동의 종류와 내용은 다음과 같다.

### (1) 직접적 자원봉사(자립 기능 향상)

- 정서적 위문: 동료 상담, 재활 전화 상담
- 심리적 자립: 발달장애인 친구되기
- 사회활동 지원: 발달장애인 대중교통 이용 지도 및 보조, 발달장애인의 지역사회 시설 이용 지도 및 보조, 언어소통을 위한 수화 통역, 외출 동행 및 중증 장애인 나들이 보조, 차량 지원, 특수학교 장애 아동 통학 보조
- 교육 지원: 장애아동 학습 보조 및 학습 지도, 장애인 컴퓨터 교육, 시각장애인 이동 훈련 보조
- 여가 선용: 장애아동 발달을 위한 학예활동 지도, 체육활동 지도, 현장학습 보조, 여가 선용 보조
- 취업 지원: 구인 · 구직 개척, 구직 장애인을 위한 직업 상담, 작업 지도 및 보조, 장애인 직업재활을 위한 욕구 분석 보조, 취업알선 및 사후 지원, 고용홍보 보조
- 생활 지원: 목욕 보조 및 이·미용, 반찬 지원, 가사활동 지원
- 보호 활동: 장애아동 돌보기
- 의료 지원: 순회진료, 언어치료 보조

### (2) 간접적 자원봉사(사회적 지지)

- **업무보조**: 관련 시설 · 단체 업무 보조, 시각장애인을 위한 녹음서 제작 보조, 시각장애인을 위한 도서 전산화, 장애아동 학습 증진을 위한 학습 자료 제작 보조, 전국 장애인 체육대회 보조, 후원자 개발·관리 보조
- **기술 지원**: 설비 · 장비 보수 및 환경 관리
- **조사 · 개발**: 장애인 관련 조사연구사업 보조
- **캠페인**: 장애인 관련 각종 행사(김승국 외, 1997).

## 6) 지역사회를 위한 자원봉사활동

자원봉사활동은 지역 주민 스스로 지역사회의 문제를 해결함으로써 주인 의식과 연대 의식을 갖게 하고 지역 문제 해결능력 및 참여 능력을 향상시킨다. 지역사회의 자원봉사활동을 통해서 함께 지역을 가꾸고 지켜 나가며 살기 좋은 지역사회를 만들 수 있고 공동체 의식을 고양시킴으로서 지역사회를 활성화 시킬 수 있다.

지역사회를 위한 자원봉사활동의 종류와 내용은 다음과 같다.

### (1) 주민 편의

- **정보 제공**: 주민 토론회, 후보자 초청 정책 토론회, 후보자 모니터링
- **정보공동체 구축**: 소비자 문제 상담실, 열린 정보 센터, 지역신문 만들기
- **시설 관리 및 구축**: 청소년 쉼터, 학교 폭력 예방 센터, 시민 안전 고발 센터

### (2) 사회 안전

- **현장 활동**: 안전한 통학로 만들기
- **감시 활동**: 생활 안전 모니터링, 주택 안전 자가 진단, 어린이 안전 모니터링
- **캠페인 활동**: 시민 안전 켐페인
- **사전 지도**: 어린이 재해 예방 교육
- **순찰**: 가정 순찰대
- **교정 활동**: 비행 청소년 선도

### (3) 공공지원

- **현장 활동**: 수해 복구 및 재해 현장 지원, 재활용 알뜰시장, 농촌 봉사 활동
- **시민 참여**: 일일 자원공무원, 지방행정 감시, 시민 참여 조직

- **지역 복지:** 주민 건강 증진, 노인학교와 경로잔치, 장애인 수화교실, 사회복지시설 방문
- **지역 문화:** 가족 운동회, 주민 잔치
- **감시 활동:** 청소년 유해환경 추방 운동, 학교 주변 불량출판물 추방 운동
- **조사연구 활동:** 의정활동 평가

## 5. 자원봉사자의 역할과 자세

### 1) 자원봉사자의 역할

자원봉사자의 역할을 개인적인 관점과 사회적인 관점으로 나누어 살펴보면 다음과 같다.

#### (1) 개인적인 관점

첫째, 직접 서비스를 제공한다.

도움을 필요로 하는 개인이나 집단과 직접 대면해서 관계를 맺고 서비스를 제공하는 일로 상담, 개별지도 및 집단지도 그리고 일상생활의 다양한 문제들을 해결해 주거나 편의를 제공한다.

둘째, 기관의 사무적, 행정적 업무를 지원해 준다.

사회복지기관이나 공공기관, 공공단체에서 서류 분류 및 정리, 발송, 접수, 우편 업무 등 사무를 처리하거나 기타 행정적 업무를 처리한다.

셋째, 지역사회의 문제 및 기관에서 필요로 하는 조사, 연구 활동에 참여하다.

넷째, 섭외 홍보활동 또는 모금활동에 참여한다.

다섯째, 기관의 정책 결정에 참여하거나 자문의 역할을 한다.

경영이나 행성에 경험이 많은 사람들이 정책 결정을 위한 위원회나 자뮤위원회의 구성원으로 참여하여, 존속과 발전에 이바지한다.

#### (2) 사회적인 관점

첫째, 사회복지문제 및 욕구의 발견과 더불어 사회복지적 문제 상황을 예방, 통제, 치료하는 기관의 방침을 결정하거나 직접적, 보완적 서비스 활동에 참여한다.

둘째, 도움을 필요로 하는 개인, 집단, 지역사회를 위한 대변적 해설자 또는 협력자로서의 역할을 한다.

셋째, 사회복지기관이 지역사회에 협조적으로 서비스를 행할 수 있도록 매개적인 역할을 한다.

넷째, 인간성 상실의 현대 사회에서 인간의 가치와 존엄을 인정하며 지역사회 존중의 감정과 공동체 의식, 참다운 인간성 회복을 실현할 수 있도록 돕는 역할을 한다.

다섯째, 정부나 민간단체들이 미처 생각하고 개발하지 못하는 사업이나 분야를 찾아 새로운 봉사활동을 시도해 보고 그 결과로 국가정책이나 다른 민간복지단체에 영향을 주는 선구적 역할을 한다(이청자 외, 1994).

### 2) 자원봉사자의 자세

자원봉사자로서 갖추어야 할 자세로 다음을 들 수 있다.

① 나에게 맡겨진 일을 잘 할 수 있다는 확신이 있어야 한다.
② 자원봉사기관에서의 규칙을 받아들여야 한다.
③ 자원봉사활동에서 만나는 사람들과 친밀하게 지내야 한다.
④ 주어진 일에 필요한 기술을 기꺼이 배우려고 해야 한다.
⑤ 기관의 담당자 혹은 팀 리더의 지도를 기꺼이 받아들여야 한다.
⑥ 자원봉사기관의 담당직원이 일을 믿고 맡길 수 있게 하여야 한다.
⑦ 자원봉사팀에서 함께 행동하여야 한다.
⑧ 수혜자의 사생활을 보호하여야 한다.(출처: 한국사회복지협의회)

# 제17장 피해자복지론[1)]

범죄 피해자 복지론이란 아직 그 개념과 범위가 확립되지 않은 부분이지만 앞으로는 그 중요성이 증대될 분야로 국내의 교재 중에서는 필자가 최초로 언급한 개념이다. 이러한 피해자 복지론은 기존의 교정복지론에 대항하고 보완하는 보충적 패러다임에서 언젠가는 보충적 패러다임이 아닌 독립된 패러다임을 가진 학문이 될 것이라고 확신한다. 다시 말해서 현재 각 대학교의 교정학과나 사회복지학과에서 다루는 교정복지학 또는 교정복지론이란 범죄를 직접 행한 범죄인을 어떻게 교정, 교화 시키는 가에 관한 사회복지적 방법론과 기술이라고 할 수 있는데 현재의 관심은 범죄인에 대한 사회복지적 교화가 그 주된 관심이다. 물론 현재에는 피해자 학이라는 학문이 20세기 중반부터 태동되어 발전되고 있지만 기존의 피해자학은 아직도 피해원인과 피해자 유형론, 피해자 대책론 등 법제적 성격이 강해 사회복지적 측면이 약하다고 할 수가 있다.

따라서 필자가 학문적 개념으로 내새우려는 피해자 복지론은 기존의 교정복지론과 달리 범죄피해자에 중점을 두되 기존의 범죄피해자학과 달리 사회복지적 측면이 강한 학문이라고 할 수가 있다

이러한 범죄피해자 복지를 각각 별개의 재화(goods), 다시 말해서 전자는 원치 않는 재화, 후자는 원하는 재화라고 전제하고 논의될 수가 있다.

이 부분에서는 먼저 사견으로서 피해자복지학의 개념과 성격, 그리고 범죄피해회복탄력성의 사회복지적 의의를 살펴보고 그 다음에는 범죄피해자 복지법제에 관한 국내의 법규들을 소개한 다음에 앞에서 언급했듯이 범죄피해복지를 재화로 간주했으므로 이러한 범죄피해복지라는 재화에 대한 생산방법, 즉 공공주도형생산, 민간주도형생산, 제3섹터형(공·사 합동생산) 생산방식으로 언급한 다음에 앞으로 이러한 범죄피해자에 대한 복지적 지원을 위해서 피해자 복지사제도의 필요성을 언급하기로 한다.

---

1) 이 부분은 필자(청정환)가 교정복지 연구 6호에서 발표한 천정환의 피해자 복지론 중 피해자 복지학의 개념과 성격, 피해자 복지학의 개념과 성격, 피해회복 탄력성 부분은 그대로 인용했음을 밝혀둔다.

## 1. 피해자복지학의 개념과 성격(천정환, 2006: 22~24면)

기존의 피해자학은 주로 범죄피해자를 대상으로 피해자화현상과 피해원인 및 피해자 특성을 연구하는 사실학이며 궁극적으로는 피해자보호와 피해자 대책을 강구하는 규범학이며 종합응용과학이라고 할 수가 있다.

따라서 형사정책과 밀접한 연관을 가진다고 할 수가 있다. 그러나 종합응용과학인 점에서 피해자학을 종합사회과학이라고 하는 주장은 틀린 주장이다. 그것은 사회과학과 응용과학은 전혀 다른 개념이기 때문이다.

이러한 피해자학은 1950년대 중반에 등장한 이론으로서 기존의 가해자 중심의 형사정책이론에 반기를 들고 피해자 측면에 관심을 기울이기 위해 나온 학문이라고 할 수 있다.

다시 말해서 기존의 형사범적 가해자에 중심을 둔 패러다임에서 탈피하고 기존의 가해자 중심의 학문인 범죄학에 대항하고 나온 새로운 개념이라고 할 수가 있다. 즉 기존의 범죄학 중심에의 학문에 대항해 나온 학문이 피해자학이다.

따라서 기존의 피해자학은 법학, 형사정책학, 교정학, 범죄학, 피해철학, 생물학, 정신의학, 형사법, 철학, 사회학, 심리학 등과 관계 깊은 체계를 가졌다고 할 수가 있다.

그러나 피해자 복지학은 기존의 피해자학의 일부, 특히 피해자 대책론과 관련하여, 관련된 것으로 파악할 수도 있겠으나 둘은 엄격히 구분된다.

가장 큰 차이점은 피해자복지학은 기존의 피해자학보다 더욱더 학제적 성격이 강하여 보다 많은 학문적 협동이 요구되는 점이라고 할 수가 있다. 물론 두 학문 모두 종합응용과학인 점에서는 동일하지만 더욱더 넓은 학문적 체계를 필요로 한다.

따라서 피해자복지학은 법학, 사회학, 교정복지학, 사회복지학, 커뮤니케이션학, 경제학, 경영학, 교육학, 법철학, 조사방법론, 행정학, 심리학, 범죄학, 범죄심리학, 경찰학, 수사학, 철학, 종교학, 봉사학, 가족치료학, 심리치료학, 수학, 정신의학, 상담학 등 이루 말할 수 없는 수많은 학문의 학제적 접근을 필요로 한다.

또한 고객측면에서 피해자학이 주로 현실적 피해자에 중심을 둔다면 피해자복지학은 피해자 외에도 피해자 주위의 생태계, 심지어 가해자까지도 고객으로 하는 점에서 차이가 난다. 필자가 확립하려는 피해자복지학에서는 피해자의 개념도 과거적 피해자, 현재적 피해자, 미래적 피해자, 생태계적 피해자, 가해적 피해자로 포함되는 역동적 개념이다.

과거적 피해자란 아동 성피해와 같이 과거에는 개념이 없었으나 성인이 되고나서 반추에 의해 비로소 피해의식을 갖는 것이라고 할 수가 있다.

또한 개입방법에 있어서 전자는 가치중립적 개념으로 신청여부와 관계없이 모든 피해자가 대상이 되지만 후자는 원칙적으로 클라이언트의 신청에 의해 피해복지사가 개입하는 점이 다르다. 또한 접근법에 있어서 전자가 거시적, 미시적, 중도적 접근법을 사용한다면 후자는 주로 클라이언트 하나하나에 대상을 두는 미시적 접근법을 사용한다.

철학적 이념에서는 전자는 모든 피해자를 대상으로 피해의 원인과 피해자화를 연구하는 평등적·보편성이념을 추구한다면 후자는 보다 불리한 위치에 있는 개별적 피해자에 관심을 두는 사회적 형평과 가치적 중립성, 개별적 적합성을 중시한다. 따라서 피해자학이 이 규범성과 과학성을 크게 중요시한다면 후자는 사회사업의 방법론 등의 기술성을 강조하는 차이점이 있게 된다.

또한 전자가 피해의 원인과 대책에 대한 규범적 정책제시에 중점을 두는 일반성을 중요시하는 반면 후자는 개별피해자에게 보다 적절한 재활과 원조가 이루어지도록 하는 개별적 방법론에 관심을 갖는다.

따라서 피해자복지학은 사견으로 개별적 범죄피해자와 그와 관계되는 의미 있는 생태계에 대해 학제적 관점에서 사회복지학의 기본방법론인 개별지도, 집단지도, 지역사회사업, 통합적 접근방법을 통해 그들의 재활과 보호에 관계되는 종합응용과학이라고 할 수가 있다.

이러한 피해자복지학을 사견을 추론하면 피해자 개념론(사견으로 피해자를 과거적 피해자, 현재적 피해자, 미래적 피해자로 구분), 피해자 복지 내용론(사견으로 피해자 물적복지, 피해자 심리복지, 피해자의 관계적 복지, 피해자 인권복지, 피해자의 법적복지, 피해자 위기복지, 피해자 정책복지), 피해자 커뮤니케이션론, 피해자의 용서론, 피해자 상담론, 피해상품론, 피해자 교정복지론, 피해자 대책론, 피해자 복지심리학, 피해자 보호론, 피해자 예방론, 피해자 사회론, 비교피해자복지론, 피해복지사제도론, 피해자운동론, 피해복지조사론, 피해복지행정론, 피해복지경비론, 피해복지정책론, 피해복지실천론 등으로 나눌 수가 있다.

위의 내용에서 과거적 피해자란 범죄피해 당시는 자신이 범죄피해자라는 사실을 몰랐지만 시간의 경과로 나중에 자신이 범죄피해자라는 인식을 갖게 되는 경우를 말하며 미래적 피해자는 환경범죄와 같이 당장에는 피해자는 아니나 미래에 피해자로 되는 경우를 말한다.

또한 필자가 주장한 피해자 복지 커뮤니케이션이란 피해자 복지의 한계 생산량과 총 생산량에 영향을 주는 내적·외적 커뮤니케이션을 말한다. 여기에는 때로는 긍정적이고 외부적인 상징조작에 의한 커뮤니케이션과 부정적 외부효과를 초래하는 부정적 커뮤니케이션이 있을 수가 있다.

이러한 상징조작은 주로 매스컴과 정치권에서 사용해왔는데 특히 정치범죄의 피해자는 매스컴과 정치권에 의한 부정적 상직조작적 커뮤니케이션에 의해 피해자 복지가 네거티브적 복지로 흘러 피해자복지의 총생산량이 줄어들어왔다. 또한 피해자와 가해자간의 커뮤니케이션의 결과 성격이 피해자 복지의 한계 생산량을 결정하며, 피해자와 가해자 그리고 관계되는 생태계, 지역사회와 매스컴을 포함하는 사회와의 3각관계, 즉 역동적이고 동태적인 작용과 반응방식에 의한 3각관계의 상호커뮤니케이션의 질과 성격이 어떻게 피해자 복지의 생산량에 영향을 미치는 가를 연구하는 분야라고 할 수 있다. 이에 대한 깊은 연구를 위해서는 커뮤니케이션론의 원용이 필요하다.

## 2. 피해회복탄력성 개념(천정환, 2006: 25~27면)

범죄피해를 원치 않는 재화로 생각할 경우에 범죄피해회복 탄력성이란 범죄피해자에 대한 지원을 단위 증가시킬 때 증가되는 피해 회복의 정도를 말한다고 할 수가 있다. 범죄피해의 종류에 따라 이러한 탄력도는 다르며 또한 지원의 내용, 즉 물적 지원인가 심리적 지원인가에 따라 각 지원의 범죄피해회복 탄력도는 당연히 다를 것이다.

따라서 해당 지역의 범죄피해자 지원센터에서는 제한된 자원을 기간 내에 합리적으로 배분할 때 이러한 피해회복 탄력도를 조사하여 적절한 지원을 함으로써 피해회복의 총 생산량을 높일 수가 있다.

가령, 동일인이 여러 범죄의 피해를 당했을 때 그에게 주어질 수 있는 피해자 지원센터의 자원이 한정되어 있다면 그가 직면한 피해들 중에서 피해회복탄력도가 가장 큰 피해부터 지원하는 것이 외부효과의 작용에 의해서 피해회복 총 생산량이 더 커지므로 바람직하다. 이런 점에서 각 범죄 피해에 대한 지원의 피해회복탄력도 조사는 매우 중요한 의미를 지닌다고 할 수 있다. 물론 이러한 피해회복탄력도의 개념은 피해회복의 질적 측면보다는 피해회복의 양적 측면을 전제한 개념을 전제로 하고 있다.

또한 범죄피해에 따라서 물적 지원과 심적 지원의 어느 것이 더 지원의 피해회복탄력도가 높은가를 알아야 물적 지원과 심적 지원의 적절한 배합을 통해 효율적인 지원을 할 수가 있다.

그것은 대부분의 범죄는 물적 피해와 심리적 피해를 동반하는 경우가 많으므로 범죄피해자지원센터는 피해자의 욕구를 조사해서 피해회복 탄력도가 큰 피해를 중심으로 자원을 조합해야 한다.

가령 강도강간당한 여성이 심리적 피해회복 욕구가 강하다면 물적 지원보다 심적 지원의 피해회복 탄력도가 크므로 물적 지원보다 심적 지원에 더 많은 비중을 두고 지원계획을 수집해야 한다.

물론 그전에 피해의 성격과 피해회복탄력도를 조사해야 한다. 가령, 일반적으로는 고의범범죄의 피해자보다 과실범범죄의 피해자의 범죄피해회복 탄력도가 크며 똑같은 성범죄피해자라도 정조의식이 약한 여인은 정조의식이 강한 여인보다 심리적 지원의 피해회복탄력도는 크며 물적 지원의 피해회복탄력도도 크므로 피해회복탄력도의 조사에서는 피해자의 개인적 특성도 조사에 포함시켜야 한다. 이러한 피해회복 탄력성의 결정요인에는 대개 회복의 필요성, 대체가능성, 충격의 정용기간 등이 있을 수가 있다.

먼저 회복의 필요성이 큰 상황일수록 지원에 대한 피해회복의 탄력도는 커진다. 그것은 회복의 필요성이 큰 피해는 소위 경제학에서 말하는 필수재이기 때문에 빨리 회복할 필요성이 있는 것이다.

두 번째로 범죄피해라는 재화에 대한 대체재가 많을수록 또한 대체재의 가격이 비쌀수록 원범죄의 피해에 대한 지원의 피해회복 탄력도는 커진다. 가령 절도피해라는 재화의 가격보다 절도피해의 대체재인 강도피해라는 재화의 가격이 더 비싸므로 절도피해자가 또한 강도피해도 당했을 경우에는 피해자는 상대적으로 재화의 가격이 높은 재화에 더 네거티브적 수요를 하므로 그렇게 된다는 것이다.

세 번째로 충격의 적용기간이 길수록 피해회복의 탄력도가 작아진다. 다시 말해서 성범죄나 고문범죄의 피해 등 특정한 범죄를 제외하면 대개 범죄피해에 대한 충격의 적용기간이 길수록 망각효과라는 메카니즘의 작용에 의해 이미 많이 회복되었으므로 자원에 대한 피해회복의 탄력도는 적은데 이것은 주로 심적 지원에 관한 것이며 만약 물적 지원인 경우에는 피해회복의 탄력도는 "1"로 일정하게 된다.

그런데 대개 물적 피해인 경우에는 물적 피해에 대한 지원의 피해회복탄력도는 "1"로 일정하지만 심적인 피해회복의 탄력도(e)는 $0<e<1$ 또는 $e>1$ 이 된다.

가령 심각한 성피해자, 특히 순결문화가 내재화된 경우의 여성은 심적인 피해회복의 탄력도(e)는 1보다 적게 된다.

또한 피해회복 탄력도는 일정한 것이 아니라 시간에 따라 탄력도가 달라질 수가 있는데 이는 범죄 피해지원센터가 범죄피해자에 대한 지원계획 시 지원의 내용과 종류를 결정하는데 도움이 된다.

또한 범죄피해회복탄력도에는 지금까지 설명한 단순한 피해회복탄력도 외에 교차피해회복탄력도, 비교피해회복탄력도 등 여러 탄력도를 추론할 수가 있다.

가령 비교피해회복탄력도란(c)

$$c = \frac{\text{피해회복의변화크기}}{\text{다른피해자의피해크기의변화}}$$ 라고 정의할 수가 있다.

이러한 비교피해회복탄력도의 피해복지학적 의의는 범죄피해자는 다른 피해자의 피해크기의 변화에 의해 피해회복의 양이 증감할 수 있기 때문에 피해자 회복프로그램에서는 원 클라이언트에 대한 피해회복의 탄력도를 높이기 위해서는 원 클라이언트보다 더 피해가 심각한 다른 피해자를 탐색해 정보를 살려주어야 한다.

따라서 피해자 탐색과 비교기법이 필요하며 다른 피해자지원기관과의 연계가 필요하다.

그리고 교차피해회복탄력도란 주로 대체관계에 있는 범죄피해 중에서 어느 한쪽 재화(범죄피해)의 피해크기의 변화에 의해 다른 족 재화의 회복의 변화크기는 변화를 의미하는데 이때는 대체관계에 있어서도 보다 재화의 가격이 비싼(더 큰 피해)재화에 가격이 상대적으로 저렴한(더 적은 피해)재화가 흡수되는 흡수관계에 놓이므로 상대적으로 저렴한 재화의 교차회복 탄력도는 커지게 된다.

이러한 교차피해회복 탄력도의 피해복지적 시사점은 여러 피해를 네거티브적으로 수요한 소비자(범죄피해자)가 어느 범죄피해에 보다 비싼 가격으로 네거티브적으로 수요했는가에 대한 수요조사가 필요하며 그러한 과학적이고 합리적인 수요조사가 있을 때보다 적절한 피해자지원계획을 수립할 수 있다는데 그 의의가 있다.

이와 같이 필자가 범죄피해회복탄력도라는 개념을 사견으로 운론해봤지만 범죄피해자복지학의 한 분야로 취급될 수 있는 범죄피해자 복지경제론에서는 이러한 개념이 유용할 것이다.

## 3. 피해자 복지의 생산 주체

범죄피해자복지생산이란 범죄피해자복지를 하나의 재화로 간주할 때 이러한 피해자복지의 생산주체를 누구로 하느냐에 따른 분류이다. 여기에서는 주로 검찰 등 국가기관이 주도하는 관주도모형과 민간범죄피해자지원센터 등이 주도하는 민간주도생산모형, 또한 공공부문과 민간부분이 같이 힘을 모아서 생산하는 제3섹터(sector)형 모형이 있을 수가 있다. 이중에서 어떤 모형이 가장 좋은가는 피해자의 특징과 그 나라나 사회문화등을 고려해서 결ㅈ어되어지지만 그러한 환경적 변수를 고려치 않는다면 보통은 민·관이 공동으로 생산하는 제3섹터형 모형이 가장 바람직하다.

그것은 민주도 또는 관주도로만 생산할 때보다 더 많은 이점이 발생하기 때문이다. 물론, 여기에서 제3섹터형 모형에도 관주도형제3섹터형 모형과 민간주도형제3섹터형모형, 관·민간 동등형제3섹터형 모형이 있을 수 있으나 이 중 어느 모형이 바람직한가는 해당국가의 법문화, 관습, 가능동원한 자원의 특징, 고객인 피해자의 욕구, 피해복지사의 충원방법, 주어진 예산의 제약선 등 여러 외적 변수의 성질에 따라서 결정되어지게 되므로 일방적으로 어느 모형이 좋다고 말할 수는 없다.

과거에는 주로 피해자구조법 등에 의한 법적, 경제적 지원을 중심으로 하는 관주도 모형이 주도적이었으나 이러한 관료제 생산모형의 문제점에 대한 비판과 함께 피해자에 대한 경제적 지원 외에 심리적, 정서적 지지와 지원을 내포하는 복지의 개념을 함축한 민간주도형 모형이 생겨났는데 그것은 민간에 의한 범죄피해자지원센터가 그것이다.

우리나라에서 최초로 2003.9.5 김천·구미 지역에서 민간피해자지원센터가 설립되었다. 김천·구미 피해자지원센터에서는 주로 범죄피해자에 대한 전화상담과 면접활동, 피해자지원전문가 양성, 피해자 자조조직지원, 피해자지원에 관한 연구활동, 피해자지원에 대한 홍보활동, 피해자에 대한 직접지원활동(사건직후의 위기개입, 정보제공 및 소개, 수사기관 및 법정의 동행서비스, 피해자에 대한 편지쓰기)등을 주로 행하였다.(피해자지원 포럼, 창간호, 14면)

그 뒤 여러 지역에서 민간에 의한 범죄피해자지원센터가 들어서 좋은 반응을 보였지만 최근 들어서 이들 민간기구들의 재정적 취약성이 드러남에 따라 그 한계를 보이고 있다.

따라서 이러한 민간 피해자지원 센터 등에 대한 예산지원과 제도적 지원이 뒤따라야 민간에 의한 범죄피해자지원센터가 활기를 찾을 것이다.

한편 이러한 민간에 의한 범죄피해자지원센터의 설립에 뒤이어서 검찰 등 관료제기구와 민간기구가 협동해서 피해자 복지를 생산하려는 제3섹터형 모형도 들어섰는데 가령 2003년경에 김천지청과 피해자치센터 등의 협조를 통해서 범죄피해자에 대한 지원을 행한 것이 그 예라고 할 수가 있다.

그러나 정확히 말하면 이러한 민·관합동에 의한 제3섹터형 모형은 아직도 법적, 제도적 지원에 머물러 피해자복지의 개념이 없다고 할 수가 있다.

따라서 앞으로는 제3섹터 모형은 피해자 복지의 개념이 들어가는 진정한 복지적 제3섹터 모형이 되어야 할 것이다.

여기에서 범죄피해자복지에 관한 네트워킹을 구상하면 아래와 같다.

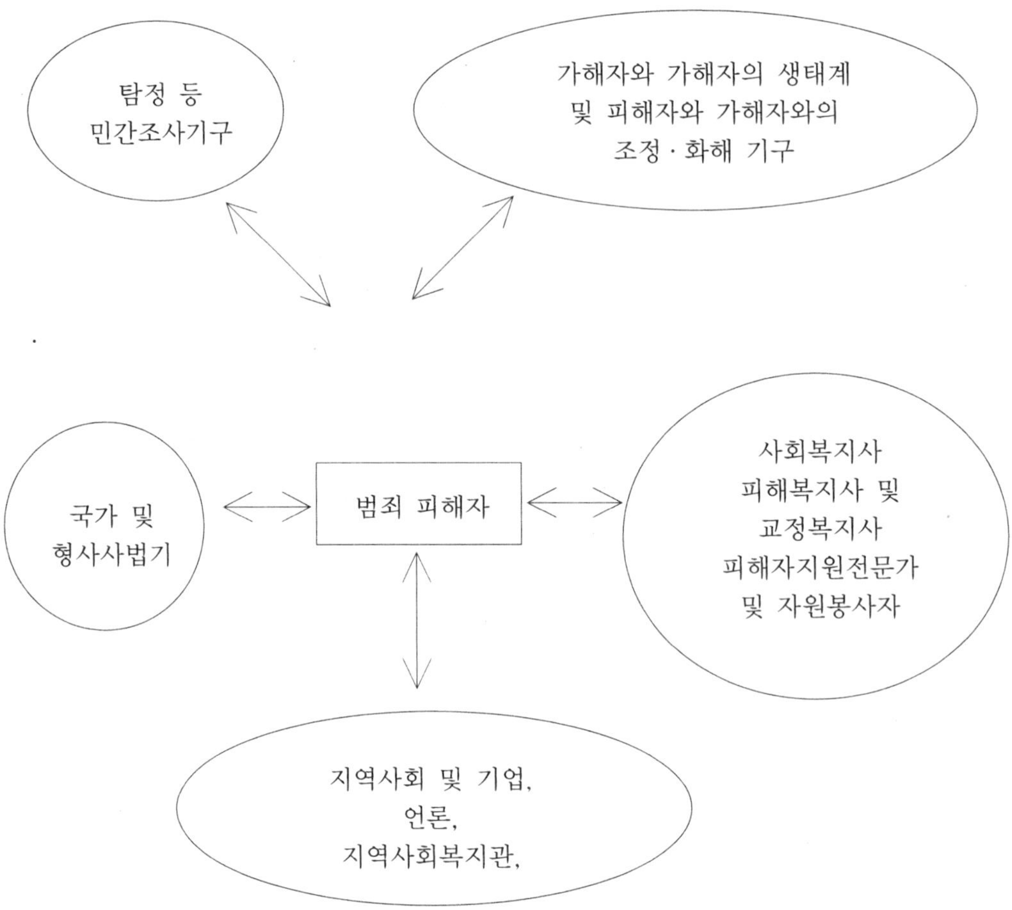


**(그림: 범죄피해자복지에 관한 네트워킹)**

한편, 범죄피해자복지에 관한 제3섹터모형에는 소극성 여부를 기준으로 소극적 제3섹터 모형과 적극적 제3섹터 모형, 상황적 제3섹터모형 등으로 나눌 수가 있다.

소극적 제3섹터형 모형의 핵심은 고객인 범죄피해자가 지원을 요청할 때에만 비로소 개입해서 고객인 범죄피해자에 대한 위기개입, 정서적 지지, 치료적 상담과 여러 복지적 활동을 도모하는 것을 말하며 적극적 제3섹터 모형의 핵심은 고객인 범죄피해자의 지원 요청과 관계없이 고객인 범죄피해자를 직접 발굴하여 직접 찾아가는 서비스인 아웃리치(outreach)를 행하는 것이다.

다시 말해서 범죄피해자의 요청이 없어도 직접 찾아가서 그가 필요로 하는 것을 탐색하여 적절한 복지적 서비스를 행하는 것이다.

또한 앞에서 언급한 소극적인 제3섹터 모형은 검찰, 경찰, 교정기구 등 국가기관과 민간범죄피해자지원센터가 피해자에 대한 보호적 서비스, 가령 긴급전화 설치, 피해자보호시설, 피해자의 비밀보장, 안전보장설치, 구조금지급 등에 치우친다면 적극적인 제3섹터형 모형은 그러한 보호적 서비스 외에도 지원적 서비스 즉 피해자에 대한 의료서비스, 상담서비스, 재활서비스 등을 포함하며 나아가서 피해자와 가해자의 조정과 화해도모 등과 같은 회복적 사법서비스와 가해자의 교정프로그램과 가해자에 대한 용서프로그램의 실시 등을 포함하는 보다 적극적인 개념과 서비스가 되어야 한다.

또한 상황적 제3섹터형 피해자 복지란 피해자가 지원 요청을 할 때는 당연히 개입하되, 피해자가 지원 요청을 하지 않는 경우에는 바로 지원하여 개입하는 것이 아니라 피해자의 욕구, 상태, 피해자의 생태 등 여러 변수를 고려하여 개입을 결정하는 것이다.

이들을 표로 정리하면 아래와 같다.

| | |
|---|---|
| 소극적<br>제3섹터형<br>피해자복지 | 범죄피해자에 대한 법정과 검찰에 대한 동행서비스, 범죄피해자에 대한 경제적 지원, 관과 민의 협동서비스, 범죄피해구조금에 대한 정보제공, 범죄피해자에 대한 재활지원, 범죄피해자에 대한 법적지원, 범죄피해자의 지원과 요청이 있을 때만 개입 |
| 적극적<br>제3섹터형<br>피해자복지 | 범죄피해자에 대한 지원, 관과 민의 협동서비스, 위기개입과 지지적서비스, 찾아가는 아웃리치서비스, 가해자와의 화해도모, 가해자에 대한 용서프로그램에의 참여, 범죄피해자의 적극적인 발굴 및 무조건 개입 |
| 상황적<br>제3섹터형<br>피해자복지 | 관과 민의 협동서비스, 피해자의 요청이 없어도 피해자에 대한 개입 또는 지원은 피해자의 상태, 생태계의 특성, 주어진 제약조건 등 여러 변수를 고려하여 피해자에 대한 개입여부를 결정함. 가령 피해자가 소년 또는 심신 미약인 경우는 요청이 없어도 개입 |

**〈표: 제3섹터형 피해자 복지 요령〉**

## 4. 피해자 복지사의 도입 필요성

범죄피해자에 대한 기존의 여러 지원과 사회복지서비스를 담당하기 위해서는 하루 빨리 범죄피해복지사에 대한 제도적 정착과 전문요원의 양성이 시급하다. 이것은 현재 한국교정복지학회(박영숙회장, 천정환부회장)가 추진 중에 있는 교정복지사 양성과 기본적 맥락을 같이 한다.

따라서 범죄피해자복지사는 현재 사회복지학과나 교정학과 경찰학과 고학년이나 졸업생을 대상으로 피해자학, 용서학, 상담학, 형사정책, 피해자심리론, 형사법학 등 일정 과목을 이수한 자에게 범죄피해자복지사 자격증을 주되 대학을 졸업하지 않은 자에게도 평생교육원에서 일정학점을 이수한 자에게 주는 방안을 모색할 수가 있다.

이것을 학점은행과 연계시키는 방안을 모색할 수도 있으며 기존의 범죄예방위원, 범죄예방자원봉사자, 피해자지원센터직원이나 관련업무 종사자들에게도 일정한 기준을 거쳐 범죄피해복지사 자격을 주는 방안을 모색할 수가 있다.

이러한 여러 과정을 거쳐 피해복지사가 배출되면 관련지역 동사무소나 사회복지기관과 연계하여 범죄피해자의 지원요청이 없어도 찾아가는 서비스를 행할 필요가 있으며 고객인 피해자의 요청에 의해 서비스가 마음에 들지 않는 피해복지사는 언제든지 교체해 줄 수 있는 방안이 제도화 되어야 한다.

가장 큰 문제는 재원인데 일단 유급봉사자로 대우를 하되 일정한 기간 또는 고객복지를 행한 횟수에 비례해 피해자지원센터 또는 교정기관이나 사회복지 공무원 등 관련 직종에의 특채 또는 응시 때의 가산점부여가 필요하고 또한 최근에 논의되는 전환복무가 시행되면 이런 자원들을 활용해도 된다.

피해자에 대한 지원이나 사회복지서비스의 내용에는 법정이나 형사기관에의 출두 때의 동행서비스, 법정에의 동행서비스, 각종 정보의 제공, 정신적 고통을 달래줄 전화하기, 경제적 문화적, 정서적 각종 지원과 각종 프로그램에 참여시키기, 의료서비스 등이 있을 수 있다 또한 위기개입과 때로는 범죄피해자에 대한 sex자원봉사를 해줄 자원의 소개 등 실질적인 지원책이 포함되어야 진정한 피해자 복지가 될 것이다.

이러한 범죄피해복지사의 양성기관에는 현재 중앙피해자지원센터가 적절하고 관련대학에서 양성프로그램을 준비하는 방안이 적절하지만 무엇보다도 이런 방안이 제도화 되어야 한다.

# 제18장 종교사회복지론

근자에 들어 종교사회복지를 논의하는 자리가 많아졌다. 그 이유는 사회복지서비스의 수요가 급증하고 있는 만큼 민간자원의 기여가 절실하다는 것에서 출발한다고 할 것이다.

실상, 종교계 안팎에서 사회복지실천을 요청하고 있고 사회적 문제에 대한 종교적 실천을 그 무엇보다 국민들이 바라고 있다고 할 것에 기인한 것이라고 하겠다.

따라서 종교계의 사회복지실천에 대한 국민적 목소리가 그 어느 때보다 커지게 된 것으로 종교계 자원에 대한 관심과 기대가 커짐에 따라서 한편으로는 종교계가 이미 시행해오고 있는 복지사업들에 대한 점검도 필요하다는 반성이 나오게 된 것이다.

본 장에서는 사회복지와 관련, 종교적 측면에서의 접근을 시도함으로서 그 개연성을 살펴보고자 한다.[1)]

## 1. 종교사회복지, 용어의 범위

우리 나라의 경우 기독교인 사회에서는 '기독교 사회복지'라는 말이 쓰여지고, 불교계에서는'불교 사회복지'라는 말을 사용하여 피차 구별되는 것으로 보고 있다. 즉, 기독교적인 시각에서 보자면 기독교 사회복지가 되는 것이고, 불교의 입장에서 보면 불교 사회복지가 되는 것이란 뜻이다. 물론 종교적인 입장에서 보자면 종교가 가지고 있는 그 나름대로의 특성 있으며 그 특성을 나름대로 표현하고자 했던 것이 아마도 기독교 사회복지, 불교 사회복지 등으로 표현하고자 했던 것으로 볼 수 있다.

그러나 이렇게 표현하고 자 한다면 아마도 사회복지라는 말 앞에 특정 종교의 명칭을 그대로 사용하고자 한다면, 00사회복지, 00사회복지 등으로 계속 표출되어야 할 것이다.

이러한 점에서 기독교사회복지, 불교사회복지 등 그 내용이 무엇이건 간에 각기 용어들의 개념에 관련해서 그다지 충분한 논의가 있었던 것 같지는 않으나, 우리는 그러한 용어들의 함의(含意)를 대강 짐작으로 이해하고 사용해 왔던 것으로 보인다.

---

1) 본 내용은 이혜숙 대구대 사회복지학부 교수가 종교사회복지 주제의 세미나에서 발제한 것을 편저자 본인의 조작적 의도하에 개략적으로 수정·가필·보완한 것임

이와 관련 시민 사회 포럼 등에서 그 동안 있었던 몇 차례의 공적인 담론에서도'종교 사회복지'는 대개 교단 · 개별 종교기관들 그리고 산하 시설들의 복지관련 활동을 포괄적으로 지칭하고 있다. 대부분의 논의가, 교단이나 종교기관들의 자원을 지금보다 더 많이 사회복지사업에 투자해야 한다는 것과, 현행 사업들이 보다 전문적인 사회복지 규격·수준이 되어야 한다는 것 등의 총론적 과제들을 반복하여 다루어 왔다.

따라서 용어의 정의에서부터 심도 있는 논의가 반드시 종교적으로 필요하다. 그 이유는 사회복지가 가지고 있는 함의적 의미를 보다 개연성을 가지고 접근하게 하기 위한 것이다.

그렇기 때문에 용어의 올바른 규정과 합의과정을 거치면서 '종교 사회복지'라는 영역에 대한 정체성의 통념을 세울 수가 있고, 구체적인 사업 목표와 세부 과업·평가 등에 관한 전반적인 기준이 설 것이며, 더욱이 공공의 논의가 있을 때는 필요성에 맞추어 공론의 범위를 보다 적절히 조정할 수 있을 것으로 사료된다.

그와 관련하여 종종 발견하게 되는 혼란의 예로서, 종교인의 전통적인 자선구제나 자원봉사와 같은 활동을 사회복지사업이라고 할 것인가 말 것인가, 혹은 종교적인 프로그램을 포함한다면 선교사업이라고 볼 것인가 사회복지사업이라고 볼 것인가, 혹은 종교기관의 순수한 자체사업인가 정부의 지원아래 시행하는 위탁사업인가, 혹은 종교계 시설에서 전문가는 누구인가 등등에 대한 문제가 있다.

### 1) 종교사회복지의 개념

사회학적인 관점에서 보자면, 종교는 사회를 순기능적으로 이끌어가는 사회적 기능을 가지고 있다고 할 것이다. 즉, 사회를 순기능적으로 이끌어간다는 것은 종교가 사회의 지배적인 가치와 규범을 정당화 하면서 사회구성원들 사이에 공통된 집단의식을 마련해 주고 이에 따라 사회적 질서에 안녕을 기할 수 있다는 뜻이다(이원규, 1995: 31).

이러한 관점에서 볼 때 종교사회복지를 개념화 시켜 그것을 이론적으로 규명하는 것은 각 종파의 다양성에 기초해 볼 때 쉬운 문제는 아니나 조작적으로 규명하자면, 종교사회복지를 사회문제의 해결과 예방, 인간의 사회적 기능수행의 활성화, 생활의 질적 향상 등을 위해 행하는 종교의 사회복지서비스라고 할 것이다(종교사회복지포럼, 2003). 여기에는 개인이나 가족에 대한 서비스에서 사회제도의 강화나 수정 및 변화의 노력까지 포괄한다.

이 문제를 각 종파의 이념에 기초하여 살펴본다면, 기독교와 천주교는 그리스도의 사랑의 정신, 불교는 부처의 자비사상을 이야기 할 것이다. 즉, 종교 사상의 중심에는 종교에 내포되어 있는 중심사상이 사회복지의 이념과 결합하여 자선적 의미에서의 접근으로 이해되어질 수 있으며 여기에는 인간존중의 정신이 함의되어 있다고 보아야 할 것이다. 이러한 측면에서 종교사회복지를 개념적으로 보자면, 종교적 정신의 구현을 사회복지적 차원에서 접근하여 그것을 사회복지가 가지고 있는 이념적 의미를 함의적으로 보고자 한 것이 종교사회복지이며, 사회복지의 실천과 제도적 접근을 포괄하는 종합적인 차원에서 이해가 가능하다. 다시 말해서 각 종교가 가지고 있는 사상이 사회복지의 내용에 포괄적으로 수용되어 그것을 각 종교의 관점에서 변증적으로 받아들이고 있다고 보면 될 것이다.

### 2) 종교의 사회복지적 의미

사회복지를 크게 두가지로 구분하자면 공공복지와 민간복지로 구분할 수 있다. 그렇다면 종교사회복지는 어디에 포함될 수 있을까 하는 점이다. 종교사회복지는 민간단위에 속하며, 그 기능적 특성상 공공복지에서 그 효율성을 다하지 못하는 것을 능동적으로 실현할 수 있다는 점에서 공공복지의 보완적 성격을 띠고 있다.

역사적인 측면에서 접근하자면 서구사회에서 종교사호복지는 그 시초가 민간복지서비스의 차원에서 시작되었으나 그 후에는 공공복지의 부족한 부분을 채워주는 방향으로 전환되어 갔으며 후에는 전문적인 사회복지실천의 한 과정으로 전진되어 갔다.

이와 관련 박종삼(2002)은 니부어(R. Nibuhr)의 견해를 인용하여 "교회는 사회사업을 낳았고 키운 어머니"라고 했다.

이 문제를 역사적 측면에서 보자면, 과거 종교가 종교의 역할을 제대로 하지 못해 국가관에 심각한 문제를 일으킨 적이 있다. 주로 중세의 기독교를 그 예로 들 수 있는데, 그 당시의 기독교는 사회와 종교를 이원화시킴으로 인해 종교의 사회화에 심각한 문제를 들어내기도 했다.

따라서 종교가 가지고 있는 정체성을 분명히 하면서 사회 속의 종교를 구현하는 차원에서 사회봉사의 의미를 부연할 수 있다.

## 2. 종교계 사회복지사업의 실태

종교계 사회복지사업의 실태를 불교와 천주교 등 다양하게 살펴볼 수 있으나 기독교계를 중심으로 하여 사회복지 분야 가운데 노인복지를 중심으로 살펴보면 다음과 같다.

광림교회는 수용인원이 250명인 광림복지타운 사랑의 집을 무료로 운영하고 있으며, 이곳에서는 죽음을 기다리는 중환자들에게 평안과 사랑의 안식처가 되고 대규모 호스피스와 무의탁한 불쌍한 노인들을 위해 사용될 무료양로원이 있다. 사랑의 집은 시설 내에 수용된 인원에 대한 급식, 건강관리 뿐만 아니라 정신적인 면에서 위안을 주고 영적인 안식을 누릴 수 있는 환경과 시설운영을 하고 있다.

예은교회는 '사랑의 마을'을 운영하고 있으며, 노인복지시설로 는 28명 수용 가능한 '사랑의 집'을 운영하고 있다.

구로 중앙교회는 '사랑의 선교회'를 통해 매주 수요일에는 어려운 지역주민에게 점심식사를 제공하고 나이드신 어르신들을 대상으로 무료 이미용 봉사와 옷, 의료 기타 선교물품을 제공하고 있다.

남대문교회의 '남대문 노인대학'을 운영하고 있으며, 대연교회의 '대연교회 노인대학'은 1994년 개설, 노인들에게 필요한 교양강좌를 비롯한 다양한 프로그램이 있다. 매주 화요일마다 열리는 노인대학은 100여명이 참석하고 있으며, 점심식사를 대접하고 있다. 프로그램 내용으로는 경건회, 노래부르기, 성경이야기, 생활교육, 건강체조, 레크레이션 등이다.

영도중앙교회의 '영도중앙 노인대학'은 매주 목요일 오전10시에 약 100명의 노인들이 참석하여 노래, 체조강의, 점심식사 등을 통하여 지역봉사에 힘쓰고 있다.

대구남산교회는 노인 선교회인 '목요선교회'를 통해 노인을 대상으로 하는 예배와 의료서비스를 제공하고 있다. 충남제일교회는 65세 이상의 노인들을 위한 노인대학을 운영하고 있다.

신곡교회는 '신곡 늘 푸른학교'라는 이름으로 매주 목요일 오전 10:00-오후 2시에 65세 이상 노인을 대상으로 노인대학을 운영하고 있다.

선산읍교회는 '경로대학'을 통해 매주 화요일에 프로그램을 진행하고 점심식사도 제공하고 있으며, 포항제일교회는 1995년부터 수업 년한은 2년으로 경로대학을 개설하고 노인들에게 평생교육의 기회를 제공한다. 주요 내용은 매주 목요일 경건회, 반별모임, 교양과목강의(고전무용, 국악시간, 특강, 레크레이션), 특별활동반(성경반, 합창반, 서예반, 무용반, 장기 바둑판) 매월 생일잔치가 있고 매년 경로대학연합회 여름성경학교를 개최한다. 이외에도 연동교회, 안동교회등이 개교회 차원의 노인학교 등 프로그램을 운영하고 있으며, 다일교회는 노인과 무의탁자를 위한 무료병원 건립의 설계를 최근 끝내는 등 노인복지에 앞서가고 있다. 아울러 예장총회의 경우는 개교회 차원에서 노인복지와 선교가 이루어지고 있다. 예장통합도 교단 차원보다는 예장통합 교회들이 주로 참여하고 있는 한국교회 노인학교연합회가 세미나와 친선체육대회 등의 활동을 통해 교회의 관심을 확산시키는 데 주력하고 있다.

구세군의 경우는 과천에 양로원, 무료 요양원, 실비 요양원 등 3개의 시설을 운영하는 등 노인복지사업 활동이 이루어지고 있다.

이와 같은 기독교 노인복지사업의 사례는 우리나라 전체교회의 비해 노인복지 프로그램을 운영하는 곳이 그리 많지가 않다.

내용면에서도 노인복지 프로그램 중 대부분이 노인대학이나 경로대학을 대다수가 운영하고 있으며, 교회에서 운영하는 노인대학의 프로그램 또한 대부분 여가를 위한 프로그램이 많았다. 결과적으로 기독교 노인복지 사업은 노인복지 대상자를 위한 사업보다는 공급자 위주로 교회가 접근하기 쉬운 노인대학 위주로 운영되고 있음을 알 수 있고, 시설 운영도 편의주의적인 단순한 수용시설에 불과하였다.

### 1) 시설 자원

현재 우리나라의 종교계 사회복지 관련사업장(이용/생활 시설)의 전수를 파악하기는 쉽지 않다. 우선 미신고 시설의 파악이 어렵고, 신고시설들 가운데서도 종교계 관련여부를 알아내는 것이 쉽지 않다. 가령 1996년도 보건복지부의 일제조사 결과 수용시설 716개소의 약 55%가 종교계 운영자에 의한 것임을 알아내듯이, 관리감독 당국에 등록된 전체사업장을 대상으로 설문조사를 할 수가 있고, 지역사회 단위로 관내의 종교계 관련 복지기관 · (신고/미신고) 복지시설들의 숫자를 파악하여 전국통계를 낼 수는 있을 것이다.

또 한편, 각 교단별로 가지는 산하 사업장들에 대한 통계를 모아 전체를 가늠할 수도 있겠지만 그 역시 정확하지는 않다고 본다. 교단별로 복지시설의 개설·운영관리·감독 등에 대한 통솔체계가 서있는 경우가 있고 그렇지 않은 경우도 있으며, 교단에 등록되지 않은 종교인들에 의한 사업장도 있기 때문이다. 그러므로 종교계 복지사업체의 총량에 접근하기 위해서는 공적인 감독청 · 사적인 감독청(母 교단/개별 종교기관) 그리고 공사(公私)연합의 협의체 등에서 다축적(多軸的)인 조망을 해야 할 것이다.

### 2) 재정자원

종교계를 향하여 사회복지 활성화를 요청할 때 우선 구체적으로는 재정적 출자를 확대하도록 요청하는 것이라고 보아도 크게 틀리지 않을 것이다. 필자가 최근 보건복지부 종교계 담당관과 어느 지자체 사회복지담당관을 면담한 바에 의해서도, 종교인이나 종교기관들에게 가장 크게 기대하는 것은 후원금이라고 하였다. 종교계 내부에서도 사회복지 비용이 현재보다는 증액되어야 한다는 자성(自省)의 소리가 크다.

종교 사회복지의 재정자원을 분석하는 축은 다음의 세 가지로 생각할 수 있다. 첫째는, 교단이나 개별 종교기관들의 사회복지 총비용을 알아보는 것이다. 물론, 종교계 일각에서 교단 자정(自淨)의 일환으로 회계투명성을 요구하고 있음을 볼 때, 그런 상황에서라면 종교기관들에게 사회복지비용이 얼마인지를 묻는 것이 과연 의미가 있을까 의심스럽기도 하다. 하지만 모든 종교기관들이 그렇게 불투명한 재정운용을 하리라고 생각지는 않으므로 조사분석은 필요할 것으로 본다.

### 3) 인력자원

여기서는 종교계의 각종 사회복지 기관·시설에 종사하고 있는 인력과 자원봉사자 그리고 잠재자원으로서 기타의 종교인 집단을 생각한다. 인적 자원에 관련된 논의점의 하나는, 종교계 복지사업장에 이미 종사하고 있는 인력의 전문성에 관한 것이다. 종교계이거나 아니거나 간에 일차적으로 미신고 시설 운영자의 전문성이나 사업 책임성 여부는 중요시할 사안이며, 간혹 정부가 종교단체 등에 지원하는 프로그램, 예컨대 노숙자 지원사업 초기에도 운영자와 서비스의 전문성 여부로 사회복지계 일각에서 논란이 있었다.

신앙심을 자격증 삼아 출발한 종교계 복지사업장에는 신고(법인)시설 가운데도 시설장이나 기타 관리자가 사회복지 관련 자격증을 소지하지 않은 경우가 상당수 있다. 하지만 신고시설인 경우, 사업규정대로 일정수의 전문가를 고용하게끔 되어 있고 관리감독을 받게 되므로 보수교육과정 등을 통해서라도 점차 해결될 수 있는 문제라고 보고 싶다.

종교 사회복지의 인적자원을 논한다면, 현재 복지시설 종사자의 문제보다도 자원봉사자와 신도집단의 잠재력과 가능성에 더 주목한다. 정부가 복지시설 등을 위탁하거나 특정 프로그램을 지원할 때 그 대상으로서 종교계를 선호한다면 그것도 바로 후원 및 자원봉사자의 조달이 비교적 용이하리라고 기대하기 때문일 것이다. 신앙인이라면 누구라도 봉사책임에 관한 가르침을 늘 접하고 사는 것이 분명하고, 소속 종교기관을 통해서 봉사기회를 가까이 대할 수 있을 것으로 본다.

### 4) 사업내용

종교 사회복지의 내용으로서 크게 세 가지를 생각할 수 있다. 첫째, 각 종류·각 형태의 사회복지시설(이용시설 · 생활시설/ 신고시설 · 미신고시설)을 운영하는 사업과, 둘째로는 교회 등 종교기관에서 프로그램(무료급식 · 상담 · 시설 지원 · 후원 · 위문 등) 중심으로 하는 사업, 셋째로는 종교단체들에 의한 예방적 사회복지사업 즉 환경운동 · 농산물 직거래 · 교육환경 개선운동 · 소비자운동 · 가정폭력방지 · 인권운동 등등을 포함한다.

## 3. 종교 사회복지의 주요과제

### 1) 자원 관리와 개발

정부나 일반사회에서는 종교계를 사회복지 자원의 거대한 창고라고 본다. 종교기관의 운영 책임을 맡은 성직자들이 대부분 사회복지실천의 당위성을 인정하면서도 막상 실행하지 못하는 것은 자원이 없어서라고 생각하는 것과 크게 상반되는 관점이다. 과연 자원이 얼마나 되는지를 정확하게 알기가 어렵다는 것은 이미 위에서도 언급되었고, 그렇다면 남는 과제가 두 가지이다. 첫째는, 현재 가동되고 있는 자원들이 본래의 사업목적에 잘 부합하면서 효과적이고 효율적으로 이용되는가를 제대로 평가하는 자원관리상의 문제이고, 둘째는 어떻게 적극적으로 잠재자원을 발굴할 것인가 하는 자원개발의 문제이다.

시설 · 재정 · 인력을 망라한 자원들의 관리와 개발은, 모든 사회복지사업 운영주체들에게 주어지는 결정적 과제이다. 종교기관이라고 해도 언제까지나 신자들의 신앙심이나 외부 공공기관을 향한 호소만으로 지원을 얻을 수는 없겠고, 종교계 사업장이라고 해도 종사자들의 신앙심이나 종교적 위신력으로 저절로 관리 유지되지는 않을 것이다. 교단중심이든 개별교회중심이든 혹은 사업체 연대아래서든 적절한 지도감독의 체계를 확립하고 과업수행과 자원의 효용성 등에 관한 평가와 피드백을 유기적으로 줄 수 있는 시스템이 필요하다.

이러한 각론적 과제들을 현장중심으로 파악하고 해결책과 대안을 제시하는 연구기구들이 각 교단 · 개별 종교기관·복지협의체 등 어디에라도 있어야 할 때라고 본다. 교단중앙에 '사회복지위원회'와 같은 의결 · 집행조직을 가지고 있는 것 같으나, 연구기능의 상설기구들은 어느 교단 안에도 드물어 보인다.

### 2) 서비스 전문성

종교계 사회복지를 언급할 때 전문성 시비는 주로 미신고 시설사업이나 종교기관의 복지관련 프로그램 시행을 중심으로 제기되는 것으로 안다. 이것이 때로는, 단지 종사자들이 사회복지 관련 자격증을 가졌는지, 사업체가 법인가를 얻었는지 등 형식요건에만 초점을 두는 경향이 있으나 그것만이 전문성 기준의 전부는 아니라고 생각한다. 일반적인 사업경영이 그러하듯이, 조직관리·기관행정·서비스 전달체계· 서비스 기술·비용 효과 등 다각도에서 전문성의 구성 요소가 있다.

그런데 필자가 서비스의 전문성을 특히 중요시하는 것은, 복지사업의 제반 관리운영상의 문제들은 그 성과여부가 해당 운영주체에 귀속하겠지만, 직·간접 서비스는 결국 이용자들에게 그 영향을 미치기 때문이다. 대인 서비스에서도 기술적인 능력만이 아니라 좋은 심성을 가진 전문가의 서비스가 상대적으로 더 효과를 낼 것으로 기대되는데, 종교인 종사자들이라면 별다른 노력이 없어도 바로 그렇게 효과적인 역할을 할 수 있으리라고 단정해도 좋은가. 전문가로서, 전문사업체로서의 평가를 주고받는데 좀더 개방적이기를 기대한다.

종교계가 행여나 사회복지 동참과 그 외형 만들기가 급선무가 되어서 사업의 내용을 질적으로 제고하는데는 소홀하지나 않을까, 종교계 한 울타리이므로 모두 알아서 잘 할 것이라는 안이한 상호기대를 갖지는 않을까, 기우가 될지라도, 전문성이라는 평가의 척도를 자주 환기하고 적용하도록 강조하는 것이다.

또한, 운영자나 종사자들의 기술적 개인적 전문성만이 아니라, 사업분야와 프로그램에 관련해서도 전문성을 돌아볼 필요가 있다. 위의 주요교단 시설중심 사업내용 분류표를 보더라도, 거의 비슷한 사업들이 백화점식으로 추진되고 있다. 한 지역사회를 중심으로 보면 그 실태를 더 잘 알 수 있다. 개별 교회마다 놀이방· 어린이집· 공부방 등을 운영하는 식인데  최소한 비슷한 사업별로 통합 연대운영을 하면 어떤가. 그렇게 하면서 각기 분야의 전문화를 도모할 필요는 없는가. 전문성과 연대는 맞물린 숙제가 아닌가 싶다.

### 3) 종교성

아직은 우리 나라 사회복지 현장에서 종교성을 반영하는 문제에 관한 시비가 그다지 알려지지 않은 것 같다. 어떤 식으로든지 특정종교를 표방하는 사업장의 환경에다가 자원이 종교계로부터 나오며, 더 중요한 것은 사업의 목적에 특정한 종교적 목적을 달성하고자 한다는 내용이 명시된 경우가 대부분이라는 점이다.

그럼에도 불구하고 보편적인 사회복지 실천윤리에 입각해서 서비스 이용자들을 종교적으로 강제하지 않는다는 주장을 접하게 되면 상당히 의심스럽다. 예전부터 사회복지사업을 선택하는 종사자들의 상당수가 개인적으로도 종교적 이유를 가진 경우가 상당히 많고, 더욱이 종교계의 사업장들이 갈수록 확대되고 있는 상황이므로, 각자의 종교를 어떻게 다룰 것인지 반드시 깊이 검토해야 할 사안이다.

흔히 종교계를 사회복지 자원의 보고라고 생각하는데, 그것은 두 가지 이유에서 옳다고 본다. 첫째는, 우리가 현실적으로 보고 있듯이, 종교계가 많은 복지사업장을 열고 후원과 자원봉사들이 종교인으로부터 나오기 때문이며, 둘째는 필자가 더욱 강조하고 싶은 것으로서, 인간이론에도 관련되는 바, 모든 인간에게 내재하는 종교성(Spirituality)이 자원이라는 관점이다. 우리로 하여금 삶의 질적인 변화를 이룰 수 있게 하는 것이 바로 인간 본연의 종교성이라고 믿기 때문이다.

사회복지사업을 통해서 서비스 이용자들에게 자신의 본래 종교성(Spirituality)을 체험하고 자기실현 하도록 도울 수가 있으며, 복지사업 운영자나 종사자 측의 종교성도 더욱 고양되게 할 수 있다는 의미에서, '종교 사회복지는 종교계를 위한 사회복지'라고도 말할 수 있다. 마치 노인복지가 주로 노인들을 위하고 아동복지가 주로 아동들을 지칭하는 것처럼 종교 사회복지는 종교 그 자체를 위한 것이라고도 할 수 있을 것이다.

이 과제는 보다 심층적인 연구과정이 필요하므로 여기서는 간단히 사업현장에서 경험적으로 이 문제에 접근해갈 수 있는 실마리 같은 질문들을 제시한다. 이밖에도 종교성에 민감한 경험자들의 문제제기와 답들을 모아서 공론이 되게 할 필요가 있다.

# 제19장 군사회복지론

## 1. 군 복지의 개념

### 1) 군 복지의 의의

사람과 사람은 서로간의 지속적인 관계 속에 세상을 살아왔다. 유사이래 그랬다. 그런 과정 속에서 자연인들 간에는 서로 돕고 의지하면서 작은 공동체를 형성하고 사회생활을 영위한다. 그런 가운데 그 관계가 점점 복잡해지고 다원화되면서 좀더 큰 또 하나의 사회가 형성된다. 산업화과정을 겪으면서 규모가 커지고 국가라는 이름의 최대 단위로 대형화된 것이다. 국민의 욕구가 늘고 또한 사람들 간의 이해관계가 더욱 복잡해짐에 따라 이를 조정하고  심판하는 국가의 기능과 역할이 날로 커지게 된 것이다.

국가 구성원인 국민은 국가가 시행하는 이런저런 정책집행을 수동적으로 받아들이게 된다. 이러한 과정에서 개인의 자유와 권익은 제한 될 수 밖에 없는 것이다. 국가는 늘 개개인에게 이롭고 긍정적 결과만을 제공하지는 못한다는 말이다. 의도적이든, 그렇지 않든 간에 정당한 이익만을 줄 수 없는 것이다. 공동으로 생활하는 오늘날의 국가적 상황이라 할 수 있다.

그런데 국민의 안전과 생명을 보장해야 하는 국가는 이러한 불가피한 불편과 피해가 가급적, 아니 필수적으로 줄이고 없애고자하는 노력을 경주하는 책무를 가진다. 누구나, 어떤 계층을 불문하고 국가를 형성하는 어떤 분야에서도 그 당위성은 적용되고 실천되어야 한다. 이것이 복지국가의 출현배경이다. 국가는 당연히 구성원인 국민들의 욕구를 최대한 수용하고 좀 더 많은 서비스를 제공해야한다는 명분이 발생하게 되었다. 국방과 국민의 안전을 생명으로 담보하는 군(軍)사회에서도 결코 예외가 될 수 없다. 군 사회복지이념의 출발은 여기서 시작된다 할 것이다.

대한민국 남성 누구나 적정 연령이 되면 국방의 의무를 진다. 군에서 지내기 힘든 질병소유자 등 입대가 허용되지 않는 경우를 제외하면 일정한 기간동안 군복무를 한다. 의도적인 기피자나 국가가 허락하지 않고 있는 양심적 병역 거부자가 아닌 이상 징병(徵

兵)제도 하에서의 군 복무는 영예로운 인생 역정(歷程)의 한 과정으로 이해된다. 극히 예외인 경우지만 군에 적응하기 힘든 신체적 결함을 가진 사람 등 가고 싶어도 입대하지 못하는 남성도 없지 않다. 그러나 대부분의 남성은 국방의 의무를 지는데 작지 않은 명예를 갖는다.

사람마다 군과 관련한 많은 경험과 애환을 가지고 있다. 흔히 대한민국 남성의 경우 둘만 모였다하면 군대얘기와 에피소드가 대화의 주종을 이룰 만큼 수많은 추억을 가진다. 전 인생을 통해서 그렇다. 그 만큼 군에 대한 애정이 많으며 군 복무에 대한 자부심이 크다는 방증이다. 그것은 사회생활보다는 군 생활이 상대적으로 힘들고 어려운 과정을 거친 체험에서 얻어진 성취감에서 비롯된 것으로 볼 수 있다. 본인의 경우도 그러하지만 친구나 친지, 특히 자녀의 군 복무에 대해서도 대견함과 자랑스런 마음이 새겨지는 것도 같은 맥락에서 이해 될 수 있다. 군 생활은 남성이 자부심을 갖게하는 한 과정으로 보는 것이다.

군 조직에 대한 국가적 관심과 배려는 매우 중요하다. 생명과 목숨이 담보되는 국방조직이기 때문이다. 여느 조직과는 달리 특수한 상황이면서 안전이 절실한 특별사회이다. 군에 종사하는 사람은 국가의 보편적 구성원이면서 군 조직이라는 특수한 집단의 개별적 요소이기도하다. 그 구성원에 대한 최대한의 서비스가 필요하다. 적으로부터의 공격을 감당 해내는 국방인력이기 때문이다. 특히 현역병인 경우 전 인생에 걸쳐 가장 왕성한 체력과 지력(智力)이 충만할 때로 볼 수 있다. 이 시기에 징집된 인력의 관리 측면에서도 국가는 최대한의 정성과 관심을 기울려야 한다. 군에 종사하는 사람이 일반 국민과 괴리되거나 불평등한 처우와 부당한 대우를 받아서는 안 될 일이다. 군에 종사하는 인력이 더 많은 국가적 보호가 필요한 것이다.

군 사회복지는 그 방법 면에서 여타의 사회복지와 크게 다르지 않다. 국방인력을 대상으로 Case-work과 같은 개별화된 구조 사업을 벌인다든가, 전반적인 군 생활에서 발생되는 문제를 방지하고 보다 나은 군 생활을 위한 정책을 통해 실현된다. 군 복무 혹은 근무기간중의 심리적 안정을 갖게하는 상담활동 등이 그것이다. 또 국방인력을 위한 재화나 서비스를 직접 제공하는 방식이 있을 수 있고 공공 재원을 부가적으로 투입하는 등의 보조적 수단을 통해서도 가능하다. 생활시설 환경을 개선하거나 여가나 체력증진을 위한 투자도 그런 맥락으로 볼 수 있다. 또한 각종 법률과 제도적 장치를 통해 규제하거나 지원 하는 등의 방법으로도 실행된다. 연금과 기금의 수혜를 넓힌다든가 국방과 관련한 개별 실정법 제개정 등을 통해서도 가능하다.

군 사회복지는 국가의 안전과 국방을 위한 전투력 향상을 전제로 국방 인력의 안전적 복무와 생활의 질적 향상을 도모하기 위해 정책, 법, 제도를 통한 국가적 서비스이다. 다시 말해 국가가 군에 종사하는 장병 혹은 직업 군인과 그 가족을 대상으로 다양한 정책과 기술적 수단을 통하여 국민의 안전과 국방을 위한 전투력 향상과 건강한 생활을 향유 할 수 있도록 하는 서비스의 총체이다. 이와 관련 조홍식(2005)은 군 복지를 정의하면서 군에서 발생하는 문제를 해결하고 예방하며 군인의 사회적 역량을 높이고 생활의 윤택을 위해 직접적으로 관심을 갖는 국가의 사회복지 서비스나 정책으로 설명한다. 즉 법률이나 제도를 포괄하는 군의 사회문화적 가치제고를 바탕으로 전투력향상과 국가발전을 도모하는 노력을 군 복지로 정의 하고 있다[1].

## 2) 군 복지의 범위

군 사회복지가 누구를 대상으로 보느냐하는 것이 범위를 설정하는 중요한 기준이 된다. 국가가 주체가 되며, 그 객체는 무엇이냐가 관건이다. 흔히 군으로 표현되는 군 인력을 정의하는 것은 쉽지않다. 여러 가지 기준이 다르고 다양한 수준에서 논의되기 때문이다. 거시적으로 보는 개념과 작게 보는 개념으로 구분하면 편리하다. 그 대상을 장교를 포함한 현역으로 한정하여 구분 할 수 있고, 군 사회복지의 적용범위 중 직접적 분야와 간접적 분야로 나눌 수도 있다. 또한 각 군별 혹은 부대급 별로 세분화시킬 수도 있을 것이다. 이러한 상황을 고려하여 보편적인 사회복지 대상으로써의 군은 국방인력으로 개념화 시킬 수 있다. 국방인력은 군인력과 민간인력으로 대별(大別)된다.

국방인력을 세분하여 보자. 국방인력은 국방부 산하 조직에 근무하는 국방인력으로서 전쟁수행 능력이 있는 동원 가능한 인구를 말하며, 다음 〈표 1〉에서 보는 바와 같이 직접적인 동원의 대상이 되는 군 인력 뿐만 아니라 간접적으로 전쟁 수행을 지원하는 인력도 포함된다. 그리고 군 인력은 군인 신분으로 근무하는 현역(장교, 부사관 및 병)과 상근예비역으로 구성되고, 민간인력은 군무원, 국방부 공무원, 그리고 공익근무요원, 전문연구요원, 산업기능요원 등의 병역대체요원과 예비군으로 구성된다[2].

---

1) 조홍식(2006). '국가복지정책에 따른 군복지 체계정립의 필요성'. p. 36. 통일로. 9월호

2) 안보문제연구소(2006). 여성군무원 근무여건 개선방안 연구. p. 3. 안보문제연구소

〈표 1〉 국방인력의 구성

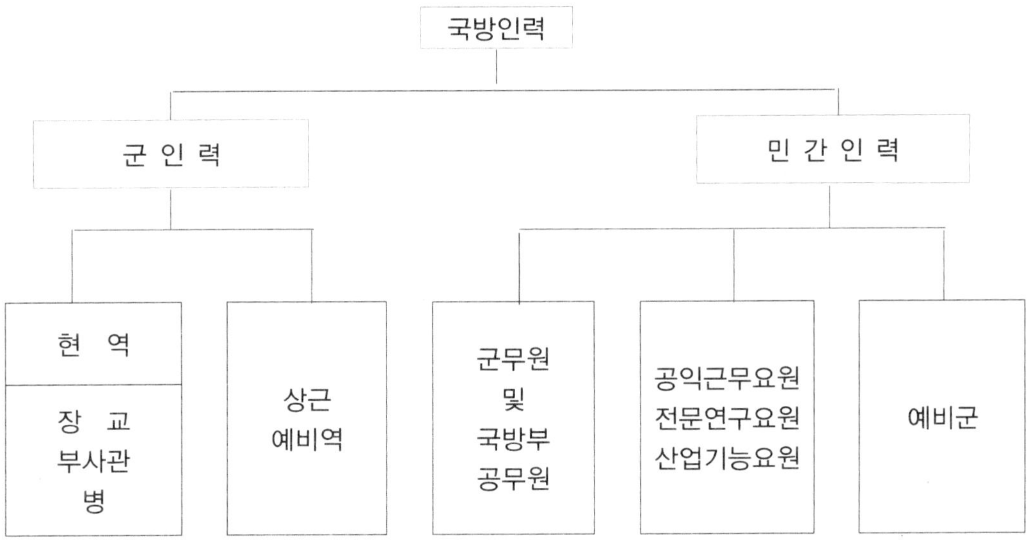


군무원은 국가공무원의 한 갈래로서 군이라는 특정 조직 내에서 복무하고 있는 민간 인력이다. 좀 더 구체적으로 설명한다면, 군 분야의 특수한 업무를 담당하는 경력직 공무원으로 국방부와 병무청 외 합동참모본부, 각 군, 직할부대 및 기관 등 국방기관에 근무하는 전문인력을 말한다.

군 사회복지 개념을 광의로 보면 국방인력 전체를 대상으로 하는 복지 서비스체계로 정리 될 수 있다. 상대적으로 협의의 개념은 입반사병, 부사관, 그리고 장교로 구성되는 현역군인과 군 복무의 대체 형태인 상근예비군까지 포함하는 범위로 한정하여도 무리가 없다. 여기서 굳이 최소의 개념, 즉 가장 작은 개념의 군 사회복지를 정의하자면 군에 복부하는 현역군인만을 대상으로 하는 사회복지 체제로 보아도 될 것 같다.

유의할 점은 이러한 광의 및 협의로 나눈 국방인력의 범위에 그들의 가족을 포함하는지에 대한 문제는 별도의 기준으로 설명되어야 한다. 현역으로 복무하는 군인 뿐아니라 민간인력의 경우 그들의 자녀도 교육을 위한 지원이나 사택을 지원 받기도 한다. 직접적으로 그 가족까지 서비스범위가 확대되는 경우가 많다. 간접적으로도 군인연금기금이나 군인복지기금을 통해 공제나 금융지원을 받을 수 있고, 이것으로 가족들이 심리적 안정감을 갖게 된다면 군 복지 실현의 중요한 방편도 되는 것이다. 군 사회복지의 의미속에는 관념적으로 전체 국방인력의 가족까지 포함되어야 한다는 명분도 매우 중요하다. 그 논의는 별도로 구체화하여야 할 것이다.

## 2. 군 복지 필요성 및 체계

### 1) 군 복지의 필요성

여느 조직이나 지속적이면서 의도적인 특정한 목적과 목표가 있다. 특히 군 조직은 목적과 목표가 명백하다. 전략과 전술을 통해 전투력을 향상시키고 국가안전을 확보하는 국방이 그것이다. 국가가 존재하는 최상의 목적인 것이다. 적에게 우월하는 국방체계를 갖추고 어떠한 도발도 조속히 퇴각시키며 대외 전쟁 수행능력을 확보하는 우수한 전투력을 가지는 것이다. 이러한 전투력은 첨단의 장비와 군사 무기를 확보하고 갖춘데서 비롯된다. 또한 이것을 다루고 효율적으로 임무를 수행할 줄 아는 우수한 장병과 장교들의 확보에서 가능하다.

이들 국방인력이 생활하는 활동 영역에서의 평안함과 안전감은 군사력을 제고시키는데 절대적이다. 이들에게 불안감을 떨쳐내고 굳건한 자신감을 갖게하는 것이 중요하다. 복지서비스는 이러한 안정감과 자신감을 갖게한다. 그래서 이들에게 부여되는 복지차원의 수혜는 곧 전투력향상을 가져온다는 등식이 가능하다. 복지 향상에 투자하는 돈은 비용적 차원이 아니라 새로운 효과를 창출해 내는 부가가치적 무형 자산이다. 눈에 보이지 않는 무형적 전투력 증강요소이다.

이런 점에서 군 사회복지 수준을 향상시켜야 한다는 명분이 아무리 강조되어도 지나침이 없다. 군 사회복지 향상은 곧 국방의 확립, 국가의 안전과 직결되는 것이다. 그래서 국방인력에 대한 관심과 투자는 일반사회에서의 그것보다 더 우선되어야 한다는 명분이 나올 수 있다. 그러나 그 현실은 그러하지 못하다.

오히려 국방인력의 근무조건이나 복무여건이 상대적으로 더 열악한 형편이다. 국회 국정감사 제출서류[3]에 따르면, 여러 가지 분야에서 그 열악성이 발견된다. 먼저 인간에게 제일 중요한 것으로 이해되는 목숨의 위협에서 군과 일반사회와의 상관을 파악 할 수 있다. 평균사망률의 통계를 보면 군 복무 중 사망률이 민간인의 그것보다 두 배 이상 높은 것으로 조사되었다. 일하면서 생명의 부담을 느끼는 것보다 더 불안하고 스트레스를 많이 받는 경우는 없다. 군 생활에 회의가 들 만한 근거이다.

일의 생산성을 상징하는 취업한계 연령도 군인이 상대적으로 낮은 것으로 조사되었다. 일반기업의 간부로 비유 될 수 있는 대령급의 정년은 56세이고, 원사는 55세이다. 계급정년에 걸려 소령으로 전역한다면 45세의 군복을 벗어야한다. 5급 이상의 공무원인

3) 국방부(2006). 국회 국정감사요구자료(Ⅱ) p. 152. 국방부

경우 60세까지 일 할 수 있는 조건과는 대조적이다. 박탈감이 있을 만 한 결과이다. 일괄할 수는 없지만 사기업의 경우 대체로 55세까지 정년이 보장되는 상황을 상정한다면 군에서 근무하는 시간이나 취업기간이 매우 불리한 것만은 확실하다.

가족생활의 평온감을 짐작할 수 있는 이사여부도 군 복무의 안정성을 저해할 수 있다고 보아진다. 군 복무기간 동안 군인은 이사를 자주가게 된다. 임지에 따라 잦은 이사가 관행화 되어있다. 이사는 주거의 불안을 가져오며 곧 근무의 안정감을 떨어뜨린다. 또 가족과의 동거가 담보되어 있지 않으며 각종 군사 훈련 등으로 정상적인 출퇴근이 정해 있지 않아 24시간 무정량 근무량을 보이는 것도 불안 요소 중의 하나다.

근무지내에서의 심리적 안정감을 떨어뜨릴 수 있는 증거들이 있다. 근로수준과 질을 가늠할 수 있는 노사협의는 불가능하다. 오로지 명령과 지휘만이 엄존하는 상황 속에 근로불만이 발산 될 기회가 없는 것이다. 민간기업에서의 노동조합으로부터 받을 수 있는 보호와 방패막이를 상정한다면 매우 불리한 근무조건이다. 한 가지 웃지 못할 결과도 보인다. 보편적 직업군을 기준으로 미혼여성에게의 인기직종 설문조사 결과의 순위에서 군인이 조사군 12개 직종 중 최하위를 기록하였다. 민간기업(대기업)과 공무원그룹이 각각 1, 2위를 차지한 것과 매우 대조적인 결과이다. 그 만큼 군 근무가 인기가 없다는 반증이며 근무조건의 열악성을 나타낸 것으로 해석 할 수 있다.

이러한 조사결과를 미루어 보아 군 생활이 매우 어렵고 힘든 것으로 확인된다. 군인들이 국방임무를 수행하고 국가안보를 위해 개인이 누릴 수 있는 자유와 권리가 상당부분 희생되거나 박탈되고 있다고 볼 수 있다. 이것은 군의 생산성 즉, 전투력 감퇴를 야기할 만한 중요단서가 될 수 있다. 국가적 보상차원의 군 사회복지가 더욱 절실할 이유가 여기에 있다.

조흥식(2005)은 군 사회복지의 필요성을 강조하면서 군 복지는 국가안보에 필수적인 요소임을 어필한다. 그는 국토방위에 공헌하는 군인에 대한 국가적 관심과 배려는 군의 사기를 높이게 될 것이며 이는 곧 국방력의 강화를 가져온다고 한다. 또 군 복지는 군과 사회의 이질감을 해소시키는 사회통합에도 기여한다. 군인은 전역 후 오랜 군생활로 인해 사회적응력이 둔감될 수 있고 사회질서를 이해하는데 일정한 장애가 나타날 수도 있다. 사회생활에 무리없이 적응할 수 있도록 적절한 복지 시혜를 제공하는 것이 종국적으로 사회통합에도 도움이 된다는 것이다. 아울러 군 복지 시행은 군인이 보유하고 있는 각종 전문기술 혹은 경험을 재활용하는 등 일반사회 조직의 위기나 문제를 해결할 수 있는 배경이 될 수 있다.

〈표 2〉 군인과 민간인과의 복무환경 비교

| 구 분 | 군 인 | 민간인 | |
|---|---|---|---|
| | | 공무원 | 사기업 |
| 사망률/연(%) | 0.081 | 0.043 | 0.036 |
| 이사횟수 | 평균 14.7회 | 연고지 근무 | |
| 근무지역 | 읍•면 : 47%<br>(격오지 : 41.8%) | 읍•면 : 33.5% | 주로 도시지역 |
| 활동자유 | 매우 낮음 | 보통 | 매우 많음 |
| 정년연령 | 대령 56/ 중령 53<br>소령 45/ 대위 43<br>원사 55/상사 53 | 5급 이상 : 60<br>6급 이하 : 57 | 55-58 |
| 재취업률 | 약 20% | 불필요 | 양호함 |
| 노사협의 | 협의체 없음 | 부분적 가능 | 노사협의체 |
| 업무내용 | 군사작전(초긴장) | 공공서비스 | 상품생산 |
| 위험직종등급 | 3급 | 일반직 : 무급 | 사무직 : 무급 |
| 근무시간 | 24시간(무정량) | 8시간(정량) | 8시간(정량) |
| 면직 | 근속/연령/계급 | 임의 | 임의 |
| 자녀교육 | 빈번한 학교전학<br>(2~3년에 1회) | 근무지 학교교육 | |
| 미혼여성<br>인기직업 | 12/12 | 2/12 | 회사원 1/12 |

국방부(2006). 국회 국정감사요구자료(II)

## 2) 군 복지체계 확립

국가는 무한책임으로 국가 구성원인 국민에게 서비스를 제공해야 한다. 이러한 복지국가이념의 당위성이 명백함에도 불구하고 그 이념이 군에 여과없이 적용되기란 그리 간단치 않다. 군은 일반 사회조직과는 달리 계급이 우선되는 특수한 체계가 엄존하기 때문이다. 군은 국방을 위한 특수조직으로 명령체계가 우선되어야 할 특징이 있다. 복지의 근원인 인도주위와 민주주의가 그대로 적용되어야 하지만 그러지 못할 경우가 있을 수

밖에 없다. 죽고사는, 생명과 국가의 안위에 직결되는 상황에서 그런 이념만이 강조되서는 곤란한 경우도 있을 수 있다. 크게는 국방부와 각 군 및 각급 부대지휘부로부터 하달되는 명령체계가 우선되어야 할 때도 있는 것이다. 이것이 군 존재의 가치이기도 하다.

그럼에도 불구하고 군 사회복지의 필요성과 당위성이 간과되서는 안될 이유는 군에 종사하는 국방인력도 국가를 구성하는 하나의 인격체이기 때문이다. 국가의 구성원인 국방인력의 원만하고 풍요한 정신상태는 국방력과 전투력을 증강 시키는데 크게 기여한다. 국가는 특수조직에 종사하는 구성원의 생활환경이 적절하도록 갖은 수단을 구사해야 한다. 이것이 군 사회복지의 주체인 국가의 책무이다.

아직 군 복지를 체계적이고 효율적으로 수행하는데 필요한 인프라를 구축하는데 미흡한 실정에 있다. 군 복지수준을 끌어 올릴 수 있는 제반 여건은 그리 높은 수준이 아니라는 것이 일반적 평가이다. 이와 관련 김성곤(2005)은 군 복지 관리 체계의 조속한 확립을 강조하면서 군의 복지시설 관리체계의 미흡성을 지적한다. 예컨데, 각 군에 산재해 있는 복지시설을 포함한 일반시설물 관리체계의 낙후를 예시한다. 중앙복지 시설의 관리는 각군 본부에서 관장하고 개별 부대의 시설은 해당부대가 담당하는 등 시설 관리가 이원화 되어있다. 이는 효율성을 떨어뜨리는 요인이 된다. 체계는 달리하여도 최종 관리의 책임은 본부에서 맡게 하는 것이 더 효율적이라는 판단이다.

또 그는 군 관련 기초적 데이터베이스가 부족한 점도 복지를 실현시키는데 장애로 작용한다고 주장한다. 실제로 군 복지와 관련한 연구가 거의 없는 실정이며 이를 뒷받침할만 한 기초자료가 매우 부족한 실정이다. 일반적 사회복지 수준에 비추어 군의 복지실태는 상당히 열악하다는 것이다. 이러한 이유로 장병들의 생활환경, 장병의 근무실태, 국방인력 가족의 교육지원 체계와 같은 정책수립이 원활하지 못하다. 한마디로 군 복지체계는 아직도 걸음마 수준임을 강조한다. 국방부를 중심으로 한 중앙정부의 군 복지를 위한 관리체계를 확립하면서 몇 개의 방안을 제시하였다[4].

1. 복지기금운용과 복지중기계획 심의 등 국방부의 복지 조정 및 통제 기능을 강화해야 한다.
2. 중앙 및 부대복지는 통합관리하고 향후 민간위탁운영을 추진하는 등 복지시설 관리를 일원화하여 효율화를 추진해야 한다. 단, 격오지 등은 전투지원 개념에서 국가예산이 지원되어야 할 것이다.

4) 김성곤(2005) 국정감사 질의자료집. p. 38. 김성곤의원실

3. 현재 각종의 지침, 규정, 방침 등에 분산되어 있는 복지 관련 법체계를 통합하여 단일법을 제정하여야 한다.
4. 현역과 예비역 그리고 군인가족들의 복지실태를 주기적으로 조사해서 복지 데이터베이스를 구축하고 지속적으로 관리해야 한다.
5. 초과근무 제한, 법정 휴가 보장, 국가 정책적 차원의 군 직업의 자긍심 고양 등 비예산적 복지정책도 적극 발굴하고 지원해야 한다.
6. 이러한 선행 작업을 토대로 주거, 자녀양육 및 교육지원, 면세, 의료, 보수 및 수당, 의무복무자 지원 등 세부적인 복지대책을 체계적으로 확대해 나가야 한다.

군 사회복지의 행정체계가 확립되어야 복지서비스가 효율적으로 진행될 수 있다. 군 복지행정을 집행 할 수 있는 법률과 제도적 장치를 빨리 마련하여 복지수준을 발전시켜야한다. 현재 군 복지를 강제 할 수 있는 단일 실정법은 존재하지 않는다. 다만 군 복지의 중요한 요소인 군인복지기금 운영의 근거법인 군인복지기금법이나, 군인연금특별회계법과 같은 정책의 수단적 법률은 있다. 이와 관련 조흥식(2005)은 군인복지법과 같은 포괄적이고 기본적 복지 관련 법률제정이 긴요하다고 주장한다.

보다 체계적이고 효율적인 군인과 가족, 전 장병을 위한 복지정책의 제도화와 안정화를 위해서는 통일적이고 포괄적은 법적 근거를 마련해야 한다. 우리 사회 전체적으로 복지 수요는 급격히 증대되고 있다. 군에 정예 우수 인력이 모이고 그들이 민간기업과 같이 경쟁하며 싸울 수 있도록 군의 복지인프라를 넓혀나가야 한다. 나아가 단순히 본인뿐아니라 그들의 가족을 위한 명실상부한 복지정책의  안정화를 구축되도록 통합적 법률제정이 시급하다[5]고 주장한다.

군 사회복지를 실천하는 데는 관련 근거법의 제정이 필요하다. 이런 취지에서 정부가 추진하고 있는 실정법 하나를 예를 들어보자. '05년, 정부는 '병영문화의 개선·발전' 방안을 담은 국방개혁기본법안을 만들어 국회의 제출한바 있다. 이 방안에 따르면 병영문화의 개선과 발전을 기본 방향으로 국방부장관은 군에서 복무하는 장병에 대하여 기본권을 보장하고 군복무와 관련된 문화적 갈등요인을 최소화함으로써 군 복무에 대한 자긍심을 높이고 군인으로서의 임무수행을 충실히 수행할 수 있도록 병영분화를 개선·발전시켜야 한다는 내용을 담고 있다. 구체적으로 이 법안의 제 38조는 장병기본권 등의 보장을 규정하는데,

5) 조흥식(2006). '국가복지정책에 따른 군복지 체계정립의 필요성'. p. 45. 통일로. 9월호

1. 국방부장관은 장병의 기본권이 보장될 수 있도록 군인의 복무에 관련된 제반 환경을 개선·발전시킨다.
2. 국방부강관은 장병이 민주시민으로서 건전한 가치관을 정립하고, 자기계발의 기회를 향유하며 군 복무에 대한 사회적 명예를 고양시킬 수 있는 제반 정책을 수립·시행하여야 한다.
3. 국방부장관은 장병이 군인으로서의 임무를 충실히 수행할 수 있도록 부대관리 체계를 발전시키고 복지수준을 향상시켜야 한다.
4. 제1항 내지 제3항의 규정에 의한 장병 기본권의 보장 및 복지수준의 향상을 위하여 필요한 상항은 따로 법률로 정한다[6].

군 사회복지를 실천하고 장병의 인권제고를 위한 내용들이다. 선언적 의미지만 군 생활의 합리성을 강조하고 긍정적 환경조성을 위해 상당한 영향을 줄 수 있는 전향적 법안으로 평가 될 수 있다. 그러나 이러한 병영문화 개선을 위한 법률제정 방침에 일정한 부정적 견해가 있다는 점도 부인하기 힘들다. 군은 국방을 위한 특수조직이라는 이유에서 그렇다.

군인은 국방의 필요상 개인의 자유권이 제한되고 국가와 특별권력 관계에 들어간 인력이기 때문에 기본권보장을 이유로 군의 기강이 해이될 정도로 느슨한 군대 문화를 허용할 수 없다는 것이다. 또 병영문화를 특정한 수단을 통해 바꿀 수 없다. 말로써 되는 것이 아니란 것이다. 법률로서 조정되거나 강제될 수 있는 것이 아니다. 아울러 기본권을 지나치게 강조하여 군대에 적응하지 못하는 현상을 군대 문화 탓으로 돌릴 수 없다. 따라서 군대문화 개선은 법률로서 규제할 문제가 아니며 지휘관과 병사가 같이 노력으로 해결할 사안이다[7].

이러한 부성적 견해가 있음에도 불구하고 법률제정의 필요성은 있다. 왜냐하면 법률에 명시된 상징적이거나 선언적 의미의 조항이라도 군 문화의 전향적 개선에 적지 않은 영향이 있을 것으로 보기 때문이다. 지휘와 명령체계가 존중되는 문화 속에서도 병들의 생활에는 영향을 받을 수 밖에 없다. 실제로 군 사병의 생활을 지휘하는 과정에서 특정한 명령이나 지침을 집행할 때 형식적으로나마 법률적 상징성을 떠 올리게 될 것이다. 그것이 바탕이 되어 가혹행위나 정도를 넘어선 사적 명령은 자제 될 수 있을 것이다. 이

6) 국방개혁기본법(안) 제 38조. 정부입법, 국회제출. 국회국방위원회 계류중
7) 국회국방위원회(2006). 국방개혁법안 검토보고서. p. 47-48 국회국방위원회 전문위원실.

러한 내용을 담은 법률이나 정책적 기반은 군 사회복지를 더 공고히 할 수 있을 것으로 전망된다.

사고를 발생시키거나 문제를 야기하는 병사들의 관리에 복지이념은 매우 유용하다. 복지인식을 통해 심약하거나 사고를 유발시킬 수 있는 병사들에게 심리적 안정과 자신감을 돋울 수 있다. 그럼으로써 군 복무를 원만히 수행할 수 있도록 하는 것이다. 군내에서의 범법 행위자의 대한 엄격한 처벌 속에서도 인도적 접근이 가능하다는 말이다. 군 사법제도의 개선과 군 행형법의 적용에도 복지이념을 적용시키면서도 처벌에 대한 명분이 퇴색하지 않을 방안도 찾을 수 있다.

## 3. 장병복지

### 1) 병영시설의 발전

군대생활이라 하면 먼저 떠오르는 생각이 열악한 생활환경이다. 잠을 자고 휴식을 취하는 공간의 후진적 환경이 군 생활의 어려움을 상징화 한다. 현역병이 주거하는 생활관[8]의 실태를 보자. 생활관의 절반에 가까운 막사가 1970년대 이전에 건립 된 것이다. 소대단위로 만들어진 구조는 개인 생활이 불가능 할 정도이다. 여름철에는 정상적인 취침이 곤란할 정도로 매우 열악하다. 신체발육이 왕성한 신세대 장병의 생활환경을 고려할 때 환경개선은 시급하다.

이 같은 상황을 고려하여 국방부는 병영생활관 개선 사업에 역점을 두고 한해 약 5,000여 억원을 투입, 단계별로 추진하고 있다. 20년 이상 경과한 노후하고 협소한 침상(1일당 평균 0.7평)을 분대단위의 침대형(1인당평균 2평)으로 바꾸는 사업을 계속하고 있다. 이 사업을 위해 국방부는 '07년에만 5,192억원을 투입하고 '08년에도 5,379 억원을 편성할 것으로 예정하고 있다. 구체적으로는 육군의 병영 생활관 개선 사업으로 '07년 3,600여 억원, '08년 에 3,900여 억원을 투입할 예정이다. 해군과 공군의 병영 생활관 개선사업으로 '07년, 08년 각각 1,000여 억원과 800여억원을 투입할 것으로 밝혔다. 또한 GOP지역 병영생활관 개선사업으로 '07년,08년 각각 500여 억원씩 들여 시설을 바꾸는 계획이 완료되어 있다[9]. 청결하지 못하고 뒤쳐진 생활환경의 이미지를 바꿀 만한 사업으로 평가 될 만하다.

8) '06년 3월1일부터 무거운 느낌이 든다는 내무반을 생활관으로 명칭을 변경 하였음.
9) 국회국방위원회(2006). '07년 국방부 예산안 검토보고서. p. 62. 국회국방위원회

아울러 신세대 장병들이 성장한 사회적 환경을 고려하여 군내 생활환경 개선사업이 진행되고 있다. 기본적으로 냉난방 확보에 많이 투자되고 있다. GP 등 격지 또는 오지의 시설을 바꾸는 것도 군 병영 개선사업의 중요한 한 축이다. 생활관과 상황실 등에서 사용할 비품이 부족하지 않도록 조치되어야 하며, 급수 및 전기 시설의 개보수로 생활에 필요한 편의시설을 바꾸는 노력도 요구된다. 주거환경과 관련한 개선사업은 장병들의 사기를 올려 줄 것으로 기대된다. 이러한 사업이 완료 될 경우 군 생활에 대한 대 국민적 이미지는 크게 개선 될 것으로 전망한다.

### 2) 장병봉급 인상

군대를 가는 장정들이 군에서 지급하는 봉급에 관심을 두는 경우는 없다. 돈을 벌려고 징병되는 것이 아니고 때문이다. 그러나 사회적 통념상 얼마 되지 않는 월 봉급이라 할지라도 그 액수가 오르면 사기는 높아질 것이다. 군에서의 기본생활위한 금액에 일정정도 보충된다는 것은 즐거운 일이기도 하다. '05년 12월에 발표된 국가인권위원회 보고서 '군대 내 인권상황 실태조사 및 개선방안 연구' 에 따르면 현역병사의 67.2%가 현 월급수준이 생활에 불편함을 가져온다고 대답하고 있나. 또한, 부족한 월급수준을 보충하기 위해 집으로부터 용돈을 받은 경험의 유/무에 대한 설문조사 결과에 다르면 현역병의 60.3%가, 18개월 미만 예비역의 72.8%가 경험이 있다고 답하고 있다[10].

그동안 사회일반의 생활수준이나 복지수준이 향상되었음에도 군 월급의 인상률은 큰 폭이 아니었다. 국방부는 장병들의 기본급료를 올리는데 관심을 둔다. 월 몇 천원 수준이던 병들의 월 봉급이 연차적으로 올라 '06년에는 65,000원(상병기준) 으로 인상되었다. 국방부는 '07년가지 월 급여수준을 8만원, '11년까지 12만원, 그리고 연차적으로 '19년까지 20만원 수준까지 확대할 계획이다. 그러나 이 수준도 징집제를 채택하고 있는 다른 나라와 비교하면 낮은 정노이나. 물가상승이나 사회 일반의 생활수준 및 복지수준이 향상되는 추세를 고려해 볼 때, 향후 병사들의 급여는 작은 폭이라도 인상되는 것이 바람직하며 사기앙양에 일조 될 사안이다. 돈을 벌기위해 입대 하지는 않지만 자랑스럽게 복무하고 전역할 때 적립된 군 봉급의 일시지급액을 받게 된다면 그 무엇과도 바꿀 수 없는 영예스런 보람이 될 것이다.

10) 한국국방연구원(2006). '06년 국방예산 분석 평가 및 '07전망. p. 97. 한국국방연구원

### 3) 급식 및 피복지원

군 급식은 과거 이른바 '짬밥'으로 인식되던 때와는 달리 많이 개선되고 있다. 가거 군 급식은 먹는 즐거움과 취식의 여유로움이 아니었다. 허기를 채우고 배고픔을 아우러는 수단이었다. 웰빙이라는 사회적 트렌드에 걸맞게 상당히 개선되고는 있다. 실제로 우리 군의 급식 단가는 '05년 기준으로 1일 4,665원으로 민간대비 84%의 달할 정도로 그 질이 향상되고 있다. 그 예산 또한 엄청나다. '07년에 국방부가 편성한 예산만도 1조 1,748 억원의 이른다[11]. 이는 한해 국방예산의 5% 대에 이르는 수치이다. 급식비는 기본급식(주식 및 부식과 후식), 중식, 특식, 특수식량, 학생군사교육, 민간조리원 운영 등에 소요되는 예산을 포함하는데 '09년까지 민간의 90% 수준으로 끌어 올릴 것으로 국방부는 밝힌바 있다[12].

〈표 3〉에서 보는 것 과 같이 실제로 지난 '03년부터 06년까지의 급식에 드는 비용이 한해 평균 400여 억원씩 꾸준히 증가하고 있다. 이는 급식수준이 지속적으로 향상되고 있음을 방증한다 할 것이다[13]. 식사때마다 먹는 주식비의 상승도 중요하지만 부식비용이 늘고 증가율이 상승하고 있는 점도 군 음식의 질이 날로 향상되고 있다는 것으로 평가 될 수 있다.

〈표 3〉 2003~2006 군 급식 예산현황

| 구 분 | 2003 | 2004 | 2005 | 2006 | 비 고 |
|---|---|---|---|---|---|
| 계 | 10,261 | 10,548 | 11,186 | 11,583 | |
| ○ 기본급식비 | 9,517 | 9,784 | 10,241 | 10,607 | |
| • 주식비 | 2,373 | 2,292 | 2,473 | 2,617 | 쌀, 자장면등 분식 |
| • 부식비 | 6,213 | 6,485 | 6,734 | 6,935 | 농춘수산물 원품, 가공식품류 |
| • 후식비 | 931 | 1,007 | 1,034 | 1,055 | 과일류, 주스류 등 |
| ○ 중·특식비 | 490 | 518 | 689 | 694 | 경축특식 및 특수업무 증식 등 |
| ○ 특수식량 | 183 | 171 | 179 | 194 | 전투식량 등 비상식량 |
| ○ 민간조리원운영 | 71 | 75 | 77 | 88 | 조리원 인건비 |

국회국방위원회(2006). '07년 국방부 예산 검토보고서

11) 국회국방위원회(2006). '07년 국방부 예산 검토보고서. pp. 51~52. 국회국방위원회
12) 연합뉴스 2005년 2월9일자
13) 국방부(2006). 국정감사요구자료(I). p. 763. 국방부

피복은 전투모, 전투복, 전투화, 배낭, 헬멧 등 개인 장구류가 포함되며 세탁비누, 휴지, 면도기 등 병사들의 병영 생활에 필요한 각종 개인용품을 말한다. '07년에도 피복비 전체 예산은 총 2,585억 원에 이른다. 군 생활이 민간의 사회생활 수준과 같을 순 없지만만 지나치게 수준이 떨어진다면 군의 사기는 저하 될 수 밖에 없다. 피복류의 질에 관해서는 아직도 불만의 목소리가 나온다. 특히 겨울철 격오지에 근무하는 장병들의 방한용품과 관련한 불만이 많이 제기되고 있다. 내의류는 땀 흡수가 잘되지 않는 등 불만이 많다고 한다. 보급품의 질적 만족도가 40%를 넘지 못하는 것으로 조사된 보고서도 있다[14]. 이런 상황을 고려하여 지속적인 품질 개선사업을 통해 병사들의 사기 진작에 특별한 관심이 요구된다. 역시 장병들의 일반생활 수준 향상으로 피복에 대한 예산을 증액하는 등 개선이 필요하다.

### 4) 건전한 병영문화의 정착

징병시기인 20대 초반은 여러 기준을 통해서도 활력이 충만한 시기이다. 인생에 대한 열정이나 체력면에서도 그렇다. 이 시기의 군 복무 기회를 결코 소비적이거나 무용한 것으로 인식해서는 않된다. 오히려 국방의무 이행이라는 영예스런 계기로 인식하여 인격을 수양하고 공동생활에서 얻을 수 있는 일체감 혹은 애국심 배양의 기회로 삼아야 할 것이다. 아울러 군에서 얻을 수 있는 소중한 경험을 값지게 활용 할 수 있는 시간을 스스로 만들어나가야 한다. 이러한 바람직한 병역문화의 정착을 위해 기본임무 및 역할을 헌신적으로 수행할 수 있는 군인으로서의 가치관을 함양하는데 노력하여야 한다.

또한 어떠한 상황변화에도 흔들림 없는 굳건한 의지를 체득하는 기회로 삼아야 할 것이다. 여기에 투철한 국가관, 생명을 담보로 한 군인으로써의 사생관, 자신의 임무에 자부심과 보람을 갖는 직업관을 얻도록 하는 것이다. 자신이 속한 군 고유의 정체성이 있는 군대문화를 수용하고 즐기면서 잘못된 관생과 부패 비리 부조리를 근절할 수 있도록 가치관을 확립하는 인생의 새로운 무대로 여기도록해야 할 것이다[15]. 군 복지 증진을 위해 장병들의 자기계발을 위한 여건 조성도 필요하다.

장병이 완벽한 임무를 수행하고, 또 다른 임무를 준비하는 과정에서의 적절한 여가선용과 스트레스 해소를 위한 수단을 제공하도록 하는 것이다. 예컨데, 현재 집행되고 있는 인터넷 교육프로그램을 전 장병에게 확대 시행하는 것도 중요한 수단이 될 수 있다.

---

14) 국가인권위원회(2005), 군대 내 인권상황 실태조사 및 개방안 연구. PP. 179~184. 국가인권위원회
15) 국방부(2003). 참여정부의 국방정책. p. 117. 국방부

또한 지적 활동이 단절되지 않도록 환경을 조성해 주는 것도 중요하다. 온라인 강좌 수강을 통해 학점, 학위 혹은 각종 자격증을 취득하도록 지원함으로써 군복무 중 학습이 중단되지 않도록 여건을 제공 할 필요가 있다. 이를 위해 '08년 까지 완료 할 것으로 계획된 중대 단위의 사이버지식 정보방 설치도 조속한 마무리가 요구된다.

또 현재 15명 내지는 한 생활관 단위로 공급하는 인테넷 공급도 늘려야 한다. 병사 8명 내외당 1대 기준으로 인터넷 PC를 공급하여 전 장병이 인터넷을 통한 지식과 정보를 취득하는데 불편이 없도록 한다. 아울러 군에서 배운 기술을 사회에서 사용 할 수 있도록 제도적 장치를 마련하는 것도 장병이 군에 대한 애착을 갖게하는 방편이 될 수 있다. 이를테면, 국가 기술 자격 필기시험의 면제 혹은 가산점실시 확대나 특수자격의 국가공인 시스템을 구축 하는 것이다. 군의 사기진작에 커다란 역할이 될 것으로 전망된다.

자녀 입대후 부모가 걱정하고 애잔하게 여기는 것은 연락두절에 따른 불안감에서 야기되는 경우가 많다. 전화가 불가능하고 외출과 외박이 일정기간 금지되기 때문에 심리적 불안전 상태가 나타나는 것이다. 이러한 문제를 해소할 방안을 찾아 볼 수 있다. 상황이 허락하는 범위내에서 국방부도 병사의 내무생활을 통제적 방식에서 자율적 방식으로 바꾸고자 하는 노력을 기울인다. 각급 혹은 각 군의 여건에 따라 부대운영에 무리가 없는 범위 내에서 외출과 외박을 일부 승인하는 사례가 늘고 있음은 전향적 운영기조라 할 만 하다. 국방부는 또 지난 '06년 3월부터는 표준일과표를 하달하여 일과 후 24:00까지 자율을 부여하여 자기계발 기회를 가자도록 조취를 취한 바 있다. 또 엄숙함과 압제적 분위기가 간혹 노출되는 일석점호를 확인방식의 점호로 대체하여 다소 부드러운 군내 분위기를 만들고자 하는 노력이 진행되고 있음도 퍽 고무적이다.

### 5) 장병인권 제고

군 입대가 스스로 결정하여 지원하는, 이른바 모병제가 아닌 강제징집이기 때문에 군에 적합하지 않은 장병들이 있을 수 있다. 엄격하고 통제적이며 명령체계가 확실한 군대문화의 부적응자가 나타날 수 있다. 이러한 부적응으로 인해 크고 작은 사고를 야기하고 문제를 일으키는 장병들이 흔치않게 나타나곤 한다. 자유로운 사회생활과 달리 생활관 내부에서의 불편함에 따른 심리적 불안감에서 사고의 개연성은 높다. 때로는 전혀 알지 못하는 사람과의 공동생활로 병 상호간의 불협화음도 있을 만한 일이다. 최근에도 상관과 부하간의 압제적 명령에 따른 스트레스나 부적응으로 인한 각종 사고가 발생 한 바 있다. 논산훈련소에서 발생한 인분사건, GP 총기사고, 해군에서 발생한 제초제 사건 등 사회적 문제로 파급된 주목할 만한 사건들이었다. 대부분이 군대에 적응하지 못했거나 부적격자들에 의해 발생한 사고였다.

사고를 야기 할 만한 문제병사를 조기에 색출하고 구분하는 작업은 군 사고를 방지하는데 커다란 도움이 된다. 육군에서만 '04년 기준으로 신체허약자, 심신장애자 등 이른바 '관심사병'으로 분류된 병사는 모두 10,098명에 이른다. 여기에는 폭행, 주벽, 영창과 관련한 병사 2,460명과 부적응, 정서불안 장병 3,340명이 포함되어 있다. 관심사병 분류는 입병 후 육군 훈련소에서 실시하는 인성검사의 결과에 따라 '정상'이 아닌 '이상'으로 판정된 장정들을 말한다. 이중 약 20%만이 귀가 조치했고 거의 대부분을 다시 현역 복무자로 판정하여 군 복무를 마치게 했다. 사고의 뇌관을 두고 군 생활을 허용하는 것과 같다.

이들의 사고 혹은 문제발생 야기 개연성은 매우 높은 것으로 조사 된 바 있다. 예를 들어보자. '04년 당시 군형법 위반으로 육군교도소의 수용 된 병은 모두 64명이었다. 이중 군 인성검사시 '이상'으로 판정된 병의 수가 13명에 이르러 전체 수용자의 20%가 넘었다[16]. '이상'으로 판정된 장정들의 각별한 관심을 두었더라면 그러한 범죄를 상당수 줄일 수 있었다고 추정된다. 따라서 군 입영 후 실시하는 장정들의 인성검사 결과에 대한 특별한 관심과 주의가 요구된다. 아울러 '이상' 으로 판정된 병사의 군 복무에 대한 대책을 서둘러 마련해야 할 것이다.

개선방안을 찾아보자. 국방부는 '05년부터 06년까지 한시적으로 운영한 '인권상담관' 제도를 실시 한 바 있다. 인권상담관 제도는 군 복무 부적응 병사를 조기에 식별하여 전문가들로 구성된 전문가의 상담을 통해 군 생활의 적응을 지원하고 대형사고를 예방하는 목적으로 도입되었다. 군의 신뢰도를 높이기 위한 방안으로 약 1년6개월간 시범운영된 것이다. 사회복지사 자격 보유자나 상담심리학을 전공한 사람들을 대상으로 10년 이상 군 경력자 등을 선발하여 계약관계로 운영되었다. 이들에게 일정한 권한을 부여하고 인성검사 결과 분석 및 후속조치, 현장위주의 능동적 상담활동을 시행하도록 하였다.

그 실적을 보면 육군에서 6명, 해병대에서 2명 등 총 8명이 약 1년 동안 1,797명을 상담하였다. 의병전역 5명, 부대 조정과 보직조정 62명 등 총 214명의 조치결과를 보였다[17]. 이른바 문제 혹은 문제사병의 사고발생 여지를 상당히 줄였다는 평가가 가능하다. 따라서 이들의 활동영역을 넓힐 필요가 있다. 또 전군 혹은 각급부대로 확대 연장 실시되어야 할 필요가 있다. 시범실시 실적에 따라 제도화함으로써 군대사고를 예방하는데 더 적절히 활용되도록 해야 한다.

16) 김성곤(2005) 국정감사 질의자료집. p. 39~46. 김성곤의원실
17) 국방부(2006). 국정감사요구자료(I). p. 43. 국방부

## 4. 분야별 군 복지 개선

### 가. 군 사법 및 교정제도

군 사법제도 개선은 군 사회복지 실현의 핵심 과제중의 하나다. 우리나라 군 사법제도는 정부가 수립되기 전인 1946년에 미국의 육군 형법전을 번역하여 제정한 '국방경비법'을 모태로 한다. 군 지휘관이 군사법원의 관할관이면서 검찰권까지도 모두 갖게 하는 내용을 핵심으로 하는 이 제도는 오늘까지 이어지고 있다.

군 재판을 담당하는 군사법원의 실태를 보자. 전국에는 국방부와 육. 해. 공군을 합하여 제 1 심에 해당하는 보통 군사법원이 86개가 있다. 항소심에 해당하는 국방부 고등군사 법원 1개를 포함해 도합 87개의 군사법원이 소장급 이상의 장교가 지휘하는 부대에 설치되어 있다. 이러한 군사법원은 부대지휘관이 군사법원의 관할관으로써 법원행정 사무를 관장한다. 국방부장관 또는 각 군 참모총장이 군 판사를 임명하고 관할관인 부대지휘관이 군판사 아닌 장교 중에서 심판관을 임명하여 재판에 참여하도록 하고 있다.

또 군 검찰부는 통상 군사법원이 설치되어 있는 부대에 함께 설치되어 관할관인 부대지휘관이 검찰사무도 함께 관장하는 제도이다. 국방부장관 또는 각 군 참모총장이 군 검찰관을 임명하여 각급 부대에 소속시키며 관할관인 부대지휘관이 군 검찰관을 지휘하도록 하고 있다. 즉 관할관인 부대지휘관이 군 검찰관의 인사권을 가지면서 구속영장 청구, 기소, 불기소 결정 등 검찰사무의 최종 결재권자가 된다. 아울러 재판사무에 종사하는 군 판사, 심판관 등 재판관에 대한 인사권을 동시에 가지면서 법원행정 사무도 총괄하는 것이다.

지휘관은 소추기관인 검찰의 최종 결정권자이면서 재판기관인 법원의 재판관에 대한 인사권자이고 행정사무 최고책임자가 되는 것이다. 또 관할관인 군사법원의 판결에 대하여 감형을 할 수 있는 확인 조치권까지 가지고 있다. 소장급 이상의 장교가 지휘하는 부대, 즉 육군의 경우는 사단, 해군은 함대, 공군은 전투비행단 이상의 부대지휘관은 군사법원의 관할관이면서 검찰권과 형 집행감경권을 행사하게 된다[18].

한마디로 수사에서 기소, 판결권의 모두를 부대지휘관이 행사하는 것으로 정리된다. 이는 3권 분립 또는 기소와 판결의 분리라는 근대 사법질서의 근본의 크게 배치된 시스템으로 평가된다. 군 범죄의 특수상황을 감안하더라도 개선의 여지가 충분하다. 이러한 문제점을 개선하고 장병의 인권을 보장하면서 군내 법 질서를 더 효율적으로 유지 할 필요성이 제기된다. 그럼으로써 국민으로부터 신뢰받는 군사법제도를 정착시키는 것이다.

---

18) 박동수(2006). 군사법개혁과 법치주의의 확립. pp. 1~2. 국방부

이러한 맥락에서 국방부는 정부입법 형식으로 '06년에 군사법제도 개혁 법률안을 만들어 국회에 상정하였다. 이 법안중에는 「군사법원의조직등에관한법률」, 「군검찰의조직등에관한법률」, 「군형사소송법」이 포함되어 있는데 '07년 2월 현재 국회 국방위원회의 계류되어 한창 심사가 진행되고있다. 그 법률안을 살펴보자.

먼저 군사법원의조직등에관한법률 개정안을 보면 군사법원의 설치 및 소속에 관한 변경이 주요골자로 꼽힌다. 현재 1개의 고등군사 법원과 각 군별, 부대별로 설치되고 각 군에 소속된 86개의 보통 군사법원을, 고등 군사법원은 그대로 두되 각 군을 통합하고 지역별 군사법은 5개로 통합하여 모두 국방부 소속으로 바꾸었다. 또 현재의 각 군 총장이 소속 군법무관 중에서 판사를 임명하던 방식을 국방부장관이 임명토록하고 민간 법조인을 1/3비율로 선임하도록 하고 있다.

군검찰의조직등에관한법률 개정안도 비슷한 체계로 바꾸었다. 지금의 고등검찰부 4개, 보통 검찰부 94개를 고등검찰단1개 지역검찰단 5개로 각군을 통합하고 지역별로 설치하여 모두 국방부 소속으로 변경하였다. 검찰의 지휘, 감독업무를 현행의 지휘관이 하던 방식을 일반적 사안은 국방부장관이, 구체적 업무는 각 군의 총장이 하도록 변경하였다.

군형사소송법 개정안의 핵심은 현행 기소된 피고인에게만 국선변호인 선임을 허용하던 것을 기소이전인 구속 피의자에게도 국선변호인 신임권을 부여하여 영장 실질심사를 받도록 변경한 것이다[19]. 이상의 3개 핵심법안의 주요골자를 정리하면 〈표 4, 5, 6〉으로 정리 될 수 있다.

### 〈표 4〉 군사법원의 조직등에 관한 법률(안)

| 구 분 | 현 행 | 개 선 |
|---|---|---|
| 군사법원의 설치/소속 | • 고등군사법원 1개, 보통군사법원 86개(각군별, 부대별 설치/ 각군 소속) | • 고등군사법원 1개, 지역군사법원 5개 (각군통합 지역별 설치 / 국방부 소속) |
| 재판부 구성 | • 관할관이 심판관 및 재판관 임명 (비상설의 회의체적 운영) | • 군판사 3인 재판부로 운영 (심판관제도 폐지, 전시 운용) |
| 판결확인 조치권 | • 평시 : 판결확인(실형•벌금 감경권)<br>• 전시 : 집행 확인권 보유 | • 평시 : 판결확인권 폐지(전시 부활)<br>• 전시 : 집행 확인권 보유 |
| 군판사의 소속/선발 | • 각군 소속<br>• 각군 총장이 소속 군법무관 중에서 임명 | • 국방부 소속 장관 임명 (군판사인사위원회 심의)<br>• 민간법조인에서 1/3 선발 |

19) 국방부(2006). 국정감사요구자료(I). p. 468. 국방부

〈표 5〉 군검찰의 조직등에 관한 법률(안)

| 구 분 | 현 행 | 개 선 |
|---|---|---|
| 군검찰의 설치/소속 | • 고등검찰부 4개, 보통검찰부 94개 (각군별, 부대별 설치 / 각급 부대소속) | • 고등검찰단 1개, 지역검찰단 5개 (각군통합 지역별 설치 / 국방부 소속) |
| 검찰업무 지휘감독 | • 검찰부 설치부대장이 군검찰에 대한 일반적·구체적 지휘감독권 행사 | • 일반적 지휘감독 : 장관<br>• 구체적 지휘감독 : 장관/각군 참모총장 |
| 군검사의 소속/선발 | • 각급 부대 소속<br>• 각군 총장이 소속 군법무관 중에서 선발 | • 국방부 소속, 장관 임명 (군검사인사위원회 심의)<br>• 민간법조인에서 1/3선발 |

〈표 6〉 군형사소송법(안)

| 구 분 | 현 행 | 개 선 |
|---|---|---|
| 국선변호 확대 | • 모든 피고인에 대하여 국선 변호인 선정 | • 구속 피의자에 대하여도 국선 변호 선정(영장실질심사 전원 실시) |
| 군사법경찰 수사지휘 | • 군사법경찰의 직무상 상관에 대한 명령 복종의무(군사법원법 제45조) | • 개별적 사건수사시 군검사의 구체적 수사지침에 협력의무 |

또한 각각의 이 법안은 현역장교로 구성되는 심판관 제도를 폐지하였다. 군판사 3인으로 재판부를 구성하여 군판사의 소속이나 선발을 국방부장관이 임명하고 국방부 소속으로 변경하였다. 이 같은 내용이 국회를 통과하게 되면 완벽하다고는 볼 수 없지만 군사법제도의 기소와 판결의 분리원칙이 이행되는 전향적 결과를 가져올 수 있을 것으로 전망된다.

군범죄도 사회범죄와 마찬가지로 엄격히 관리되고 처벌되어야 한다. 특수조직인 군에서의 범법행위는 더욱 철저히 관리되어야 한다. 다만 죄는 미워도 사람은 미워해서는 안된다는 평범한 격언이 군 사법에도 적용되어야 한다. 일정한 인권이 보장되고 인격체로 다루어져야한다는 것이다. 군 수용자를 처리하는 과정에서 가혹행위 등 위법행이가 발생되지 않도록 해야 한다. 이런 점을 감안 할 때 군 교정 행정의 준거가 되는 군 행형제도의 개선이 매우 시급하다.

이러한 취지에서 국방부는 군행형법개정안을 정부입법 형식으로 '06년 국회에 제출하였다. 현재 국회 국방위원회에 계류되어있는데 이 개정 안에 따르면 현재의 육군교도소를 국군교도소로 개편하고 국방부 장관소속 하에 설치하도록 한다. 또 기소 이전의 미결수용자를 수용하기 위해 교도소와는 별도의 구치소를 신설하는 내용이 포함되어 있다. 또한 수용목적의 달성에 지장을 초래하지 않는 범위내에서 재소자의 전화통화, 라디오청취 및 TV시청 기회를 부여하도록 했다. 또 국방부내에 '가석방 심사위원회'를 설치하여 민간심사위원 임명 등 가석방 심사의 객관성과 전문성을 제고하도록하여 군 재소자의 가석방 기회를 확대하도록 하였다.

한편 범죄와 형벌의 적정한 균형유지 등 장병의 인권을 보장하고 군 기강의 철저한 확립을 위한 군형법 개정안도 성안되었다. 국방부에 의한 정부입법으로 '07년 2월 현재 국회 국방위원회에 계류되어 있다. 이 개정안의 주요 골자는 근무이탈자의 법정형을 다소 하향조정하였다. 또 무단이탈죄, 가혹행위죄, 추행죄에 대해서는 신체형 대신 벌금형으로 바꾸는 내용도 포함되어 있다.

대신 지나친 물리력이 가해진 가혹행위 등에 대해서는 그 처벌 수위를 높였다. 이러한 개정안은 군대사회의 특수한 상황에서 일괄 적용되기는 무리가 따른다. 또 군기가 해이해 질 우려가 없지 않다. 그러나 한 인간으로써의 인격을 소유한 군인도 복지차원의 인권보장 명분에 부합되는 전향적 조치로 환영하는 의견도 대두된다.

### 2) 군 의무 발전

군이라는 거대 국방조직의 구성원 중 질병을 가졌거나 허약체질인 장병이 있을 가능성은 늘 상존한다. 부모는 자식을 군대에 보내놓고 많은 걱정을 하게 된다. 자녀들이 제때 의료 혜택과 진료를 받지 못하는 일이 있지 않을까 염려를 하게 된다. 아플 때 적시에 적절한 치료를 받을 수 있는지 혹은 치료가 가능한가에 등에 대한 염려가 많다. 장비가 사회의 병의원 수준보다 떨어져 정확한 진료를 받지 못하는 것이 아닌가 하는 우려도 한다. 실제 우리 군의 의무지원 체계는 아주 열악한 수준에 있다. 후송수단이 지나치게 복잡하며, 전문의료 인력이 부족하고, 첨단 의료시설이 미비하다는 것이 일반적 평가이다. 한마디로 첨단 의료수준과 장비를 보유하고 있는 민간 의료수준과 그 격차가 있다. 의료 서비스 수준이 낮은 원인을 정리하면,

첫째, 다단계 후송체계로 대표되는 군 의료 운영체계로 병사들의 진료접근권이 제한될 수 밖에 없으며,

둘째, 과거와는 달리 민간의 의료지원체계가 발달됨에 따라 상대적으로 군 의료진에 대한 대우가 낮다. 이러한 원인으로 우수한 의료인력의 확보가 어려우며,
셋째, 병원시설이나 장비가 민간수준에 현저히 떨어져 있는 것으로 정리된다[20].

이러한 문제점을 바탕으로 장병에게 민간수준에 이르는 양질의 의료서비스를 제공하는 등 완벽한 의무지원 체계를 구축해야 한다. 국방부는 향후 2013년까지 총 1조 3천여 억원을 투입하여 연차적으로 실천하는「군의무 발전 추진계획」을 확정한바 있다. 평상시와 전시로 나누어 계획을 설정하였다. 먼저 평상시는 전투력 보존을 위하여 양질의 진료, 깊이 있는 연구와 적절한 예방을 통하여 ▲환자중심의 의료서비스를 제공하고, ▲군 병원의료의 질과 운영효율을 향상시키고, ▲ 건강증진 및 군 의학 발전을 도모한다는 방향을 설정하였다[21].

전시대비를 위해 작전지원 효율성, 의무장비 첨단화, 후송체계 신속성 통해 ▲의무 지휘조직체계를 개선하고, ▲선진의무지원 능력을 구비하며, ▲신속한 환자후송 체계를 완비한다는 방향을 확정하였다. 이 계획에 따라 국방부가 제시한 개선과제와 세부추진과제를 정리하면 다음 〈표 7〉로 정리 될 수 있다. 총 13개 항목의 단계별 계획이 단지 선언적 계획에 불과한 탁상행정이 되지 않도록 해야 한다. 이 계획이 정상적으로 추진된다면 민간수준의 의료체계는 아니더라도 상당한 수준의 의료복지 실현기반이 마련된다고 할 것이다. 특히 '07년에 마무리 계획을 가진 진료기본권 및 접근성보장의 내용 중 각 개별 추진 계획은 그 시급성이 요하는데 조속한 실천이 요구된다.

**〈표 7〉 군 의무발전 추진 계획**

| 세부추진과제 | 비고 |
|---|---|
| 1. 진료기본권 및 접근성 보장 | |
| 1-1. 장병 개개인에 대한 진료기본권 보장 의무화 | 단기 |
| 1-2. 의료 사각지역 근무 장병 진료접근성 보장 | 단기 |
| 1-3. 입원절차 간소화 및 진료여건 개선 | 단기 |
| 1-4. 민·군 협력을 통한 군 환자의 효율적 관리 | 단기 |
| 1-5. 환자 만족도 향상을 위한 의견수렴 활성화 | 단기 |
| 1-6. 환자의 정보공유를 통한 체계적 환자관리 | 단기 |

20) 한국국방연구원(2006). '06년 국방예산 분석 평가 및 '07전망. p. 112. 한국국방연구원
21) 국방부(2006). 국정감사요구자료(I). pp. 74~75. 국방부

| | |
|---|---|
| 2. 사단내 의무지원능력 보강 | |
| 2-1. 사단의무 지원능력 향상을 위한 인력 및 장비보강 | 중기 |
| 2-1. 민간수준의 쾌적하고 아늑한 진료환경 조성 | 중기 |
| 2-3. 격오지 근무장병에 대한 진료접근성 보장 | 중기 |
| 3. 장병 구강건강관리체계 발전 | |
| 3-1. 체계적인 치무지원체계 구축 | 중기 |
| 3-2. 치과질환에 대한 예방활동 강화 | 단기 |
| 3-3. 인력 및 장비보강으로 적정진료 제공 | 중기 |
| 4. 병 전역 전 건강검진 제도 도입 | |
| 4-1. 병 전역 전 건강검진 제도 도입 및 시행 | 단기 |
| 4-2. 국방의료정보체계와 연계한 장병건강관리체계 도입 | 단기 |
| 5. 첨단 의무장비 및 시설 보강 | |
| 5-1. 진단 및 검사능력 강화를 위한 의무장비 보강 | 중기 |
| 5-2. 환자가 편리한 군 병원시설로 개선 | 중기 |
| 5-3. 응급환자 후송을 위한 전천후 의무후송헬기 확보 | 장기 |
| 6. 군 병원 의료의 결과 운영효율 향상 | |
| 6-1. 군병원 역할과 기능 재정립 | 단기 |
| 6-2. 군병원 운영병상과 축소로 선택과 집중을 통한 진료기능 강화 | 중기 |
| 7. 가칭 "국군 중앙의료원" 건립 | |
| 7-1. 21세기형 군 최고병원 확보 | 중기 |
| 8. 우수 의료인력 획득 | |
| 8-1. 임상경험이 풍부한 우수 장기 군의관 획득 | 중기 |
| 8-2. 전문 의료지원인력 확보로 의료의 질 향상 | 중기 |
| 8-3. 의료인력의 전문성 및 자질향상을 위한 교육체계 개선 | 중기 |
| 9. 가칭 "국방 의•치의학 전문대학원" 운영 | |
| 9-1. 장기 군의관 안정적 확보 | 중기 |
| 10. 군 의무 지휘조직체계 개선 | |
| 10-1. 군 의무 지휘조직체계 개선을 통한 의무작전 여건 보장 | 중기 |
| 10-2. 적시 의무지원이 가능한 신속 의무기동부대 운영 | 중기 |
| 11. 의무 군수지원체계 개선 | |
| 11-1. 의무 군수지원체계 단일화 | 중기 |
| 11-2. 군 작전환경에 적합한 의무장비 및 물자 연구 | 중기 |
| 12. 군진의학연구 및 예방의무 활동 활성화 | |
| 12-1. 군진의학 연구분야 특성화 / 전문화 | 중기 |
| 12-2. 예방차원의 효율적인 건강관리 체계 보강 | 중기 |
| 13. 공공의료기관 역할 강화 | |
| 13-1. 민 · 관 · 군 응급환자 진료 협력체계 구축 | 중기 |
| 13-2. 군 병원 진료대상의 단계별 확대 | 중기 |

국방부(2006). 국정감사요구자료(I)
(단기: '07년, 중기: 법제화 등 기반조성 후 시행)

### 3) 군인복지기금과 군인연금기금

군인복지기금은 군에 복무하는 군인들이 이용하는 각종 군 복지시설 등의 운영수익금을 다시 장병들에게 되돌려준다는 취지에서 도입된 공적자금이다. 군내에서 자체적으로 복지사업을 추진하기 위해 시행하는 기금인 셈이다. 그 법적인 근거는 군인복지기금법에서 비롯되는데 군 복지시설과 전군에 산재해 있는 체력단련장의 운영수익금, 각 금융기관에 예치되어 있는 이자수익, 대출금의 상환에 따른 원리금 등이 주요재원 이다. '06년의 경우 총 5,590여 억원의 사업비가 집행되었다. 이러한 사업을 바탕으로 또 다른 차원의 군인복지 시설을 새로 건립하거나 보수하는데 재투자 된다. 또 군인자녀에 대한 장학사업, 장병들의 사기진작을 위한 각종 격려금, 또한 장병들의 취업지원 활동을 벌이는데도 쓰인다.

구체적 사업들을 들춰보면 먼저 군인과 그 가족이 편안하게 휴양 할 수 있도록 편의시설을 건립하는 사업이 있다. 군의 후생복지 수준을 높인다는 기금의 설치 목적과 부합하다고 평가 될 수 있다. 또한 체력단련장 운영은 단순한 복지시설로써 뿐만아니라 재원을 늘리고 수익을 넓혀나가는 수입원로서의 기능을 한다고 볼 수 있다. 복지기금 중 체력단련장을 설치하거나 증설에 사용되는 비율은 육군의 경우 전체기금의 약 10%정도로 추산한다.

장병격려비는 각군 혹은 부대별 지휘관이 설이나 추석과 같은 명절, 연말연시, 군과 관련한 각종 기념일, 공로자 표창 등 장병들의 사기를 돋워 복무만족도를 높이는데 쓰인다. 종국적으로는 군사력을 강화한다는 취지에서 쓰인다고 할 수 있다. '06년과 '07년에 각각 14억원 내외의 예산이 집행되거나 편성되어있다.

취업활동 지원사업은 복무를 마치고 제대하는 장병의 재취업과 새로운 직업을 갖게 될 때를 대비하여 사전에 다양한 교육을 통한 취업경쟁력을 높이는 사업이다. 전역 후 어색하지 않을 만큼의 사회적응력을 길러나가는데 도움을 줄 수 있다. 제대군인의 재취업은 전역후 사회구성인으로써 생활하는데 필수적 과업이다. 직업군인 등 장기복무 전역자의 경우가 대체로 40대 후반임을 감안하면 이들에게 쓰여지는 기금의 용도는 매우 중요하다. 40대 후반은 자녀가 고등학교 혹은 대학을 다니는 비율이 높은 시기이다. 인생에 있어 가장 비용이 많이 소요되는 시점이기도하다. 이 시기의 군인들에 대한 취업지원 사업은 다른 어느 분야보다 긴요하다 할 것이다. 따라서 이들의 재취업을 위한 적절한 투자 효율성에 대한 집중적인 검토가 필요하다 할 것이다.

군인연금기금은 현역에서 은퇴하여 전역하는 군인에게 지급하는 연금, 퇴직일시금, 재해보상급여, 퇴직수당 등 각종급여를 충당하기 위해 준비하는 기금이다. 그 법적인 근거는 군인연금특별회계법에 명시되어있다. 부동산임대료 수익금과 이자수입으로 구성되는 기금운영수익금, 예산에 책정된 각종 적립금, 기여금, 국가부담금과 군인연금특별회계의 결산상 잉여금 등이 주요재원이다. 기금설립 초기에 재원이 부족한 상태에서 군인들이 조기에 퇴직함으로써 재원이 빨리 소진되었고, 의료시설 등의 부족 혹은 노후화로 군복무 중 사망률이 높음에 따라 연금지급 금액이 조기에 집행되어 현재 기금의 재정 상태가 매우 어려운 상황이다.

이런 점을 감안하여 부족한 연금에 대해서는 국가에서 부담하도록 하는 조치가 이루어진바 있다. 군인연급법 제 39조 2를 신설하여 가능토록 한 것이다. '06년 한해만 하더라도 9,261억원의 국고보전금이 투입되었다. 이는 '06년 전체 군인연금 지출액인 1조 7,747억원의 52, 2%에 해당한다.

기금운영에 있어 책임준비금의 적정한 규모나 운용원칙이 명확하지 않음이 문제로 지적된다. 뿐만아니라 군인연금은 공무원연금과는 달리 특별회계와 기금으로 이원화하여 운영되고 있음도 지출비용을 과다하게 만드는 요인으로 지적되고 있다. 효율적인 관리 운용을 위해서는 공무원연금을 비롯한 공적기금과 같은 단일체계로 관리 운영되어야한다는 지적이 지배적이다.

아울러 금융기관의 예치나 기금을 운영하는 과정에서 자산을 늘리고 하는 등의 효율적 체제를 갖추지 못한 점도 문제로 지적되고 있다. 또 전문인력이 부족하다는 현실 또한 기금운영을 어렵게 하고 있다. 각 금융기관의 이자율이나 수익성에 대한 특수성과 장점을 과학적으로 검증하고 실천 할 수 있는 기금운영 시스템의 전면 재검토가 요구된다.[22]

### 4) 여군과 여군무원 복지

지난 '48년 여군장교가 탄생된 이래 여군의 수는 꾸준히 늘어나고 있다. '04년 현재 부사관을 포함한 여군의 총수는 3,380명이 이른다. 양적인 증가 뿐아니라 내용면에서도 여군의 활약은 점증하고 있다. '97년 공군이 최초로 공군사관학교에 여성입학을 허락 한 이래 각군에서 여성장교 임관이 계속되고 있으며 간호병과이긴 하지만 1명의 장군도 현역으로 활동하고 있다.

22) 국회국방위원회(2006) '07년 국방부예산 및 기금검토보고서, 국회국방위원회. pp. 111-118

여군이 군내에서 차지하는 역할과 지위는 상당히 높은 것으로 인정되고 있다. 이를 방증하는 자료가 발견된다. 경향신문은[23] 국방부 여군발전단이 발간한 종합정보지 '국방여군' 창간호를 인용 보도했는데 "유엔의 '성별실력 지수분석'을 살펴보면 한국의 여성지위는 전 세계 63위에 불과하지만 여군 위상은 세계 선진국가와 순위를 앞 다툴 정도로 높아졌다"는 내용을 보도한 바 있다. 이를 미루어 우리 여군의 수준은 상당한 차원까지 도약되었다고 추론 할 수 있다.

여성군무원을 보자. 군무원은 넓은 의미에서의 군 사회복지 대상이 되는 국방인력이면서 민간인으로 구분된다. '06년 2월 현재 군무원의 총원은 20,706명으로 집계되며 이중 여성은 모두 4,001명이다. 전체 군무원 중 여성군무원의 비율은 약 19% 정도이다. 이들 여성군무원을 직종별로 구분하면 일반직이 1,557명(39%), 기능직 2,390명(60%)으로 그 대분분을 차지한다. 군별로는 육군소속이 1,538명(38%)로 가장 많다. 직급로는 상위직급이라 할 수 있는 1, 2, 3급에 여성군무원은 단 한명도 없다. 서기관급인 4급에 20명, 사무관급인 5급에 105명만 있을 뿐 대부분이 주사급인 6급이하가 대부분이다[24].

군무원은 창군과 동시에 군인과 함께 국군의 한 구성원으로 발족하여 타 국가공무원과 동일한 인사관리를 통해 존속돼 왔다. 이후 점차 군의 행정질서가 자리를 잡아감에 따라 독자적인 인사관리 제도를 확립하여 왔다[25]. 군무원 계급을 1급에서 9급으로 구분하여 일반직급의 관리관에서 서기보직급까지 공무원 인사제도와 보조를 맞추게 되었다. 현재의 군무원이라는 이름은 창군 당시에 문관으로 불려졌다가 1980년 제 5공화국이 들어서면서 바뀐 호칭이다.

여군과 여성군무원을 위한 복지사업은 다양하게 시행 할 수 있다. 여기에는 그들이 받아야 할 보수와 수당, 그리고 성과급 이외에 경제적 안정과 생활의 질을 더 높이기 위한 간접적인 보상까지 포함한다. 여군과 여성군무원에 적용 될 수 있는 복지내용은 사회일반의 복지서비스 혹은 사회보장 제도를 그대로 적용 할 수 있다. 그 범위를 법률적 기준에 따라 구분될 수 있다. 법정복지서비스와 법정외 복지서비스로의 구분이다.

법정 복지서비스는 법률로 여군과 여성군무원들의 직장이나 일상생활에서 발생되는 각양의 사고나 위험으로부터 보호하고 지원하려는 것이다. 여기에는 건강보험료, 산재보험료, 최저임금제와 같은 사회보험과 사회보장적 서비스가 포함된다. 다음으로 여군

23) 경향신문 '03년 8월 24일자 19면
24) 안보문제연구소(2006). 여성군무원 근무여건 개선방안 연구. pp. 21-22. 안보문제연구소
25) 군인사법시행령(개정 2003. 3. 25, 대통령령 제 17,045) 126조

과 여성군무원이 소속되어있는 조직으로부터 수혜받는 경제적 급여인 법정외 서비스가 있다. 여기에는 주거와 관련한 보조금, 교육비지원과 같은 내용을 포함한다.

이상과 같은 여군과 여성군무원을 위한 복지 서비스 중 중요하지 않은 분야가 없지만 특히 그들은 자녀양육과 관련한 보육서비스를 가장 절실하게 희망하고 있는 것으로 조사되었다. 안보문제연구소가 여성군무원만을 대상으로 실시한 설무조사 결과가 그 사실을 뒷받침하고 있는데 응답자의 62. 5%가 직장내 보육시설에 아이를 맡기는 것을 원한다고 답한 바 있다. 직장내 보육시설 설치를 희망하는 것은 근무시간 중 점심시간이나 휴식시간에 아이의 상태를 확인 할 수 있고, 출퇴근과 동시에 아이를 맡길 수 있다는 이유를 꼽았다[26]. 아이의 활동을 확인함으로써 근무시 심리적 안정감을 얻을 수 있다는 것이 주요 요인으로 추측된다.

현재 육·해·공군 군내 보육 시설은 모두 5곳으로 수용가능 인원이 286명에 불과한 것으로 나타났다. 그 마저도 주간에만 운영되기 때문에 각종 훈련과 잦은 당직으로 야간 및 휴일에 육아에 전념하기 어려운 여군이 이용하기에는 현실적으로 어려워 여군 이용률은 0%인 것으로 밝혀진바[27] 있다. 보육시설이 있다하더라도 여군과 여성군무원들의 출근시간보다 늦게 문을 열기 때문에 출근과 동시에 아이를 맡기는 것은 사실상 불가능하기 때문이다. 이러한 문제점을 해소하기 위해서는 한정적이더라도 여군과 여성군무원이 집중 근무하는 부대 혹은 지역에 보육시설을 설치하는 방안을 적극 추진하여야한다.

나아가 군내의 보육시설 설치는 단순한 여군과 여성군무원을 위한 사업이 아니라 범정부적차원에서 추진되어야 한다. 여성가족부, 보건복지부, 국방부 등 중앙정부와 각 지방자치단체가 일정 비율로 예산을 투입하여 설치하는 방안이 검토 될 수 있다.

26) 안보문제연구소(2006). 여성군무원 근무여건 개선방안 연구. p. 20. 안보문제연구소
27) 국방부(2006). 국회 국정감사요구자료(I) pp. 49-52. 국방부

# 참고문헌

강영실(2004), 장애인복지의 이해, 도서출판 신정.

고령자고용촉진법.

공계순 외4인 공저(2005), 아동복지론, 학지사.

곽효문(2000), 기독교사회복지, 제일법규.

국민건강보험공단(http://www.nhic.or.kr)

국민건강보험법시행령.

국민연금관리공단(http://www.nps4u.or.kr)

국민연금법.

국방부(2006), 국방개혁 2020과 소요재원, 국방부.

국방부(2003), 참여정부의 국방정책, 국방부.

국회국방위원회(2006), '07년 국방부예산 및 기금검토보고서, 국회국방위원회.

권육상 외 5인(2004), 사회복지행정론, 유풍출판사.

권육상 외(2005), 사회복지학개론, 유풍출판사.

근로복지공단 www.welco.or.kr

김경우(2005), 사회보장론, 대왕사.

김경우(2005), 사회복지개론, MJ미디어.

김규수(2000), 의료사회사업실천론, 형설출판사.

김동배(2005), 시민사회와 자원봉사, 학지사.

김만두 · 한혜경(2003), 사회복지개론, 홍익제.

김명진 외(2006), 2006 안보정세전망과 국방과제, 한국국방연구원.

김범수 외(2005), 자원봉사의 이해, 학지사.

김성곤(2005), 국정감사 질의자료집. 김성곤의원실.

김성이(1994), "청소년복지의 개념과 의의", 한국청소년개발원, 청소년복지론, 인간과 복지.

김성이 · 박영희(2005), 자원봉사총론, 양서원.

김수진, 조흥식(2004), 사회복지행정론, 한국방송통신대학교 출판부.
김승국 외(1997), 자원봉사프로그램백과(장애인), 한국사회복지협의회.
김영모(2001), 현대사회보장론, 한국복지정책연구소.
김영종(2004), 사회복지조사방법론, 학지사.
김은경(2006), "교육적 선도 대안으로서 회복적 보호지원의 의미와 가치", 한국청소년복지학회 2006년도 추계학술대회 자료집, 107-139.
김의영(2003), 한국노동복지정책의변화에 관한 연구:신제도주의적 접근(1981~2002), 호서대대학원 박사 학위
김진화 외(2003), 청소년 문제행동론, 학지사.
김태성 (2005), 사회보장론, 청목출판사.
김태성 · 홍선미(2006), 사회복지개론, 청목출판사.
김태진(2001), 사회복지 발달사, 대구대학교 출판부.
김해동(1991), 조사방법론, 법문사.
김현호(2006), 자원봉사론, 혜진서관.
나병균(2002), 사회보장론, 나눔의 집.
남기민(2001), 현대사회복지학의 이해, 양서원.
노무지 · 신재명(2005), 사회복지발달사, 청목출판사.
노인복지법
노인수발보험 www.longtermcare.or.kr
노혁(2002), 청소년복지론, 대학출판사.
독고순 외(2005), 군과 여론조사, 한국국방연구원.
류기형 외(2006), 자원봉사론, 양서원.
류석영(1989), 행정학원론, 계명사.
모지환 외(2004), 사회보장론, 학지사.
문선화(2005), 장애인복지론, 양서원.
문채봉(2006), 공적연금제도 개혁추진과 군인연금제도, 주간국방논단, 한국국방연구원.
박경일 외 8인(2001), 사회복지학 강의, 양서원.
박동수(2006), 군사법개혁과 법치주의의 확립, 국방부.
박석돈(2006), 사회보장론, 양서원.
박석돈(2004), 사회복지학개론, 삼우.

박용순 외(2006), 사회복지개론, 학지사.
박종삼 외 16인(2005), 사회복지학개론, 학지사.
백재옥(2006), 국방개혁 2020과 2007년 국방예산안, 주간국방논단, 한국국방연구원.
보건복지부 www.mohw.go.kr
보건복지부(2009), 2009 아동 · 청소년백서.
보건복지부(2006a), 2006년 노인보건복지사업안내.
보건복지부(2006b), 2006년주요업무참고자료.
사회보장기본법
서 윤 외(2006), 사회복지학의 이해, 학지사.
서상철(2004), 사회복지학개론, 홍익제
서윤 외 7인(2006), 사회복지학의 이해, 학지사.
석재은 외(2005), 삶의 질 향상을 위한 국민기본생활보장, 한국보건사회연구원.
성영혜 외(2000), 21세기 자원봉사, 동문사.
손순용(2003), 제7차교육과정과 자원봉사활동, 광산구 사회복지협의회.
손순용 · 김선구(2004), 청소년자원봉사와 사회복지, 광산구 사회복지협의회.
송정부(1980), 사회복지학, 학문사.
송정부(1999), 사회복지학연구, 법지사.
신두범(1980), 행정학원론, 유풍출판사.
신수식(2000), 사회보장론, 박영사.
안보문제연구소(2006), 여성군무원 근무여건 개선방안 연구, 안보문제연구소.
안해균(1982), 현대행정학, 다산출판사.
양정하 외(2002), 사회복지정책론, 양서원.
양정하 외(2003), 사회복지조사방법론, 학현사.
오치선 외(2001), 청소년지도학, 학지사.
와타도이치로 · 오병삼 · 정종우(1997). 일본의 자원봉사 유래와 현황, 한국사회복지관협회.
원석조(2002), 사회보장론, 양서원.
원석조(2005), 사회복지개론, 양서원.
유광호(2005), 사회보장발달사, 유풍출판사.
유광호(2005), 한국의 사회보장, 유풍출판사.

윤진헌(1983), 사회복지론, 문우사.

이강현 역(2002), 세계의 자원봉사활동, 볼런티어 21, 2002.

이경서(2001), 조사방법론, 학문사.

이광재(2002), 의료사회사업원론, 인간과 복지.

이번송 외(1996), 서울시자원봉사활용증진방안에 관한 연구, 서울시정개발연구원.

이성규(2001), 장애인복지정책과 노말라이제이션, 홍익재.

이순형 외 11인(2004), 아동복지-이론과 실천, 학지사.

이용교(2006), 디지털 사회복지, 인간과 복지.

이용교(2012a), 디지털 청소년복지, 인간과 복지.

이용교(2012b), 한국청소년복지론, 정민사.

이원규(1994), "교회사회봉사에 대한 사회학적 접근", 대한예수교장로회 총회 편, 교회사회봉사편람, 한국장로교출판사.

이윤로 · 홍영수(2002), 의료사회사업론, 학지사.

이인수(1999), 현대노인복지론, 양서원.

이인재 외(2002), 사회보장론. 나남출판사.

이정서 외 2인(2001), 사회복지학개론, 유풍출판사.

이정서(2004), 기독교와 사회복지, 범론사.

이종복 외(2000), 현대청소년복지론, 양서원.

이청자 외(1994), 청소년 자원봉사활동, 한국여성개발원.

이해영(2006), 노인복지론, 창지사.

장애우권익문제연구소 엮음(2001), 장애우 복지개론, 나눔의 집.

장애인복지법

장인협 외(1999), 사회복지학, 서울대학교출판부.

장인협 · 이혜경 · 오정수 공저(1999), 사회복지학, 서울대학교출판부.

장창수(1996), 자원봉사자의 효율적인 관리운영방안, 대전시시정연구.

전국대학사회복지교육협의회편(1999), 사회복지개론, 유풍출판사.

전재일 등(2004), 사회복지개론, 형설출판사.

전재일 외(1997), 학교사회사업, 사회복지개발연구원.

전재일 외(1998), 사회복지개론, 형설출판사.

정길호(2006), '미래지향적 부사관 인력관리정책 발전방향' 주간국방논단, 한국국방연구원.

조휘일(1995), 청소년자원봉사활동 실천과 활성화 방안, 한국청소년단체협의회.

조흥식 김진수 홍경준 공저(2001), 산업복지론, 나남출판사.

조흥식(2005), '국가복지정책에 따른 군복지 체계정립의 필요성', 통일로 9월호.

종교사회복지포럼(2003), 시민사회와 종교사회복지, 학지사.

최덕경 외(2006), 자원봉사론, 공동체.

최병욱(2006), 군 인적자원개발사업의 의의와 정책방향, 주간국방논단, 한국국방연구원.

최성재 · 남기민(2004), 사회복지행정론, 나남출판사.

최성재 · 장인협(1997), 사회복지학개론, 서울대학교 출판부.

최일섭 외(2000), 지역사회복지론. 서울대학교출판부.

통계청(2006), 통계청 인구동태조사 자료.

통계청(2005), 고령자 통계.

통계청(2005), 장래인구특별추계.

한국보건사회연구원(2005), 2004년도 전국 노인생활실태 및 복지욕구조사.

한국보건사회연구원(2006), 2005년 장애인실태조사.

한국복지연구회(1988), 사회복지역사. 이론과 실천.

한국사회과학사회복지연구실(1995), 한국 사회복지의 이해, 동풍출판사.

한국사회과학사회복지연구실(1999), 세계의 사회복지, 인간과 복지.

한국사회복지협의회(1987), 자원봉사활동 현황 및 활성화 방안.

한국자원봉사단체협의회(1998), 21세기와 자원봉사, 제1회 한국자원봉사전국대회자료집.

한국청소년개발원(2003), 청소년정책론, 교육과학사.

__________ (2004), 청소년학 용어집, 교육과학사.

__________(2005), 청소년복지론, 교육과학사.

한국청소년학회 편(1999), 청소년학 총론, 양서원.

현외성 외(1993), 사회복지학의 이해, 유풍출판사.

현외성 외(2001), 한국사회복지법제론, 양서원.

황인영 외(2004), 학교와 사회복지실천, 나남출판.

Aron, H. J.(1982), Economic Effects of Social Security, Washington, D.C.: Brookings Institution.

Costin, L. B.(1975), "School Social Work Practice: A New Models", Social Work 20, pp. 135-139.

Darvil, P. F. & Munday, B.(1984), Volunteers in the Personal Social Service. London & New York: Tavistock.

England. Partnership between the Government & Voluntary Sector. International Forum by the 10th National Volunteer Festival Organizing Committee.

Esping-Andersen, G.(1990), The Three Worlds of Welfare Capitalism, Princeton: Princeton University Press.

Freeman, E. M.(1995), School Social Work Overview, in R. L, Edwards(ed), Encyclopedia of Social Work Vol. 3. Washington, DC : NASW Press.

Friedlander, W., & Apte, R.(1968, 1974), Introduction to Social Welfare, Englewood Cliffs: Prentice Hall.

Gorden, M.(1994), Social Security Policies in Industrial Counties, New York: Cambridge Univ. Press.

Gough, I.(1979), Political Economy of the Welfare State, London: Macmillan.

Hedley, R. & Smith, J. D.(1992), Volunteering and Society: Principle & Practice. NCVO. London: Bedford Square Press.

Kadushin, A.(1984), Child welfare service. NY: Macmillan.

Knowles, M. S.(1982), Motivations in Voluntarism: Synopsis of a Theory. in Voluntary Action News. Vol. 31. New York: Voluntary Action Center.

Lampman, R. J. & T. M.(1984), Social Welfare Spending, New York: Academic Press.

Marshall T. H.(1970), Social Policy in Twentieth Century, London: Hutchinson.

Neil Gilbert and Paul Terrell.(2004), Dimensions of Social Welfare Policy(6th Edition), Massachusetts: Allyn and Bacon.

Newgarten, B. L.(1974), Age Groups in American Society and the Rise of Young-Old, Annals of the American Academy of Political and Social Science (415).

Patti, R. J.(1983), 「Social Welfare Administration: Managing Social Programs in a Developmental Context」, Englewood Cliffs, N.J.: Prentice-Hall, cafe.daum.net/hap3clover

Penberthy, C.(2003), Relationships between the Government & Voluntary Sector in

Pierson, C.(1991), Beyond the Welfare State? The New Political Economy of Welfare, Cambridge, U. K.: Polity Press.

Rimlinger, G. V.(1971), Welfare Policy and Industrialization in Europe, America and Russia, New York: John Wiley.

Sieder, V. M.(1971), Volunteers. Encyclopedia of Social Work(16th ed.) Washington. DC:NASW.

Smith, D. H.(1974), Voluntary Association and Volunteering in the United States. Voluntary Action Research: Voluntary Action around the World. Boston: Lexington Books

Titmuss, R. M.(1974), Social Policy : An Introduction, London : Gedrge Allen & Unwin Ltd.

United Nations Department of Public Information(2000), International Plan of Action on Ageing and United Nations Principles for Older Persons, 보건복지부 역, 고령화관련 국제행동계획과 노인을 위한 유엔원칙.

United nations, The Sex and Age Distribution of World population, 각년도.

Zastrow, C.(2000), Introduction to Social Work and Social Welfare, 7th ed. Blemont, CA : Wadsworth.

Zastrow, C.(2000b), Social Problems : Issues and Solutions, 5th ed, Belmont : Wadsworth.

Zuckerman, E.(1983), Child welfare. NY: Free Press.

## 저자소개

박영숙: 성산효대학원대학교 사회복지학과 교수
김주연: 전, 명신대학교 사회복지학과 교수
천정환: 동서대학교 경찰행정학과 교수
정승재: 한국자치경영개발원 원장
오정희: 가야대학교 사회복지학과 겸임 교수
김수정: 디지털서울문화예술대학교 사회복지학과 교수
강영실: 웨스트민스터대학원대학교 사회복지학과 교수
박지현: 한양대학교 원격사회교육원 사회복지학 촬영교수
손순용: 전남도립대학교 사회복지학과 외래 교수